Polen zwischen Archangelsk und Magadan

Deutsches Polen-Institut

Polnische Profile

Herausgegeben von
Peter Oliver Loew

Band 16

2024

Harrassowitz Verlag · Wiesbaden

Polen zwischen Archangelsk und Magadan

Erinnerungen an Lager und Verbannung in der Sowjetunion, 1930 bis 1950

Herausgegeben von Małgorzata Ruchniewicz

Aus dem Polnischen von Jakub Sawicki und Peter Oliver Loew

2024

Harrassowitz Verlag · Wiesbaden

Gefördert aus den Mitteln des Polnischen Instituts Düsseldorf

Publication partially financed by the Excellence Initiative – Research University program for the University of Wrocław. / Die Veröffentlichung wurde teilweise finanziert durch die Exzellenzinitiative – Programm Forschungsuniversitäten für die Universität Wrocław.

Das Erscheinen der Veröffentlichung wurde mitfinanziert durch die Fakultät für Historische und Pädagogische Wissenschaften der Universität Wrocław.

Übersetzung aus dem Polnischen: Jakub Sawicki (Quellentexte), Peter Oliver Loew (Einleitung)

Redaktion: Peter Oliver Loew

Bibliografische Information der Deutschen Nationalbibliothek
Die Deutsche Nationalbibliothek verzeichnet diese Publikation in der Deutschen Nationalbibliografie; detaillierte bibliografische Daten sind im Internet über https://dnb.de abrufbar.

Informationen zum Verlagsprogramm finden Sie unter
https://www.harrassowitz-verlag.de

© Otto Harrassowitz GmbH & Co. KG, Wiesbaden 2024
Das Werk einschließlich aller seiner Teile ist urheberrechtlich geschützt.
Jede Verwertung außerhalb der engen Grenzen des Urheberrechtsgesetzes ist ohne Zustimmung des Verlages unzulässig und strafbar. Das gilt insbesondere für Vervielfältigungen jeder Art, Übersetzungen, Mikroverfilmungen und für die Einspeicherung in elektronische Systeme.
Gedruckt auf alterungsbeständigem Papier.
Umschlag: Tatjana Beimler
Druck und Verarbeitung: Memminger MedienCentrum AG
Printed in Germany

ISSN 2197-6066   ISBN 978-3-447-12112-5
eISSN 2701-8962   eISBN 978-3-447-39462-8

Inhalt

Einleitung

Małgorzata Ruchniewicz
In den *kresy* und noch weiter... Polen im Osten in der ersten Hälfte
des 20. Jahrhunderts 3

Małgorzata Ruchniewicz
Zur Auswahl der Texte 57

Jakub K. Sawicki
Anmerkungen des Übersetzers 63

Selbstzeugnisse

1. Jadwiga Barańska (1922–2007)
   Ich habe den Großen Hunger in der Ukraine überlebt
   Auszüge aus den Erinnerungen 67

2. Henryk Łęczycki (1903–1979)
   Von Podolien nach Kasachstan
   Erinnerungsfragmente aus den Jahren 1939 bis 1941 99

3. Danuta Krzyżanowska (1931–2017)
   Über Sibirien zum Schwarzen Kontinent
   Auszüge aus einem Bericht über die Jahre 1939 bis 1947 ... 123

4. Wanda Olczyk (1927–2002)
   Erinnerungen an die Verbannung nach Kasachstan (1940 bis 1946) .. 141

5. Stefan Unger (1925–1944)
   Der Traum von der Rückkehr ins Vaterland
   Briefe eines jugendlichen Soldaten an seine Mutter und Schwester
   (1943/1944) 179

6. Czesław Bazan (geb. 1924)
   Vom Ob gen Polen
   Tagebuchnotizen eines Verbannten und Soldaten (1943/1944) 197

Inhalt

7   Władysław Całus (1923–2014)
    Erinnerungen eines Zwangsarbeiters im Dritten Reich und
    eines Häftlings von Kolyma 215

8   Tadeusz Bukowy (1929–2023)
    Ein bisschen Glück
    Auszug aus den Erinnerungen eines Jugendlichen an seinen Aufenthalt
    in sowjetischen Gefängnissen in den Jahren 1945 bis 1946 235

9   Jadwiga Haber (1903–1993) und Bolesław Haber (1913–1992)
    Briefe aus den Lagern in Kasachstan an Irena Sendecka
    in Krzemieniec in Wolhynien (Ukrainische SSR)
    aus den Jahren 1946 bis 1951 267

10 Walenty Jabłoński (1930–2021)
    Die letzten Verbannten
    Erinnerungen an einen Zwangsaufenthalt in Kasachstan
    von 1952 bis 1956 315

Quellennachweis 331
Abbildungsnachweis 333

Einleitung

In den *kresy* und noch weiter ...
Polen im Osten in der ersten Hälfte des 20. Jahrhunderts

Małgorzata Ruchniewicz

Von den Bestandteilen, aus denen sich das polnische Imaginarium zusammensetzt – der symbolische Raum des kollektiven Gedächtnisses –, spielen zwei Topoi eine wichtige Rolle: die *kresy wschodnie* (Ostgebiete) und *Sybir*. Beide hängen mit einem Gefühl des Verlusts und des Leidens zusammen, aber auch mit Nostalgie und Stolz. Als *kresy* werden die peripheren Gebiete eines Staates bezeichnet, das Grenzland, in dem es aufgrund diverser kultureller Prozesse zum Aufeinandertreffen verschiedener ethnischer und religiöser Elemente (und auch zu Herrschaftskonflikten) kommt. Dieser von der Perspektive des Zentrums geprägte Blick auf das betreffende Territorium (bzw. auf die Landschaften oder Regionen) lässt sie zu Grenzräumen werden. Der Begriff *kresy wschodnie* gibt somit eine polnische Perspektive wider, die von Vertretern anderer Nationalitäten, die einst dort lebten oder noch heute dort leben, nicht akzeptiert wird. Heute denkt man bei dem Begriff *kresy wschodnie* meistens vor allem an die Ostgebiete der Zweiten Polnischen Republik (1918–1939), die infolge des letzten Weltkriegs den westlichen Sowjetrepubliken einverleibt wurden und heute Bestandteil der Nachbarstaaten Polens sind – von Litauen, Belarus sowie der Ukraine. Doch im 19. und 20. Jahrhundert durchlief der von literarischen, autobiographischen und historiographischen Texten in die Sprache und polnische Nationalmythologie eingeführte Begriff eine allmähliche Wandlung.

Die Ostgebiete von vor dem Ersten Weltkrieg waren durch die Festlegung der polnisch-sowjetischen Grenze 1921 zu *kresy* geworden. Schaut man sich aber ihre Lage im Gebiet des alten polnisch-litauischen Staates

In den *kresy* und noch weiter...

an, also der Ersten Republik bzw. *Rzeczpospolita*, so handelte es sich um eher zentral gelegene Gebiete. Ursprünglich hatte man als *kresy* nämlich die entlegenen südöstlichen Grenzräume bezeichnet, die von Militärposten vor Türken und Tataren verteidigt worden waren. Im geteilten Polen des 19. Jahrhunderts ging man dazu über, jene Regionen des russischen Teilungsgebiets so zu nennen, die 1815 nicht dem Königreich Polen zugeschlagen worden waren. Und schließlich bezeichnete man nach 1918 die östlichen Woiwodschaften der Zweiten Republik so, mit Städten wie Wilna (poln. Wilno, lit. Vilnius) und Grodno (belarus. Hrodna), aber auch Lemberg (poln. Lwów, ukr. Lwiw), das im 19. Jahrhundert zum Habsburgerstaat gehört hatte.

Was nun Sibirien betrifft, so unterscheidet man auf Polnisch zwischen dem weiter verstandenen *Sybir* auf der einen Seite sowie auf der anderen Seite *Syberia* (Sibirien) im engeren Sinne. *Sybir* hat einen engen Bezug zur polnischen Leidensgeschichte, zur Erinnerung an die Verfolgung von Patrioten, also zur Erfahrung vielfacher Verfolgungen – zunächst durch Russland und dann, nach 1917, durch die Sowjetunion. Die Zwangsverschleppung aus der Heimat als Form der Strafe wurde als »Verbannung nach *Sybir*« bezeichnet, unabhängig davon, ob die Betroffenen in die europäischen Gegenden Russlands gelangten oder in die hinter dem Ural gelegenen Regionen Sibiriens oder nach Kasachstan. Die Organisation der ehemaligen Verbannten, die 1926 gegründet und 1988 reaktiviert wurde, trägt den Namen *Związek Sybiraków* (Bund der *Sybir*-Verbannten). *Sybir* ist ein imaginierter Raum am Ende der Welt, ein spärlich bevölkertes Land von Schnee und Taiga, unwirtlich und furchteinflößend, ein Ort des Terrors und der Trauer, aber auch der Demonstration patriotischer Einstellungen und polnischer Unbeugsamkeit.

Beide Bezeichnungen enthalten bis heute keine geringe Ladung Emotionen und verbinden sich mit einer stark verwurzelten antirussischen Haltung. Literarische Schöpfungen, darunter Lyrik und Erinnerungsliteratur, aber auch Gemälde haben bereits im 19. Jahrhundert die Grundlage für die Mythologie dieser Gebiete gelegt, die durch die Erinnerung an die in der ersten Hälfte des 20. Jahrhunderts gebrachten Opfer noch verstärkt wurde. Museale Ausstellungen, Denkmäler und Gedenktafeln – letztere heute in fast jeder polnischen Stadt –, literarische Werke, die Teil der Schulbildung sind, schließlich autobiographische Texte, Filme oder letzthin auch Internetportale sind die Kanäle, über die sie an die nächsten Generationen weitergetragen werden.

Die Polen in den Ostgebieten der Ersten Republik und in Russland bis 1917

Die Nachbarschaft von Gebieten, die von Herrschern Polens und der Rus, später auch Litauens regiert wurden, führte nicht nur zu Rivalität und Konflikten, sondern auch zu wirtschaftlichen und kulturellen Kontakten, zu Wanderungen und Siedlungsprozessen. Nachdem König Kasimir der Große Mitte des 14. Jahrhunderts die Halitscher Rus mit Lemberg, Podolien sowie Chełm (dt.: Cholm) und Włodzimierz (ukr.: Wolodymyr) ans Königreich Polen angegliedert hatte, und nach der anschließenden Union Polens mit dem Großfürstentum Litauen (1385) – zu dem neben Wilna auch Połock (belarus. Polazk), Kiew, Minsk und Smolensk gehörten – intensivierten sich die Beziehungen und erhielten eine ganz neue Dimension. Im Zuge der verschiedenen Phasen der polnisch-litauischen Unionsbildung entstand ein riesiger gemeinsamer Staat – Polen-Litauen, auch »Republik Beider Nationen« genannt, der große Teile Osteuropas angehörten. In den letzten Jahrzehnten des 16. Jahrhunderts verschoben sich die Grenzen des Königreichs Polen durch die Annexion der ukrainischen Gebiete weit nach Osten, bis hinter den Dnipro (Dnepr). Im 17. Jahrhundert kam es durch die Kriege Moskaus zur »Sammlung der russischen Erde«, durch die Kosakenaufstände und die Auseinandersetzungen mit der Türkei zu einem Verlust eines Teils der Ostgebiete, darunter auch von Smolensk und Kiew. Im übrigen Territorium entfaltete sich ein Polonisierungsprozess der höheren Schichten, mit dem auch die Übernahme des Katholizismus einherging. Außerdem siedelte sich ein Teil des polnischen Adels im Osten an. Auch jene zog es dorthin, die ihrem Elend entkommen wollten: Juden oder auch Bauern auf der Flucht vor der Leibeigenschaft. Doch die wiederkehrenden Kriege, Überfälle und Kosakenaufstände führten zu schwierigen Lebensumständen und geringen Entwicklungsmöglichkeiten. Abgesehen von den sich in vielerlei Hinsicht unterscheidenden Juden und dem an seinem Status hängenden Adel gingen die Zuwanderer aus dem Westen

In den *kresy* und noch weiter ...

im Laufe der Zeit in der großen Menge der ostslawischen und orthodoxen Bevölkerung auf. Allerdings entstanden auch Adelsdörfer und katholische Dörfer, die ihre polnische Identifikation immer wieder hervorhoben. Große Städte wie Wilna oder Lemberg wurden für einige Jahrhunderte zu wichtigen Zentren der polnischen Kultur und zu Verwaltungszentren. Stets war die hier lebende Bevölkerung jedoch heterogen.

Die Prozesse der Entstehung nationaler Identität erstreckten sich über eine lange Zeit, unterschieden sich und hingen von der ethnischen Gruppe, der gesellschaftlichen Schicht oder der Region ab. Ihr Verlauf wurde erheblich vom Untergang des polnisch-litauischen Staates beeinflusst. Die östlichen Woiwodschaften der *Rzeczpospolita*, der Ersten Republik fielen hauptsächlich an Russland, das nach der ersten Teilung Städte wie Polazk, Witebsk und Homel besetzte, nach der zweiten Teilung Minsk, Słuck (Sluzk), Żytomierz (Schytomir) und Winnica (Winnyzja). Die dritte Teilung verhalf Russland zur Herrschaft über Wilna, Grodno und Łuck (Luzk). Schon 1772 waren auch Lemberg und Stanisławów (Stanislau, heute Iwano-Frankiwsk) verloren gegangen, die von Österreich annektiert wurden. Nach den napoleonischen Kriegen kam es zu gewissen Grenzkorrekturen zwischen den Teilungsmächten. Russland vergrößerte seinen Besitzstand um Zentralpolen mit Warschau und gründete das autonome Königreich Polen. Die Ostgebiete der Ersten Republik wurden jedoch nicht Teil dieses Königreichs. In Polen nannte man sie die »weggenommenen Gebiete« oder eben auch *kresy*. Für die Russen waren sie das »Westland« mit seinen neun Gouvernements. Für die ansässige Bevölkerung, die im Laufe des 19. Jahrhunderts langsam ein Nationalbewusstsein als Ukrainer, Litauer und auch Belarusen erlangte, wurden sie unter dem Namen Ukraine, Litauen und Belarus zu eigenen Schöpfungen.

Die polnische Bevölkerung in diesen weitläufigen und heterogenen Gebieten befand sich stets in einer Minderheit. Für einen Teil von ihr beschränkte sich die polnische Identität nicht selten auf die Tatsache, einen Adelshof und ein römisch-katholisches Pfarrhaus zu besitzen. Die Politik der Zaren beabsichtigte mit Ausnahme der Herrschaftszeit von Alexander I. die Diskriminierung und Verdrängung der polnischen Kultur. Ein polnischsprachiges Schulwesen durfte sich nicht entwickeln. Auch der Katholizismus, der als »polnischer Glauben« galt, wurde diskriminiert. Der polnische Adel wurde von den Behörden als Bedrohung angesehen, als Rivale bei der Herrschaft über die national indifferente bäuerliche Bevölkerung. Nach den niedergeschlagenen nationalen Erhebungen, dem Novemberaufstand von 1830/31 und dem Januaraufstand von 1863/64, kam es nicht nur zu massenhaften Vergeltungsmaßnahmen gegen die »polnischen Aufrührer«, sondern es wurde auch die polnische Kultur eliminiert, polnische Besitzungen wurden konfisziert, Polen verloren ihre Ämter und Funktionen, die orthodoxe Konfession wurde forciert und den Einwohnern von Adelsdörfern wurde der Adelstitel aberkannt. Dies führte im Laufe der Zeit zu einer deutlichen Zurückdrängung alles Polnischen. Assimilationsprozesse beschleunigten sich, wozu auch der Konfessionswechsel gehörte. Von wesentlicher Bedeutung waren zudem die gesellschaftlichen Beziehungen. Die Polen überwogen immer noch stark unter den Grundbesitzern, weshalb die Zarenherrschaft Klassenkonflikte so ausspielen konnte, dass sie ihr nützten. Die damals entstandenen sozialen Stereotype wie »polnischer Herr« oder »Pole gleich Katholik« spielen in den Beziehungen zwischen den Polen und ihren östlichen Nachbarn bis heute eine gewisse Rolle.

Ab dem 18. Jahrhundert wuchs die Zahl der Polen im Inneren des russischen Reiches, auch in seinem europäischen Teil. Es handelte sich um die Auswirkungen der repressiven Politik der Zarenherrschaft: Verbannungen, Zwangsrekrutierung zur Armee, aber auch freiwillige Migration (auf der Suche nach Verdienstmöglichkeiten oder Karriere). Die ersten Einwohner der Ersten Republik tauchten infolge von Kriegen und russischen Interventionen im 17. und 18. Jahrhundert als Kriegsgefangene in Russland auf. In den letzten Jahrzehnten des 18. Jahrhunderts wurden in diese entlegenen Gebiete Menschen verbannt, die gegen das russische Eingreifen während den Krisen der Ersten Republik gekämpft hatten. Weitere zehntausende von Verbannten und Zwangsrekrutierten gelangten in den folgenden Jahrzehnten in die europäischen Teile Russlands, aber auch nach Sibirien und in die kasachischen Steppen – vor allem nach den verlorenen Aufständen und während des Anschwellens der revolutionären und nationalen Bewegungen mit einem Höhepunkt im ersten Jahrzehnt des 20. Jahrhunderts. Allerdings waren diese entfernten Gegenden auch Gebiete, wo Polen als Wissenschaftler und Unternehmer tätig

In den *kresy* und noch weiter ...

waren und sich gesellschaftlich engagierten: die Verbannten ebenso wie diejenigen, die auf der Suche nach einem besseren Leben, nach gutem Verdienst oder nach Land waren. Die Zarenherrschaft benötigte freie Siedler, um den asiatischen Landesteil zu entwickeln. Tausende polnischer Handwerker, Unternehmer, Hauslehrer, Bedienstete und Bauern, aber auch keine geringe Zahl von Ärzten, Ingenieuren, Beamten und Wissenschaftlern trugen zum Aufschwung der sibirischen Städte und Siedlungen, ihres Kulturlebens und ihrer Infrastruktur bei, darunter vor allem der sehr wichtigen Eisenbahn.

In vielen russischen Städten entwickelten sich große polnische Kolonien mit einem lebhaften gesellschaftlichen und religiösen Leben (das für die Aufrechterhaltung nationaler Eigenart wichtig war), sie besaßen ihre eigenen, vom russischen Recht erlaubten Organisationen und Vereine, sie brachten Zeitungen heraus oder veranstalteten Konzerte. Zu den größten und aktivsten polnischen Diasporen gehörten jene von Moskau, Sankt Petersburg, Odessa und Kiew. Polnische Milieus entstanden auch in Städten wie Baku, Tiflis, Tomsk oder Irkutsk.

Modernisierung, Bauernbefreiung, Industrialisierung und die Entwicklung der Landwirtschaft wirkten sich zu einem gewissen Grad auch positiv auf die Lage und Anzahl von Polen in den »weggenommenen Gebieten« wie auch in entlegeneren Teilen Russlands aus, obschon ein Teil der Adelsgüter nach der Aufhebung der Leibeigenschaft in eine tiefe Krise geriet. In die Industriegebiete wie Donbas, Moskau und Petersburg kamen in den letzten Jahrzehnten des 19. Jahrhunderts immer mehr Unternehmer, Techniker und Arbeiter aus den zentralen polnischen Gebieten. Investitionen in die sich rasch entwickelnde Lebensmittelverarbeitung und Industrie stärkten die wirtschaftliche Situation des polnischen Adels in der Ukraine. Er holte Polen aus Zentralpolen als Landarbeiter auf seine Besitzungen.

1897 fand im Romanow-Imperium die erste Volkszählung statt. Die Daten zu den Konfessionen und zur Muttersprache werden oft dazu herangezogen, um die Größe der Nationalitäten in Russland festzustellen oder vielmehr zu schätzen. Damit gehen nicht enden wollende Streitigkeiten zwischen den Historikerinnen und Historikern all jener osteuropäischen Staaten einher, in deren Staatsgebiet die früheren multiethnischen Grenzländer liegen. Die polnische Forschung hebt hervor, wie tendenziös die russische Verwaltung gewesen sei, indem sie die Größe von für den Staat unbequemen Gruppen niedriger ansetzte, sie betonet aber auch das Fehlen eines polnischen Bildungswesens, was Einfluss auf die rückläufigen Sprachkenntnisse gehabt habe. In Russland außerhalb des sogenannten Kongresspolens lebten dieser Volkszählung zufolge fast 1,17 Millionen Polen. Von diesen wurden rund 900 000 auf dem Gebiet der Ersten Republik verzeichnet, davon die meisten in den Gouvernements Wilna, Kowno, Grodno und Wolhynien. In keinem der westlichen Gouvernements überstieg die Zahl der Polen die Marke von 200 000. Selbst dort, wo sie am stärksten vertreten waren (zwischen 130 000 und 180 000 Personen), machten sie – mit Ausnahme des Gouvernements Grodno – weniger als zehn Prozent der Gesamtbevölkerung aus. Im europäischen Teil Russlands lebten demzufolge 223 000 Polen (die meisten in den Gouvernements Sankt Petersburg und Cherson sowie in Kurland und im Livland ganz im Westen des Reichs), im Kaukasus waren es rund 25 000. Östlich des Urals, in Sibirien und Mittelasien – lebten rund 40 000. Am zahlreichsten vertreten waren unter den Polen die Bauern mit 45 Prozent, doch bemerkenswert ist der hohe, 23 Prozent zählende Anteil von Adligen (die meisten Bauern und Adligen lebten in den westlichen Gouvernements). Ein Drittel der 76 000 Menschen zählenden polnischen städtischen Bevölkerung konzentrierte sich in den urbanen Zentren des Imperiums, also in Petersburg (37 000), Moskau, Odessa und Riga.

Die letzten zwanzig Jahre des Zarenreichs waren durch intensive Wanderungsbewegungen gekennzeichnet. Daran beteiligten sich auch Polen, obschon die Ausmaße dieser Migrationen nicht bekannt sind. Zum Beispiel stieg die Zahl der polnischen Einwohner von Sankt Petersburg bis 1914 auf 70 000 und von Moskau auf 20 000. Petersburg besaß also nach dem rund 100 000 Polen zählenden Wilna die größte polnische Gemeinde Russlands außerhalb von Kongresspolen. Polnische Bäuerinnen und Bauern hingegen siedelten sich in Sibirien an, wo sie sich an der von der Regierung betriebenen Kolonisierung des Landes beteiligten.

Zu Beginn des 20. Jahrhunderts gab es Bemühungen, unter Heranziehung weiterer statistischer Materialien staatlicher und kirchlicher Herkunft die Zahl der Polen zu überprüfen. So behauptete zum Beispiel Sta-

In den *kresy* und noch weiter...

nisław Thugutt, ein polnischer gesellschaftlicher Aktivist und Publizist, dass in Russland jenseits Kongresspolens 2,8 Millionen Polen lebten, davon der Großteil in den westlichen Gouvernements. Rund 400 000 hielten sich ihm zufolge im eigentlichen Russland auf, darunter 54 000 östlich des Urals.

Nun noch ein Blick auf die Lage der Polen in den Gebieten der heutigen Ukraine, die am Ende des 18. Jahrhunderts unter österreichische Herrschaft gerieten. Dieses offiziell »Königreich Galizien und Lodomerien« genannte Territorium wurde informell in Westgalizien mit Krakau und das zweimal so große Ostgalizien mit Lemberg, Stanisławów und Tarnopol unterteilt. Die Lage der Polen war hier, obwohl sie in der Minderheit waren, ganz anders als unter russischer Herrschaft, vor allem was ihre Autonomierechte innerhalb der K.-u.-k.-Monarchie anging. Die Polen dominierten in den höheren Gesellschaftsschichten, unter der städtischen Bevölkerung sowie in der Beamtenschaft. Einige von ihnen waren sogar Minister und Ministerpräsidenten der Wiener Zentralregierung. Die polnischen Eliten befanden sich in einer guten wirtschaftlichen Lage und waren vergleichsweise gut gebildet. Doch zugleich wurde Ostgalizien zum »ukrainischen Piemont« – zu einer Gegend, in der sich die ukrainische Identität und die ukrainische Nationalbewegung herausbildeten, weshalb die polnisch-ukrainischen Beziehungen hier an der Wende zum 20. Jahrhundert immer spannungsreicher wurden. Die österreichische Verwaltung führte regelmäßig Volkszählungen durch, die Informationen über die konfessionelle und sprachliche Verteilung der Bevölkerung lieferten. Im Jahre 1900 machten Polen rund 1/5 der Bevölkerung von Ostgalizien aus (etwa 880 000 Menschen). Nur in Lemberg hatten die Polen eine absolute Mehrheit (52 Prozent der Bevölkerung). In den Landkreisen Lemberg und Trembowla (Terebowla) war ihr Anteil der größte unter den Nationalitäten und betrug 40 Prozent. Im übrigen Gebiet bildeten die Polen eine Minderheit, mit einem Anteil von einigen wenigen bis zu 30 Prozent.

Der große Krieg. Der Kampf um einen eigenen Staat und seine Grenzen

Der Kriegsausbruch im Sommer 1914 löste eine Reihe erzwungener Migrationsbewegungen aus. Die Mobilisierung erfasste alle für den Militärdienst geeigneten Männer. Es kam zu spontaner Flucht vor den feindlichen Armeen, aber auch zu behördlich angeordneten großen Evakuierungsaktionen. Mitte 1915, vor dem Einmarsch der deutschen und österreichisch-ungarischen Truppen, wurden hunderttausende Einwohner aus dem Westen des Zarenreiches ins innere Russland evakuiert. Polnischen Hilfsorganisationen zufolge, die sich um die Vertriebenen kümmerten, waren es 1916 rund 800 000 Menschen. 1918 schätzten die russisch-bolschewistischen Behörden, dass von den fünf Millionen Menschen auf der Flucht rund 30 Prozent Polen waren, also rund 1,5 Millionen Personen. Der Zustrom der Flüchtlinge hatte erheblichen Einfluss auf die Größe und den Charakter der polnischen Diaspora im inneren Russland. Die Demokratisierung Russlands nach dem Sturz der Zarenherrschaft und die Februarrevolution von 1917 vergrößerte die Möglichkeiten für gesellschaftliche und politische Aktivität. Das voranschreitende Chaos und die Krisen in Russland, der bolschewistische Umsturz vom Herbst 1917 sowie die sich abzeichnenden Chancen auf die Wiederherstellung eines souveränen polnischen Staates konfrontierten die polnische Diaspora mit einer neuen Lage.

Im Westen, in den Gouvernements der »weggenommenen Gebiete«, aber auch im Habsburger Einflussbereich hielten sich an ihren bisherigen Wohnorten immer noch hunderttausende von Polen auf. Sie erlebten die wachsenden Lasten des Kriegs und mehrmalige Schlachtzüge der Kriegsgegner. Nicht selten kämpften Polen aus den verschiedenen Teilungsgebieten gegeneinander und starben in den Armeen der verfeindeten Imperien. Im Schatten des Kriegs, im Hinterland der Ostfront, tobten politische Schlachten, an denen sich nicht nur Polen, sondern auch andere Nationen des östlichen Europas beteiligten. Die deutschen politischen Pläne – etwa die Absicht, ein »Mitteleuropa« zu begründen – boten nicht nur Polen die Möglichkeit, für ihre nationale und staatliche Eigenständigkeit zu agieren, sondern genauso auch Litauern, Ukrainern oder den Schwächsten in dieser sich entfaltenden Rivalität, den Belarusen. Gegen Ende des Kriegs beschleunigten sich die Entwicklungen. Es kam zur direkten Konfrontation zwischen den nach Unabhängigkeit strebenden Nationen – wobei sie nicht nur von Russland, sondern auch vom wiederentstehenden Polen unabhängig werden wollten. Dies stellte die polnischen Eliten vor große Herausforderungen. Es machte keinen Sinn, auf den Grenzen der Ersten Republik zu beharren. Die polnischen territorialen Programme werden meist auf zwei Schlagworte zugespitzt: Föderation oder Inkorporation. Über die Föderation heißt es in der Regel, dass sie erstrebenswerter, historisch gerechter und mit der Tradition der multiethnischen Ersten Republik verbunden gewesen sei. Doch die Realität des gesellschaftlichen Lebens und die damit verbundenen Spannungen zwischen den Klassen, vor allem aber die wachsende Popularität der jeweiligen nationalen Eigenständigkeit führten ebenso wie die letztendliche Ablehnung der Föderationsidee durch die Polen selbst dazu, dass jede Nation, die sich in Gänze oder zum Teil auf dem Staatsgebiet der alten *Rzeczpospolita* befand, ihren eigenen Weg beschritt.

Diese Wege mussten sich zwangsläufig kreuzen, was zu weiteren Konflikten führte. 1918 wurde der Welt die Entstehung neuer Staatsgebilde verkündet, die meist schwach waren und nur teilweise eine Aussicht darauf hatten, zu erstarken und Teil der neuen Landkarte Europas zu werden. Formell gesehen kam es zu Beginn der 1920er Jahre zu einem Ende der Kampfhandlungen, doch deren Folgen wirkten sich auf spätere Jahrzehnte aus. Zentren der Rivalität und verbissener Kämpfe waren die beiden Metropolen dieser Gebiete – Wilna und Lemberg. Der um sie geführte Kampf, der Traum, sie der eigenen Nation einzuverleiben, die Absicherung ihres Besitzes durch Mittel, die nicht unbedingt mit dem internationalen Recht vereinbar waren – all dies sollte Teil der nationalen Mythologien von Polen, Litauern, Ukrainern und auch von Belarusen werden. Das bolschewistische Russland wurde zu einem gefährlichen Teilnehmer an dieser Rivalität und griff 1919 sowie erneut 1920 militärisch ein. Im Gegensatz zur polnischen Westgrenze, die im Prinzip durch die Entscheidungen der Großmächte geschaffen wurde (obschon auch hier das bewaffnete Eingreifen Polens von Belang war), hing im Osten fast alles von der militärischen Stärke der Konfliktparteien ab.

In den *kresy* und noch weiter…

Im Mai 1920 gelangten die polnischen Einheiten am weitesten nach Osten. Gemeinsam mit ihren Verbündeten, die eine Strömung der ukrainischen Politik repräsentierten, machten sie in Kiew Halt. Doch schon im Sommer desselben Jahres mussten die Polen nicht nur erbittert um die Gebiete östlich des Flusses Bug kämpfen, sondern sogar um das Zentrum des Landes mit Warschau selbst. Die Offensive der Roten Armee wurde schließlich unter großen Anstrengungen im Spätsommer 1920 zurückgeworfen. Die sich zurückziehenden Bolschewiki übergaben Wilna den Litauern, was angesichts des polnischen Übergewichts jedoch nicht von Dauer sein sollte. Nach wenigen Monaten führte ein von Józef Piłsudski angeregter »Aufstand« eines Militärführers zur Bildung eines »Mittellitauen« genannten Staates. Die alte Hauptstadt des Großfürstentums Litauen wurde schließlich mitsamt ihres Umlands 1922 zu einer Woiwodschaft der Zweiten Polnischen Republik. Lemberg, das nach dramatischen Kämpfen gegen die Ukrainer Ende 1918 und Anfang 1919 in polnischer Hand geblieben war, wurde ebenfalls Teil des wiederentstandenen polnischen Staates. Nur Litauern und Polen gelang es am Ende, ihre Nationalstaaten zu verteidigen. Ukrainer und Belarusen erlitten Niederlagen, und der Vertrag von Riga vom März 1921, der den polnisch-russischen Krieg beendete, teilte die von ihnen bewohnten Gebiete auf. Jenseits der neuen polnischen Ostgrenze lebten weiterhin zahlenstarke Gruppen polnischer Landbevölkerung.

Die Ostgrenze Polens wurde im Versailler System verankert (durch die Annahme eines Anhangs zum Friedensvertrag 1923), doch waren die Garantien für sie stets schwächer und die Haltung des Westens blieb ambivalent. Zwar unterzeichneten die Bolschewiki einen Friedensvertrag mit Warschau, doch schloss das aus ihrer Sicht nicht aus, die Grenze in Zukunft wieder zu instrumentalisieren. Das Entstehen der Ukrainischen sowie der Belarusischen Sowjetrepublik schuf zumindest theoretisch eine Alternative für die in Polen lebende ukrainische und belarusische Minderheit. Litauen fror nach dem Verlust Wilnas seine Beziehungen zu Polen ein. Nur die relativ kurzen Grenzabschnitte mit Lettland und Rumänien waren für Warschau kein Gegenstand größerer Auseinandersetzungen. Die Haltung des Westens, insbesondere Großbritanniens zur Grenzfrage spiegelt sich in der Curzon-Linie wider, die Großbritannien im Sommer 1920 vorgeschlagen hatte und die aus Londons Sicht auf den ethnographischen Verhältnissen beruhte. Der Fluss Bug war hierbei die Linie, welche die geschlossene polnische Bevölkerung von Ukrainern und Belarusen trennte. Die politische Dynamik ließ diesen Plan jedoch sofort inaktuell werden, allerdings – wie sich herausstellen sollte – nur für zwei Jahrzehnte. Warschau akzeptierte auf westlichen Druck hin bestimmte Verpflichtungen – etwa die Einführung einer Autonomie für Ostgalizien (das immer häufiger Östliches Kleinpolen genannt wurde), die aber schließlich nicht zustande kam.

Die östlichen Woiwodschaften der Zweiten Republik

In der Mitte der 1920er Jahre zählte das wiederentstandene Polen 388 000 Quadratkilometer und rund 30 Millionen Einwohner. Der Ostteil des Staates bestand aus den Woiwodschaften Nowogródek, Polesien, Stanisławów, Tarnopol, Wilna, Wolhynien sowie – wenn man die ethnischen Verhältnisse berücksichtigt – aus den östlichen Teilen der Woiwodschaften Białystok (wo unter anderem Grodno und Wołkowysk lagen) sowie Lemberg (zu der im Westen noch Przemyśl, Krosno und Rzeszów gehörten). Die Zweite Republik war ein multinationaler Staat, in dem vor allen in den Grenzgebieten im Westen und im Osten nationale Minderheiten lebten, die etwa ein Drittel der Bevölkerung ausmachten. Ihr Anteil an der Bevölkerung war jedoch im Osten viel größer als in Großpolen oder in Pommerellen. Im Osten waren die Polen eine Minderheit, deren starke politische, gesellschaftliche und wirtschaftliche Stellung jedoch daraus herrührte, dass sie Teil der Staatsnation waren und die Nationalitätenpolitik der Regierung unterstützten. Hauptaufgabe der Regierung war es, die drei Teilungsgebiete des Landes zusammenwachsen zu lassen. Die Verfassung vom März 1921 erklärte die Gleichheit aller Bürger ohne Hinsicht auf ihre Nationalität oder ihre Religionszugehörigkeit. Doch die innenpolitische Lage in Polen, Probleme in den Beziehungen zu den Nachbarstaaten, die Mühen beim Aufbau eines Staates fast komplett von Null an, die politischen Ideen der Zeit mit ihren nationalistischen und antidemokratischen Tendenzen – sowohl bei Polen als auch bei den nationalen Minderheiten – und schließlich das Fehlen von ausreichendem Kapital zur Entwicklung sowie zur Verringerung der Armut breiter Bevölkerungsschichten führten zu wachsenden Spannungen: Die Politik gegenüber den Nicht-Polen verschärfte sich. Die demographischen und ethnischen Verhältnisse der Zwischenkriegszeit werden vor allem auf der Grundlage der Volkszählungen von 1921 und 1931 analysiert. 1931 wurde die Bevölkerung nach Sprache und Konfession gefragt, weil man dachte, dass dies die ethnischen Verhältnisse besser abbilden würde als eine Erklärung zur nationalen Identifikation. Im Fall der *kresy wschodnie* stellte sich der Unterschied zwischen denjenigen, die das Polnische als ihre Muttersprache bezeichneten und denjenigen, die der römisch-katholischen Kirche angehörten, als so groß heraus, dass dies zu einer langen Debatte und umstrittenen Interpretationen führte, im Grunde bis heute. 1931 gaben 5,6 Millionen Einwohner Ostpolens an, Polnisch sei ihre Muttersprache, also ca. 43 Prozent der Bevölkerung. Hingegen gab es 4,7 Millionen (36,4 Prozent) Mitglieder der römisch-katholischen Kirche, darunter rund 100 000 Litauer.

Wie viele Polen gab es also in den *kresy wschodnie*? Konnte man sich im Alltag des Polnischen bedienen, aber zugleich der orthodoxen oder griechisch-katholischen Kirche angehören oder aber Mitglied einer jüdischen Gemeinde sein? Waren solche Personen tatsächlich Polen oder deklarierten sie sich aus dem einen oder anderen Grund als solche (Druck der Behörden, Fälschung der Volkszählung)? Waren Katholiken, die zu Hause und in der engen Umgebung Mundarten des Belarusischen sprachen, Polen oder Belarusen – oder »Indifferente«? Konnten polnischsprachige Katholiken aus der Gegend von Wilna Litauer sein, die durch die Polonisierung des 19. und 20. Jahrhunderts von der Herkunftsnation abgetrennt worden waren?

Die Suche nach Antworten auf diese Fragen hat zu zahlreichen Forschungen geführt, die das Thema jedoch keineswegs abgeschlossen haben. Es sei noch die fast 700 000 Menschen große Gruppe von »Hiesigen« (*poleszucy*) erwähnt, die sich nicht mit den konventionellen nationalen Zuschreibungen fassen ließen und die sich vor allem als einer lokalen Gemeinschaft zugehörig beschrieben. Somit sei also schätzungsweise angenommen, dass die polnische Bevölkerung in den genannten Gebieten am Ende der 1930er Jahre rund 4,5 Millionen Menschen groß war, was also etwa ein Drittel der Einwohner der *kresy wschodnie* darstellte. Ihre territoriale Verteilung ergab sich aus der Geschichte der vorausgegangenen Jahrhunderte. Nach wie vor bestanden relativ zahlreiche polnische Siedlungszentren, aber es gab auch Gegenden, in denen nur wenige Polen in großer Zerstreuung lebten, umgeben von belarusischer oder ukrainischer Bevölkerung, in Dörfern und Kleinstädten mit gemischtem ethnischem Profil. Die größten Anteile von Polen gab es in der Woiwodschaft Lemberg (ca. 58 Prozent der Einwohner), Białystok (ca. 67 Prozent), Tarnopol (ca. 49 Prozent) und Wilna (ca. 60 Prozent) sowie Nowogródek (ca. 52 Prozent). Am wenigsten Polen lebten in den Woiwodschaften Stanisławów (22 Prozent), Wolhynien (16 Prozent) und Polesien (14 Prozent). Deutlich sichtbar war ein Gebiet polnischsprachiger und katholischer Siedlung, das sich von Białystok über Grodno und Wilna bis nach Brasław nahe der lettischen Grenze erstreckte. Im Süden ragten die Gegenden von Lemberg und Tarnopol heraus. In den übrigen *kresy wschodnie*, vor allem in Polesien und im nördlichen Wolhynien, überwog die nichtpolnische Bevölkerung bei weitem und Polen siedelten nur verstreut. Natürlich begünstigte die Schul- und Kulturpolitik des polnischen Staates die Stärkung der polnischen Identität. Es ist allerdings daran zu erinnern, dass es sich dabei auch um die Gebiete mit den höchsten Analphabetenraten im Land (vor allem im ehemaligen russischen Teilungsgebiet) und mit dem niedrigsten Lebensniveau handelte.

Grundlage der Wirtschaft war die wenig entwickelte Landwirtschaft, wobei die bäuerliche Bevölkerung von Landhunger geplagt war. Die staatliche Politik, die polnischen Grunderwerb unterstützte, rief bei den ukrainischen und belarusischen Bauern Unzufriedenheit hervor, da sie als Instrument polnischer Kolonisierung galt. Dies betraf unter anderem die Militäransiedlung, also die Ansiedlung ehemaliger Soldaten der polnischen Armee. Im Zuge dieser Aktion wurden in den 1920er Jahren rund 8000 Höfe gegründet (am meisten in Wolhynien, rund um Grodno und Nowogródek). Der Urbanisierungsgrad der *kresy* lag unter dem Landesdurchschnitt, wobei es in ganz Polen damals immerhin noch 70 Prozent ländliche Bevölkerung gab. Die Städte der *kresy* waren außer Wilna (am Ende der 1930er Jahre 195 000 Einwohner) und Lemberg (312 000) klein. Es fehlte an Industriestandorten, die viele Menschen hätten beschäftigen können. Die meisten Unternehmen waren klein und wenig mechanisiert. Die Woiwodschaftshauptstädte waren abgesehen von Wilna und Lemberg relativ kleine Städte mit in der Regel wenigen zehntausend Einwohnern, in denen vor allem polnische und jüdische Bevölkerungsteile lebten. Das Städtenetz der nordöstlichen Woiwodschaften war dabei noch dünner als in Ostgalizien. Die Lebensbedingungen in diesen Städten waren schlechter als in Städten vergleichbarer Größe im Landeswesten. Ein ernstlicher Nachteil war das vor allem im Nordosten schlecht entwickelte Netz der Verkehrswege. Ostpolen, das als Polen B oder gar Polen C bezeichnet wurde, hätte ein großes Entwicklungsprogramm gebraucht. Aber dafür besaß die Zweite Republik keine ausreichenden Mittel.

Die Mühen des Alltagslebens, die wirtschaftliche Stagnation, das Fehlen von Aussichten auf eine Verbesserung der Lebensbedingungen – all dies führte dazu, dass sich die ethnischen Verhältnisse zuspitzten und eine wachsende Distanz, ja sogar Feindschaft der Minderheiten gegenüber dem polnischen Staat zur Folge hatten. Auch die Beschränkung der staatsbürgerlichen Rechte im Zuge der Stärkung der autoritären Regierungen in den 1930er Jahren hatte negative Auswirkungen auf die innenpolitische Lage. Zu den Nationalitätenproblemen kamen soziale Probleme. Das Scheitern des Unabhängigkeitskampfes zu Beginn der 1920er Jahre hieß für die belarusischen und ukrainischen Aktivisten nicht, dass das Unabhängigkeitsprogramm ein für alle Mal aufgegeben war. Vor allem die ukrainischen Eliten arbeiteten darauf hin, es mit allen – auch ungesetzlichen und konspirativen – Mitteln durchzusetzen. Der polnische Staatsapparat antwortete rabiat mit Repressionen. Auch der Antisemitismus wuchs an, der in Verbindung mit den wirtschaftlichen Problemen die Lage der eine Million zählenden jüdischen Bevölkerung der *kresy* verschlechterte. Zwar wird diese Zeit in der polnischen Autobiographistik – sicherlich unter dem Eindruck der späteren tragischen Ereignisse – oft als Zeit des ruhigen Miteinanders dargestellt, als kurze Etappe sicherer Existenz, ja sogar als idyllischer Zeitraum von Kindheit und Jugend, doch am Ende der 1930er Jahre war in vielen Gegenden Ostpolens die Lage sehr angespannt; ein großer Teil der nichtpolnischen Bevölkerung war dem Staat gegenüber gleichgültig oder feindlich eingestellt. 1938 kam es auch zu neuen Spannungen mit Litauen. Ein polnisches

Ultimatum hatte zwar Kaunas (poln. Kowno) zur Aufnahme diplomatischer Beziehungen gezwungen, doch brachte dies keinen Durchbruch in den bilateralen Beziehungen. Beide Staaten verspürten die wachsende Gefahr von Seiten Deutschlands oder der UdSSR, doch waren sie nicht in der Lage, sich zu verständigen.

Die polnische Minderheit in der UdSSR in der Zwischenkriegszeit

Die Errichtung des kommunistischen Systems und die Propaganda gegen immer neue »Klassenfeinde« und »Konterrevolutionäre« schlug sich negativ auf die Lage der nationalen Minderheiten im Sowjetstaat nieder. Die von der bolschewistischen Regierung verkündete Deklaration der Rechte der Völker Russlands (November 1917) war lediglich ein Propagandainstrument. Natürlich gab es unter den Bolschewiki auch Polen, ein Teil von ihnen hatte sich schon seit Ende des 19. Jahrhunderts in Gruppen der russischen Linken engagiert. Nun wurden einige von ihnen Mitglied der Parteiführung, um nur den Gründer der politischen Polizei, Feliks Dzierżyński, zu nennen. Doch insgesamt war die polnische Diaspora nicht probolschewistisch, was die neuen Machthaber auch wussten. Während des Kriegs von 1919/20 waren Polen oft verdächtigt worden, Spione oder Diversanten zu sein, man nahm sie als Geiseln und ermordete sie. Die Ankündigung, eine Polnische Sowjetrepublik zu gründen, wurde aufgrund des Siegs der polnischen Armee im Sommer 1920 nicht realisiert. Doch dies verbesserte die Lage der Polen in Russland nicht, obschon das Friedensabkommen ihnen eigentlich das Recht auf kulturelle Autonomie gab.

Einen negativen Einfluss hatte zudem die antireligiöse Politik der Bolschewiki, die rasch zur Auflösung der katholischen Kirche als zentralisierter Institution führte und auch die Existenz der Pfarreien gefährdete, die für den nationalen Fortbestand der polnischen Bevölkerung von zentraler Bedeutung waren. Es ist nicht bekannt, wie viele Polen zu Beginn der 1920er Jahre unter bolschewistischer Herrschaft lebten. Schätzungen sprechen von 3,5 Millionen Polen. Moskau und Warschau unterzeichneten noch 1921 ein Abkommen über die Rückführung von Einwohnern in den Westen, die aus den Gebieten stammten, die nun nicht mehr zu Russland gehörten, und 1914/15 in den Osten evakuiert worden waren. Und so wanderten bis Mitte 1924, oft nach vielen Mühen und Gefahren, 1,2 Millionen Menschen zu, darunter neben orthodoxer, belarusischer und ukrainischer Bevölkerung auch 300 000 Polen. Mindestens 150 000 von ihnen wählten den illegalen Weg, also über die »grüne Grenze«. Zusammen mit den Bevölkerungsverschiebungen der Jahre 1918 und 1919, die schätzungsweise rund eine halbe Million Menschen betrafen, dürfte die Zuwanderung aus dem Osten auf den unterschiedlichsten Wegen knapp 2 Millionen Menschen umfasst haben, darunter mehrere hunderttausend Polen, vor allem Angehörige der Ober- und Mittelschicht. Auf der anderen Seite des »Kordons von Riga«, oft unweit der Grenze, verblieben große Ansammlungen polnischer, vor allem bäuerlicher Bevölkerung. Aus verschiedenen Gründen und unter ganz unterschiedlichen Umständen hielten sich auch im inneren Russland weiterhin zahlreiche Polen auf. Es handelte sich um ehemalige Verbannte, Kriegsgefangene, Kriegsflüchtlinge und um ihre Nachfahren. Eine neue Gruppe waren die polnischen Kommunisten. Zu den »alten« Bolschwiki stießen die politischen Emigranten aus der Zweiten Republik, die Polen legal oder illegal verließen. Ihr Anteil an der polnischen Diaspora ist unbekannt, es waren zwischen zehn- und zwanzigtausend Menschen, doch sollten sie bei der geplanten Eingliederung der »sowjetischen« Polen in das kommunistische System eine wichtige Rolle spielen.

Erst 1926 fand die erste Volkszählung in der UdSSR statt. Zwar wurden die Ergebnisse sogar bei den polnischen Kommunisten mit gewissen Vorbehalten aufgenommen, doch gelten sie als wichtigste Quelle, um die Größe der polnischen Minderheit zu schätzen. Im gesamten sowjetischen Territorium sollen demnach lediglich rund 790 000 Polen gelebt haben. Die größten Konzentrationen gab es mit fast einer halben Million in der Sowjetukraine, während im sowjetischen Belarus 100 000 gezählt wurden. In diesen beiden Republiken machten sie noch nicht einmal 2 Prozent der Bevölkerung aus. Es handelte sich überwiegend um Bauern und Landarbeiter. Im eigentlichen Russland gab es fast 200 000 Polen, hauptsächlich in den Städten. Drei Viertel der »sowjetischen« Polen lebten also in den beiden westlichen Sowjetrepubliken, vor allem in Gebieten, die einst zum Staatsgebiet der Ersten Republik gehört hatten. Im Fall der Ukraine lebten die meisten von ihnen, mehr als die Hälfte, rechts des

Dnipro. Die zweitgrößten Ansammlungen von Polen gab es im Osten von Polesien und Wolhynien, wo sie bis zu 10 Prozent der Einwohner ausmachten. In Belarus waren so große Siedlungsschwerpunkte nicht vorhanden, aber auch hier gab es Regionen mit einem größeren polnischen Bevölkerungsanteil. In den Oblasten Minsk, Bobrujsk (Babrujsk), Borysów (Barysaŭ) und Witebsk lebten jeweils mehr als zehntausend Polen, was zwischen zwei und vier Prozent der Bevölkerung in den jeweiligen Verwaltungsgebieten bedeutete. Die Volkszählung lieferte auch interessante Daten zur Sprache der polnischen Minderheit, denn es zeigte sich eine voranschreitende sprachliche Assimilierung. In der Ukraine sprachen nur 45 Prozent Polnisch (die übrigen verwendeten meist das Ukrainische). In Belarus waren es nicht viel mehr als 43 Prozent. Das war natürlich eine Folge des fehlenden polnischsprachigen Schulwesens, aber auch der sprachlichen Nähe zu den ostslawischen Nachbarn.

Ein gewisser Freiraum für die polnische Kultur eröffnet sich – wenn auch stark ideologisiert und dem Aufbau einer kommunistischen Gesellschaft untergeordnet – im Zuge der leninistischen Nationalitätenpolitik, die gegenüber den nichtrussischen Völkern der UdSSR in den 1920er Jahren betrieben wurde. Diese erhielten innerhalb des sowjetischen Systems kulturelle Autonomierechte. Die Polen waren eine für die gesamte UdSSR zahlenmäßig unbedeutende Minderheit und noch dazu dem Verdacht ausgesetzt, konterrevolutionär zu agieren und Sympathien für das »herrschaftliche Polen« zu hegen. Deshalb konnten sie nicht mit Vergünstigungen rechnen, etwa mit autonomen Bezirken oder Republiken, wie sie etwa die Russlanddeutschen erhielten. Auf der anderen Seite konnte ein »polnisches Experiment« propagandistisch genutzt und deshalb dem Kreml nützlich sein. Auch die von der Niederlage des Jahres 1920 enttäuschten polnischen Kommunisten erhielten neue Betätigungsfelder. Die am weitesten entwickelte Form der Autonomie war die Gründung polnischer Dorfsowjets (*selsowet*) in Gemeinden, in denen mindestens 1200 Polen lebten. Zu Beginn der 1930er Jahre gab es rund 200 solcher Räte, davon 170 in der Ukraine. In diesen Verwaltungseinheiten wurde Polnisch zur Amtssprache, es entstand ein – von kommunistischer Ideologie geprägtes – polnischsprachiges Schulwesen und ein polnisches Kulturleben. Eine höhere Verwaltungsebene waren die Nationalitätenrajons, die in größeren

Gebieten mit Übergewicht einer bestimmten Minderheit gebildet wurden. Der Nationalpolnische Rajon (»Polrajon«) in der Ukraine, als dessen Namenspatron man den polnischen Bolschewiken Julian Marchlewski wählte, wurde 1925 gegründet. Das Zentrum des 42 000 Einwohner zählenden Rajons war das im Umland von Żytomierz (Schytomyr), nahe der Grenze zu Polen liegende Dołbysz (Dowbysz), das in Marchlewsk umbenannt wurde. In Belarus entstand eine solche Verwaltungseinheit erst 1932 in Kojdanowo (Kojdanau), das in Dzierżyńsk (Dsjarschynsk) umbenannt wurde und das ebenfalls an die Republik Polen grenzte. Hier lebten 44 000 Menschen. Die Entwicklung einer »proletarischen polnischen Kultur« sollte durch ein mehrgliedriges Schulsystem unterstützt werden, durch kulturelle und wissenschaftliche Institutionen, Presseorgane und Buchpublikationen. Da sie ideologischen Zwecken untergeordnet waren, hatten sie jedoch nicht viel mit Nationalkultur zu tun, obschon sie den Gebrauch der polnischen Sprache förderten. Die »Polrajons« waren auch ein Propagandainstrument gegen die Republik Polen. Diese kleinen Formen der Eigenständigkeit riefen allerdings die Missbilligung und den Argwohn vieler Bolschewiki hervor. Sie wirkten sich nicht sehr effektiv auf die Bevölkerung aus, worauf auch der entschlossene Widerstand hinwies, den die polnischen *selsowets* gegen die Kollektivierung leisteten.

Das Schicksal der Dorfsowjets und Rajons war besiegelt, nachdem die stalinistische »Revolution von oben« begann und die frühere Nationalitätenpolitik als schädlich eingestuft wurde. Als Warschau 1934 mit dem Dritten Reich eine Nichtangriffserklärung unterzeichnete, lieferte dies der antipolnischen Propaganda neue, griffige Argumente. Unter dem Vorwand, die Grenze zu Polen zu sichern, wurden unzählige »unsichere Elemente« ausgesiedelt. Zur endgültigen Beseitigung der »Polrajons« kam es nach Stalins brutaler Abrechnung mit den ukrainischen und belarusischen »Nationalkommunisten«. Der Rajon Marchlewsk wurde formal im Herbst 1935 aufgelöst, jener von Dzierżyńsk 1937. Ihre Einwohner hatten so wie die Polen in der gesamten UdSSR zu diesem Zeitpunkt bereits verschiedenerlei Arten von Diskriminierung erfahren. Auch schwoll die Welle von Massenverfolgungen gegen beliebig konstruierte Gegner der Sowjetmacht an. Polnische Kommunisten, die sich am »polnischen Experiment« beteiligt hatten, wurden bereits seit 1933 verhaftet. Der Höhepunkt der Verfolgungen fiel in den Zeitraum des Großen Terrors und der Auflösung der Kommunistischen Partei Polens 1938. Die seit Ende der 1920er Jahre durchgesetzte Kollektivierung, die im Grunde das Ende der traditionellen Bauernwelt bedeutete, wurde von einem Großteil der Bauern abgelehnt. Der Staat ging gegen die Gegner vor, und es war insbesondere die »Liquidierung des Kulakentums als sozialer Klasse«, von der auch die polnischen Bauern betroffen waren. Es ist nicht bekannt, wie viele von den 1931 bis 1933 während der Kulaken-Verschickungen Deportierten Polen waren. Einige Polen suchten während des Holodomor, des Großen Hungers, Hilfe im polnischen Konsulat in Kiew (das jedoch machtlos war) oder versuchten sogar, illegal nach Polen zu gelangen. Viele zehntausend in der Ukraine lebende Polen fielen dem Hunger zum Opfer. Doch das war nicht das Ende allen Unglücks. 1935 wurden über 30 000 Menschen im Zuge der Säuberung der Grenzregionen in die innere UdSSR umgesiedelt. Im Folgejahr wurden rund 60 000 Polen nach Kasachstan gebracht. Die Deportierten gelangten in mehr als 40 Orte in der Oblast Karaganda (oder Kasachisch: Quaraghandy), die zumeist nicht auf deren Ankunft vorbereitet waren. Sie mussten hier rasch primitive Behausungen bauen und Kolchosen errichten, indem sie die ihnen zugeteilte Steppe urbar machten. Überwacht wurden sie vom NKWD. In den provisorischen Siedlungen herrschten Hunger und Krankheiten, und der erste Winter in der Steppe ließ viele Menschen sterben. Erst nach einigen Jahren verbesserte sich ihre Existenz ein wenig.

1937 beschloss die sowjetische Führung eine neue Welle politischer Verfolgungen. Sie betrafen insgesamt anderthalb Millionen Sowjetbürger, von denen fast 700 000 zu Tode verurteilt wurden. Nach Stalins These von der Verschärfung des Klassenkampfes beim Aufbau des Sozialismus konnte der Feind überall lauern. Zu den Bestandteilen des Großen Terrors (bzw. der Großen Säuberung) gehörten auch die sogenannten Nationalitätenoperationen, deren Opfer größtenteils durch die tatsächliche oder zugeschriebene Volkszugehörigkeit definiert wurden. Man bezichtigte sie, Spione, Schädlinge oder Diversanten zu sein oder sich mit den kapitalistischen Staaten verschworen zu haben. In erster Linie waren Vertreter jener Völker gefährdet, deren Vaterländer in der Nachbarschaft oder in der Nähe der UdSSR lagen. Die ersten Opfer waren die

Deutschen. In der zweiten Jahreshälfte 1937 fiel die Entscheidung über weitere Gruppen, darunter auch über die Polen. Der NKWD-Befehl Nr. 00485 vom 11. August 1937 leitete Maßnahmen gegen ein angebliches Agentennetzwerk der Polnischen Militärorganisation (Polska Organizacja Wojskowa, POW) ein. Verhaftet wurden »enttarnte« Mitglieder der POW, Zuwanderer aus Polen ganz unabhängig vom Zeitraum ihres Eintreffens, durch Gefangenenaustausch mit der Republik Polen übernommene politische Häftlinge (Kommunisten) sowie – was sehr vage formuliert war – »der aktivste Teil der örtlichen antisowjetischen, nationalistischen polnischen Elemente«. In der Praxis waren alle Polen verdächtig, egal wo sie wohnten, welche politische Haltung oder gesellschaftliche Position sie einnahmen. Den Repressionen ausgesetzt waren die Einwohner der grenznahen westlichen Gebiete, aber auch der größten Städte wie Moskau und Leningrad oder kleiner Ortschaften im fernen Sibirien, wo die Nachfahren von Verbannten und Siedlern aus der Zarenzeit lebten. 1937 und 1938 wurden von den 140 000 verurteilten Polen nicht weniger als 111 000 hingerichtet. Das war fast ein Fünftel aller, die während des Großen Terrors erschossen wurden. Ihre Familien wurden häufig aus ihrer Heimat deportiert. Diese großen Ausmaße des Terrors gegen die Polen überstieg ihren prozentualen Anteil an der sowjetischen Bevölkerung bei weitem und trug die Anzeichen einer ethnischen Säuberung.

Der Ausbruch des Zweiten Weltkriegs und der deutsch-sowjetische Angriff auf Polen

Die vom Vertrag von 1921 besiegelte territoriale Ordnung in Osteuropa hatte noch nicht einmal zwei Jahrzehnte gehalten. Die aggressive Politik des nationalsozialistischen Deutschlands am Ende der 1930er Jahre eröffnete einen Weg der Destruktion, der vom Kreml genutzt wurde. Als symbolischer Beginn dieses Prozesses gewaltsamer Veränderungen gilt die Unterzeichnung des deutsch-polnischen Vertrags Ende August 1939, der als Hitler-Stalin-Pakt bekannt geworden ist. In einem geheimen Zusatzprotokoll, dessen Existenz der Kreml bis Ende der 1980er Jahre leugnete, wurden die Einflusssphären in der Region abgesteckt. Die UdSSR erhielt von Berlin freie Hand hinsichtlich Estlands, Lettlands, eines Teils von

In den *kresy* und noch weiter …

Rumänien (Bessarabien) sowie Ostpolens (bis zu den Flüssen Pisa, Narew, San und Weichsel). Im Gegenzug erlangte Hitler die Zustimmung zu seinen Ansprüchen auf Litauen und den Westen Polens. Die UdSSR begann mit der Verwirklichung ihrer Pläne erst mit einer gewissen Verspätung, nämlich am 17. September 1939. Der Marsch der mehr als eine halbe Million Soldaten zählenden Einheiten der Roten Armee nach Westen beschleunigte den Sturz der im Kampf gegen Deutschland unterlegenen Republik Polen. Innerhalb weniger Tage wurden riesige Landesteile besetzt, darunter Wilna, Grodno und Lemberg. Die UdSSR brach sowohl den 1932 mit Polen abgeschlossenen Nichtangriffsvertrag als auch die grundlegenden Normen des Völkerrechts, die sie als Mitglied des Völkerbundes offiziell anerkannte. 240 000 polnische Soldaten wurden gefangengenommen. Nachdem viele freigelassen worden waren, wurden rund 40 000 von ihnen, darunter mehr als 10 000 Offiziere, in Lagern interniert, die vom NKWD verwaltet wurden. Sie wurden zu »Kriegsgefangenen eines nicht erklärten Kriegs«.

Nachdem der polnische Widerstand erstickt worden war, mussten die vorherigen Vereinbarungen präzisiert werden. In den letzten Septembertagen wurde in Moskau ein Grenz- und Freundschaftsvertrag unterzeichnet. Es kam zu einer Korrektur des Besitzstandes. Für die Anerkennung Litauens als Teil des sowjetischen Einflussbereichs gab Moskau die von ihm besetzten Teile der Woiwodschaften Warschau und Lublin ab, behielt aber Białystok. Die Verbündeten verpflichteten sich auch dazu, gemeinsam die polnische Widerstandsbewegung zu bekämpfen, deren Entstehen in den eroberten Gebieten sie voraussahen.

Die Sowjetunion besetzte etwas mehr als die Hälfte des Staatsgebiets der Republik Polen (etwa 201 000 km^2 mit über 13 Millionen Einwohnern). Das Wilnaer Gebiet mit 7000 km^2 und 550 000 Einwohnern übergab sie Ende Oktober 1939 an Litauen. Es sollte schon bald ebenfalls annektiert werden, weshalb es sich eher um eine Propagandageste denn um ein Zugeständnis handelte. Unter der Bevölkerung der nun unter sowjetische Herrschaft gelangten polnischen Gebiete machten katholische Polen rund 37 Prozent aus (rund 4,7 Millionen). Zu den ansässigen Einwohnern sind noch rund 300 000 Kriegsflüchtlinge zu zählen, die aus West- und Zentralpolen hierher geflüchtet waren. Ein Teil davon entschloss sich zur

Rückkehr, doch aus Angst vor den Deutschen blieben viele – darunter die Juden – in den *kresy*.

Um zu verschleiern, welchen Charakter die Inbesitznahme des polnischen Territoriums tatsächlich hatte, berief sich Moskau auf die Notwendigkeit, die »Brudervölker« der Belarusen und Ukrainer zu verteidigen, die bislang unter dem »polnischen Joch« gelitten hätten. Der Angriff auf das gegen einen übermächtigen Feind kämpfende Nachbarland wurde »Befreiungsmarsch« der Brudervölker genannt. Der proukrainische und probelarusische Ton der Propaganda, die Besetzung unterschiedlichster unterer Verwaltungsämter mit Nicht-Polen (die wichtigeren Ämter bekamen »Ostler«, also aus der UdSSR entsandte Personen), aber auch die Veränderungen in der Eigentumsstruktur (Auflösung des Großgrundbesitzes) sowie im Bildungswesen (Gründung eines belarusisch- bzw. ukrainischsprachigen Schulwesens) markierte sehr deutlich ein Ende der »polnischen Zeiten«. Für viele Polinnen und Polen war diese Veränderung ein Schock. Das Verhalten der nichtpolnischen Umgebung empfanden sie als Illoyalität, ja sogar als Verrat. Die in späterer Zeit geschriebenen Berichte und Erinnerungen enthalten viele Beispiele für das Verhalten von Ukrainerinnen und Ukrainern, Belarusinnen und Belarusen, Jüdinnen und Juden, die von den polnischen Erzählern sehr streng bewertet wurden. Auf der anderen Seite führte der direkte Kontakt mit der »Sowjetwelt«, mit vom Kommunismus geprägten Menschen die *kresy*-Bewohner dazu, ihre Vorstellungen von der sowjetischen Realität zu revidieren. Auf dem Land waren Befürchtungen im Umlauf, dass die »Befreier« auch eine Schöpfung mit sich bringen würden, die als »Kolchose« bekannt war und als integraler Bestandteil des Kommunismus galt.

Die territorialen Zugewinne wurden in zwei provisorische Regionen aufgeteilt: Westbelarus und Westukraine, die angeblich autonom über ihr weiteres Schicksal entscheiden sollten. Darüber bestimmen sollten die so genannten Volksversammlungen. Die gelenkten Wahlen zu diesen Versammlungen (bei einer Wahlbeteiligung von mehr als 95 Prozent) und die vorbereitende Propagandakampagne sowie die Verfolgungen waren die ersten Erfahrungen, die man mit der »Volksdemokratie« machte. Die Versammlungen verabschiedeten »Bitten« an den Obersten Sowjet der UdSSR, ihre Gebiete in den Sowjetstaat aufzunehmen. Offiziell kam es im Dezember 1939 dazu. Die Einwohner der annektierten Gebiete wurden automatisch zu Sowjetbürgern mit allen sich daraus ergebenden Konsequenzen (etwa der Einberufung zur Roten Armee). Die Annexion war die einleitende Phase zu einem vielschichtigen Prozess der Vereinheitlichung (Sowjetisierung). Dazu gehörte es, ein politisch-rechtliches System nach sowjetischem Vorbild einzuführen und die Bevölkerung mit »massenhafter politisch-erzieherischer Arbeit« zu versorgen, also mit Propaganda und Indoktrination. Schon in jenen paar Wochen, als der Status des besetzten Gebiets formal noch nicht entschieden war, kam es zu vielen Veränderungen, die nicht nur die politischen, sondern auch die sozioökonomischen Verhältnisse zutiefst beeinflussten. Eine Demontage der bisherigen Strukturen von Verwaltung und gesellschaftlichem Leben setzte ein, es kam zu einem Wandel der Eigentumsverhältnisse auf dem Land und in den Städten, und auch das Rechtssystem wurde umgestaltet, um die Installierung der neuen Ordnung zu ermöglichen. Von den ersten Stunden an verfolgt wurden Staatsbeamte, politisch und gesellschaftlich aktive Menschen und Angehörige der »besitzenden Klassen«, wodurch der Prozess der »Säuberung« des sozialen Gewebes begann. Es gab auch spontane oder von bewaffneten Gruppen von »Revolutionären« verübte Überfälle auf polnische Gutshäuser oder Dörfer. Die Zahl der Opfer in der zweiten Septemberhälfte ist schwer einzuschätzen. Es ist von 6000 bis 7000 Ermordeten die Rede, zusammen mit den im Kampf gegen die Rote Armee Gefallenen. Doch das war erst der Beginn der Verluste, von denen die Bevölkerung dieser Gebiete in den folgenden Monaten und Jahren heimgesucht wurde.

Die neuen Machthaber rissen das Recht an sich, das gesamte gesellschaftliche Leben zu kontrollieren und zu modellieren. Und so wurden sie auch gegen die katholische und griechisch-katholische Kirche aktiv (Beschlagnahme von Vermögen, Schließung von Priesterseminaren, Abschaffung von Religionsunterricht in den Schulen, Entfernung religiöser Feiertage aus dem Kalender). Ähnliche Restriktionen betrafen die Aktivität der jüdischen Kultusgemeinden. Am Ende der Veränderungen stand die nach einigen Monaten begonnene Kollektivierung des Dorfes. Trotz des wachsenden Widerstands entstanden in den westlichen Bezirken der USRR und der BSRR bis Frühjahr 1941 mehr als 2600 Kolchosen.

Die verschiedenen gesellschaftlichen Gruppen waren diesen Maßnahmen gegenüber unterschiedlich eingestellt, wobei ihre Haltungen bestimmten Änderungen unterlagen. Den größten Widerstand riefen sie bei den Polen hervor, was aus deren patriotischer Einstellung herrührte, aber auch aus der schmerzlichen Erfahrung von gesellschaftlicher Degradierung und Verarmung der einflussreichen Kreise. Von wesentlicher Bedeutung für die individuelle und kollektive Wahrnehmung der »Sowjetherrschaft« durch die neuen Staatsbürger waren die Repressionen, die bald die Form täglicher Gewalt von bislang ungekanntem Umfang annahmen. Angst griff um sich, von oben zum »antisowjetischen Element« gerechnet zu werden, man verspürte Machtlosigkeit gegenüber der Willkür hochrangiger Beamte des neuen Systems und der gegen die »polnischen Zeiten« gerichteten hasserfüllten Propaganda. Der sowjetische Sicherheitsdienst, der NKWD, begann mit Verhaftungen wahrer und potenzieller Feinde der UdSSR, wobei sich herausstellte, dass er die örtlichen Verhältnisse gar nicht so schlecht durchdrungen hatte. Die meisten Verhafteten waren in den ersten Monaten der Besatzung Polen, was darauf zurückzuführen war, wie der Machtapparat zusammengesetzt war und welche gesellschaftliche Bedeutung die verschiedenen Nationalitäten besaßen. Doch wurden auch immer häufiger nicht-kommunistische ukrainische und belarusische Aktivisten verfolgt, später auch Litauer und Juden. Ins Gefängnis kamen Bauern, die sich gegen die Kollektivierung sträubten, und Kritiker aller möglichen Aspekte der neuen Realität. Bis Mai 1941 wurden rund 110 000 Menschen verhaftet (darunter rund 65 000 in der Westukraine), von denen fast 40 000 verurteilt und größtenteils in Lager in der inneren UdSSR geschickt wurden. Zum Tode verurteilt wurden 1200 Menschen. Unter den Gefangenen machten Polen 40 Prozent aus. Seit Ende 1939 wurden große Verfolgungsoperationen nach dem Prinzip der kollektiven Verantwortlichkeit vorbereitet. Sie beruhten auf Entscheidungen des engsten sowjetischen Führungskreises über Massenhinrichtungen und Deportationen bestimmter Bevölkerungsgruppen in die innere Sowjetunion. In Hinsicht auf die polnischen Staatsbürger wurden somit ohne zu zögern Maßnahmen ergriffen, die in der UdSSR bereits seit langem praktiziert wurden. Im März 1940 beschlossen die höchsten Parteikreise der UdSSR völlig ungesetzlich, die festgenommenen Mitglieder

In den *kresy* und noch weiter…

der Eliten des »ehemaligen polnischen Staates« zu liquidieren. Es wurden 14 700 in Kriegsgefangenenlagern internierte polnische Offiziere und Polizisten erschossen. Ein ähnliches Schicksal wurde 11 000 Häftlingen zuteil, die als gefährliche »konterrevolutionäre Elemente« galten. Verfolgt wurden auch die Verwandten von Erschossenen und Verhafteten. Sie wurden zu Opfern einer von vier Deportationswellen, die zwischen Februar 1940 und Juni 1941 in den annektierten Gebieten stattfanden. Diese Deportationen sollten das neue Land von Menschen säubern, die als feindliche, unsichere oder belastende Elemente galten. Der sowjetischen Wirtschaft, vor allem in den außereuropäischen Landesteilen, lieferten sie die benötigten Zwangsarbeiter. Nach um 1990 veröffentlichten NKWD-Dokumenten wurden insgesamt rund 320 000 Menschen in die innere UdSSR gebracht. Die größte Deportation fand am 10. Februar 1940 statt. Ihr fielen hauptsächlich polnische Militär- und Zivilsiedler zum Opfer, die Land für ihren Dienst in der polnischen Armee erhalten oder Land aus parzellierten Landgütern gekauft hatten. Verbannt wurden auch Forstbedienstete, von denen man meinte, dass sie einer Partisanenbewegung Rückhalt bieten könnten. Insgesamt wurden in 100 Sondertransporten rund 140 000 Menschen verschleppt. In Güterwaggons, die für eine so lange Reise nur primitiv ausgestattet waren, wurden ganze Familien ohne Rücksicht auf Alter und Gesundheitszustand gepfercht, von Greisen über hochschwangere Frauen bis hin zu Säuglingen, wobei es bestenfalls gestattet war, einige wenige persönliche Gegenstände und Lebensmittel mitzunehmen. Die mehrwöchige Fahrt fand unter schrecklichen sanitären Bedingungen und bei großer Kälte statt. Es fehlte an Lebensmitteln und Arznei. Unterwegs starben kleine Kinder, alte und kranke Personen. Die Verbannten wurden in vom NKWD verwalteten isolierten Siedlungen in der Gegend von Archangelsk (ca. 40 000 Deportierte), Iwanowo (11 000) und in Sibirien (u. a. in der Autonomen Republik Komi, in den Gegenden von Krasnojarsk und Altai sowie in der Oblast Swjerdlowsk/Jekaterinburg) verbracht. Die Familien der erschossenen Kriegsgefangenen und Häftlinge wurden am 13. April 1940 deportiert. Unter ihnen überwogen alleinstehende Frauen mit kleinen Kindern. Die meisten der 61 000 Deportierten wurden in kasachische Kolchosen gebracht (überwiegend in den Gebieten Pawlodar und Petropawlowsk).

Die dritte Deportationswelle betraf Kriegsflüchtlinge, die nicht Teil des Bevölkerungsaustauschs mit dem Dritten Reich geworden waren. Sie galten als unsicheres Element, da viele von ihnen weder die sowjetische Staatsbürgerschaft annehmen noch zur Arbeit in die innere UdSSR fahren wollten. Diese Ende Juni 1940 durchgeführte Umsiedlungsaktion umfasste knapp 80 000 Menschen. Darunter überwogen Juden, während bei den beiden ersten die meisten Deportierten Polen waren. Die meisten Deportierten der dritten Welle gelangten in die Autonome Republik Komi, in die Gebiete Archangelsk, Nowosibirsk und Swerdlowsk.

Die letzte Deportation fand im Mai und Juni 1941 statt. Sie betraf auch die im Vorjahr annektierten baltischen Republiken sowie die zuvor rumänischen Gebietsteile Bessarabien und Nordbukowina. Von den 87 000 Verbannten waren rund 40 000 zuvor Staatsbürger der Zweiten Polnischen Republik gewesen. Die Deportierten gelangten größtenteils in die Gebiete Nowosibirsk, Altai, Krasnojarsk und nach Kasachstan.

Unter allen Deportierten machten die Polen rund 63 Prozent aus, Juden mehr als 20 Prozent, Belarusen und Ukrainer jeweils 6 bis 7 Prozent. Die nationale Verteilung der Verbannten zeigt, dass die Polen zwar die größte Gruppe waren, die Verfolgungen aber auch andere Nationalitäten betrafen. Bezogen auf die gesamte polnische Bevölkerung in den sowjetisch besetzten Gebieten kann man davon ausgehen, dass fast 5 Prozent davon deportiert wurden. Wenn man die Verhaftungen und auch die Zwangsrekrutierung zur Roten Armee oder die theoretisch freiwilligen Arbeitseinsätze in der inneren Sowjetunion hinzurechnet, war dieser Schwund noch höher.

Die Deportation ganzer Familien war die häufigste Ursache für tägliche Angst der Zivilbevölkerung. Hervorzuheben ist auch der völlig rechtlose Charakter dieser Verfolgungen, die allen Normen des internationalen und des nationalen Rechts widersprachen. Solche Ausmaße von Repressionen hatte es auf dem europäischen Kontinent außer unter den totalitären Diktaturen (und im spanischen Bürgerkrieg) nicht gegeben, und der Kriegsausbruch eröffnete dieser Realisierung repressiver und exterminatorischer Politik Tür und Tor. Die Sowjetisierung hatte keinen vollen Erfolg: Es fehlte an Zeit, um die gesellschaftliche und wirtschaftliche Struktur in diesen Gebieten vollends umzugestalten. Es kam jedoch zu einer deutlichen Schwächung, zur Zerstörung wesentlicher Bestandteile dieser Struktur, wobei die Polen die größten Verluste hinnehmen mussten. Unter der ersten sowjetischen Besatzung wurden die wahren Absichten der UdSSR und der Charakter der bolschewistischen Herrschaft offensichtlich, die zuvor mit den Propagandaparolen von sozialer Gerechtigkeit und nationaler Befreiung maskiert worden waren. Das Bedrohungsgefühl, die Last des Alltagslebens unter sowjetischer Besatzung waren so groß, dass der Ausbruch des deutsch-sowjetischen Kriegs im Juni 1941 von vielen mit Erleichterung begrüßt wurde, ja sogar mit Freude und Hoffnungen. Doch diese waren, wie sich bald herausstellen sollte, mehr als nur trügerisch...

In der Verbannung und in sowjetischen Lagern 1940 bis 1946

Die aus den *kresy* Deportierten fanden sich in entlegenen Teilen der Sowjetunion wieder, in Gebieten mit widrigen Witterungsverhältnissen und primitiven Lebensumständen. Am schlimmsten war jedoch der Mangel an Lebensmitteln und guter medizinischer Versorgung. Die Verbannten wurden von den Behörden in verschiedene Kategorien unterteilt: Sonderumsiedler (die unbefristet verbannt wurden), verbannte Siedler (für 20 Jahre) oder auf dem Verwaltungsweg Verbannte (für 10 Jahre), die gewisse Freiheitsrechte behielten. Die letzte Gruppe gelangte nicht wie die anderen in eigene, lagerähnliche Siedlungen, sondern sie wurden in Kolchosen und Sowchosen untergebracht. Dennoch wurden sie weiterhin vom Sicherheitsapparat überwacht, ohne dessen Zustimmung niemand seinen Aufenthaltsort verlassen durfte.

Die Umstände, unter denen die Verbannten reisten und lebten, spiegeln sich am besten in den autobiographischen Zeugnissen wider. Allgemeine Erfahrungen waren Enge, Schmutz, Kälte, das Fehlen von Möbeln, Kleidung, Schuhwerk und Medikamenten. Die Deportierten erhielten für ihre schwere Arbeit nur kleine Lebensmittelzuteilungen, meistens Brot. Familien, die etwas mehr Habe hatten mitnehmen können, retteten sich durch Tauschhandel mit der ansässigen Bevölkerung. Man sammelte in den Wäldern Pilze und Beeren, aß Wildpflanzen oder aus den Kolchosen gestohlenes Tierfutter. Hunger war an der Tagesordnung und die Lage von Familien mit einer größeren Zahl nicht arbeitsfähiger Mitglieder (Kinder,

Alte) war entsetzlich. Die Polen arbeiteten beim Roden der Taiga, auf Baustellen, in Bergwerken, Kolchosen und Werkstätten sowie in Fabriken unterschiedlichster Art. Unterernährt, ohne passende Kleidung und nicht an das strenge Klima gewöhnt, waren sie oft nicht in der Lage, die ihnen auferlegten Arbeitsnormen zu erfüllen. Dafür wurden sie durch Kürzung der Lebensmittelzuteilungen und sogar mit Gefängnis bestraft. Jeder Versuch zu Widerstand wurde vom NKWD verfolgt. Kinder, die von den zur Arbeit getriebenen Eltern sich selbst überlassen werden mussten, sammelten Brennstoff, suchten Nahrung und kümmerten sich um die jüngsten Geschwister. Die Jugendlichen arbeiteten über ihre Kräfte, um beim Unterhalt der Familie oder – in den gar nicht seltenen Fällen, in denen die Eltern starben – den jüngeren Geschwistern beim Überleben zu helfen. Eine Folge der schrecklichen Lebensbedingungen war die hohe Sterblichkeit, vor allem zu Beginn der Verbannung. Am tragischsten war sie unter denjenigen, die von der ersten Deportation betroffen waren. Ganze Familien starben an Malaria, Ruhr oder Typhus. Die Arbeit unter Umständen, die keinerlei Rücksicht auf die Gesundheit und teilweise auch auf das Leben der Zwangsarbeiter nahmen, führte zu Herzkrankheiten, Leistenbrüchen oder Verstümmelungen durch Arbeitsunfälle. Die Menschen litten an Erfrierungen und Hautkrankheiten durch Hunger und Schmutz. Physisches Leid, der Tod von Angehörigen und die fehlende Hoffnung, in einer so widrigen Umgebung überleben zu können, verursachten psychische Erkrankungen, die den Verlust der Zurechnungsfähigkeit zur Folge hatten, nicht selten auch Suizide. Waisenkinder kamen in staatliche Kinderheime, wo ein Teil von ihnen spurlos verschwand.

Der Aufenthalt in der inneren UdSSR war für die Deportierten eine Zeit des intensiven Kontakts mit der Sowjetwelt, der nicht nur aufgrund der Daseinsbedingungen, sondern auch wegen der kulturellen Unterschiede schwierig war. Die Einstellung der lokalen sowjetischen Instanzen – ganz zu schweigen von den NKWD-Mitarbeitern – zu den polnischen Verbannten war im Allgemeinen ablehnend oder feindlich. Dies war eine Folge der antipolnischen Propaganda und von Befehlen von oben, aber auch der Brutalität, die im Verhältnis zwischen der Staatsmacht und der gesamten sowjetischen Bevölkerung gang und gäbe war. Normale Menschen begannen nach einer gewissen Zeit damit, Polen hin und wieder zu helfen, ja sogar mit Sympathie zu begegnen, auch wenn sie selbst unter ebenso schlechten Verhältnissen lebten und zwangsläufig mit den Verbannten um die schrumpfenden Ressourcen wetteiferten, vor allem nach Ausbruch des deutsch-sowjetischen Kriegs. Viele Deportierte behielten diese menschlichen Regungen in dankbarer Erinnerung und hoben hervor, dass sie ihnen oft ihr Überleben verdankten.

Neben den über 300 000 Deportierten hielten sich in der inneren UdSSR noch mehrere zehntausend polnische Staatsbürger auf, meist ethnische Polen, die zu Gefängnisstrafen verurteilt worden waren (meist zwischen 5 und 10 Jahre). Die Strafen verbüßten sie in einem der großen Gulag-Lager, auch in den Dalstroi-Lagern (Kolyma), die als die härtesten galten. Hier wurde die Sklavenarbeit der Gefangenen in Industrie und Bergbau eingesetzt, aber auch beim Bau von Verkehrswegen, beim Holzeinschlag oder in militärischen Werkstätten. Die Lebens- und Arbeitsbedingungen unter Lagerbedingungen waren noch härter als im Fall der Deportierten, was erhebliche Auswirkungen auf den Gesundheitszustand hatte und auch viele Todesfälle mit sich brachte.

Die Lage der verfolgten polnischen Staatsbürger veränderte sich durch den Ausbruch des deutsch-sowjetischen Kriegs am 22. Juni 1941. Aus einer Gruppe, die als Bedrohung für die Zusammenarbeit beider Regime galt, wurde plötzlich ein Bündnispartner, denn Moskau war insbesondere auf Drängen der Briten in die Anti-Hitler-Koalition aufgenommen worden. Unter britischer Schirmherrschaft wurden diplomatische Beziehungen zwischen der UdSSR und der polnischen Exilregierung aufgenommen, was Ende Juli 1941 zur Unterzeichnung eines polnisch-sowjetischen Abkommens führte (Sikorski-Maiski-Vertrag). Selbst wenn dieser Vertrag das Problem der staatlichen Zugehörigkeit der *kresy wschodnie* nicht löste (der Kreml wollte seine Ansprüche auf diese Gebiete nicht aufgeben), so veränderte sich doch die Lage der Verbannten und Lagerinsassen radikal. Mitte August 1941 wurde eine »Amnestie« verkündet (der Begriff ist allerdings hinsichtlich der vielen hunderttausend Menschen, die formal gar nicht verurteilt worden waren, problematisch) und die Betroffenen erhielten die polnische Staatsbürgerschaft zurück, was allerdings nur Polen und Juden betraf.

In den *kresy* und noch weiter…

Sie erlangten eine relative Freiheit in der Wahl ihres Aufenthaltsorts innerhalb der UdSSR. Außerdem wurde das Entstehen einer polnischen Armee in der UdSSR angekündigt, an deren Spitze General Władysław Anders trat, der aus einem Gefängnis in Moskau freigelassen worden war. Die polnischen Einheiten wurden in der Wolgaregion aufgestellt (von hier ließ der Kreml im August 1941 400 000 Deutsche deportieren). Die hierfür wichtigsten Orte waren die Orte Busuluk, Tatischtschewo und Tozkoje. Mitte Oktober 1941 zählten die polnischen Einheiten bereits über 38 000 Soldaten. Gegen Jahresende erklärte sich der Kreml nach Gesprächen mit General Sikorski einverstanden, sie nach Mittelasien zu verlegen (Usbekistan, Kirgistan, Kasachstan). Zum neuen Hauptquartier wurde Jangi-Jul (usbekisch: Yangiyo'l) in Usbekistan. Die Jugend beiderlei Geschlechts wurde in sog. Junaki-Abteilungen aufgenommen, wo besonderer Wert auf die Wiederaufnahme der Schulbildung und auf militärische Erziehung gelegt wurde. Es entstanden auch Einheiten des Freiwilligen Frauendienstes.

Die Nachrichten über die Existenz polnischer Militärlager setzten Massenwanderungen polnischer Bevölkerung in Gang, die aus ihren Verbannungsorten freigelassen worden war. Man hoffte darauf, in die Armee aufgenommen zu werden und eine bessere Lebensmittelversorgung zu erhalten. Auch schienen die Lebensbedingungen fern vom eisigen Norden und von Sibirien besser zu sein. Wer sich nicht zu einer so weiten Reise entschloss, zog wenigstens in lebensfreundlichere Gegenden, wo man leichtere Arbeit finden, sich mit Verwandten vereinen konnte und den polnischen Fürsorgeeinrichtungen für die Verbannten näher war. Die Menschen wanderten zu Fuß zu den zuweilen viele Kilometer entfernten Bahnstationen, schwammen auf Flößen, lagerten lange an den Bahnhöfen, um auf eine Gelegenheit zu warten, in einen der überfüllten Züge zu gelangen. Zehntausende erreichten die polnischen Militärlager und suchten hier Rettung. Dort fehlte es jedoch an Unterkunftsmöglichkeiten und Essen. Sie fielen Hunger und Krankheiten zum Opfer, vor allem Typhus. Die sowjetischen Behörden versorgten sie nicht ausreichend, wobei zu berücksichtigen ist, dass sich dies alles in sehr armen und rückständigen Gebieten abspielte, wo die gesamte sowjetische Bevölkerung damals unter sich rasch verschlechternden Verhältnissen lebte. Die meisten Ressourcen

In den *kresy* und noch weiter...

wurden für die Verteidigung aufgewendet. In dieser Zeit verschob sich die Front rasch ins Zentrum des europäischen Teils von Russland und erreichte die Vororte von Moskau. In den größeren Siedlungszentren der Polen entstanden Abteilungen der polnischen Botschaft. Sie stellten persönliche Dokumente aus, halfen bei der Suche nach Verwandten und verteilten die aus dem Ausland eintreffende Hilfe (Lebensmittel, Kleidung, grundlegende Medikamente). Polnische Schulen und Waisenhäuser wurden eingerichtet. In kleineren Siedlungsschwerpunkten der polnischen Verbannten wurden Vertrauensmänner ernannt.

Ende 1941 und in den folgenden Monaten blieb die Lage der polnischen Armee und der Zivilbevölkerung schwer. Im Umgang mit den sowjetischen Behörden kam es zu Schwierigkeiten – sie lieferten etwa Lebensmittel und Waffen nicht im vereinbarten Umfang. Auch die Arbeit der polnischen Fürsorgeeinrichtungen wurde erschwert. Dies war eine Folge der sich allmählich verschlechternden Beziehungen zwischen der polnischen Exilregierung und der sowjetischen Staatsführung. Stalin bereitete insgeheim ein alternatives polnisches Szenario für seine Machtspiele mit den Westalliierten und den legalen polnischen Vertretern vor – die polnischen Kommunisten. Unruhe rief das ungeklärte Schicksal von weit mehr als zehntausend Offizieren hervor, deren Verschwinden von den Sowjets auf unglaubwürdige Weise erklärt wurde. Angesichts dessen schien der von den Briten gemachte Vorschlag, die polnischen Einheiten in den Iran zu verlegen, damit sie dort nach der Verbesserung ihrer Ausrüstung die Streitkräfte des Vereinigten Königreichs unterstützen, der polnischen Militärführung eine glückliche Lösung zu sein. Stalin erklärte sich damit einverstanden, selbst wenn er später den Polen vorwarf, vor dem Kampf gegen die Deutschen an der Seite der sowjetischen Soldaten davongelaufen zu sein.

Die Evakuierung der Soldaten und eines Teils der Zivilbevölkerung erfolgte in zwei Schüben im Frühjahr und im Sommer 1942. Rund 115 000 Personen verließen die UdSSR über das Kaspische Meer, darunter 78 000 Soldaten. Unter den evakuierten Zivilisten befanden sich rund 2500 Juden. Ihr erster Aufenthaltsort waren Lager im Norden des Irans. Viele Evakuierten starben dort aufgrund von Krankheiten und Erschöpfung. Die Zivilbevölkerung, darunter viele Kinder und Jugendliche, verließen den Iran nach und nach. Die Flüchtlinge wurden in Siedlungen in Indien (5 600) sowie in den britischen Kolonien und Dominions in Ostafrika (Tanganika, Uganda, Kenia) und im südlichen Afrika (Rhodesien und Südafrikanische Union) untergebracht, wo insgesamt über 18 000 polnische Flüchtlinge unterkamen. Kleinere Gruppen gelangten nach Neuseeland und Mexiko. Körperlich und psychisch erschöpft, fanden sich die Flüchtlinge – darunter viele Waisenkinder – in ganz neuen, exotischen Verhältnissen wieder. Die örtlichen Behörden, aber auch die ansässige Bevölkerung unabhängig von ihrer Rasse und ihrer Religion begegneten ihnen zumeist wohlwollend und hilfsbereit. Die in der UdSSR gebildeten Divisionen waren unter General Anders zur Polnischen Armee im Osten zusammengefasst worden, die Mitte 1943 zum Zweiten Korps der Polnischen Streitkräfte im Westen wurde. Nach weiterer Ausbildung und Ausrüstung in Palästina und Ägypten wurden die Einheiten im Dezember 1943 nach Italien gebracht. Im Laufe des Jahres 1944 und bis ins Frühjahr des Folgejahres nahmen sie an vielen Kämpfen gegen die Deutschen teil, wobei sie erhebliche Verluste erlitten – unter anderem bei der Schlacht um Monte Cassino, wo fast 10 Prozent der Truppe fiel oder verwundet wurde, sowie bei den Kämpfen um Ancona und Bologna.

Nach der Teilevakuierung aus der UdSSR blieben dort mindestens noch 260 000 polnische Staatsbürger, darunter rund 77 000 Kinder. Die meisten von ihnen hielten sich – abgesehen von den Gebieten Krasnojarsk und Altai sowie der Autonomen SSR Komi – in folgenden mittelasiatischen Oblasten auf: Akmola (heute: Astana), Schymkent, Dschambul (heute: Taras), Petropawlowsk und Samarkand. Ihre Lage verschlechterte sich in dem Maße, wie sich die polnisch-sowjetischen Beziehungen zuspitzten. Das Jahr 1943 sollte besonders hart werden und war für die meisten Polen von Hunger geprägt. Die sowjetischen Behörden hatten die polnischen Fürsorge- und Bildungseinrichtungen geschlossen, Lebensmittel- und Kleidungsvorräte beschlagnahmt und die Mitarbeiter unter dem Vorwurf der Spionage oft verhaftet. Den Polen warf man Verrat und Feigheit vor, indem die Evakuierung in den Iran 1942 als Flucht dargestellt wurde. Im Januar 1943 begann die Pass-Aktion, also die erneute zwangsweise Verleihung der sowjetischen Staatsbürgerschaft. Wer sich dagegen wehrte, wurde zu Lagerhaft verurteilt, wohin fast 2000 Polen geschickt

wurden. Im April 1943 wurden die polnisch-sowjetischen Beziehungen abgebrochen, nachdem die Deutschen die Ermordung der polnischen Offiziere in Katyn aufgedeckt hatten. Während dieser von Hunger und Angst geprägten Monate verloren viele Polen nicht nur die Hoffnung auf Rückkehr ins Heimatland, sondern auch darauf, überleben zu können. Die Gründung des Verbands Polnischer Patrioten (Związek Patriotów Polskich, ZPP) im späten Frühjahr 1943, einer Organisation, die für Stalin im Kontext der noch nicht öffentlich gemachten Pläne zur kommunistischen Unterwerfung stand, wurde von den verzweifelten polnischen Verbannten deshalb mit einer gewissen Hoffnung aufgenommen. Die Lebensmittelhilfe setzte wieder ein, Waisenhäuser und polnische Schulen wurden reaktiviert. Dies bedeutete sehr viel für die am Rand des Erträglichen dahin vegetierenden Verbannten, selbst wenn der Bedarf noch viel größer war. Die ZPP-Funktionäre traktierten die Verbannten nicht mit kommunistischen Parolen, sondern sprachen nur von Demokratie und notwendigen sozialen Reformen. Außerdem wurde die Bildung einer polnischen Armee verkündet. In Selzy an der Oka (in der Oblast Rjasan im europäischen Teil von Russland) begann die Aufstellung einer Infanteriedivision, als deren Namenspatron eine Persönlichkeit gewählt wurde, die sich um den Unabhängigkeitskampf gegen das zaristische Russland verdient gemacht hatte – Tadeusz Kościuszko. Befehlshaber wurde Oberst Zygmunt Berling, der 1942 im letzten Augenblick auf die Evakuierung verzichtet hatte und in der UdSSR geblieben war. In diese Division wurden Verbannte vor allem aufgrund von Einberufungen aufgenommen, doch viele traten auch freiwillig bei, da der Dienst hier als leichter galt als in der Roten Armee (im Herbst 1943 zählte die Division rund 11 000 Soldaten). Außerdem rechnete man damit, dass die Armee die Türen für eine Repatriierung öffnen würde, und zwar nicht nur für die Soldaten selbst, sondern auch für ihre Familien. In der Einheit fehlte es an polnischen Offizieren, die durch sowjetische Offiziere ersetzt wurden, zuweilen mit polnischer Herkunft. Die Division wurde schon im Herbst 1943 an die Front geschickt. Schlecht ausgebildet, erlitt sie in der Schlacht von Lenino gewaltige Verluste (ein Viertel der Division).
Bei der Situation der polnischen Verbannten kam es in den folgenden Kriegsjahren zu keinen größeren Änderungen. 1944 wurde ein Teil von

ihnen, der sich in klimatisch ungünstigsten Gebieten aufhielt, in die befreite Ostukraine gebracht (rund 56 000 Menschen). Auch das Kriegsende brachte keine Veränderung der Lage, auch wenn die Verbannten nun ungeduldig auf die Rückkehr in ihr Heimatland warteten. Viele von ihnen waren sich nicht im Klaren über die politischen Entscheidungen im Hinblick auf Polen und wussten auch nicht, wie es in ihren früheren Wohnorten aussah. Erst am 6. Juli 1945 wurde ein Vertrag über »das Recht des Wechsels der sowjetischen Staatsbürgerschaft und die Evakuierung von Personen polnischer und jüdischer Nationalität mit Wohnsitz in der UdSSR« unterzeichnet. Dem ZPP zufolge gab es im Dezember 1945 in der Sowjetunion 228 000 Polen und polnische Juden. Die meisten von ihnen hielten sich in den sibirischen und kasachischen Oblasten auf: Barnaul, Tscheljabinsk, Schymkent, Dschambul, Krasnojarsk, Pawlodar, Petropawlowsk, Samarkand, Saratow, Semipalatinsk, Swerdlowsk und Taschkent.

Die Polen in den *kresy wschodnie* unter deutscher Besatzung 1941–1944

Der Überfall des Dritten Reichs auf die UdSSR und die blitzartige Besetzung nicht nur jener Gebiete, die bis 1939 zur Republik Polen gehört hatten, sondern auch eines Teils des sowjetischen Territoriums bildeten den Ausgangspunkt für radikale Veränderungen, die vor allem mit massiver Gewalt gegen die Zivilbevölkerung durchgesetzt wurden. Die Massenmorde begannen gleich nach Ausbruch der Kampfhandlungen – die deutschen Einsatzgruppen erschossen zehntausende von Juden. Es kam außerdem zu lokalen Pogromen unter Beteiligung ansässiger Bevölkerung, darunter auch Polen. Die meisten Juden verloren bis Ende 1942 ihr Leben. Die Deutschen erlaubten weder den baltischen Republiken noch den Ukrainern und den Belarusen, ihre Staaten wiederzuerrichten bzw. eigene Staaten aufzubauen. Doch schufen Vertreter dieser Nationen mit Einverständnis der neuen Besatzer verschiedene Strukturen der Kollaboration, auch der bewaffneten Zusammenarbeit, und betrachteten die von den Deutschen geschaffenen Verwaltungseinheiten als eine Art nationaler Heimstatt. Die Kollaborateure unterstützten die Deutschen, vor allem aber waren sie damit beschäftigt, das Territorium in ihre Gewalt zu bekommen und Personen bzw. Gruppen zu befrieden oder zu liquidieren, die als unerwünscht galten oder die nationalen Interessen bedrohten. Dazu gehörten die Polen, für die derlei Einstellungen ein weiterer Beweis für eine verräterische Zusammenarbeit der einstigen Minderheiten und benachbarten Nationen mit dem Feind war.

Das besetzte Gebiet wurde neu aufgeteilt. Ostgalizien mit Lemberg wurde als Distrikt Galizien Teil des Generalgouvernements, das bislang nur aus Zentral- und Südpolen bestanden hatte. Das Wilnaer Gebiet gehörte zum Generalbezirk Litauen, der gemeinsam mit dem Generalbezirk Weißruthenien Bestandteil des Reichskommissariats Ostland war. Grodno und Białystok wurden Ostpreußen einverleibt. Brześć (Brest) und Pińsk wurden der westlichen Ukraine zugeschlagen, aus denen der Generalbezirk Wolhynien-Podolien entstand, der wiederum dem Reichskommissariat Ukraine angehörte.

Die Hoffnungen, dass die neuen Machthaber milder vorgehen würden als die Bolschewikin, verflogen rasch. Die Deutschen betrieben eine brutale und ausbeuterische Politik, raubten materielle Güter, deportierten massenhaft Menschen zur Zwangsarbeit und betrieben die Massenvernichtung der Judenheit, aber auch der slawischen Bevölkerung (Partisanenbekämpfung). Vernichtung und Ausbeutung verwirklichten sie mit Hilfe der genannten, zur Kollaboration bereiten Gruppen. Die Last der Besatzung verteilte sich ungleichmäßig. Wer mit Erlaubnis der Deutschen die lokale Macht ausübte, wählte Menschen für die Zwangsarbeit aus und zog die landwirtschaftlichen Zwangskontingente ein. Landsleute wurden auf Kosten von Fremden geschützt, selbst wenn es sich um Nachbarn aus einem Nachbardorf oder aus der Nachbarstraße handelte. Dies verschärfte die ethnischen Konflikte zusätzlich.

Die Situation der Polen unterschied sich je nach Wohnort, wobei die von Berlin vorgegebene Politik klar antipolnisch war. Die Deutschen, die nicht in der Lage waren, selbst den Verwaltungsapparat der unterworfenen Gegenden zu besetzen, bedienten sich bei der ansässigen Bevölkerung. In einigen Fällen zwangen sie die Notwendigkeiten der Besatzung und die Lage an der Front, ideologische Richtlinien und rassistische Hierarchien zur Seite zu legen. Und so kam es vor, dass Polen auf unteren Verwaltungsebenen oder in der Polizei beschäftigt wurden, vor allem im Generalbezirk Weißruthenien, wo es an belarusischen Arbeitskräften mit den benötigten Kompetenzen fehlte. Im Allgemeinen waren sie bemüht, ihre Landsleute zu unterstützen, viele arbeiteten auch mit dem polnischen Untergrund zusammen. Auch kam es zu Vergeltungsmaßnahmen für die sowjetische Besatzungszeit; Anzeigen bei den deutschen Behörden zogen Repressionen gegenüber Menschen aus dem gegnerischen Lager nach sich. Die Deutsche beschränkten unter litauischem oder belarusischem Druck die Präsenz von Polen in den Verwaltungsstrukturen. Vertreter der polnischen Eliten wurden zuweilen auch ausradiert; sie waren durch die vorausgegangenen sowjetischen Verfolgungen ohnehin schon geschwächt (Verhaftungen und Hinrichtungen von Angehörigen der Intelligenz und der Geistlichkeit, unter anderem in Lemberg, Krzemieniec/Kremenez und Nowogródek/Nawahrudak sowie in Ponary/Paneriai bei Wilna). Dennoch entfalteten sich in den polnischen Siedlungsschwerpunkten schnell konspirative Strukturen, die sich sowohl gegen die Deutschen als auch gegen Kollaborateure und den kommunistischen Untergrund richteten. Seit 1942 entstanden bewaffnete Einheiten, später größere Partisanenabteilungen, die der gesamtpolnischen Heimatarmee (Armia Krajowa, AK) unterstellt waren. 1944 entwickelten sich diese Einheiten weiter und bereiteten sich zum Kampf gegen die Wehrmacht vor, die sich unter dem Druck der Roten Armee zurückzog. Die Heimatarmee geriet nicht nur mit deutschen Verbänden aneinander, sondern auch mit litauischen, ukrainischen sowie mit den viel schwächeren belarusischen Untergrundgruppen. Gegner aller Verbände waren wiederum die sowjetischen Partisanenabteilungen, die sich das Recht anmaßten, die legale Gewalt zu vertreten und deshalb die »Konkurrenz« angriffen. Das Alltagsleben wurde immer gefährlicher, die Zivilbevölkerung litt unter den Besatzern, aber auch unter den »Waldleuten«, die nicht selten brutal gegen andere als die »eigenen« Bevölkerungsteile vorgingen. Ebenso brutal kämpften sie gegen Personen, die der Zusammenarbeit mit dem Feind verdächtigt wurden, wobei es sich bei diesem Feind um Deutsche handeln konnte, aber auch um kollaborierende Gruppen oder andere Untergrundbewegungen – die polnische, die ukrainische oder die sowjetische. Besondere Angst lösten die sowjetischen Partisanen aus, die keine Rücksicht auf deutsche Vergeltungsmaßnahmen an Zivilisten nahmen und außerdem massenhaft Menschen umbrachten, die als Kollaborateure und

Vaterlandsverräter galten, wobei es dann auch zu Beschlagnahmungen und Raub kam. In den belarusischen und ukrainischen Gebieten führten die Deutschen bei ihren Versuchen, die Partisanen zu zerschlagen, große Befriedungsaktionen durch, die mit Massenmorden und der Deportation zur Zwangsarbeit einhergingen. Alleine aus dem Generalbezirk Weißruthenien wurde mehr als eine Viertelmillion Menschen verschleppt. Die sich abzeichnende Niederlage des »Dritten Reichs« verschärfte den Konflikt zwischen den nationalen Gruppen weiter. Der polnische Untergrund und die sowjetischen Partisanen hielten sich jeweils für Vertreter der legalen Macht. Litauer und Ukrainer hatten Hoffnung, in einem passenden Moment der letzten Kriegsphase die eigene Unabhängigkeit erlangen zu können, wobei sie jedoch das gewaltige sowjetische Übergewicht und die internationale Gemengelage außer Acht ließen. Einen Weg zur Verwirklichung seiner Ziele sah man meistens darin, den Gegner zu schwächen, zu verängstigen und nicht selten auch physisch zu eliminieren. Auf den verschiedenen Seiten dieser »inneren« Front kamen Zivilisten ums Leben. Das bedeutete natürlich nicht, dass alle bewaffneten Gruppen gleich vorgingen. Die Ausmaße der Opfer, selbst wenn wir vor allem auf Schätzungen angewiesen sind, zeigen deutliche Unterschiede. Unter deutscher Besatzung erlitt die polnische Bevölkerung in den alten *kresy* die größten Verluste nicht von Seiten der Deutschen, sondern von Seiten des nationalistischen ukrainischen Untergrunds. 1943 kam es in Wolhynien, wo vor dem Krieg Polen ungefähr 15 Prozent der Bevölkerung ausgemacht hatten, zu einer Massenverfolgung von Polen. Polnische Historiker schätzen, dass Soldaten der Ukrainischen Aufstandsarmee (UPA) und andere ukrainische Nationalisten 1943 und 1944 zwischen 35 000 und 60 000 Menschen umgebracht haben. Weitere zehntausende konnten sich nur durch die Flucht retten. Die Ausmaße der Morde, deren grausamer Charakter und das Ziel – die völlige Beseitigung von Polen – lassen die Bezeichnung als »ethnische Säuberung und Völkermord« als gerechtfertigt erscheinen. An der Jahreswende 1943/44 kam es auch in Ostgalizien zu immer mehr Angriffen auf Polen und polnische Siedlungen. Die Zahl der hier Ermordeten wird auf 30 000 bis 40 000 Menschen geschätzt. Rund 300 000 Polen flohen (einen Teil davon verschleppten die Deutschen zur Zwangsarbeit). Andererseits nahm der polnische Widerstand zu, besser gesagt der verzweifelte Selbstschutz in größeren Orten. Es kam auch zu Vergeltungsakten gegen Ukrainer. Eine Gesamtbilanz der polnischen Bevölkerungsverluste unter deutscher Besatzung in diesem Gebiet lässt sich unmöglich aufstellen. Zweifelsohne stellten jedoch die Opfer ukrainischer Nationalisten (70 000 bis 100 000 Personen) den Großteil unter den Todesopfern der polnischen Bevölkerung. In Wolhynien und in einem Teil von Ostgalizien führten die antipolnischen Aktionen der UPA und die dadurch erzwungene Flucht zu einem deutlich sinkenden polnischen Bevölkerungsanteil.

Wieder in der UdSSR, 1944 bis 1959

Anfang Januar 1944 überschritt die Rote Armee die polnische Vorkriegsgrenze. Doch dem Standpunkt des Kremls zufolge vertrieb sie die deutschen Besatzer aus dem eigenen, sowjetischen Territorium. Und so begann man trotz Widerstands vom ukrainischen, polnischen oder litauischen Untergrund damit, hier eine Verwaltung und Strukturen der Kommunistischen Partei aufzubauen. Zugleich setzte eine »Überprüfung« der ansässigen Bevölkerung hinsichtlich ihres Verhaltens zwischen 1941 und 1944 ein. All dies bedeutete die Wiederaufnahme von Massenrepressionen. Die Methoden des Kampfs gegen den Untergrund waren große Pazifikationen und Massenverhaftungen. Auch wurden Einberufungen zur Roten Armee durchgeführt. Den Polen wurde bald klar, dass die während der Kriegsjahre gehegten Hoffnungen auf Wiederherstellung des polnischen Staates in diesen Gebieten irreal waren. Die Entwaffnung und Internierung der AK-Einheiten (die rund 33 000 Menschen unter Waffen zählten), mit denen die Rote Armee kurz zuvor teilweise noch bei lokalen Militäroperationen zusammengearbeitet hatte (zum Beispiel bei den Kämpfen um Wilna), zeigten die Rücksichtslosigkeit Moskaus, das bestrebt war, den Gegner möglichst schnell auszuschalten (der nun nicht mehr als Bündnispartner innerhalb einer Koalition galt). Der Sicherheitsapparat verfolgte die in den Wäldern versteckten Mitglieder des Untergrunds.

Die Lage unter der zweiten sowjetischen Besatzung sah in den nordöstlichen *kresy*, wo noch Partisanenabteilungen aktiv waren, anders aus als in Ostgalizien, wo der polnische Widerstand oft städtischen Charakter hatte und wo Hauptziel der sowjetischen Sicherheitskräfte der ukrainische Untergrund war. Die Gefängnisse in den westlichen Grenzgebieten der UdSSR füllten sich mit zehntausenden von Verhafteten. Bald wurden Gefangenentransporte in den Osten geschickt, in Richtung des Archipels Gulag. Die Zahl der Polen unter den Verhafteten, aber auch der bei der »Operation zur Bekämpfung des antisowjetischen Untergrunds« Ermordeten ist unbekannt. Schätzungen sprechen von 35 000 bis 45 000 verfolgten Polen zwischen 1944 und 1947. Im Kampf gegen Einheiten des sowjetischen Sicherheitsapparats könnten mehrere tausend Soldaten umgekommen sein.

Wie groß war seinerzeit die polnische Bevölkerung in diesem Gebiet? Die Art der Bevölkerungsbewegungen während der Besatzungszeit mit ihrem Terror, ihrem Völkermord und mit der Verschickung zur Zwangsarbeit sowie die unvollständige Aktenlage erlauben keine genauen Feststellungen. Man kann schätzen, dass Mitte 1944 in den *kresy* rund 2,8 Millionen Personen polnischer Nationalität und mehrere zehntausend Juden verblieben waren. Eine Folge der politischen Lage Polens war es, entscheiden zu müssen: In der Heimat bleiben, wenn auch in einem fremden Staat, oder in den Westen auszureisen – über die Flüsse Bug und San, was bedeutete, die Heimat, das Elternhaus, das eigene Lebenswerk, Baudenkmäler und Friedhöfe zurückzulassen. Die Entscheidungen der Großen Drei, also der alliierten Mächte (darunter die Beschlüsse der Konferenzen von Teheran im November 1943 und in Jalta im Februar 1945), führten dazu, dass die legale und international anerkannte polnische Regierung gegenüber dem Vorgehen Moskaus in den befreiten Ostgebieten der Zweiten Polnischen Republik völlig machtlos war. Die endgültige Festlegung der territorialen Gestalt Polens fand ohne ihr Zutun statt.

Die Haltung der von Stalin zur Machtübernahme in den befreiten Gebieten Zentralpolens vorbereiteten polnischen Kommunisten in dieser Frage war von Anfang an Stalins politischen Plänen untergeordnet. Ende Juli 1944, einige Tage nach der Einsetzung der kommunistischen Quasi-Regierung mit dem irreführenden Namen »Polnisches Komitee der Nationalen Befreiung« (Polski Komitet Wyzwolenia Narodowego, PKWN), unterzeichneten dessen Mitglieder in Moskau ein anfangs nicht veröffentlichtes Abkommen über den Verlauf der polnisch-sowjetischen Grenze. Die UdSSR trat zum Missfallen eines Teils der belarusischen

Kommunisten Polen Białystok ab, behielt aber Städte wie Lemberg, Wilna und Grodno, die mehrheitlich von Polen bewohnt waren. Im Vergleich zur deutsch-sowjetischen Grenze der Jahre 1939 bis 1941 war es somit zu gewissen Veränderungen gekommen. Dennoch blieben jenseits der Grenze große Konzentrationen polnischer Bevölkerung, zuweilen gleich hinter der Grenzlinie.

Im September 1944 erklärte sich das PKWN, das *de facto* keinerlei Berechtigung hierzu hatte, mit einem beiderseitigen, theoretisch freiwilligen Bevölkerungsaustausch einverstanden. Auf sowjetischer Seite wurde der Vertrag über die Evakuierung (wie diese Umsiedlung genannt wurde) von den Regierungen der Litauischen, Belarusischen und Ukrainischen Sowjetrepublik unterzeichnet, was ebenfalls ziemlich seltsam war. Hier wurden die Rechte der Ausreisenden festgeschrieben, unter anderem in Bezug auf ihre Habe (so durfte die Landbevölkerung bis zu zwei Tonnen an materiellem Besitz und Nutztieren mitnehmen, Fachleute durften die ihnen notwendigen Werkzeuge ausführen). Die zurückgelassene Habe wurde geschätzt und der Wert erstattet. Die Umsiedlungen sollten zunächst schon im Februar 1945 beginnen, was völlig unrealistisch war. Schließlich sollten, nachdem eine Verlängerung der Fristen verhandelt worden war, die Ausreisen bis Mitte 1946 zu Ende gehen. Im Oktober 1944 entstand das Staatliche Repatriierungsamt, das sich auf dem Gebiet des kriegszerstörten Polens um die Zuwanderer kümmern und dabei behilflich sein sollte, sie zu ihren neuen Siedlungsgebieten zu bringen. Anfang 1945 wurde beschlossen, die Umsiedlertransporte in die gerade vom »Dritten Reich« eroberten Regionen zu leiten. In Zentralpolen fehlte es an Wohnungen und Arbeitsplätzen. Die Umsiedlungen aus dem Osten, aber auch die übrigen Repatriierungsaktionen aus den unterschiedlichsten Himmelsrichtungen wurden mit der für die künftige staatliche Existenz extrem wichtigen Frage der Integration und Besiedlung der neuen Gebiete verbunden. Doch die fehlende internationale Anerkennung für die polnischen Erwerbungen im Westen wirkte bremsend auf den Verlauf der Aktion. Aufgrund der großen Bevölkerungsverluste während des Kriegs lag es im Interesse der kommunistischen Machthaber wie auch des polnischen Staates an sich, durch die Umsiedlungen eine möglichst große Zahl von Polen im Osten zu erreichen, aber auch weitere Polen

In den *kresy* und noch weiter...

überall dort, wo sie als Flüchtlinge und Deportierte lebten. Selbst wenn die neue territoriale Gestalt des Landes mit Misstrauen aufgenommen wurde und die neuen Machthaber als Usurpatoren galten, konnte die Aussicht auf einen Staat ohne nationale Minderheiten durchaus die Zustimmung der Polen erlangen. Das Leben in einem multinationalen Staat und die interethnischen Beziehungen während der Besatzungszeit wurden nämlich negativ angesehen.

Vor der Ausreise wurden die Umsiedlungswilligen registriert, sofern sie mit Dokumenten ihr Recht auf einen Umzug in die neuen polnischen Grenzen nachweisen konnten. Insgesamt machten rund 1,7 Millionen Menschen davon Gebrauch, also schätzungsweise die Mehrheit der polnischen Bevölkerung. Das bedeutete aber auch, dass sich viele hunderttausend Menschen entweder nicht darum bemühten, sich registrieren zu lassen (wobei die Gründe unterschiedlicher Natur gewesen sein können), oder dass ihre Anträge mit verschiedenen Vorwänden abgelehnt wurden. In Wirklichkeit war es ein Zusammentreffen mehrerer Faktoren, das über die Umsiedlung in den Westen entschied – von denen viele zumindest als situativer Zwang zu werten sind. Einer der wichtigsten Faktoren war die Haltung der sowjetischen Behörden gegenüber der Abwanderung der polnischen Bevölkerung. Als sich nach einigen Monaten herausstellte, dass die Zahl der Registrierten rasant wuchs, verschärfte sich diese Haltung. Man verweigerte nun oft das Recht zur Ausreise und erkannte die polnische Volkszugehörigkeit der Antragsteller nicht an, vor allem in Belarus und in Litauen. Den Umsiedlern wurde die Pflicht auferlegt, alle Steuern und Abgaben zu regeln, man begrenzte das Recht auf Mitnahme materieller Habe, auch wurde die Inventarisierung des zurückgelassenen Besitzes verzögert. Besonders hinderlich war das Fehlen an Transportmitteln, was sich nur teilweise durch die schwierigen Verhältnisse in der Nachkriegszeit erklären lässt. Geplante Transporte kamen nicht zustande, weshalb sich die Umsiedler mit all ihrer Habe zu einem späteren Zeitpunkt erneut einfinden mussten. Wenn man sich, egal warum, nicht am Verladebahnhof einfand, wurde dies als Verzicht auf die Umsiedlung gewertet. Auch wurden bereits ausgestellte Evakuierungskarten wieder eingezogen. Die Umstände der Reise waren alles andere als leicht, vor allem in der Winterzeit.

Es kam vor, dass Umsiedler in offenen Waggons transportiert wurden, ohne Verpflegung und nach mehrtägigem Warten an den Bahnhöfen. Die besten Voraussetzungen für die Umsiedlung herrschten in der Ukraine, wo sie auch am frühesten begannen, nämlich bereits im November 1944. Hauptgrund hierfür war die extrem schlechte Lage der polnischen Bevölkerung, vor allem in den ländlichen Gebieten. Viele Polen hielten sich schon seit langem nicht mehr in ihren Häusern auf, sondern in provisorischen Unterkünften in größeren, befestigten Ortschaften. Die ukrainischen Behörden drängten von Anfang an auf ihre schnellstmögliche Ausreise. Dies betraf vor allem Lemberg. Dessen Einwohner hatten noch verhältnismäßig lange darauf gehofft, dass die Stadt bei Polen bleiben würde. Als Instrument, das dazu diente, die Entscheidung zur Ausreise zu beschleunigen, setzten Verfolgungen der Bildungseliten ein, es kam zu Beschlagnahmungen und junge Männer wurden zur Roten Armee eingezogen. Schon 1944 und 1945 siedelten fast 70 Prozent aller Umsiedler aus der Ukrainischen SSR aus. Bei den beiden anderen Republiken fiel der Höhepunkt der Umsiedlungen in die erste Jahreshälfte 1946.

Die Massenumsiedlungen aus den an die UdSSR angegliederten Gebieten endeten im Juli 1946. Auf organisierte Weise waren rund 1,2 Millionen Menschen ausgereist (darunter 54 000 Juden), was rund drei Viertel der zur Ausreise Registrierten ausmachte. Wenn man die Bevölkerungsschätzungen von 1944 zugrunde legt, so handelte es sich um knapp die Hälfte der ansässigen Polen. Aus der Litauischen SSR siedelten mit organisierten Transporten knapp 200 000 Menschen über, aus der Belarusischen SSR rund 230 000 und aus der Ukrainischen SSR rund 800 000. Der größte Prozentsatz der Ausgereisten unter allen Registrierten wurde in der Ukraine verzeichnet (90 Prozent). Aus Litauen und Belarus siedelte lediglich rund die Hälfte über. Was waren die Gründe für diese Unterschiede? Neben dem Vorgehen der Behörden unterschiedlicher Instanzen waren persönliche Entscheidungen der betroffenen Polen für den Umfang der Umsiedlungen entscheidend. Die große Politik zwang sie zu einer sehr schwierigen, für viele geradezu dramatischen Wahl zwischen dem Vaterland im nationalen und politischen Sinn sowie der eigenen Heimat, der Heimat der Familie, der vertrauten Landschaft und familiär-nachbarschaftlichen Verhältnissen, die seit vielen Generationen gewachsen waren.

In den *kresy* und noch weiter ...

Die Erlebnisse unter der ersten sowjetischen Besatzung und das Verhalten der Staatsmacht und des Sicherheitsapparats nach dem erneuten Einmarsch der Roten Armee in diese Gebiete, aber auch die immer noch bestehende Gefahr von Seiten der UPA beförderten sicherlich eine Entscheidung zur Ausreise. Dagegen sprach vor den Konferenzen der Großmächte die Hoffnung auf eine Änderung der Beschlüsse zur Ostgrenze. Die Polen taten sich schwer mit dem Gedanken daran, dass ihre Gebiete der UdSSR angeschlossen würden, vor allem in den Regionen nahe der neuen, an der längst vergessenen Curzon-Linie orientierten Ostgrenze. Ein Motiv war auch der Patriotismus – viele hielten es für ihre Pflicht, so lange wie möglich an Ort und Stelle zu bleiben. In den Dörfern spielte die Bindung an das Land, den Familienbesitz und die soziale Gemeinschaft eine wichtige Rolle. Eine Ausreise in den Westen erschien schließlich als eine Reise in eine unbekannte, unsichere und gefährliche Gegend. Über die im Westen an Polen angegliederten Gebiete wusste man nichts, bis auf die Tatsache, dass es sich um deutsches, vermutlich vom Krieg zerstörtes Land handelte. Man befürchtete weitere Verarmung und jahrelanges Herumirren. Den in Polen regierenden Kommunisten traute man nicht.

Vor gewaltigen Dilemmata standen unvollständige Familien, wo etwa die Männer durch Tod oder Einberufung fehlten oder weil sie sich vor der Verhaftung versteckten. Frauen hatten Angst, selbst über die Umsiedlung und das weitere Schicksal ihrer Familie zu entscheiden. Oft blieben die Menschen auch, um Gefangene mit Lebensmittelpaketen versorgen oder sich um Kranke kümmern zu können. Viele Menschen waren überzeugt, dass sie auch später noch würden ausreisen können. Ein Teil hoffte auf einen neuerlichen Wandel der politischen Lage. Und schließlich dürfte ein Teil jener, die auf die Ausreise verzichteten, auch aus Personen bestanden haben, für die die nationale Zugehörigkeit kein grundlegender oder eindeutig empfundener Bestandteil ihrer Identität war. Die Umsiedlungen sollten das Minderheitenproblem beseitigen, und zwar nach der damals vorherrschenden Überzeugung, dass das zwar rücksichtslose, aber effektivste und unausweichliche Mittel hierfür obrigkeitlich angeordnete Bevölkerungstransfers sind. Die Polen waren Teil jener viele Millionen Menschen umfassenden Bevölkerungsbewegungen, die in dieser Zeit in Mittel- und

Osteuropa zu beobachten waren – nach den besiegten Deutschen waren sie die zweitgrößte nationale Gruppe, die hiervon betroffen war. Anders sah die Lage bei den Repatriierungen aus der inneren UdSSR aus, bei Personen, die zu Beginn des Kriegs zwangsweise dorthin deportiert worden waren. Eine Ausreise in den Westen war für sie der größte Traum, auch wenn sie wussten, dass er möglicherweise keine Rückkehr in die Heimatregion bedeuten würde. Am wichtigsten war es jedoch, die Sowjetunion so rasch wie möglich zu verlassen, in der Hoffnung, in Polen (in welchen Grenzen auch immer) leichter überleben zu können. Auch wenn im Sommer 1945 eine entsprechende Vereinbarung unterschrieben wurde, waren umfangreiche Aussiedlungen aus Sibirien oder Kasachstan erst ab Frühjahr des folgenden Jahres möglich. Ein Grund hierfür war die große Zerstreuung, in welcher Polen und polnische Juden in den entlegenen Regionen der UdSSR lebten. Außerdem mussten die Schwächsten auf die Ausreise vorbereitet werden, etwa die Zöglinge der Kinderhäuser, wo sich rund 5000 polnische Kinder aufhielten. Eine wichtige Frage war auch die nationale Unterteilung der Repatrianten. Bis Ende 1946 wurden 265 000 Menschen repatriiert, darunter nicht weniger als 120 000 Juden (und damit mehr als nur die 1940 Deportierten). Die Repatrianten, die nach mehrwöchiger Reise nach Polen gelangten, befanden sich in ihrer Mehrzahl in einer schlechten materiellen und gesundheitlichen Verfassung. An den Verbannungsorten ließen sie nicht selten die Gräber ihrer Nächsten zurück, die sie nie mehr würden besuchen können. Aufgrund ihres Besitzstandes und ihres körperlichen Zustands gehörten sie zu den schwächsten Siedlergruppen, die dazu auserkoren waren, die West- und Nordgebiete zu bevölkern.

Neue Wellen der Repression in den an die UdSSR angegliederten Gebieten

Die in den Westen ausreisenden *Sybir*-Deportierten begegneten auf ihrem Weg Transporten, die in die entgegengesetzte Richtung fuhren, in die innere UdSSR. In ihnen saßen neue Gefangene und Deportierte, Opfer der Pazifizierungs- und Säuberungsaktionen in den westlichen Oblasten der UdSSR, aber auch Menschen, die in anderen Regionen aufgegriffen worden waren. Seit Sommer 1944 wurden internierte AK-Soldaten aus den *kresy* in den Osten geschickt, und zudem Personen, die im Rahmen der »Filter-Aktionen« vom sowjetischen Sicherheitsapparat in Zentralpolen festgenommen worden waren. Die Deportationen betrafen auch rund 40 000 Bergleute, Einwohner Oberschlesiens, die als »menschliche Kriegsbeute« unter anderem in die Bergwerke des Donbas verschleppt wurden. Die Ausmaße der unterschiedlichen Repressionen auf dem Gebiet des polnischen Staates in seinen neuen und seinen alten Grenzen sind nicht ganz genau bekannt. Wie gesagt, zwischen 1944 und 1947 wurden alleine in den *kresy wschodnie* 35 000 bis 45 000 Polen verfolgt. In den polnischen Gebieten westlich des Flusses Bug wurden in dieser Zeit rund 40 000 Menschen festgenommen und durch Übergangs- und Filtrierungslager in den Osten geschickt. An der Jahreswende 1946/1947 schätzte die Warschauer Regierung bereits nach teilweisen Freilassungen von Internierten die Zahl der in der UdSSR inhaftierten Polen auf 50 000 Personen.

Man war sich darüber im Klaren, dass die Wanderungsbewegungen nach Polen nicht alle Berechtigten umfassten, sowohl in den *kresy* als auch in der inneren UdSSR. Man ging davon aus, dass es sich noch um mehr als 600 000 Personen handeln könnte und versuchte erfolglos den Kreml dazu zu bewegen, die Möglichkeit zur Ausreise in den Westen zu verlängern. Die polnische Bevölkerung war jedoch eigentlich noch viel größer. Wahrscheinlich lebte am Ende der 1940er Jahre in den einstigen Gebieten der Zweiten Polnischen Republik noch mehr als eine Million Polen, und einige hunderttausend weitere Polen in der »alten« UdSSR. In Gefängnissen und Lagern hielten sich mehrere zehntausend Polen auf. Unabhängig von ihrer Staatsangehörigkeit im Jahre 1939 handelte es sich nach Auffassung des Kremls jetzt schlicht und einfach um sowjetische Staatsbürger und somit um eine innere Angelegenheit der UdSSR. Die polnische kommunistische Regierung und ihre diplomatischen Vertretungen leisteten diesen Polen praktisch keine Hilfe, selbst nicht in so wichtigen Fragen wie bei der rechtlichen Betreuung von Verfolgten oder bei der Unterstützung für polnische Schulen. Sie blieben sich selbst überlassen.

Die Sowjetisierung der ehemaligen *kresy wschodnie*

Das Ende der Massenumsiedlungen trug zu einer Stabilisierung der sowjetischen Herrschaft in den annektierten Gebieten bei. Die größeren Abteilungen des polnischen Untergrunds waren an der Jahreswende 1944/1945 zerschlagen worden. Trotz ihres verbissenen Widerstands traf den ukrainischen und den litauischen Widerstand dasselbe Schicksal. Polen waren weiterhin Opfer von Verfolgung, obschon daran zu erinnern ist, dass ihr prozentualer Anteil infolge der Abwanderung in den Westen sank. Im Laufe der Zeit führte die Herbeiführung von Ansiedlern aus dem restlichen sowjetischen Staatsgebiet in diesen Gegenden und die Russifizierungspolitik zu entscheidenden Veränderungen bei der ethnischen Zusammensetzung der Bevölkerung im westlichen Grenzland der UdSSR.

Die Behörden setzten ihre eilige Sowjetisierung fort. Bis Anfang der 1950er Jahre wurde trotz des Widerstands der Bauern eine großangelegte Kollektivierung durchgesetzt, wobei die Methoden jenen ähnelten, die früher schon in der Sowjetunion eingesetzt worden waren. Natürlich mussten auch die Polen den Kolchosen beitreten. Die Behörden griffen zu lautstarker Propaganda, übten einen ruinösen finanziellen Druck (Steuern und Naturalabgaben) auf die größeren Höfe aus und wendeten auch offenen Zwang an, um die Bauern so schnell wie möglich zum Verzicht auf ihr Land zu bewegen. Besonders langanhaltender Widerstand wurde in der Gegend von Grodno in Belarus geleistet, wo eine große polnische Bevölkerung lebte. 1952 ließ die Belarusische SSR Kulakenfamilien deportieren – insgesamt 6000 Personen. Ein Teil davon waren Polen. Ein Jahr zuvor waren die sogenannten Anders-Leute fortgebracht worden, also Familien von Soldaten, die in der polnischen Armee im Westen gedient hatten (etwa 3300 Personen), von denen die meisten Polen waren. Im Vergleich zu den benachbarten Sowjetrepubliken Litauen und Ukraine verliefen aber die Kollektivierung und auch die Repressionen in Belarus deutlich sanfter. In der Litauischen und in der Ukrainischen SSR waren die Kulaken bereits zwischen 1949 und 1951 (Litauen, rund 52 000 Menschen) bzw. 1951 (Ukraine, rund 12 000 Menschen) deportiert worden. Die Kulakenverschickung war zudem nur eine von vielen Deportationen, die seit 1944 im westlichen Grenzland stattfanden. Insgesamt fiel ihnen fast eine halbe Million Personen zum Opfer (die Zahl der Polen darunter ist nicht bekannt).

Ein weiteres Element bei der Transformation der besetzten Gebiete zu einem »Sowjetland« war die antikirchliche Politik. Für die polnische Bevölkerung, für die die religiöse Komponente ihrer Identität eine immense Bedeutung hatte, war die Beschränkung der Betätigungsmöglichkeiten der römisch-katholischen Kirche, waren die Verfolgungen von Geistlichen und Gläubigen sehr einschneidend. Die Behörden verboten Religionsunterricht für Kinder, sie grenzten die Möglichkeiten zur seelsorgerischen Arbeit und zum Begehen der Feiertage stark ein. Es wurden Bevollmächtigte für Fragen der religiösen Kulte eingesetzt, die die Geistlichen und Pfarrgemeinden streng überwachten. Vor allem der Zeitraum der Kollektivierung war zuweilen zugleich eine Zeit verstärkter Unterdrückung von Priestern und der Enteignung von Kirchen, die unter anderem zu Kolchos-Lagerhäusern umgewandelt wurden. In Belarus wurden schon im Schuljahr 1948/1949 Schulen mit polnischer Unterrichtssprache aufgelöst, obschon die Zahl der Polen in die Hunderttausende ging. In der Ukrainischen SSR blieben drei polnische Schulen übrig, alle in Lemberg. Vor diesem Hintergrund sah das polnischsprachige Bildungswesen in Litauen geradezu beeindruckend aus. Nach dem Ende der Umsiedlungen gab es hier über 200 Grundschulen für polnische Kinder. Doch fehlte es hier an Lehrerinnen und Lehrern, Schulbüchern und Ausstattung, und die Lehrpläne waren ideologisiert. Dennoch war ihre Bedeutung für die Aufrechterhaltung der nationalen Identität enorm.

Die Vereinheitlichung des neuen westlichen Grenzlands war zwar bis Mitte der 1950er Jahre noch nicht beendet, doch hatte sie diese Gebiete entscheidend verändert. Für die Polen, die größtenteils Bauern waren, brachte die Kollektivierung einen äußerst negativen Wandel. Die Festigung der neuen Ordnung unter Anwendung rücksichtsloser Unterdrückung führte innerhalb eines Jahrzehnts dazu, dass jede geringste Hoffnung auf positive Veränderungen verschwand. Auch die steigende Zahl von zuwandernden Sowjetbürgern aus dem inneren Staatsgebiet und die zunehmende Anzahl von Mischehen beeinflusste das Bild, das sich in den alten *kresy wschodnie* bot. Stalins Tod 1953 und das anschließende »Tauwetter« eröffneten neue Möglichkeiten zur Ausreise nach Polen. Ein Jahrzehnt nach Ende des Kriegs standen die in den verlorenen Gebieten lebenden Polen erneut vor einem Dilemma: Bleiben oder fahren?

Die zweite Repatriierung, 1955 bis 1959

Die erste Bresche in der Mauer, die die Polen auf beiden Seiten der Grenze für einige Jahre getrennt hatte, war die Beendigung der Massenrepressionen durch die neuen Machthaber im Kreml. Hunderttausende von Verbannten und Lagerinsassen wurden freigelassen, darunter auch tausende von Polen. Sie wollten nach Polen ausreisen, vor allem da sich hier schon seit mehreren Jahren die Familien vieler von ihnen aufhielten. Die Veränderungen des Tauwetters führten dazu, dass die Kommunisten in Warschau beschlossen, dieser Gruppe zu helfen. Nach Moskaus Zustimmung trafen in Herbst und Winter 1955 die ersten Transporte aus Sibirien in Polen ein. Knapp 6000 Verbannte und vorzeitig Entlassene oder unter Bewachung überstellte Gefangene – vor allem AK-Soldaten – kamen nun an. In der zweiten Jahreshälfte 1956 wuchs diese zunächst relativ geringe Welle von Rückkehrern zu einer massenhaften Repatriierung an. Die sowjetische Verwaltung hatte zugestimmt, die Rückwanderung auszuweiten und ihre Dauer zu verlängern: Nun durften sich auch Polen aus den westlichen Oblasten der Litauischen und der Belarusischen SSR darum bewerben. Die neuen Machthaber Polens, die infolge der Entstalinisierung im Oktober 1956 an die Regierung gelangt waren, bemühten sich unter Druck der Bevölkerung aktiv darum, eine breitangelegte Repatriierung zu unterstützen, deren Grundlagen durch einen bilateralen Vertrag geregelt wurde. Unterzeichnet wurde dieser Ende März 1957. Das Recht auf Repatriierung stand allen Polen und Juden zu, die vor dem Krieg polnische Staatsbürger gewesen waren, unabhängig davon, ob sie in Polen Familie besaßen oder warum sie nach dem Krieg in der UdSSR geblieben waren. Die Umsiedlung hatte freiwilligen Charakter, obschon es nicht selten so war, dass es viel Mut und Entschlossenheit der Betroffenen bedurfte, um die Behörden zum Einverständnis zu bewegen.

Zwischen 1955 und 1959 wurde rund eine Viertelmillion Personen nach Polen repatriiert, davon alleine 1957 und 1958 180 000. Zum allergrößten Teil handelte es sich um Polen aus den ehemaligen Ostgebieten. Sie wurden meistens in den ehemals deutschen Gebieten angesiedelt. Die meisten Repatriierten stammten aus dem westlichen Belarus (101 000), wo die Umsiedlungen der Nachkriegszeit im Verhältnis zur Zahl der pol-

nischen Bevölkerung vergleichsweise am geringsten gewesen waren. Erhebliche Ausmaße hatten auch die Ausreisen aus der Ukrainischen SSR (76 000) und aus der Litauischen SSR (46 500). Unter den Repatriierten aus der inneren UdSSR machten diejenigen das Gros aus, die im Jahrzehnt zuvor dorthin verschleppt worden waren (20 000). Unter den Repatrianten überwogen die Polen bei weitem; es gab unter ihnen außerdem rund 18 000 Juden.
In der zweiten Jahreshälfte 1959 kam die Repatriierung zum Erliegen. Die sowjetische Seite wollte die Ausreisen endgültig beenden und wies fast alle von tausenden Einsprüchen gegen negative Entscheidungen zurück. Die Behörden in Warschau waren sich darüber im Klaren, dass es trotz der Repatriierung in der UdSSR nach wie vor große polnische Siedlungsschwerpunkte gab. In den ehemaligen *kresy* lebten noch über 700 000 Personen polnischer Nationalität, was als Minimalzahl zu werten ist. Die Repatriierung, die für die meisten als große Chance zur Verbesserung der eigenen Lebensumstände angesehen wurde (darunter auch die Aussicht auf Bewirtschaftung eines eigenen Hofes), aber auch dafür, unter Landsleuten und umgeben von polnischer Kultur zu leben, hatte zwar zu einer weiteren Schwächung der polnischen Siedlungen im Osten, aber nicht zu ihrem Verschwinden geführt. Es war aber nicht so leicht, sich in den folgenden Jahrzehnten zur polnischen Identität zu bekennen, und es gab nur wenige Möglichkeiten, diese Identität zu pflegen, vor allem angesichts der antikirchlichen Politik der sowjetischen Kommunisten. Eine Möglichkeit zur Ausreise in den Westen nach 1944 hatten übrigens nur Personen, die vor dem Krieg Staatsbürger der Republik Polen gewesen waren. In seltenen Fällen war es auch »sowjetischen« Polen gelungen; eine Ausnahme waren Umsiedlungen von Soldaten der polnischen Armee, die unter Kontrolle des Kremls entstanden war. Polnische Familien, die 1936 aus der Ostukraine nach Kasachstan deportiert worden waren, durften Kasachstan nicht verlassen, ganz zu schweigen von der Übersiedlung ins Ausland. Erst ihre Nachfahren erhielten am Ende des 20. Jahrhunderts, nach dem Sturz des Kommunismus und dem Zerfall der Sowjetunion, eine solche Möglichkeit.
Das Entstehen unabhängiger Staaten auf den Trümmern der UdSSR zu Beginn der 1990er Jahre brachte auch für die Polen dort viele Veränderun-

gen. Sie erlangten die Möglichkeit, sich zusammenzuschließen, Polnischunterricht zu erhalten, ein kulturelles und religiöses Leben zu organisieren, ihr Kulturerbe zu pflegen, vor allem aber umfangreiche Kontakte zu Polen zu knüpfen und polnische Hilfe und Fürsorge in Anspruch zu nehmen. Historische Forschungen zu ihren Erfahrungen im 20. Jahrhundert setzten ein, die zuvor, in der Volksrepublik Polen, unmöglich waren. Die weitere Entwicklung der polnischen Minderheit und von Personen polnischer Herkunft hing vom Verlauf der politischen Veränderungen im postsowjetischen Raum ab. Die Geschichte warf aber immer einen langen Schatten auf ihre Existenz. Diese Auseinandersetzungen sind bis heute nicht verstummt. Die Polen in Litauen sind Bürger eines demokratischen Staates und erfreuen sich aller Freiheiten von Einwohnern der Europäischen Union. Die Polen in der Ukraine teilen mit ihren Nachbarn derzeit die keineswegs einfache Tatsache, Bürger eines kriegsführenden Staates zu sein. Niemand bestreitet jedoch ihre Identität und ihr Recht auf Autonomie, auch wenn der polnisch-ukrainische Dialog über die Geschichte nach wie vor außerordentlich schwierig ist. Hingegen werden Polen in Belarus und in Russland als verdächtige Gruppe wahrgenommen, sie werden von der staatlichen Propaganda abgestempelt und diskriminiert. In Belarus sind die aktivsten Minderheitenvertreter verfolgt worden. Viele von ihnen sind aus Angst vor Verfolgungen nach Polen gegangen. Einige befinden sich in Gefängnissen und sind so wie der Journalist Andrzej Poczobut zu mehrjährigen Freiheitsstrafen verurteilt worden. Unter Minsker Herrschaft ist keine einzige polnische Schule mehr in Betrieb. Polnische Soldatenfriedhöfe werden zerstört. Auch in Putins Russland, wo staatsbürgerliche Rechte gebrochen werden und die kommunistische Vergangenheit glorifiziert wird, werden Denkmäler für polnische Opfer von Verfolgungen aus der stalinistischen Zeit zerstört. Die Erfahrungen der polnisch-sowjetischen Nachbarschaft nach 1921 und vor allem nach 1939 konnten keine andere Wirkung haben, als in der polnischen Gesellschaft die antirussischen Einstellungen verstärken, die bereits in der Teilungszeit aufgekommen waren. Die »weiße Zarenherrschaft« wurde durch die nicht minder bedrohliche »rote Zarenherrschaft« ersetzt. Der kommunistischen Propaganda, die nach dem Zweiten Weltkrieg 40 Jahre lang versuchte, die Polen von der polnisch-sowjetischen Freundschaft zu überzeugen, begegnete man stets misstrauisch. Da sie die tragischen Kapitel der bilateralen Beziehungen verschwieg, widersprach sie den Erlebnissen hunderttausender polnischer Familien und ignorierte die auf Schritt und Tritt sichtbare Unterordnung Polens unter die UdSSR. Ein Extrembeispiel war das Verbrechen von Katyn, zu dem sich Moskau erst 1990 bekannte.

Die Geschichte prägt trotz der verstrichenen Zeit nach wie vor stark die Wahrnehmung des östlichen Nachbarn, vor allem da er rasch zu einer autoritären Regierungsform zurückkehrte und nicht davor zurückschreckte, Gewalt gegen eigene Staatsbürger und schwächere Nachbarn anzuwenden. Es sollte hier an die Sympathie der Polen für die gegen Russland kämpfenden Tschetschenen erinnert werden, aber auch an die Hilfe für die an die Weichsel kommenden Flüchtlinge vor den Kaukasus-Kriegen in der zweiten Hälfte der 1990er Jahre. Die seit Jahren sichtbare Politik Putins, die kommunistischen Verbrechen schönzureden und das Sowjetimperium zu glorifizieren, wurde in Polen als Anzeichen für die wahren Absichten des Kreml angesehen. Zwar war der Kreml zu Beginn der 1990er Jahre dazu gezwungen, das Wegbrechen seines westlichen Grenzlands anzuerkennen und die Emanzipierung jener Länder zu akzeptieren, die er nach dem Zweiten Weltkrieg unterjocht hatte, doch hatte er sich damit nie abgefunden.

Der Beginn einer neuen Phase im Krieg gegen die Ukraine 2022 wie auch die sich wiederholenden aggressiven Äußerungen an die Adresse Polens und anderer ostmitteleuropäischer Staaten haben nicht nur diesen Standpunkt bei den Polen verstärkt, sondern ihm auch in den Augen anderer, vor allem westlicher Staaten zu neuer Glaubwürdigkeit verholfen, und das in einer Lage, in der die polnischen und osteuropäischen Warnungen vor Putins Russland meist als Ausdruck irrationaler Vorurteile, nicht aufgearbeiteter Geschichte und nationalistischer Abneigung angesehen wurden.

*

Die Herausgeberin dankt dafür, Texte zugänglich gemacht, Illustrationen zur Verfügung gestellt und Informationen erteilt zu haben: Piotr Bazan, Dorota Bielawska, Grażyna Bukowa, Dr. Dominik Czapigo, Dr. Annemarie Franke, Joanna Jabłońska, Dr. Marcelina Jakimowicz, Janusz Kobryń,

In den *kresy* und noch weiter...

Andrzej Łęczycki, Dr. Łukasz Wojnowski sowie dem Hauptvorstand der Polnischen Volkskundlichen Gesellschaft in Wrocław/Breslau. Großer Dank ebenfalls an Prof. Peter Oliver Loew für die Anregung, dieses Buch vorzubereiten und dafür, es in diese Reihe des Deutschen Polen-Instituts aufzunehmen, sowie an Jakub Sawicki für die sensible und engagierte Arbeit an der Übersetzung dieser historischen und zugleich auch sehr persönlichen Selbstzeugnisse.

Aus dem Polnischen von Peter Oliver Loew

Ausgewählte Literatur

Ackermann, Felix: Palimpsest Grodno. Nationalisierung, Nivellierung und Sowjetisierung einer mitteleuropäischen Stadt 1919–1991, Wiesbaden 2010.

Appelbaum, Anne: Der Gulag, Berlin 2003.

Baberowski, Jörg: Der rote Terror. Die Geschichte des Stalinismus, München 2003.

Baberowski, Jörg: Verbrannte Erde. Stalins Herrschaft der Gewalt, München 2012.

Benecke, Werner: Die Ostgebiete der Zweiten Polnischen Republik, Köln 1999.

Borodziej, Włodzimierz: Geschichte Polens im 20. Jahrhundert, München 2010.

Borodziej, Włodzimierz; Górny, Maciej: Der vergessene Weltkrieg. Europas Osten 1912–1923, Bd. 1–2, Darmstadt 2018.

Böhler, Jochen: Civil War in Central Europe, 1918 – 1921. The Reconstruction of Poland, Oxford 2018.

Brackel, Alexander: Unter Rotem Stern und Hakenkreuz. Baranowicze 1939 bis 1944. Das westliche Weißrussland unter sowjetischer und deutscher Besatzung, Paderborn 2009.

Detlef Brandes; Holm Sundhaussen; Stefan Troebst (Hrsg.): Lexikon der Vertreibungen. Deportation, Zwangsaussiedlung und ethnische Säuberung im Europa des 20. Jahrhunderts, Wien 2010.

Ciesielski, Stanisław: Gułag. Radzieckie obozy koncentracyjne 1918–1953, Warszawa 2010.

Ciesielski, Stanisław; Hryciuk, Grzegorz; Srebrakowski, Aleksander: Masowe deportacje ludności w Związku Radzieckim, Toruń 2003.

Ciesielski, Stanisław (Hrsg.): Umsiedlung der Polen aus den ehemaligen polnischen Ostgebieten nach Polen in den Jahren 1944–1947, Marburg u. Wrocław 2006.

Czapigo, Dominik (Hrsg.): Polacy na Wschodzie. Historie mówione, Warszawa 2023.

Czapliński, Przemysław: Das Verlorene wiedergewinnen. Die Kresy in der polnischen Literatur und Kultur 1945–2015. In: Deutsches Polen-Institut (Hrsg.): JAHRBUCH POLEN 2018. Band 29: Mythen, Wiesbaden 2018, S. 131–151.

Friedla, Katharina; Nesselrodt, Markus (Hrsg.): Polish Jews in the Soviet Union (1939–1959). History and Memory of Deportation, Exile and Survival, Boston 2021.

Gerlach, Christian: Kalkulierte Morde. Die deutsche Wirtschafts- und Vernichtungspolitik in Weißrussland 1941 bis 1944, Hamburg 1999.

Głowacki, Albin: W tajdze i stepie. O deportacjach obywateli polskich w głąb Związku Sowieckiego w latach 1940–1941, Białystok 2022.

Hryciuk, Grzegorz; Ruchniewicz, Małgorzata; Szaynok, Bożena; Żbikowski, Andrzej: Umsiedlungen, Verteibungen und Fluchtbewegunen. Atlas zur Geschichte Ostmitteleuropas, Bonn 2012.

Iwanow, Mikołaj: Pierwszy naród ukarany. Polacy w Związku Radzieckim 1921–1939, Warszawa 1991.

Kleßmann, Christoph; Traba, Robert: Kresy und Deutscher Osten. Vom Glauben an die historische Mission – oder Wo liegt Arkadien? In: Hans-Henning Hahn, Robert Traba (Hrsg.): Deutsch-Polnische Erinnerungsorte Band 3: Parallelen. Paderborn 2012, S. 37–70.

Kuczyński, Antoni: Syberia. Czterysta lat polskiej diaspory, Krzeszowice 2007.

Kupczak, Janusz: Polacy na Ukrainie w latach 1921–1939, Wrocław 1994.

Marciniak, Wojciech: Powroty z Sybiru. Repatriacja obywateli polskich z głębi ZSRR w latach 1945–1947, Łódź 2014.

Motyka, Grzegorz: From the Volhynian Massacre to Operation Vistula. The Polish-Ukrainian Conflict 1943–1947, Paderborn 2023.

Ruchniewicz, Małgorzata: Das Ende der Bauernwelt. Die Sowjetisierung des westweißrussischen Dorfes 1944–1953, Göttingen 2015.

Ruchniewicz, Małgorzata: Repatriacja ludności polskiej z ZSRR w latach 1955–1959, Warszawa 2000.

Ruchniewicz, Małgorzata: Die Rückkehr der offiziell Vergessenen. Die Repatriierung der polnischen Gulag-Häftlinge Ende 1955. In: JAHRBUCH FÜR KOMMUNISMUSFORSCHUNG 2006, S. 116–139.

Ruchniewicz, Małgorzata, Zwangsumsiedlungen in Ostpolen. In: Flucht und Vertreibung. Europa zwischen 1939 und 1948, Hamburg 2004, S. 198–210.

Snyder, Timothy: Bloodlands. Europa zwischen Hitler und Stalin. München 2011.

Snyder, Timothy: The Reconstruction of Nations. Poland, Ukraine, Lithuania, Belarus, 1569–1999, New Haven 2003.

Sommer, Tomasz: Operacja antypolska NKWD 1937–1938, Gdańsk 2020.

Zur Auswahl der Texte

Die vorliegende Anthologie besteht aus unterschiedlichen autobiographischen Texten. Dazu gehören neben Briefen und Tagebucheinträgen vor allem Auszüge aus Erinnerungen und Berichten, die mehrere Jahrzehnte nach den dort beschriebenen Ereignissen entstanden sind. Diese späte Entstehungszeit war natürlich durch die politische Lage in Nachkriegspolen bedingt, wo die Unterdrückung durch die Sowjetunion, den östlichen Nachbarn, politischen Hegemon und ideologischen Verbündeten, offiziell nicht zur Sprache kommen konnte. Derlei Zeugnisse wurden damals nicht gesammelt, und es gab keinerlei Anreize, sie festzuhalten, obschon Berichte über das Leben unter deutscher Besatzung gerne zusammengetragen wurden. Das tragische Schicksal der Polinnen und Polen im Osten im 20. Jahrhundert sollte in der Volksrepublik Polen dem Vergessen anheimfallen. Doch sind die Ereignisse in der Erinnerung der Familien weitergegeben worden, und seit der Endphase des kommunistischen Systems, als es unter dem Vorzeichen der »Perestroika« der Gorbatschow-Zeit zu einer Liberalisierung kam, wurden die Berichte langsam in breitere Kreise getragen.

Nach 1989 griff die öffentliche Debatte in Polen viele Themen auf, die zuvor der Zensur unterlegen hatten. Dies führte mit der Zeit dazu, dass sich das historische Gedächtnis der polnischen Gesellschaft wandelte. Eines der wichtigen Themen war die Unterdrückung der Polen durch die sowjetischen Behörden. Durch dokumentarische Arbeiten, Wettbewerbe für Lebenserinnerungen aber auch Bemühungen der Zeitzeugen selbst sind Sammlungen autobiographischer Materialien entstanden, deren größte die folgenden drei sind: das Ost-Archiv des »Karta«-Zentrums (Archiwum Wschodnie Ośrodka KARTA) in Warschau, die Sybir-Sammlung des Wissenschaftlichen Archivs der Polnischen Volkskundlichen Gesellschaft (Kolecja sybiracka Archiwum Naukowego Polskiego Towarzystwa Ludoznawczego) in Breslau und die Bestände des Bundes

Zur Auswahl der Texte

der Sybir-Verbannten (Związek Sybiraków), in dem sich die Opfer der sowjetischen Repressalien zusammengefunden haben. Viele dieser Texte sind gedruckt erschienen, aber fast ausschließlich auf Polnisch. Im vorliegenden Band befinden sich Texte verschiedener Herkunft. Ein Teil stammt aus den oben genannten Institutionen oder Organisationen, andere aus Privatsammlungen.[1] Ihre Verfasserinnen und Verfasser wurden in den ersten Jahrzehnten des 20. Jahrhunderts geboren, zumeist in den 1920er und 1930er Jahren. Eine war vor 1939 Bürgerin der Sowjetunion (Jadwiga Barańska). Vier sind weiblichen Geschlechts (neben Jadwiga Barańska auch Danuta Krzyżanowska, Jadwiga Haber und Wanda Olczyk). Außer drei zu Beginn des 20. Jahrhunderts geborenen Verfassern (Jadwiga und Bolesław Haber sowie Henryk Łęczycki) waren die meisten zum Zeitpunkt der beschriebenen Ereignisse sehr jung, zuweilen noch Kinder oder Jugendliche. Ihre Familien gehörten unterschiedlichen sozialen Schichten an, sie unterschieden sich durch ihr Bildungsniveau, ihre Erwerbsquelle, ihr Vermögen. Die repressive, von ideologischen Motiven geleitete sowjetische Politik betraf nicht nur die Familien von Personen, die zuvor Teil des Verwaltungsapparats des zerschlagenen polnischen Staates gewesen waren (so wie Łęczycki, die Habers oder der Vater von Wanda Olczyk), sondern auch gewöhnliche Bauern, die ganz bescheiden lebten und meist nicht an politischen Angelegenheiten interessiert waren (wie die Eltern von Jadwiga Barańska, Danuta Krzyżanowska oder Władysław Całus). Die meisten Verfasser fielen dem System in den ersten Jahren des Zweiten Weltkriegs zu Opfer, als die Sowjetmacht nach der Angliederung Ostpolens an die Sowjetunion die Verhaftung und Deportation von Menschen und Gruppen einleitete, die als Bedrohung angesehen wurden (1939–1941).

Die Anthologie beginnt und endet mit Zeugnissen zum Schicksal der polnischen Minderheit in der UdSSR – im Zeitraum vor 1939 (Barańska) und nach 1947 (Walenty Jabłoński). Sowohl in dem einen als auch in dem anderen Text ist die Ursache, selbst wenn mehr als ein Jahrzehnt dazwi-

---

1 Informationen zum Aufbewahrungsort, zur Erstveröffentlichung bzw. zum Ort der archivalischen Überlieferung finden sich am Ende des Bandes. Knappe Angaben zur Biographie der Verfasserinnen und Verfasser sind zu Beginn der einzelnen Texte in einer Fußnote vermerkt.

schen liegt, dieselbe – die Politik der landwirtschaftlichen Kollektivierung und der Abschaffung individueller Bauernhöfe. Drei Verfasser wurden 1942/43 in die polnischen Armeen aufgenommen, die in der UdSSR aus Polen gebildet wurden; sie waren zu Beginn des Krieges dorthin gelangt (Łęczycki, Bazan, Unger). Drei andere waren während des Kriegs im polnischen Untergrund und kämpften für die Wiedererlangung der polnischen Unabhängigkeit, wofür sie nicht nur von den deutschen Besatzern, sondern nach 1944 auch von der Sowjetmacht verfolgt wurden (das Ehepaar Haber und Tadeusz Bukowy). Fast alle hatten bis zu ihrer Repression seit Jahrzehnten oder zumindest seit der Zwischenkriegszeit in den Gebieten östlich des Flusses Bug gelebt, der seit 1944/45 Grenzfluss zwischen Polen und der UdSSR war.

Es gibt zwei Ausnahmen. Die eine ist der aus einer assimilierten jüdischen Familie stammende Stefan Unger, der Sohn eines Ingenieurs aus Chorzów (Königshütte) in Oberschlesien. Er gelangte mit seinen Eltern und seiner Schwester nach der Niederlage Polens 1939 nach Lemberg und wurde von hier aus 1940 als Kriegsflüchtling nach Kasachstan deportiert. Die andere Ausnahme ist Władysław Całus, der in einem Dorf im Süden der Woiwodschaft Łódź (Lodz) lebte, die 1939 ans Reich angegliedert wurde. Zunächst wurde er von den Deutschen aus dem Bauernhof seiner Familie vertrieben, anschließend wurde er zur Zwangsarbeit ins Reich verschleppt, um 1945 in ein sowjetisches Gefängnis und schließlich in einem Lager in Kolyma zu geraten. Neben ihm waren bereits nach Kriegsende auch die Habers und Bukowy in Lager in unterschiedlichen Teilen des »Archipels Gulag« gelangt. Einige Jahre zuvor hatte Łęczycki die sowjetische Lagerwelt kennengelernt, wo er die Jahre 1940 und 1941 verbrachte. Die Deportation ganzer Familien, in der UdSSR eine Form von Verfolgung nach dem Prinzip der kollektiven Verantwortlichkeit, erfuhren Danuta Krzyżanowska, Wanda Olczyk, Bazan und Unger, die 1940/41 mitsamt ihren Eltern und Geschwistern nach Sibirien oder Kasachstan gebracht wurden. Nach Mittelasien gelangte zu Beginn der 1950er Jahre auch Walenty Jabłoński mitsamt seiner engsten Familie, die zuvor im westlichen Belarus gelebt hatten, unweit der neuen Grenze zu Polen. Zwar war die Verbannung eine weniger strenge Strafe als die Deportation in ein Lager, doch auch Danuta Krzyżanowska, Wanda Olczyk

Zur Auswahl der Texte

und Jabłoński erlitten hier große Familientragödien – den Tod enger Familienmitglieder.
Die Verfasserinnen und Verfasser der Texte dieser Anthologie konnten mit einer Ausnahme – dem 1944 an der Front gefallenen Unger – nach dem Krieg in Polen ein neues, zwar bescheidenes, doch halbwegs stabiles Zuhause errichten. Sie führten ihre Familien zusammen, die jüngeren fanden Arbeit, bildeten sich weiter und gründeten eigene Familien. Am frühesten gelang es Łęczycki und Krzyżanowska, die UdSSR zu verlassen, da sie sich unter denjenigen Polen befanden, die 1942 in den Nahen Osten evakuiert wurden. Doch kehrten sie nach kriegsbedingten Irrungen und Wirrungen über drei Kontinente erst zwei Jahre nach Kriegsende nach Polen zurück. In den Genuss der Repatriierung aufgrund des polnisch-sowjetischen Abkommens gelangten 1946 Wanda Olczyk sowie die Familien Unger, Bazan und Łęczycki (nach dessen Verhaftung war seine Frau mit den Söhnen 1940 nach Kasachstan deportiert worden). Zu einem ähnlichen Zeitpunkt traf dank gefälschter Papiere Jadwiga Barańska in Polen ein, die als »alte« Bürgerin der Sowjetunion eigentlich kein Anrecht darauf hatte, in den Westen umzusiedeln. Noch später, erst Ende 1955 im Zuge der Entstalinisierung, gelang es Bukowy, Całus, den Habers und Jabłoński mit seiner Mutter nach Polen überzusiedeln.
Drei der Texte in dieser Anthologie sind in den 1940er Jahren entstanden. Es handelt sich zum einen um die Tagebuchaufzeichnungen von Bazan aus dem Jahr 1943, die er trotz vieler unterschiedlicher Schwierigkeiten den ganzen Krieg über anfertigte. Die beiden weiteren sind Briefe, die Unger an seine Mutter und Schwester schrieb, nachdem er 1943 in die Polnische »Volksarmee« eingetreten war, sowie um Briefe der Eheleute Haber aus den Jahren 1946 bis 1952 aus verschiedenen Lagern in Kasachstan. Die Adressatin dieser Briefe war Irena Sandecka, eine Polin, die Jadwiga 1944 im Gefängnis in Krzemieniec (heute Westukraine) kennengelernt hatte. Nachdem diese zusammen mit ihrer Mutter aufgrund glücklicher Umstände freigelassen worden war, hielt sie trotz persönlicher Schwierigkeiten und Bedrohungen über viele Jahre hin brieflich Kontakt zu den Habers und schickte ihnen, aber auch anderen Polen in den Lagern Pakete. Sie wurde für die Vereinsamten (die Verwandtschaft in Polen wusste nichts über ihr Schicksal, und selbst wenn sie etwas wussten,

Zur Auswahl der Texte

war Korrespondenz untersagt), die zu langen Freiheitsstrafen verurteilt worden waren, zu einer sehr engen Vertrauensperson, ja fast zu einem Familienmitglied. Die übrigen Texte sind zwischen den 1970er Jahren und dem Beginn des 21. Jahrhunderts niedergeschrieben worden. In einigen Fällen waren mündlich aufgezeichnete Gespräche der Ausgangspunkt für die Schriftfassungen.

Die hier präsentierten Texte sind natürlich nur ausgewählte Beispiele für die vorhandenen Quellentexte. Sie zeigen aber gut die vielen verschiedenen Spielarten des Schicksals auf, das Polinnen und Polen in der Sowjetunion zwischen den 1930er und 1950er Jahren widerfuhr. Die Verfolgungen hinterließen, ganz unabhängig von ihrer Form und ihrer Dauer, in ihrem Leben eine dauerhafte, negative Spur. Das Tabu, mit dem sie im kommunistischen Polen belegt waren, führte dazu, dass die Verfolgten ihr Leid und ihre Trauer um die verlorene Heimat, die verlorene Heimstatt, die verlorene Familie erst am Ende ihres Lebens nach außen tragen und damit nochmals durchleben konnten. Oft waren dies psychisch sehr belastende Prozesse. Die Weitergabe der Erinnerungen wurde für sie zu einer Form der Selbsttherapie, vor allem aber wollten sie die Existenz derer, die nicht überleben konnten, vor dem Vergessen retten.

Małgorzata Ruchniewicz
Aus dem Polnischen von Peter Oliver Loew

Anmerkungen des Übersetzers

Bei den übersetzten Quellen handelt es sich um Erinnerungen, Tagebücher und Briefe von sich als Polinnen und Polen begreifenden Menschen, die seit den späten 1920er Jahren bis in die 1950er Jahre in unterschiedliche Regionen der Sowjetunion verbannt wurden. Anders als in der Einleitung entschieden sich der Übersetzer, die Herausgeberin des Bandes und der Herausgeber der Reihe, bei den ins Deutsche übertragenen Quellen die »polnische« Perspektive der Autorinnen und Autoren noch stärker hervorzuheben. Unsere Anmerkungen stehen entweder in Fußnoten oder in eckigen Klammern, um sich von den ursprünglichen Kommentaren, Einschüben und Übersetzungen der Verfasserinnen und Verfasser in runden Klammern zu unterscheiden. Aus diesen Gründen werden die von den damals verbannten Kindern, Jugendlichen und Erwachsenen seinerzeit als polnisch gelesenen Ortsnamen ihrer Heimatregionen den deutschen vorgezogen und durch die aktuellen Ortsnamen in der nach Duden (Pressestandard) transkribierten Form ihrer aktuellen nationalstaatlichen Zugehörigkeit ergänzt. So wird beispielsweise in den Quellen der polnische Stadtname Lwów [Lwiw] vorkommen, nicht aber die deutsche beziehungsweise jiddische Entsprechung Lemberg.
Bis auf die Briefe von Jadwiga und Bolesław Haber (Kap. 9) wurden alle Texte in polnischer Sprache verfasst. Dabei sind sie durchsetzt von russischen und kasachischen Begriffen und erinnerten russischen Zitaten. Sie wurden in einer polnischen Lautsprache niedergeschrieben und verweisen manchmal auf Dialekte und Sprachen (die sog. Knastsprache bzw. Gulag-Sprache, aber auch Ukrainisch oder Kasachisch) der damaligen Sprecher und Sprecherinnen. In den zum Teil Jahrzehnte später verfassten Erinnerungen vermischen sich nicht selten das Polnische und das Russische. Soweit eindeutig identifizierbar, wurden diese Stellen ins Russische übertragen und in der Transkription den deutschen Lesegewohnheiten angepasst. So wurde aus dem *selsowjet* (сельсове́т) der *selsowet*

Anmerkungen des Übersetzers

(Dorfsowjet). In Fällen, in denen sich die Sprachen aus den oben genannten Ursachen zu uneindeutig vermischten, wurden die Passagen direkt ins Deutsche übertragen und kursiv hervorgehoben.

Bei den Briefen (Kap. 5, Stefan Unger; und Kap. 9, Eheleute Haber) wurde auf die direkten Eingriffe der Zensur, wenn es ersichtlich ist, in den Kommentaren eingegangen. Auch bei der Vorzensur, die in den Briefen der Habers in Form von bisweilen umständlichen Formulierungen oder Metaphern zu erahnen ist, wurden die nachvollziehbaren Stellen und die jeweiligen Codes »entschlüsselt«. So tauchen in den Briefen von Jadwiga und Bolesław Haber Begriffe wie Familie und Mutter bisweilen als Metaphern für Polen und die polnische Gesellschaft auf, was einerseits zum essentialistischen patriotischen Weltbild der Eheleute passt, andererseits durch die Zensur motiviert war.

Um den Charakter und die damaligen Sprachgewohnheiten wiederzugeben, wurden zudem bestimmte »Sprachglättungen« nicht vorgenommen. So wurde die Anrede »Drogi, droga, drodzy« (Teurer, teure, teuren) nicht wie üblich mit »Liebe« übersetzt, weil auch die letztgenannte Form in den jeweiligen Briefsammlungen auftaucht und so die vielfältigen Anredeformen zu sehr »geglättet« worden wären. Ähnlich wurde bei den Diminutiven (Verkleinerungsformen) verfahren, die, wenn sie für die deutschen Lesegewohnheiten zu unverständlich sind, mit Fußnoten kommentiert wurden.

Jakub K. Sawicki, Berlin, im Februar 2024

Selbstzeugnisse

Abb. 1: Jadwiga Barańska mit ihrem Cousin, um 1940

1

Jadwiga Barańska (1922–2007)
Ich habe den Großen Hunger in der Ukraine überlebt
Auszüge aus den Erinnerungen[1]

Zu den glücklichsten und sorglosesten Jahren meines Lebens in dieser *kraina* [Land] kann ich nur einige Jahre meiner frühen Kindheit zählen.

Familie und Nachbarn

Ich wurde 1922 als Tochter meines Vaters Piotr Sofiński und meiner Mutter Feliksa Sofińska in der Ortschaft Wiłły[2] in der Nähe von Żytomierz in Wolhynien geboren, etwa 30 Kilometer [östlich] vom Fluss Slutsch[3] entfernt, wo bis 1939 die alte Grenze Polens verlief. Mein Opa, der Vater meiner Mama, Jan Górski, ein damaliger Grundbesitzer, wurde 1918 zusammen mit seinem 18-jährigen Sohn Dominik von den Bolschewiken getötet. Der älteste Sohn Adolf Górski, seine Frau Leokadia (Onkel und

[1] Im Polnischen wird der Holodomor nicht selten mit dem ›Großen Hunger in der Ukraine‹ übersetzt.

[2] Die in diesem Teil der Erinnerungen erwähnten Dörfer und Kleinstädte lagen damals zwischen Żytomierz (ukr. Schytomyr) und der 1921 errichteten polnisch-sowjetischen Grenze. Auf sowjetischer Seite war innerhalb der Grenzen der Ukrainischen Sozialistischen Sowjetrepublik (USSR) eine halbe Million Menschen verblieben, die katholisch waren und von denen in der Region Żytomierz etwa 100 000 lebten. Wer mit katholischer Konfession in der USSR lebte, gehörte meist der bäuerlichen Bevölkerung an und besaß in der Regel eine polnische nationale Identität.

[3] Slutsch (poln. Słucz) ist ein Fluss im Wolhynischen Hochland und ein Nebenfluss der Horyn. Die polnisch-sowjetische Grenze überquerte den Fluss bei Horodnica (ukr. Horodnyzja).

Tante hatten keine Kinder), Oma Michalina und meine Mama mussten sich um den Wiederaufbau des geplünderten und zerstörten Guts kümmern. Mamas ältere Schwestern Józefa, Wincentyna, Paulina, Sabina und Julia waren bereits verheiratet und lebten in anderen Ortschaften. Meine Eltern heirateten 1921 und ließen sich im Dorf Zielone Braczki, etwa 3 km vom Anwesen meiner Oma Michalina Górska entfernt, im Haus der Eltern meines Vaters, Józef und Anna Sofiński nieder.

Opa Józef war nicht nur in der Landwirtschaft tätig, sondern auch im Handwerk, er hat diesen Beruf seinen Söhnen Piotr, Dominik und Jan beigebracht. Sie fertigten Möbel auf Bestellung und erledigten alle Tischlerarbeiten für die neu gebauten Häuser in unserem Dorf und den umliegenden Ortschaften. Sie waren als gute Fachleute bekannt und beklagten sich nicht über einen Mangel an Arbeit. Sie hatten wenig Land und galten als mittel reich. Je nach Größe des Landbesitzes wurden die Bauern in reiche, mittlere und arme eingeteilt. Mama erzählte, dass die Familie Górski bis zur Revolution zu den Reichen gezählt, aber alle Arbeiten in Haus und Feld selbst erledigt hatte. [...] Großvater Górski besaß eine eigene Weberei-Werkstatt mit Leinenverarbeitungsanlagen, Nähmaschinen und einer Wollkämmerei. All das bedienten sie selbst. Alle seine Töchter wussten, wie man Leinen webt, Wolle spinnt, näht, kocht und backt. Abends rupften sie Gänsefedern für Kissen. Zu jeder Mitgift sollte jede [von ihnen] traditionell mehrere Kissen, eine Steppdecke aus neuen Federn, Ballen aus weißem Leinenstoff und mindestens ein Dutzend Garnituren Bettwäsche bekommen. All dies bereiteten sie mit ihren eigenen Händen vor. [...]
Meine Eltern heirateten aus großer Liebe und bewahrten sie bis ans Ende ihrer Tage. Sie waren beide sehr tüchtig. Kurze Zeit nach ihrer Heirat bauten sie gemeinsam mit Opa Józef und den Brüdern Jan und Dominik ein neues Haus in der Nähe des Hauses der Großeltern Sofiński. Mein Vater hat sein ganzes tischlerisches Geschick und Können in unser Haus gesteckt und es rundherum mit Ornamenten geschmückt. Auch die Türen und Fenster wurden kunstvoll zugeschnitten und wie alle Möbel selbst gebaut. Meine Mutter sorgte dafür, dass das Haus innen und außen sauber war. Sie pflanzte viele Blumen in die Beete und um das Haus herum. Drei große Akazienbäume wuchsen an den Ecken des Hauses,

dazwischen Flieder. Im Sommer konnte man die Akazien vom weiten blühen sehen und sie waren voller Bienen und die blühenden Fliederzweige lugten durch die Fenster des Hauses. Am Abend duftete es nach Weißveilchen und Reseden. Neben Rosen blühten rosa und rote Pfingstrosen. [...] Wir hatten einen großen Obstgarten, Bienenstöcke und ein großes Erdbeerbeet.

Abgesehen vom Haus, das aus 3 Zimmern und einer Küche bestand, hatten wir landwirtschaftliche Nebengebäude. Eine Scheune, einen Kuhstall, einen Pferdestall, einen Schweinestall und einen Holzschuppen. Alles war mit einem hohen Zaun abgegrenzt. Wir hatten drei Kühe, zwei Paar Pferde, Schweine, viele Gänse und Hühner. In der Nähe des Hauses hatten wir einen kleinen Teich (Weiher). Meine Mutter erhielt als Mitgift fünf Hektar Land und mein Vater drei Hektar und ein Stück Wald.

Unser Dorf war nicht groß und dem Alter der Bauern nach zu urteilen auch nicht alt. Die Nachbarn, an die ich mich erinnern kann, waren damals im Alter meiner Eltern und Großeltern zwischen 25 und 55 Jahre alt. Ich erinnere mich, dass meine Eltern mir erzählten, dass sie den Wald roden würden, um den Hof zu vergrößern und mehr Anbaufläche zu bekommen. Unser Dorf war von Wäldern umgeben. [...] In den Wäldern gab es reichlich Pilze, Beeren und Himbeeren. Die Höfe waren ziemlich weit voneinander entfernt und die Dörfer lagen nahe beieinander. Ich erinnere mich, dass sie nur durch einen Weg getrennt waren. [...] Ukrainer, Polen und Deutsche lebten in Einvernehmen und Freundschaft. Die Kinder spielten zusammen. Man lud sich gegenseitig zu Hochzeiten und anderen Festen ein. In unserem Dorf Zielone Braczki, in Wjunki und Wiłły besuchten alle Kinder gemeinsam die polnische Schule. In diesen Dörfern waren Polen in der überwiegenden Mehrheit. Während der Getreide- und Kartoffelernte halfen sich die Nachbarn gegenseitig. Sie sprachen sich untereinander ab, wer wann was tun würde. Nach getaner Arbeit tafelten sie wie bei einer Hochzeit. Die Gastgeberinnen, eine nach der anderen, demonstrierten ihre kulinarischen Fähigkeiten. Bei solchen gemeinsamen Arbeiten und Treffen freundeten sich die Nachbarn sehr an, die Deutschen halfen den Polen, die Polen halfen den Deutschen und den Ukrainern. Ich erinnere mich, dass die Kinder ihr Vieh auf eine

Weide trieben, um gemeinsam zu spielen. Dabei gab es nie irgendwelche Missverständnisse. [...]
Im Haus der Großeltern lebten in der einen Hälfte ihr älterer Sohn Dominik mit seiner Frau Rafalina, in der anderen Haushälfte meine Großeltern, mein Onkel Jan und zwei jüngere Schwestern meines Vaters, Janina und Bronia, die ein paar Jahre älter waren als ich. Nach der Arbeit im Sommer trafen sich alle zusammen zum Abendessen bei Oma Ania. Sie entzündeten ein Lagerfeuer im Hof, an einem eigens dafür vorgesehenen Platz; kochten Frühkartoffeln und aßen sie mit Butter und kleinen Salzgurken oder saurer Milch, während sie auf dem Rasen saßen. Die Milcherzeugnisse wurden in Kellern außerhalb der Gehöfte aufbewahrt [...]. Die Milch war lange frisch und die saure Milch war so dick, dass man sie mit einem Messer schneiden konnte. Sie tranken süße und saure Milch anstelle von Wasser. [...] Im Sommer, an Sonn- und Feiertagen, waren die hundertjährige Eiche und die riesige Linde der Lieblingsplatz für die ganze Familie. Alle konnten darunter Platz finden. Diese Bäume standen zwischen unserem Haus und dem Haus der Großmutter. Hierher brachten meine Mutter und meine Großmutter auch ihr Mittagessen. [...] Alle Hausbewohner gingen auf das Feld, um zu arbeiten. Die Nachbarinnen nahmen ihre Säuglinge in Korbwiegen mit und hängten sie im Schatten unter einen Baum. Meistens wurden sie mit der Brust gestillt. Die älteren Kinder passten auf sie auf. Sie mähten das Getreide mit Sensen, und die Frauen sammelten und banden die Garben zusammen. Sie schnitten den Weizen von Hand mit Sicheln. Die Garben legten sie zu Haufen zusammen. Selbst diese harte Arbeit wurde fröhlich verrichtet. Sie scherzten und lachten und beklagten sich nicht über ihre Müdigkeit. Sowohl die Getreideernte als auch die Heuernte haben mir viel Spaß bereitet. Ich schaute gerne den Männern beim Schärfen ihrer Sensen zu. Ihr rhythmisches Geräusch hat mich erheitert. Ich mochte den Geruch von gemähtem Heu und rieche ihn auch heute noch. [...]
Ich habe diese Ernte- und Heuarbeit als Festtage in Erinnerung. Die Familien Górski und Sofiński arbeiteten bei uns und bei Oma [Ania] Górska gemeinsam. Zwischen den beiden Familien bestand eine große Freundschaft. Oma Michalina und Onkel Adolf wurden am meisten von meinen Eltern unterstützt. Die verheirateten älteren Töchter der Groß-

mutter lebten in anderen Orten ziemlich weit entfernt von der Oma und hatten ihre eigenen Höfe. Sie kamen nur zu Feiertagen und Familienfeiern. Das obligatorische Familientreffen war Weihnachten. Sie legten dann den langen Weg zurück, ohne auf das Wetter zu achten.

Weihnachten 1928

Ein letztes solches Weihnachtsfest fand im Jahr 1928 statt und ist mir am besten in Erinnerung geblieben. Zum Heiligabend, der bei meiner Großmutter stattfand, kamen: meine Tante Józia Weselska mit ihrem Mann Florian und ihren vier Kindern Jan, Bronisław, Stanisława und Wincentyna aus dem Dorf Grużliwiec, etwa 12 Kilometer von meiner Großmutter entfernt (Cezary, Antoni, Dominik und Józefa blieben zu Hause); Tante Wincentyna Wróblewska mit ihrem Mann Stanisław und den drei Kindern Józefa, Janina und Jan aus Targonia [lebte] etwa 10 Kilometer [entfernt]; Tante Paulina Wąsowicz mit Ehemann Kazimierz und den vier Kindern Cezary, Stanisława, Mieczysław und Jadwiga aus dem Dorf Chatki bei Nowy Zawód, circa 8 Kilometer von Großmutter entfernt; Tante Julia Temborska mit ihrem Mann Gwidon und zwei Kindern, Jan und Antoni, aus dem Dorf Tartak, etwa drei Kilometer von Oma entfernt; Tante Sabina Lulewicz mit ihrem Mann Bronisław kamen sogar aus dem Donbas.[4] Meine Eltern kamen mit uns, das heißt mit mir und meinem vierjährigen Bruder Jan, am Tag zuvor, um Oma bei den Vorbereitungen zu helfen. Auch meine Tante Julia war schon früher angereist. Indem ich die Namen der Dörfer, in denen unsere verwandten Familien lebten, und ihre Entfernung zum Anwesen meiner Großmutter Górski erwähne, möchte ich darauf hinweisen, wie stark die familiären Bindungen und die Liebe zur Tradition waren, die sie veranlassten, diese Entfernungen ungeachtet des Wetters und anderer Hindernisse zurückzulegen. [...] Um sich zu sehen und Weihnachten oder andere Feste gemeinsam zu verbringen, fuhren sie auf verschneiten Straßen, über Schneeverwehungen durch

---

4 Der Donbas liegt im Osten der Ukraine und umfasst die Region zwischen den Flüssen Donez und Don. In den letzten Jahrzehnten des 19. Jahrhunderts entstand dort ein Steinkohle- und Schwerindustriezentrum. Arbeiter und Fachkräfte von überall her, auch aus Polen, zogen zur Arbeit dorthin.

Frost und Schnee. Die Winter waren früher strenger, kälter und es gab viel Schnee. Ich weiß noch, wie groß die Freude bei solchen Treffen war. Man hielt schon früh am Morgen Ausschau nach den ersten Gästen. Im Haus herrschte große Aufregung und Unruhe. Tische wurden aufgestellt und eingedeckt. In die kühle Speisekammer wurden geräucherte und gebratene Würste, Schinken, gebratene Truthähne und Gänse herausgebracht. Oma holte duftende Kolatsche[5], Hörnchen und Kuchen aus dem Ofen. Sie hat viele verschiedene Kekse gebacken. Mama und Tante Julia haben Oma immer geholfen. Ich erinnere mich an das Abendmahl am Heiligen Abend, das aus 12 Fastenspeisen bestand, was streng eingehalten wurde. [...] Unverzichtbar waren Kutja[6], Barschtsch mit Pilzen, Piroggen mit Kraut und Pilzen. Viele süße Piroggen mit Mohn, Sultaninen, getrockneten Pflaumen und getrockneten Heidelbeeren. Dazu wurde Honig gereicht und es gab Kompottsaft aus getrockneten Früchten.

Für uns Kinder war Heiligabend ein unvergessliches Erlebnis. Sehr wichtig war, dass wir wie Erwachsene behandelt wurden. Wir saßen gemeinsam mit den Erwachsenen an einem Tisch. Wir wurden wie Ehrengäste zu Tisch gebeten. Bei anderen Feiern wurde den Kindern ein gesonderter Tisch gedeckt. [...]

Bevor das Abendessen begann, zogen sich alle festlich an. Onkel Adolf las einen Abschnitt aus der Heiligen Schrift vor, alle sprachen ein Gebet und teilten dann eine Oblate und wünschten sich gegenseitig alles Gute. Das dauerte eine Weile, denn es waren viele Erwachsene und Kinder anwesend. Alle wünschten sich gegenseitig das Beste, ohne zu ahnen, dass dies ihr letztes Treffen und gleichzeitig ein Abschied war. Sie würden sich nie wieder in einer solchen Gruppe und in einer so familiären Atmosphäre treffen. In einem Jahr werden sie über ganz Sibirien und Kasachstan verstreut sein. Doch an dem Abend genossen alle einander und waren glücklich. Feierlich setzten sich alle an den Tisch. Der Tisch war lang und mit einer weißen Tischdecke bedeckt. In der Mitte des Tisches lag auf dem

---

5 Kolatsch (poln. kołacz, ukr. kolatsch, rus. kalatsch), hier ist ein traditioneller runder Hefekuchen gemeint.
6 Kutja (poln. kutia, lit. Kūčia, belarus. kuzzja, ukr. kutja, russ. kutja bzw. kuliwo) ist eine süße Getreidespeise, die in den Ostgebieten Polen-Litauens traditionell am 24. Dezember zubereitet wurde.

Heu das Jesuskind und eine Oblate. An jedem Gedeck lag ein grüner Zweig. Auf dem Tisch standen Schalen mit verschiedenen Gerichten und Leuchter mit brennenden Kerzen. Alles funkelte und duftete. Ich erinnere mich, dass ich Angst hatte, etwas umzustoßen und die festliche Stimmung kaputtzumachen. Unsere Eltern achteten auf uns und servierten die Speisen auf unsere kleinen Teller. Das Abendessen zog sich hin, alle waren so fröhlich und glücklich. Sie aßen, redeten und sangen Weihnachtslieder, und wir wollten schon den Tisch verlassen, aber das durften wir nicht. Es gingen erst alle vom Tisch, als Oma Michalina aufstand. Mit einem kurzen Gebet dankten sie Gott für das gemeinsame Abendessen und den Gastgebern für das wunderbare Fest. Nach dem Abendmahl warteten die Kinder sehnsüchtig auf ihre Geschenke. [...] Endlich öffnete sich die Tür und wir sahen in der Mitte des Raumes, den wir vorher nicht betreten durften, einen riesigen Weihnachtsbaum, der mit bunten Kerzen beleuchtet und mit verschiedenen Lebkuchen und länglichen Süßigkeiten behängt war. Unter dem Weihnachtsbaum lagen viele Geschenke.

Im ersten Augenblick raubte uns die Überraschung den Atem, aber die Freude nahm bald überhand. Wir fingen an zu kreischen und vor Freude zu springen. Wir wollten alle zusammen rein, um dem Weihnachtsbaum und den Geschenken am nächsten zu sein. Der als Weihnachtsmann verkleidete Onkel Adolf hatte aber die Situation im Griff. Obwohl Onkel Adolf selbst keine eigenen Kinder hatte, verstand er es am besten, mit uns zu spielen und verbrachte mit uns viel Zeit. Er mochte es, allen schöne Überraschungen zu machen. Er war ein sehr guter Mensch und wir mochten ihn alle. Er stellte uns um den Weihnachtsbaum herum auf und begann uns zu beschenken. Alle Päckchen waren beschriftet und niemand wurde benachteiligt. [...] Ich bekam eine wunderschöne Puppe.

Vor Mitternacht fuhren die Eltern zur Hirtenmesse in die Pfarrkirche in Pokostówka, und Oma brachte uns nur mit Mühe zum Schlafen. Es dauerte lange, bis wir nach den Eindrücken, die wir erlebt hatten, einschliefen. [...] Um den Aufenthalt von Tante Sabina und Onkel Bronisław, die eigens aus dem Donbas angereist waren, um ihre gesamte Familie zu besuchen, angenehmer und abwechslungsreicher zu gestalten, wurde beschlossen, die Weihnachtstage zwischen Weihnachten und Dreikönig

für Besuche zu nutzen. Die Termine und die Reihenfolge der Besuche bei den einzelnen Schwestern wurden vereinbart. Da alle Schwestern an Weihnachten mit ihren Schlitten zu ihrer Großmutter gekommen waren, schlug Onkel Arnold vor, am zweiten Weihnachtstag eine Familienschlittenfahrt zur Kirche in Nowy Zawód zu machen und nach der Kirche mit allen zu Tante Paulinka zu fahren, die nicht weit von der Kirche entfernt wohnte. [...] Als alles bereit war und alle in den Schlitten Platz genommen hatten, fuhr der *kulig*[7] los. Die Frauen waren meist in Pelze und die Männer in Schafspelze gekleidet. Sechs Schlitten fuhren los. An der Spitze fuhr Onkel Adolf. Er führte den *kulig* an. [...] Der Schnee rieselte leicht. Überall war es weiß – und von den Tannenbäumen grün. Auch ich mochte diese Strecke sehr, besonders im Winter. Ich fühlte mich wie in einem verwunschenen Wald, so schön und ruhig war es dort. [...]
Wir kamen zum Abendgottesdienst in der Kirche an. Nach der Kirche fuhren wir zu Tante Paulinka Wąsowicz. Dann ging es weiter eine nach der anderen – zu Tante Julia Temborska, die auf dem Weg zu uns wohnte. Von ihr zu Tante Wincentyna Wróblewska und Tante Józefa Weselska. So fuhren sie bis zum Silvesterabend von Gast zu Gast. Wie wir überließen sie ihre Höfe der Obhut ihrer Schwiegereltern oder eines Familienmitglieds, damit sie sich selbst vergnügen konnten. Bei uns zu Hause war Silvester geplant. Die Eltern hatten sich schon lange darauf vorbereitet. Vor Weihnachten haben sie ein Kalb und ein Schwein geschlachtet. Sie haben Schweine- und Kalbsschinken geräuchert und gebacken. Auf die Gäste warteten Bündel von geräucherten und gebratenen Würsten. Ich erinnere mich, dass die Speisekammer voll mit Wurstwaren war. Großmutter und alle Tanten waren den ganzen Tag damit beschäftigt, warme Speisen und Gebäck zuzubereiten. Sie deckten die Tische in einem großen Raum und tanzten in zwei. Vater brachte Musiker von der Blaskapelle mit, die bei Hochzeiten spielten. Ich erinnere mich noch, wie sie beim *hołubiec*[8] die Absätze zusammenschlugen. Selbst die Türschwellen störten sie dabei nicht. [...]

7 So wird im Polnischen ein traditioneller Schlittenzug (eine sog. Kavalkade) bezeichnet, der seine Ursprünge in den Gewohnheiten des polnischen Adels hat.
8 Der Hołubiec ist eine Tanzfigur, bei der man beim Springen die Absätze zusammenschlägt.

So endete der erste Tag des neuen Jahres 1929, und am nächsten Tag gingen alle auseinander. Man verabschiedete sich liebevoll, von manchen für immer, wie sich später herausstellte. Es endete ein Schlittenfahrt-Marathon, der mir bis heute in Erinnerung geblieben ist. Für die ganze Familie Górski war es wie eine letzte Abschiedsrunde. Einige von ihnen sahen sich nie wieder. Am Ende des Jahres waren alle Schwestern entkulakisiert und ihre Familien nach *Sybir*[9] oder zu den »Weißen Bären«[10] verschleppt worden. Es waren doch hart arbeitende junge Menschen, die gerade mit ihrem Leben begannen. Meine Eltern waren damals beide 26 Jahre alt, meine Großmutter Ania Sofińska war 52 und meine Großmutter Michalina 58 Jahre alt. Sie waren alle jung, gesund und voller Leben. Sie arbeiteten hart und lebten von der Arbeit ihrer Hände, beuteten niemanden aus und nahmen niemandem etwas weg. Keiner von ihnen ahnte, dass dieses Jahr für einige von ihnen das letzte sein würde, dass sie sich nie wieder so sehen würden und dass dieses Jahr ihnen viel Elend und Tragödien bescheren würde.

Verhaftungen und Verbannungen

Im Herbst 1929 begannen die Kollektivierung und die Liquidierung, das heißt die Entkulakisierung der wohlhabenden Bauern.[11] Es war notwen-

---

9 Zur Bedeutung des Begriffs *Sybir* (unwirtlicher Verbannungsort in der inneren Sowjetunion ganz allgemein) in Abgrenzung von *Syberia* (Sibirien) vgl. die Einleitung zum vorliegenden Band.
10 Die populäre Bezeichnung *białe niedźwiedzie*, »Weiße Bären« stand für die Verbannung in den Norden oder Osten Russlands, das als *kraina wiecznej zimy,* »Land des ewigen Winters«, angesehen wurde.
11 Bereits im Mai 1929 definierte die Regierung der UdSSR, welche ländlichen Betriebe »kulakisch« waren und »kapitalistische Elemente« darstellten (dazu gehörten u. a. Angestellte, Arbeiter, Besitzer einer Mühle oder eines anderen Verarbeitungsbetriebes), was der Auftakt für wirtschaftliche Belastungen und Repressionen der Besitzer war. Die individuelle Landwirtschaft sollte rasch durch »moderne« kollektive Landwirtschaftsbetriebe (russ. Abkürzung: Kolchose) ersetzt werden, was mit einer Veränderung der gesellschaftlichen Struktur auf dem Land einherging. Im November 1929 schrieb Stalin mit »Das Jahr der großen Wende« einen Leitartikel in der *Prawda*, in dem er »die radikale Wende von der kleinen und rückständigen individuellen Wirtschaft zum großen fortschrittlichen kollektiven landwirtschaftlichen Großbetrieb« ankündigte. Der bäuerliche Widerstand sollte durch eine drakonische Steuerpolitik und vor allem

dig, die fleißigen, mutigen und umsichtigen Landwirte loszuwerden, damit Faulpelze und Diebe die Herrschaft über die Kolchosen übernehmen konnten. Onkel Adolf nahmen sie den gesamten Hof und das Land weg. Wie es meine Eltern erzählten, reichte ein Beschluss des *selsowet*[12] aus, um ihn zu verhaften und nach *Sybir* zu transportieren. Zu den Kulaken zählte man alle guten Bauern, die einen besseren Hof, bessere Geräte, besseres Vieh und ein besseres Haus besaßen, und all jene, die den ansässigen und auswärtigen Aktivisten, den gierigen und neidischen Müßiggängern, lästig waren. Die Entkulakisierten wurden unter Umgehung der Untersuchungsgefängnisse und Gerichte direkt mit Transporten zu Sammelpunkten, den sogenannten Etappen geleitet. Sie wurden ohne jegliches Hab und Gut in Viehwaggons nach *Sybir* oder in den Norden geschickt. Der *selsowet* in Wiłły entschied mit seinen Aktivisten, wer aus den ihnen unterstellten Dörfern entkulakisiert und entfernt werden sollte. Zunächst wurden den besten Landwirten unglaubliche Steuern auferlegt, und als die Landwirte nicht in der Lage waren, ihre Kontingente zu erfüllen, beschlagnahmten sie ihren gesamten Besitz und begannen, die Landwirte und ihre Familien nach *Sybir* zu schicken. […]

Auf dem Gut von Großmutter Górska richteten sie eine Kolchose ein. Mein Onkel war in der Vieh- und Pferdezucht tätig. Neben dem Haus besaß er einen großen Kuhstall und Ställe, einen großen Schweinestall, eine Scheune und andere Nebengebäude. Wie meine Mutter erzählte, besaß mein Onkel damals 40 Stück Hornvieh, 20 Pferde, Schweine (mehrere Stände), Futter- und Lebensmittelvorräte für den ganzen Winter. Eine Kolchose konnte ohne allzu große Anstrengungen und Vorbereitungen

---

durch Repressionen gebrochen werden. Ende Januar 1930 beschloss der Kreml, die ersten 210 000 »Kulakenfamilien« in den Osten zu deportieren. Vor der Deportation wurden die Bauernhöfe und deren gesamte Ausstattung konfisziert, ein Teil des Besitzes wurde geplündert und zerstört. Allein im Jahr 1930 wurde mehr als eine halbe Million Menschen deportiert. Aus der Ukraine waren es 150 000, wovon die meisten Ukrainer:innen waren, doch befanden sich darunter auch Pol:innen und Deutsche, die größere Höfe besaßen. Die Deportationen wurden in den folgenden Jahren fortgesetzt. In den ukrainischen Gebieten führten die Zwangskollektivierung und die Repressionen zu einer großen Hungersnot, der mehrere Millionen Menschen zum Opfer fielen.

12 Russ. Kurzform für *selski sowet*, Landratsgemeinde (kann auch mit Dorfsowjet übersetzt werden), entsprach der untersten Verwaltungsbehörde.

gedeihen. Sie aßen und tranken, solange angerichtet war. Mein Onkel wurde verhaftet und zu den »weißen Bären« verbannt. Ich konnte mich damals nur an diese Bezeichnung erinnern. Später fand ich heraus, dass es Archangelsk war. Mein Onkel kehrte von dort nicht mehr zurück. Tante Leokadia ging zu ihren Eltern und wir verloren den Kontakt zu ihr. Oma Michalina wurde vom Vater zu uns gebracht. Ich erinnere mich, wie wir beide, meine Oma und ich, zusammengekuschelt auf dem Bett saßen und auf meinen Vater warteten. In der Wohnung trieben sich Fremde herum. Alle Türen zu den Zimmern standen sperrangelweit offen. Auch die Eingangstür zum Hof und die Haustür waren offen. Milizionäre mit über die Schultern gehängten Gewehren gingen durch alle Räume vom Hof zum Obstgarten, ohne die Türen zu schließen. In der Wohnung war es zugig und kalt. Das Haus meiner Oma, das ich so sehr mochte und in dem ich mich mehr aufhielt als in meinem eigenen, war plötzlich fremd und unangenehm geworden. Meine Oma und ich wollten es so schnell wie möglich verlassen. Ich erinnere mich, dass mich das unheilvolle Summen der großen Fliegen und ihr Geräusch, wenn sie gegen die Wände schlugen, entsetzte. Sie waren zuvor noch nie da gewesen. Bis heute rufen große Fliegen bei mir unangenehme Erinnerungen an diese Jahre hervor. Wir atmeten auf, als mein Vater kam und uns und meine Oma zu unserem Haus brachte. Oma hatte nichts mitnehmen dürfen. Sie verließ das Haus nur mit dem, was sie bei sich trug, und einem kleinen Bündel persönlicher Gegenstände. Großmutter kam zu uns in unser Haus. Wir sind vorerst nicht umgezogen. Im Dezember 1929 wurde mein jüngster Bruder Ernest geboren. Ich war damals sieben Jahre alt und mein mittlerer Bruder Jan war fünf.

Anfang Februar 1930 waren auch wir an der Reihe. Als ein lautes Klopfen an der Tür uns alle aufweckte, war mein Vater sich sicher, dass sie wegen ihm kommen. Er wollte durchs Fenster fliehen, aber vor jedem Fenster stand ein Milizionär mit einem Gewehr. Das ganze Haus war umstellt. Als mein Vater die Haustür öffnete, kamen mehrere NKWDler herein, die mit Gewehren bewaffnet waren und lange Mäntel und Mützen mit einem Stern trugen. Mit Gebrüll und Geschrei zerrten sie uns aus unseren Betten und stellten uns an die Wand. Mein Bruder und ich wurden mitten in der Nacht aus dem Schlaf geweckt, erschraken durch den Lärm, das

Geschrei und das Gezerre, zitterten vor Angst und weinten. Wir waren alle nur in unserer Nachtwäsche. Einer bewachte uns, um sicherzustellen, dass wir uns nicht bewegten, die anderen durchsuchten die Wohnung. Mein zwei Monate altes Brüderchen weinte, aber meine Mutter ließen sie nicht zu ihm. Sie suchten in Schränken, in der Anrichte, hinter den Bildern. In allen Zimmern und in der Küche durchwühlten sie jeden Winkel. Sie nahmen die wertvolleren Dinge und warfen den Rest auf den Boden. Dabei fanden sie auch das Geldsäckchen mit Großmutter Michalinas Gold und nahmen es mit. Das war alles, was von ihrem geraubten Landgut übrig geblieben war, auch das haben sie geraubt. Mama wurde auch ein Teil des Goldschmucks, der nicht versteckt war, weggenommen. Unser Gold war irgendwo eingemauert und sie haben es nicht gefunden. In späteren Jahren war das unsere einzige Rettung. Wir standen so an der Wand, bis sie mit der Durchsuchung des ganzen Hauses fertig waren. Sie durchsuchten jeden einzelnen von uns, sie suchten sogar in den Haaren, indem sie meine Zöpfe öffneten.

Es wurde schon hell, als sie mir, Omi und meinem Bruder erlaubten, auf den Kachelofen zu steigen, und meinem Vater sagten, er solle sich anziehen und mit ihnen fahren. Sie verkündeten, dass er verhaftet sei. Mein Bruder und ich sprangen vom Ofen herunter und weinten, während wir uns an unseren Vater klammerten, damit sie ihn uns nicht wegnehmen. Mit zitternden Händen reichte Mama Vater seine Kleidung. Sie wusste nicht, was sie ihm mitgeben sollte, und vergaß ihm was zu essen einzupacken. Sie drängten Vater, sich schnell anzuziehen. Sie scheuchten uns weg, legten Vater Handschellen an und führten ihn wie einen Verbrecher vor ihren Gewehren hinaus. Mama rannte ihnen, nur mit einem Nachthemd bekleidet und mit wehendem Haar, im Schnee hinterher, stürzte und schrie, während sie mit den Händen flehte. Oma hielt uns auf der Türschwelle fest, damit wir nicht hinter Mama herliefen. Vater schaute die ganze Zeit zurück.

An diese Szene erinnere ich mich bis heute. Nach diesen Erlebnissen wurde Mama krank. Onkel Dominik übernahm die Suche nach Vater. Alles war geheimnisumwittert und niemand wollte eine Auskunft geben. Die immer noch kranke Mama fuhr in den Kreis Dołbysz [ukr. Dowbysch], wo es ein provisorisches Gefängnis gab. Dort erhielt sie nach zwei Tagen die Information, dass Vater bereits nach *Sybir* verschleppt worden war. Oma konnte sich gerade noch auf den Beinen halten. Mama kehrte krank und gebrochen nach Hause zurück. Sie konnte lange Zeit nicht zu sich kommen. Es war gut, dass Oma Michalina bei uns war und Oma Ania Sofińska sich um den Hof und Mama kümmerte.

Nach der Flucht aus Sybir

Nach ein paar Monaten floh Vater aus Sibirien. Er war bereits in Irkutsk gewesen. […] Vater kam nach Hause, wir konnten ihn nicht wiedererkennen, er war so zottelig, abgezehrt und müde. Er war nachts gegangen, um niemanden zu begegnen. Früh am Morgen klopfte er an unser Fenster. Als meine Mutter die Stimme meines Vaters hörte, stieß sie vor Freude solche Schreie aus, dass sie uns alle aufweckte. Sie ahnte nicht, dass sie mit Vater von nun an nur noch im Flüsterton sprechen und ihre Freude vor den Menschen würde verbergen müssen. Ich erinnere mich, dass mein Vater auf der Türschwelle stand und nicht weiter in die Wohnung gehen wollte. Er ließ uns nicht heran. Er sah wie ein Greis aus. Er stand an der Schwelle und entschuldigte sich dafür, dass er nicht eintreten und uns erst später begrüßen würde, nachdem er sich in Ordnung gebracht habe. Er forderte uns auf, seine Kleidung draußen zu verbrennen. Seit der Verhaftung hatte er seine Kleidung nicht mehr gewechselt. Nur wir und die Familie von Oma Sofińska wussten von seiner Rückkehr. Mein Vater hatte meiner Mutter ein paar Briefe aus *Sybir* geschickt, die auch nach seiner Rückkehr noch ankamen. Die Post kam beim *selsowet* in Wiłła an, und von dort musste man die Briefe selbst abholen. Keiner ahnte, dass Vater geflohen war. Die Briefe bestätigten, dass Vater in *Sybir* sein musste. Tagsüber blieb Vater auf dem Dachboden. Er machte sich ein spezielles Versteck. Abends, wenn es bereits dunkel war und die Tür für die Nacht verschlossen wurde, kam er in die Wohnung hinunter. […] Abends haben wir die Lampen nicht angezündet und unterhielten uns in der Dunkelheit im Flüsterton. Vater nahm uns der Reihe nach auf die Arme und wir waren wieder glücklich. Mama fühlte sich deutlich besser. Zusammen mit Oma erledigte sie alle Arbeiten auf den Feldern und auf dem Hof. Vaters

Familie half ihnen dabei. Alles wurde geerntet und gelagert, wie es auch unter Vater gewesen war.
Offenbar gefiel dies denen nicht, die uns vernichten wollten. An dem für uns alle denkwürdigen Tag, dem ersten November 1930, kam ein Abgesandter der *selsowet* und übergab meiner Mutter die Mitteilung, dass wir nach *Sybir* verbannt werden sollen. Innerhalb von 24 Stunden sollte sich Mutter mit ihren Kindern und ihren Habseligkeiten bei der Sammelstelle im *silrada* [Dorfrat] in Wiłły stellen. Nachdem meine Eltern diese Mitteilung erhalten hatten, brachten sie uns – uns drei Kinder und Oma Górska – noch in der gleichen Nacht zu den Großeltern Sofiński und flohen selbst aus dem Haus. Als am nächsten Tag die NKWDler ankamen, um unseren Hof zu beschreiben und Mama beim Packen zu überwachen (damit sie nicht zu viele Sachen mit nach *Sybir* nahm), fanden sie das Haus leer vor. […] Sie wussten noch nicht, dass mein Vater aus *Sybir* geflohen war und wollten nicht glauben, dass Mama die kleinen Kinder im Stich gelassen hatte und weggelaufen war. Sie beschrieben unser gesamtes Hab und Gut und den ganzen Hof, versiegelten das Haus und stellten eine Wache auf. Die ungemolkenen und hungrigen Kühe brüllten und die Schweine quiekten. […] Nach einiger Zeit kam ein Trupp, um unseren Hof, das Vieh und die landwirtschaftlichen Geräte zu beschlagnahmen, sie holten persönliche Gegenstände aus dem Haus und verteilten sie an die Armen. Ich erinnere mich, wie Frauen der Aktivisten einige Sachen von Mama nicht untereinander aufteilen konnten und anfingen, sich zu prügeln. […] Sie verspotteten uns und lachten uns aus. Sie nannten uns Kulaken, kulakische Gören. […]
Von da an tauchten unsere Eltern nicht mehr auf. Wir haben sie zwei Jahre lang nicht gesehen. Unser Haus stand unter Beobachtung. Wie Mama später erzählte, versteckten sie sich meistens im Wald. […] Sie hatten Angst, sich dem Haus zu nähern und wollten ihre Freunde nicht gefährden. Ich weiß nicht, wie lange das gedauert hätte, wenn nicht eines Tages ein Förster über sie gestolpert wäre. Er war unser Nachbar, deutscher Nationalität, sein Name war Rudolf Tyda. Meine Eltern kannten ihn sehr gut und waren mit seiner ganzen Familie befreundet. Aber als sie ihn damals gesehen haben, sind sie vor Angst erstarrt. Sie waren sicher, dass er sie verhaften und den Behörden ausliefern würde. Aus Angst versuchten

sie nicht einmal zu fliehen. Aber er lieferte sie nicht nur nicht aus, sondern half ihnen die ganze Zeit. Er versteckte sie in seiner Forsthütte, versorgte sie mit Essen, stellte den Kontakt zur Familie und zu Freunden her und ermöglichte Treffen. Ihm ist es zu verdanken, dass sich die Eltern so lange verstecken konnten. [...] Alle hatten Angst, es uns zu sagen, damit die NKWDler uns nicht zwingen würden, das Versteck unserer Eltern zu verraten. Meine Oma erzählte, dass sie selbst fast einen Herzinfarkt bekam, als sie sah, wie der NKWDler mir eine Pistole an die Schläfe hielt, und ich nicht einmal geweint habe. Ich erinnere mich an die Szene, als ich meinen kleinen Bruder auf dem Schoß hatte und dieser Militär zu mir kam und fragte, wo meine Mama sei. Zuerst versprach er höflich, sie gehen zu lassen, wenn ich es sagen würde, dann begann er zu drohen und zu schreien, dass er mich und meinen Bruder töten würde, wenn ich es nicht verraten würde. Er hielt mir den Lauf an die Schläfe, dann an die meines einjährigen Bruders. In mir erstarrte alles und ich saß wie versteinert da, mit zugekniffenem Mund. [...] Solche Versuche, uns zu zwingen, die Wahrheit zu sagen, gab es anfangs (Ende 1930/31, Herbst, Winter) recht häufig.

Wir fürchteten uns von den Militärs wie vorm Feuer. Die NKWDler (die man damals GPU[13] nannte) waren in Militäruniformen gekleidet und verbreiteten unter allen Einwohnern Angst und Schrecken. Als Tante Sabina von unserer Tragödie erfuhr, kam sie sofort aus dem Donbas. Das war zu Beginn des Jahres 1931. [...] Sie war erschüttert über das Ausmaß des Elends, das über unsere gesamte Familie hereingebrochen war. Die fröhlichen, lächelnden Gesichter waren verschwunden. Keine der Schwestern war mehr auf ihrem Hof, wo Tante Sabina mit dem Onkel vor zwei Jahren noch so freudig empfangen worden waren. Bruder Adolf und alle Schwestern und ihre Familien waren bereits verschleppt und ihre

---

13 GPU ist eine Abkürzung für *Gossudarstwennoje polititscheskoje uprawlenije*, Staatliche politische Verwaltung, was seit 1922 der sowjetischen politischen Polizei entsprach. Es war die Nachfolgeorganisation der TscheKa (*Wserossijskaja tschreswytschainaja komissija po borbe s kontrrewoljuziej, spekuljaziej i sabotaschem*, Allrussische Außerordentliche Kommission zur Bekämpfung von Konterrevolution, Spekulation und Sabotage). Im Jahr 1923 wurde sie in OGPU (Objedinjonnoje gossudarstwennoje polititscheskoje uprawlenije, Vereinigte staatliche politische Verwaltung) umgewandelt. Unter diesem Namen blieb sie bis 1934 bestehen.

Höfe verwüstet und geplündert worden. [...] Sie [Tante Sabina] traf sich heimlich mit meinen Eltern und sie vereinbarten, dass sie meine Oma Górska und meinen jüngsten einjährigen Bruder Ernest mitnehmen würde. Ohne Papiere hatten meine Eltern keine Chance, Arbeit zu finden und sich »im Donbas« zu verstecken. Auch dort wurden Flüchtlinge ohne Papiere gefasst. Und auf dem Lande wurden niemandem Dokumente ausgestellt. [...] Heimlich nahm meine Tante mein Brüderchen und die Oma mit und reiste nachts ab. Sie brachte uns damals ein paar Kleider und Geld mit. Mein Bruder Janek und ich blieben weiterhin bei Oma Sofińska. Es wurden ihr auch die drei Kinder ihres Bruders Dominik Szaciło-Kulikowski vorbeigebracht, der mit [unserem] Vater aus *Sybir* geflohen war und sich nun mit seiner Frau vor der erneuten Verbannung verstecken musste. Bei meiner Großmutter war die Hütte voll mit Kindern, aber sie lebten alle in Eintracht deprimiert über das Unglück, das uns allen widerfahren war. Oma hat den ganzen Tag etwas gekocht und wurde vorerst in Ruhe gelassen, doch Opa und Onkel Dominik sind zur Arbeit irgendwo nach Polesien gefahren. In Großmutters Haus blieben mit Janina und Bronia zwei minderjährige Töchter und fünf untergebrachte Kinder zurück.

1931 wurde unser Haus an eine Schule übergeben. Diese Schule mussten alle Kinder aus unserem Dorf und den Nachbardörfern im Alter von 6 bis 16 Jahren besuchen. Sie eröffneten damals in unserem Haus eine polnische Schule, die in zwei Schichten betrieben wurde.[14] Die jüngeren Kinder kamen am Morgen und die älteren am Abend. Es gab eine Lehrerin, eine Polin, die sehr jung und hübsch war. Sie verteilte an uns alle Hefte und Bleistifte und schrieb Buchstaben an die Tafel und wir schrieben sie in unsere Hefte. Ich erinnere mich, dass wir, nachdem wir die Buchstaben gelernt hatten, das Wort »Mama« schreiben mussten. Ich

---

14 Die polnischen Schulen wurden im Rahmen der seit Mitte der 1920er Jahre verfolgten Nationalitätenpolitik betrieben. Damit sollte die Indoktrination durch Unterricht und Propaganda in den Minderheitensprachen erleichtert werden. Das so genannte polnische Experiment wurde noch in der ersten Hälfte der 1930er Jahre fort- und als Instrument zur Schwächung des ukrainischen Nationalismus eingesetzt. In den folgenden Jahren wurden die polnischen Institutionen, einschließlich der lokalen Behörden, abgeschafft und ihre Aktivist:innen Repressionen ausgesetzt.

widersetzte mich und sie konnten mich nicht dazu bringen, das Wort zu schreiben. Ich hatte immer noch den Lauf der Pistole vor Augen, die an meiner Schläfe angesetzt war, damit ich verrate, wo sie sich versteckt hält. Ich hatte Angst, wenn ich »Mama« oder »Papa« schreibe, dass sie mich dann weiter zwingen würden, dass ich ihnen sage, wo sie sind. Zusammen mit meinem Bruder Jan und meiner Tante Janina gingen wir in eine Klasse. Es hat mich sehr betroffen gemacht, dass sie unser Haus zerstört haben. Sie rissen die Wände ein und machten aus den Zimmern zwei große Säle. Sie warfen den Brotbackofen weg und ließen nur den Kachelofen zum Heizen stehen. An den Wänden hängten sie anstelle von Bildern Porträts von Lenin und Stalin auf. Obwohl uns das niemand sagte, wussten mein Bruder und ich sehr wohl, dass sie die Schuldigen an all unserem Unglück waren. Sie hatten uns unsere Eltern weggenommen, sie hatten uns alles genommen, die Freude und den Frieden. Einmal krochen mein Bruder und ich nach dem Unterricht durch das Fenster ins Klassenzimmer, rissen die Porträts der Führer herunter, traten mit Füßen auf sie und beschädigten sie. Gut, dass die Lehrerin nur die Oma gewarnt und niemandem sonst etwas gesagt hat. [...] Oma erklärte uns, was das für uns alle bedeuten könnte, und wir schworen, dass das nie wieder passieren werde. Von da an zeigten wir unsere Rebellion nicht mehr nach außen. Wir fraßen all unser Leid in uns hinein.

Ich erinnere mich noch an ein anderes Ereignis aus der Schule. Es kamen Krankenschwestern und ein Arzt, um alle gegen Pocken oder eine andere Krankheit zu impfen, ich weiß es nicht mehr genau. Eines der älteren Kindern sagte, dass sie gekommen seien, um allen »Hammer und Sichel« auf den Arm zu schneiden. Panik brach aus. Wer näher am Fenster war, sprang heraus. Mein Bruder sprang auch hinaus. Sie hielten mich und den Rest der Kinder auf. Sie verpassten mir die Impfung, aber als ich nach Hause kam, wusch und schrubbte meine Oma die Stelle eine halbe Stunde lang mit Seife und heißem Wasser, um die Impfung abzuwaschen. Es gab Gerüchte, dass die Kommunisten ihre Leute mit einem Hammer-und-Sichel-Brandzeichen markieren würden. Davor hatten alle große Angst.

Nach zwei Jahren des Untertauchens beschlossen meine Eltern, uns vor Weihnachten 1932 zu besuchen und aufzutauchen. Die NKWDler hatten meine Großmutter mittlerweile in Ruhe gelassen und besuchten sie nicht mehr so oft wie früher. Unsere Eltern waren des ständigen Versteckens leid und wollten sich, nachdem sie uns gesehen haben, dem NKWD stellen. Sie rechneten damit, dass es als mildernder Umstand zu ihren Gunsten gewertet würde. Sie hatten noch keine Zeit gehabt, sich richtig aufzuwärmen, als das NKWD angefahren kam und sie verhaftete. [...] Wir klammerten uns so krampfhaft an unsere Eltern, dass erwachsene Männer mit uns nicht zurechtkamen. Die Schreie und das Weinen brachten das ganze Haus zum Beben. Meinen Bruder und mich zerrten sie festgeklammert mit nach draußen. Dort wurden sie mit uns schneller fertig. Sie rissen uns brutal los, warfen uns in den Schnee und fuhren mit unseren Eltern davon. [...] Von den Erwachsenen war nur die Großmutter da. Die Männer waren noch nicht von der Arbeit zurückgekehrt. Nur Opa kam zu Weihnachten. Onkel Janek und Onkel Dominik ließen sich nicht blicken. Oma Ania wurde krank. Jeden Tag ging es ihr schlechter. Die Anhäufung von [solchen] Erfahrungen und Sorgen strapazierten ihre Kräfte und ihre Gesundheit. Sie legte sich immer öfter ins Bett. Ein weiteres Unglück schwebte über uns. Großmutter war unser einziger Trost und unsere einzige Fürsorge. Der Verlust von Oma würde bedeuten, dass wir unseren letzten Halt verlören und niemanden mehr hätten. [...]

Hunger

Nach Neujahr wurde Mama aus dem Gefängnis entlassen und wir bekamen unser Haus zurück. Alles, was wir darin vorfanden, waren kahle Wände. Sie hielten Vater im Untersuchungsgefängnis in Żytomierz fest. Es war Anfang 1933; der Beginn des großen Hungers. Nachdem wir unser Haus zurückbekamen, hatten wir keine Lebensmittelvorräte mehr und bei der Oma gingen die Vorräte auch zu neige. Die unglaublichen Steuern, die den Großeltern Sofiński aufgebürdet wurden, verschlangen die gesamten Wintervorräte und das Vieh. Nur ein Pferd und eine Kuh blieben übrig. Die vorgeschriebenen Kontributionen an Getreide, Fleisch, Milch, Eiern, Kartoffeln und Heu konnten die Großeltern nicht erbringen. So erging es allen Bewohnern in unserem Dorf und in unserer Umgebung. Auch das Geld, das mein Großvater und meine Onkel verdienten, wurde von den Steuern verschlungen und sie waren immer noch im Zahlungsrückstand. Die Familie Kulikowski nahm ihre drei Kinder mit und brachte sie nach Nowogród Wołyński[15] zu ihren Verwandten. Abgesehen von einer kleinen Menge Kartoffeln, die wir zu zählen begannen, war kaum etwas übrig. Wir hatten seit mehreren Monaten kein Brot mehr gegessen. Brot vermissten wir am meisten. Um uns vor dem Verhungern zu retten, fuhren meine Mutter und mein Großvater bis zur polnischen Grenze, um Lebensmittel zu besorgen. Dort erfuhr Mama, dass es in der Stadt Szepetówka[16] (damals ein Grenzposten[17]) Geschäfte gab, in denen man Gold gegen Lebensmittel eintauschen konnte. Diese Läden hießen »Torgsin« (*Torgowle s inostranzami*)[18]. Die Reste des verbliebenen Schmucks und des Goldes wurden von Mama zu diesen Geschäften gebracht und bewahrten uns alle vor dem Tod. Opa begleitete Mama immer auf diesen Reisen. Er diente als Helfer beim Tragen der Last und als Beschützer auf der Strecke. Es war gefährlich, allein zu reisen. Hungrige Menschen verübten Überfälle, raubten Lebensmittel und töteten. Obwohl Oma schwach war, kümmerte sie sich weiterhin um uns und das Haus. Sie teilte die mitgebrachten Lebensmittel in kleine Portionen ein. Wir ernährten uns alle zusammen. Sie wusste, dass noch viele solcher hungrigen Tage kommen würden und lehrte uns Ausdauer und Sparsamkeit. Mit der Zeit gewöhnten wir uns an die spärlichen Rationen und das Leben ohne Brot. Aber Oma ging es

---

15 Nowohrad-Wolynskyj (poln. Nowogród Wołyński) hieß bis 1795 und heißt seit 2022 Swjahel (poln. Zwiahel). Es ist eine Kreisstadt am Fluss Slutsch und gehörte einst zum Verwaltungsbereich Kyjiws, seit 1937 zur Oblast Schytomyr.
16 Schepetiwka (poln. Szepetówka) – Ortschaft am Fluss Huska, einem Nebenfluss der Horyn. Seit 1923 Kreisstadt des gleichnamigen Rajons und Teil des 1932 gegründeten Oblast Winnyzja.
17 Bahnstation Schepetiwka (poln. Szepetówka), einst an der Strecke in Richtung der Zweiten Polnischen Republik gelegen, etwa 35 Kilometer von der damaligen Grenze entfernt.
18 Abkürzung für den Namen einer Kette von Devisengeschäften, die in der ersten Hälfte der 1930er Jahre existierte. Der vollständige Name war: Allunions-Gesellschaft zum Handel mit Ausländern (*Wssesojusnoje objedinenije po torgowle s inostranzami*). Neben ausländischen Besucher:innen durften auch Sowjetbürger:innen, die im Besitz von Devisen, Gold und Edelsteinen waren, dort einkaufen. Während des Bestehens von »Torgsin« (1929–1936) erwarb die Kette etwa 200 Tonnen Gold.

immer schlechter, und ihre Kräfte ließen immer mehr nach. Im Frühjahr, gerade als der Flieder blühte, starb sie. Für uns war das ein schwerer Schlag. Wir haben sie auf dem Friedhof in Pokostówka begraben. Auch Opa Jan Górski und sein 18-jähriger Sohn Dominik – die ersten Opfer des Kommunismus – sind dort begraben. Großmutter rief bis zu ihrem letzten Atemzug nach unserem Vater. Sie starb im Alter von 56 Jahren in den Armen unserer Mama. Tag und Nacht hielten wir bei ihr Wache. Nach Omas Tod kümmerte sich Mama um den Großvater und die jüngeren Schwestern meines Vaters. Wir pflanzten einen Teil der Kartoffeln an und gaben vom Rest jeweils ein paar in die Suppe. Die Kuh hat uns gerettet. Ein Teil der Milch musste abgegeben werden, aber wir hatten noch etwas übrig, um die Suppe einzudicken. Mama und Opa fuhren weiterhin, um Lebensmittel zu besorgen. Sie blieb nur für kurze Zeit zu Hause, weil sie immer noch Pakete zu Vater in das Gefängnis in *Żytomierz* brachte. Es gab nicht immer etwas, was sie mitnehmen konnte. Mutter musste Dutzende von Kilometern zu Fuß zurücklegen. Manchmal kam sie so müde und hungrig an, dass sie schwankte. Die Schuhe waren so abgenutzt, dass ihre Füße von den Blasen geschwollen waren. Die Fußsohlen waren nur noch mit Blasen bedeckt. Wir machten Mama warme Kompressen voller Sorge, dass wir die ramponierten Beine verletzen könnten. Nach ein paar Tagen wickelte sie ihre Füße in saubere Tücher ein und ging weiter. Die mitgebrachten Lebensmittel gingen schnell zur Neige. Es mussten sechs Menschen plus Vater ernährt werden. Wenn Mama lange nicht zurückkam und das Essen zu Hause knapp wurde, aßen wir Lindenknospen, Weißklee und gekochte Suppe aus weißem *Gänsefuß, Brennnesselblättern, Raps und Sauerampfer. Die [letztgenannten]* Suppen waren zwar dickflüssig, doch nicht so sauer. Die mitgebrachten Produkte wurden in viele Portionen aufgeteilt, wie es uns unsere Oma beigebracht hatte. So hatten wir genug, bevor unsere Mutter zurückkam. Brot war der einzige Wunschtraum, den wir hatten. Mein Bruder sehnte sich so sehr nach Brot, dass er sein letztes Hemd für ein Stück Brot gegeben hätte, aber niemand wollte es ihm geben, weil keiner eins hatte. An diese Tatsache wurde in der Familie oft erinnert.

Mama und Opa brachten Reis, Mehl und verschiedene Graupen mit. Sie [die Graupen] wurden nur für Suppen und nur für die nicht dickflüssigen aufbewahrt. Diejenigen, die kein Gold hatten, konnten sich keine Lebensmittel kaufen. Für Geld verkauften sie in Geschäften keine Lebensmittel. Mama und Opa erzählten, wie sie auf den Basaren selbst den Verkauf von Menschenfleisch und verschiedenen daraus hergestellten Produkten sahen und es nicht einmal im Geheimen geschah. Kinder starben massenweise. Es war uns kategorisch verboten, uns vom Haus zu entfernen. Die Türen hielten wir stets verschlossen. Wir hatten Angst vor Menschen und Nachbarn. Es gab Fälle, in denen Eltern ihre eigenen Kinder aufaßen. Menschen quollen vor Hunger auf und fielen auf der Straße um. Sie starben sitzend an Zäunen. Ganze Familien starben. Die Menschen aus unserem Dorf wurden nicht mehr auf dem Friedhof von Pokostówka beerdigt. Er war zu weit weg und es gab nichts, mit dem man die Verstorbenen dorthin bringen konnte. An der Grenze zwischen unserem Dorf Zielone Braczki und Michajłówka legten die Einwohner auf einem Sandhügel einen neuen Friedhof an. Der erste Verstorbene auf diesem Friedhof war (glaube ich) Balicki, ein alter Mann aus einer ukrainischen Familie, er hatte mit seinen beiden Töchtern nebenan zwischen den Familien Szemet und Hojka gelebt. Nach ihm begann sich der Friedhof schnell zu füllen. Am Anfang sind wir zu jeder Beerdigung gelaufen, weil es nicht weit von uns entfernt war und man diesen Friedhof vom Hof aus sehen konnte. Dort wurde man ohne Särge und in geringer Tiefe beerdigt. Die Leute hatten nicht die Kraft, tief zu graben, und es gab niemanden, der es hätte tun können. Später begannen sie [die Toten] neben ihren Häusern zu begraben. Wir blieben meistens allein im Haus. Ich mit meinem Bruder und den jüngeren Schwestern meines Vaters, Janina und Bronia. Mama und Opa waren nur noch Gäste, weil sie für uns das Essen besorgten. Wir gewöhnten uns an Beerdigungen und Verstorbene. Wir liefen nicht mehr zu jeder Beerdigung zum Friedhof. Sie fanden zu oft statt und wurden zu etwas Alltäglichem. Ich erinnere mich an einen Wagen voller Leichen, der an meinem Bruder und mir vorbeifuhr, als wir am Wegesrand standen. Sie lagen wie Holzstämme übereinander, in schmutzigen und zerrissenen Lumpen. Das Einzige, was mich damals erschreckte, waren die vielen nackten Füße, die herausschauten. Niemand folgte dem Wagen, wir auch nicht. Sicherlich transportierten sie eine Familie, vielleicht auch zwei. […]

Als mein Bruder und ich unseren Schulkameraden Michaś Michajko besuchten, erlebten wir noch einen weiteren Schock. Beim Verlesen der Anwesenheitsliste strich die Lehrerin aus dem Klassenbuch diejenigen Kinder, die verstorben waren und teilte es uns mit. Das war für uns eine sehr bewegende Erfahrung. Uns nahm der Tod unserer Klassenkameraden am meisten mit. Ich erinnere mich, dass wir laut geweint haben. Uns war nicht klar, dass uns das jeden Tag bevorstehen könnte. Ich war besorgt, weil Michaś, der mit mir in der gleichen Bank saß, in der Schule fehlte, und ich beschloss, ihn zu besuchen. Mein Bruder und ich pflückten ein Körbchen voll mit Erdbeeren, die neben unserem Haus wuchsen, denn die Sträucher waren in den Jahren unserer Abwesenheit noch nicht zerstört worden, und gingen zu ihm. Wir erblickten ein bedrückendes und bis heute unvergessenes Bild. Michał lag im Sterben. Er lag auf einer Holzbank am Fenster, war ganz aufgedunsen und bewusstlos. Er erkannte uns nicht und reagierte nicht auf unsere Stimmen. Zwei kleine Kinder lagen in dunklen Lumpen auf dem Bett und riefen mit leiser Stimme nach Essen. Die Erdbeeren, die wir ihnen reichten, konnten sie nicht in den Händen halten, so schwach und ausgemergelt waren sie. Die Mutter saß auf der gleichen Bank, auf der Michał lag, sagte nichts und bewegte sich nicht. In der Wohnung war es dunkel, beengt und schmutzig. Die Sachen lagen verstreut herum. Die Mutter reagierte nicht auf unser Kommen und Gehen. Offensichtlich hatte sie sich mit einer Situation abgefunden, die sie nicht ändern konnte, und wartete darauf, dass alle zusammen auf einmal sterben. Wir ließen die Erdbeeren liegen und liefen los, um unsere Lehrerin zu benachrichtigen. [...] Bald musste sie sich um die Beerdigung von Michał und seiner Familie kümmern. Sie wurden alle in eine Kiste gelegt und auf dem neu angelegten Friedhof in unserem Dorf beigesetzt. Die ganze Klasse war bei der Beerdigung dabei. Ich schuldete Michaś zwei Kopeken und hatte es nicht geschafft, sie ihm zurückzuzahlen. Ich fühlte mich schuldig und erinnere mich bis heute daran. Kein noch so großes Almosen, das ich den Bettlern gab, konnte diese Schuld aus meinem Gedächtnis tilgen. [...]
Im selben Jahr 1933 fand für mich noch ein unvergessliches Ereignis statt. An Peter und Paul, am 29. Juni, gelang es Mama zum ersten Mal seit Vaters Verhaftung im Dezember 1932 die Erlaubnis zu erhalten, dass

wir ihn alle wiedersehen durften. Ich habe mir das Datum gemerkt, weil es der Namenstag meines Vaters war. Mama bereitete ein Essenspaket für Vater vor, wir nahmen einen Korb mit Erdbeeren mit und fuhren zu dritt nach Żytomierz. Die Erdbeersträucher trugen in diesem Jahr so viele Früchte wie nie zuvor und halfen uns sehr, den Hunger durchzustehen. Ich erinnere mich daran, wie Mama uns zum ersten Mal *placki* [hier Fladenbrot] zu essen gab, die sie für Vater gebacken hatte. Offenbar, weil sie keine Suppe mit auf die Reise nehmen konnte. Für uns war es ein großes Fest. Wir fuhren freudig und glücklich zu unserem Vater und hatten jeweils einen *placek* in der Hand. Wir lernten zu sparen und nahmen nie mehr als das, was für den Tag selbst vorgesehen war. Erst recht das, was für Vater bestimmt war. Das war heilig und wurde nicht angerührt. Ich war damals das erste Mal in Żytomierz. Alles war für mich neu und interessant. Um zum Gefängnis zu gelangen, mussten wir die ganze Stadt durchfahren. Ich schaute mich in alle Richtungen um, aber alles, woran ich mich erinnern kann, ist die Brücke hoch über dem Fluss, die wir überquerten, und die kleinen Leute darunter, und auch das Gefängnis, in dem Vater war. Wenn man von oben herabschaute, wirkten diese Menschen sehr klein, es waren meist Kinder. Selbst heute, wenn ich über die Bohuński [ukr. Bohunskyj] Brücke fahre oder gehe, blicke ich hinunter, um zu sehen, ob die Leute noch so klein sind wie damals, und beim Anblick des Gefängnisgebäudes spüre ich Druck und Stechen im Herzen. Schon hinter dem ersten Gefängnistor, das sich hinter uns schloss, begann ich mich zu fürchten. Wir durchquerten viele Tore und Gänge, bevor wir unser Ziel erreichten. In einem großen, langen Saal standen die Gefangenen, getrennt von den Besuchern durch zwei hohe Barrieren, zwischen denen Wachleute liefen. Aus Sorge, dass ich meinen Vater durch die Barrieren, die mir bis zu den Augen reichten, nicht sehen würde, war ich den Tränen nahe. Wir fanden gerade so meinen Vater in der Menge. Um ihn zu sehen, musste uns Mama [auf die Barrieren] hinsetzen. Als ich Vater sah, fing ich an zu weinen und schluchzte so krampfhaft, dass einer der Wächter mich und meinen Bruder zwischen die Absperrungen stellen wollte und ein anderer führte mich aus dem Raum (dort fing ich erst richtig an zu heulen). Bei der Verabschiedung sah ich meinen Vater noch einmal. Alle redeten und weinten so laut, dass man nichts hören konnte.

Mama setzte uns noch einmal rauf. Gerade noch so konnten wir Vaters Hand berühren, die er uns entgegenstreckte. Mama fragte Vater, ob er das Essenspaket und die Erdbeeren erhalten habe. Vater zeigte nur ein Bündelchen mit Essen. Die Erdbeeren haben sie ihm nicht gegeben. Und wir wollten so sehr, dass er wenigstens an seinem Namenstag ein Moment lang sein Zuhause riechen könne. [...]
Bei den Lebensmitteln gab es immer noch keine Veränderung. Die Kartoffeln waren noch zu klein und das Getreide war noch grün. Der Hunger herrschte immer noch und verschlang seine Opfer. Mama hatte nur noch zwei dicke Eheringe und einen Verlobungsring, die sie eintauschen konnte. Von diesen wertvollsten Erinnerungsstücken fiel es Mama, wie sie mir später erzählte, sehr schwer, sich zu trennen. Doch sie tauschte auch sie gegen Lebensmittel ein. Dank Mamas aufopferungsvoller Hingabe bewahrte sie uns, Vater, Großvater und Vaters zwei Schwestern vor dem unvermeidlichen Hungertod. Wir überlebten nicht nur den Hunger, sondern waren nicht einmal aufgedunsen. Jedes Mal, wenn wir nach Hause kamen, prüfte Mama als Erstes, ob wir nicht aufgedunsen waren. Die ersten Symptome des Hungertods begannen mit einer Schwellung der Arme und Beine, dann schwoll der Mensch am ganzen Körper an und starb. [...] Weiterhin starben Menschen. Die Lebenden waren unheimlich und gefährlich. Kinder durften den Wald nicht betreten. [...] Wir hatten mehr Angst vor lebenden Menschen als vor toten und verließen das Haus nur gemeinsam.
Nachdem wir unser Haus wieder zurückbekommen hatten, wurde die Schule 1933 in das Gebäude von Dominik Ostryński verlegt. Ihn verschleppten sie 1930 nach *Sybir* und seine Frau Ludwika floh mit ihren beiden Kindern, Adela und Ludwik, die in unserem Alter waren, zu ihren Eltern in eine von uns weit entfernte Ortschaft. [...] Neben dieser Schule wohnte die Familie von Celestyna und Stanisław Cierpicki. Unsere Eltern waren mit ihnen sehr befreundet. Sie feierten alle Familienfeste und Feiertage gemeinsam. Nach dem Hungertod von Herrn Cierpicki und dem plötzlichen Verschwinden ihrer beiden Kinder Janina und Zygmunt verdächtigten alle Frau Cierpicka, ihre Kinder gegessen zu haben. Wir hatten furchtbare Angst vor ihr. Selbst Mama konnte uns nicht überzeugen, dass es nicht wahr sein konnte, dass sie ihre Kinder gegessen hat.

Erst 25 Jahre später erfuhr ich die wahre tragische Geschichte dieser Familie. […] Einige Zeit lang war Herr Cierpicki zusammen mit unserer Mama und unserem Opa an die polnische Grenze gegangen, wo es noch möglich war, Lebensmittel zu bekommen. Er war sehr darauf bedacht, seine Familie vor dem Verhungern zu retten. Alle Lebensmittel, die er erlangte, gab er seiner Frau und seinen Kindern. Er selbst aß irgendwas, wurde schwach, schwoll an und starb bald. Die Mutter, an Zubereitetes und an Wohlstand gewöhnt, war nicht in der Lage, selbst Lebensmittel zu besorgen. Als die Vorräte zur Neige gingen, holte sie ihre Kinder und brachte sie nach Dołbysz.[19] Dort gab es ein Heim für obdachlose Kinder. Sie ließ sie vor der Tür zurück und versteckte sich. Von Familien mit lebenden Erwachsenen wurden Kinder nicht ins Heim aufgenommen. Wie Janina erzählte, kamen sie und ihr 6-jähriger Bruder erst nach dem Einschreiten der Miliz rein. Die Notunterkunft war überfüllt und Kinder lagen auf dem Boden. […] Auch im Heim war es für sie nicht leicht. Es gab viele Kinder und wenig zu essen; die Älteren und Stärkeren rissen den Schwächeren das Essen aus der Hand. Janina und ihr Bruder Zygmunt wurden getrennt. Sie wurde in ein anderes Heim gebracht, während Zygmunt zurückblieb. Als sie ihn ein paar Tage später besuchte, saß er ganz angeschwollen da, wippte hin und her und rief nach Brot und etwas zu trinken. Er starb in ihren Armen, und sie weinte immer noch sehr, als sie mir jetzt von ihren Erlebnissen erzählte. Sie blieb im Heim, bis sie 16 Jahre alt war, lernte auch, ihre Ellenbogen einzusetzen, wie sie es mir erzählte, und überlebte den Hunger. […]

Ein weiterer gemeinsamer Freund und Verwandter von mir, Oktawian Szaciło, der wie durch ein Wunder die Hungersnot überlebt hat, besucht uns ebenfalls. Oktawian Szaciło wurde 1918 in Zielone Braczki geboren. Sein Vater Jan Szaciło war der leibliche Bruder von Oma Sofińska und wir wohnten in der Nachbarschaft. Neben der Landwirtschaft war sein Vater

---

19 Dołbysz (ab 1925 Marchlewsk, seit 1946 wird im Polnischen wieder Dołbysz / Dowbaysz und im Ukrainischen Dowbysch benutzt) war ein Städtchen in der Nähe der Grenze zur Zweiten Polnischen Republik, das zwischen 1925 und 1935 die Hauptstadt des Nationalpolnischen Rajons war. In dieser Verwaltungseinheit lagen die Ortschaften der Górskis und Sofińskis. Die überwiegende Mehrheit der über 40 000 Einwohner:innen dieser Rajons waren Polinnen und Polen.

auch als Schmied tätig. Sie hatten ihre Schmiede. Er war in der ganzen Gegend als guter Schmied bekannt. Zur Zeit der Kollektivierung war auch er von der Entkulakisierung betroffen. [...] Ihm wurden unerhört hohe Steuern und Steuernachzahlungen auferlegt, die er nicht begleichen konnte. Aus Angst, dass seine gesamte Familie nach *Sybir* abtransportiert werden könnte, floh er mit seinen fünf älteren Kindern, ohne seine Adresse anzugeben. Wahrscheinlich nach Polesien, wo es leichter war, Arbeit und Nahrung zu finden. Die Frau von Herrn Szaciło war krank und konnte nicht mit ihnen wegfahren, und sein jüngster Sohn Oktavian sollte sich um sie kümmern. Sie blieben allein auf dem Hof zurück. Aber nachdem der Vater mit den Kindern geflohen war, wurde der gesamte Hof beschlagnahmt und alle Lebensmittel mitgenommen. [...] Als es im Haus nichts mehr zu essen gab, schickte ihn Oktavians Mutter, die spürte, dass sie bald sterben würde, los, um Arbeit und Brot zu finden. Sie sammelte den letzten Leinsamen, röstete ihn und goss kochendes Wasser darüber – das war ihre letzte [gemeinsame] Mahlzeit. Sie führte ihn auf die Straße hinaus, gab ihm die letzten 2 Rubel und sie verabschiedeten sich. Wie sich später herausstellte, für immer. Keine Kolchose wollte ihn ohne eine Bescheinigung seines Wohnorts einstellen. Er kehrte zum *selsowet* zurück, um die Bescheinigung zu besorgen, besuchte seine Mutter, aber sie war bereits tot. [...] Sie stellten ihm die Bescheinigung auf Russisch aus, was er nicht sprach und nicht lesen konnte. Überall, wo er diese Bescheinigung vorlegte, in der Hoffnung, Arbeit und Unterkunft zu erhalten, bekam er einen Tritt auf den Hintern. Er war verwirrt und verstand nicht, was vor sich ging. Erst als ihm jemand die Bescheinigung vorlas, stellte sich heraus, dass sie ihm im Dorfrad bescheinigten, dass er Sohn eines Konterrevolutionärs und Kulaken und selbst ein Feind der Sowjetmacht war. Von da an zeigte der 15-jährige Oktavian seine Bescheinigung, das einzige Dokument, das seine Identität bezeugte, nicht mehr vor. Er zerstörte sie und gab vor, selbst ein obdachloser Landstreicher zu sein, der unter Gedächtnisverlust leidet. Er trieb sich von Dorf zu Dorf herum, in der Hoffnung, Arbeit zu finden. Man nutzte ihn in den Kolchosen aus und er musste für spärliches Essen harte Arbeit leisten. Er schlief im Stall neben den Pferden oder in Heuhaufen. Er nahm den Schweinen das Futter weg und wurde deshalb aus den Kolchosen verjagt. Er brachte es nicht fertig, zu stehlen und war froh, als er im Heim landete. Dort überlebte er zwei Jahre. Als 17-Jähriger meldete er sich zusammen mit anderen Jungs aus dem Heim freiwillig zur Armee. [...] Die Armee war für ihn Luxus. Er bekam Kleidung, Essen und eine Unterkunft. In der Armee diente er von 1935 bis 1945. Als er 1945 aus dem Heer entlassen wurde, kehrte er in seine Heimat zurück. Von seinem Elternhaus und seinem Dorf war nichts mehr übrig. [...]

In Dmitlag, Wolga und Moskau

Kurz nachdem wir meinen Vater im Juni 1933 wiedergesehen hatten, ging meine Mutter erneut zum Gefängnis in Żytomierz, um meinem Vater etwas Essen zu bringen. [...] Sie kam völlig verzweifelt zurück. Sie war sich sicher, dass Vater wieder nach *Sybir* deportiert worden war. Als mein Vater uns Ende Juli oder Anfang August mitteilte, dass er zum Bau des Moskwa-Wolga-Kanals[20] bei Moskau geschickt worden war, waren wir froh, dass es nicht *Sybir* war. [...] Im September desselben Jahres kam ein *nakaz* [Beschluss], dass Mama mit ihren Kindern innerhalb von 10 Tagen auf eigene Kosten mindestens 300 Kilometer von der polnischen Grenze weit weg ziehen sollte.[21] Es handelte sich um eine sogenannte *spezperesselénez* [russ. für spezielle Umsiedlung] für antisowjetische, unsichere Elemente, [sog.] *nieblagonadjoschnyje* [russ. für unorthodoxe, politisch unsichere]. Der Bevölkerung war es strengstens untersagt, den Verbannten irgendeine Hilfe zukommen zu lassen. [...] Pro Familie konnten nicht mehr als 100 Kilogramm Gepäck mitgenommen werden. Anstelle von Dokumenten überreichten sie Mutter ein Umsiedlungspapier – einen »Zehn-Tage-Pass«[22], der einem direkten

---

20 Der Moskwa-Wolga-Kanal (seit 1947 Moskaukanal), der die Flüsse Moskwa und Wolga verbindet, wurde zwischen 1932 und 1937 von Lagerinsassen gebaut und ist 128 Kilometer lang. Beim Bau des Kanals starben mindestens 23 000 Häftlinge.
21 Solch eine »Säuberung« der Grenzgebiete von Personen, die als verdächtig und unerwünscht galten, darunter vor allem Familien von Repressierten, war eine ständige Praxis der sowjetischen Behörden. Die größte Aktion dieser Art fand 1936 statt, als 15 000 polnische und deutsche Familien (insgesamt 70 000 Menschen) nach Kasachstan deportiert wurden.
22 Eine Identitätsbescheinigung für nur zehn Tage.

Todesurteil gleichkam. Somit sind sie mit unserer Mama noch einen
»Volksfeind« losgeworden. Mit diesem Dokument war es ausgeschlossen,
Arbeit oder irgendeine Hilfe zu erhalten. [...] Nach einigen Überlegungen, wohin wir gehen sollten, beschloss Mama, dass wir zu Vater fahren und mit ihm seine Strafe verbüßen werden. Ohne Dokumente und dermaßen stigmatisiert hatten wir keine andere Wahl. Wieder nahm Mama nur das Nötigste mit, nicht einmal die Hälfte der Norm, den Rest ließ sie zurück. Sie nähte mir und meinem Bruder Säcke – Rucksäcke, in die sie Kleidung steckte. Opa machte Mama eine Art Kiste aus Pappe – einen Koffer, in den das Essen gelegt wurde.

Mama schaffte es mit unserer Hilfe mit den auf dem Dachboden meines Opas versteckten Mahlsteinen etwas Getreide zu mahlen und daraus *placki* zu backen. [...] Für den Besitz von Mahlsteinen wurde man bestraft, die Steine wurden weggenommen und zerstört, deshalb musste man sie verstecken. Die Arbeit am Mahlstein war sehr hart, der Ertrag gering. Mama konnte den Stein kaum drehen, mein Bruder und ich halfen ihr dabei. [...] Mama trocknete noch ein paar Kartoffelscheiben, bekam ein wenig Käse und Butter für meinen Vater, backte ein paar Piroggen mit Bohnen für den Weg und mit all dem machten wir uns noch vor dem angegebenen Termin auf die Reise ins Ungewisse. [...] Opa fuhr uns an diesm Tag nach Żytomierz. Glücklicherweise nahmen wir eine andere Strecke als erwartet und kamen so an den uns verfolgenden Aktivisten des *selsowet* vorbei, die es verpassten, uns zu durchsuchen und sich zu nehmen, was sie für angebracht hielten. Sie mussten ja dafür sorgen, dass solche Leute wie wir das »arbeitende Volk« nicht bestahlen. [...] Erst später, so erzählte uns Opa, machten sie ihrem Ärger darüber Luft, dass es ihnen nicht gelungen war, uns den Rest zu rauben, und beschuldigten Opa, den »*spezperesselénzy*« entgegen den Verboten der Behörden zur Flucht geholfen zu haben. Daraufhin befahlen sie Opa mit seiner ganzen Familie, das Dorf zu verlassen. [...]

In Żytomierz sah ich noch eine bedrückende Szene, die mir in Erinnerung geblieben ist. Vor dem Bahnhof saßen in einer Reihe nebeneinander Hunderte abgemagerter, schmutziger und zerlumpter Kinder. Sie streckten ihre Hände aus und riefen: »Mama Brot! Mama Brot!« Wir haben mehr als 24 Stunden gewartet, um Fahrkarten nach Moskau zu

Ich habe den Großen Hunger in der Ukraine überlebt

Abb. 2: Jadwiga Barańska, Mitte der 1940er Jahre

kaufen. Erst als ein Eisenbahner von uns eine Pirogge mit Bohnen erhalten hatte, kaufte er uns die Fahrscheine. Ich betrachtete diese Kinder. Sie saßen nebeneinander auf dem Boden, unter freiem Himmel, Tag und Nacht, und riefen monoton »Mama Brot! Mama essen!«. Ich war entsetzt, als ich sie sah. Ich war sicher, dass der Hunger vorbei war, aber hier sah ich immer noch so viele Kinder, die an Hunger starben. Viele von ihnen waren bereits tot. Sie sahen aus wie sitzende Mumien. Jedes Mal, wenn ich nach *Żytomierz* komme und an diesem Ort vorbeigehe, erwachen diese Erinnerungen zum Leben. Am nächsten Tag stiegen wir spätabends in den Zug. Es war das erste Mal, dass mein Bruder und ich mit

der Eisenbahn gereist sind. Das war für uns eine große Erfahrung. [...] Wir fuhren nach Moskau und mussten in Kyjiw umsteigen. Gleich als wir in Kyjiw aus dem Zug stiegen, wurde unserer Nachbarin aus dem Abteil fast vor unseren Augen ihr Koffer mit Lebensmitteln gestohlen. Das war für uns eine Warnung, dass wir unseren Koffer bewachen mussten. Wir haben uns zu dritt auf ihn gesetzt. Im Zug nach Moskau hat Mama nicht einmal die Augen zugemacht. Sie hielt den Koffer auf dem Sitz fest und setzte uns auf ihn. Tagsüber war es für uns bequemer, aus dem Fenster zu schauen und nachts schliefen wir auf ihm. Wir hüteten diesen Koffer wie den größten Schatz. [...] Wir kamen nachts in Moskau am Kiewer Bahnhof an. Mama ließ uns auf dem Koffer sitzend mit den Bündeln auf dem Rücken auf dem Bahnsteig zurück und ging alleine los, um Informationen über die weitere Reise einzuholen. Es stellte sich heraus, dass wir bis zum Sawjolower Bahnhof fahren mussten und von dort drei Haltestellen mit der Vorortbahn bis zur Station Beskudnikowo. Wir kamen am frühen Morgen an unserer Zielstation an. Es war schon ziemlich kühl und frostig, als wir auf unseren Bündeln vor dem Bahnhof auf dem Bahnsteig saßen, während Mama weiter Informationen einholte. Sie erfuhr, dass das Konzentrationslager Dmitlag[23] für Häftlinge, die am Bau des Wolga-Moskwa-Kanals beteiligt waren, nicht weit von hier entfernt war: Eine Haltestelle mit der Vorortbahn. Wir warteten auf den Zug und kamen gegen Mittag an.
An der Haltestelle, an der der Zug hielt, gab es keinen Bahnhof. Die Haltestelle hieß Dmitlag. Entlang der eingleisigen Bahnlinie erstreckten sich rechts Baracken und links stand ein einstöckiges Haus. Andere Gebäude waren nicht zu sehen. Es gab auch keine Fahrgäste. Wir setzten uns neben den Gleisen auf einem niedrigen Bahndamm auf unsere Bündel, und Mama ging zu diesem einsamen Haus, in der Hoffnung, dort den Lagerkommandanten zu finden. Zwischen den Gleisen und dem Lager liefen Wachen mit Gewehren umher, und es gab keinen Zaun. Während

---

23 *Dmitrowski isprawitelno-trudowoj lager* (DmitLag) war ein Lagerkomplex mit einem Zentrum in Dmitrow in der Oblast Moskau. Es bestand von 1932 bis 1938 und beherbergte Mitte der 1930er Jahre etwa 190 000 Häftlinge, die beim Bau des Moskwa-Wolga-Kanals, des Nordkanals, des Moskauer Flughafens Frunze und beim Bau von Flussdämmen beschäftigt waren.

wir auf Mama warteten, beobachteten wir die Gefangenen aus der Ferne und hielten auch Ausschau nach Vater. Das Lager erinnerte mich an einen Ameisenhaufen. Wie Ameisen bewegten sich die Häftlinge auf und ab, einer nach dem anderen. Angst und Schrecken überkamen mich bei dem Gedanken, dass sich mein Vater in dieser Menge schmutziger und ausgemergelter Menschen befinden könnte. Ich traute meinen Augen kaum, als ich sah, wie die Häftlinge beladene Schubkarren voller Erde und Steine schoben. Sie fuhren mit den Schubkarren auf dem breiten, aufgeweichten Weg auf und ab und steckten bis zu den Knöcheln im Schlamm. Der Weg führte in einen tiefen Tunnel. Wir konnten das von dieser Aufschüttung aus gut sehen. Die Wachen standen oben und trieben die Häftlinge an. Die Häftlinge konnten ihre Beine kaum aus dem Schlamm ziehen. Ich hatte solche Angst, dass mein Vater dort sein könnte, dass ich mich nicht beruhigen konnte, selbst als meine Mama und die Hausherrin des Häuschens zurückkamen und sie uns alle zu sich nahm. Die Gastgeberin gab uns heißes Wasser zum Waschen und bereitete uns ein warmes Mittagessen zu. Zum ersten Mal seit vielen Monaten hielt ich Brot in meiner Hand. Ich habe vor Freude und Rührung fast geweint. Am besten hat mir von diesem Mittagessen das Brot geschmeckt. Wir sind ein bisschen aufgetaut und haben uns gestärkt. [...] Die Gastgeberin bot uns an, bei ihr zu übernachten, und tröstete Mama, dass sich ihr Mann, wenn er von der Arbeit zurückkäme, um unsere Probleme kümmern könne. Wir sollten uns keine Sorgen machen und uns ruhig mit unserem Vater treffen.[24]

---

24 Die Familie blieb dort bis 1935, die Mutter arbeitete als Reinigungskraft. Nach der Entlassung des Vaters aus dem Lager siedelten sich alle im Donbas an, allerdings in ständiger Angst vor weiteren Repressionen. Die deutsche Besatzung überlebten sie in Schytomyr (Żytomierz). Die Autorin wanderte 1946 illegal nach Polen aus und ließ sich in Wrocław (Breslau) nieder. Ihre Familie, die in der Sowjetukraine geblieben war, besuchte sie erst zehn Jahre später.

Abb. 3: Henryk Łęczycki mit seiner Frau Maria, 1930er Jahre

2

Henryk Łęczycki (1903–1979)
Von Podolien nach Kasachstan
Erinnerungsfragmente aus den Jahren 1939 bis 1941

Es war Anfang September 1939.[1] Die Einwohner von Trembowla [ukr. Trebowlja], einer Kreisstadt mit 10 000 Einwohnern in Podolien[2], erlebten hitzige und emotionale Tage. Mobilmachung. Auszug des 9. Kleinpolnischen Ulanenregiments [*9 Pułk Ułanów Małopolskich*] aus der Kaserne […]. Unklare und sogar widersprüchliche Nachrichten von der Front im Kampf gegen Deutschland sorgten für einen ungewöhnlichen Zustand der Erregung, der Ungewissheit, und nur bei einigen wenigen weckten sie Hoffnung, denn schließlich, so hieß es, seien Frankreich und England mit uns. […] Die durch den Krieg verursachten Spannungen nahmen rasant zu. Die Hiobsbotschaften, die von Flüchtlingen aus den von den Deutschen besetzten Gebieten in Schlesien, Pommern und Posen berichtet wurden, häuften sich. Das nach der Abreise der Familie aus Łoszniów[3] leere Haus füllte sich mit »Zwangsgästen«, die oft ohne Koffer und Geld kamen. Glücklicherweise ermöglichten die angesammelten

---

1 Der Autor war Ingenieur und arbeitete bei der Bezirksstraßenverwaltung. Zu seiner Familie gehörten seine Frau, die Lehrerin Maria (1903–1993), und drei Kinder: die beiden Söhne Andrzej (geb. 1929) und Witold (1933–2021) sowie die Tochter Agnieszka (geb. 1938).
2 Podolien ist eine Landschaft bzw. ein historisches Gebiet am Oberlauf der Flüsse Dnister und Südlicher Bug und liegt heute in der Ukraine und in der Moldau. Mit der Woiwodschaft Tarnopol befand sich ein westlicher Teil Podoliens bis 1939 in der Zweiten Polnischen Republik.
3 ukr. Loschniw – sieben Kilometer von Terebowlja entferntes Dorf.

Lebensmittelvorräte, die zusätzlich von freundlichen Wirten aus dem Dorf Plebanówka[4] bei Trembowla ergänzt wurden, die vollständige Verpflegung aller Menschen, die damals fünf Zimmer, eine Küche, einen Dachboden und sogar einen kurz vor Hitlers Invasion beleuchteten und getünchten Keller bewohnten.
[…]
Es waren nur wenige Tage vergangen, als etwas geschah, womit niemand in Polen, zumindest nicht in Trembowla, gerechnet hatte. In den frühen Morgenstunden des 17. September 1939 marschierten die sowjetischen Truppen in die Stadt ein. Voller Verzweiflung sah ich eine lange Kolonne dieser Truppen von der Stadt Kopyczyńce[5] in Richtung Tarnopol vorrücken. Es waren vor allem Infanteristen mit ihren langen abgewetzten Mänteln, abgenutzte und alte Ackerschlepper mit Anhängern, die mit Planen abgedeckten waren, Feldartilleriegeschütze, die von unglaublich dünnen Gäulen gezogen wurden, und alle Arten von Lastwagen mit militärischer Ausrüstung. Es war unvorstellbar, wie die Sowjetunion am Vorabend von Hitlers Überfall auf Polen uns mit einer beträchtlichen militärischen Unterstützung hätte zu Hilfe kommen können, wo sie doch gleichzeitig verlangt hatte, die Ostgrenze unseres Landes zu überschreiten, um Hitlers bis auf die Zähne bewaffneten Divisionen mit damals so dürftigen Truppen der Roten Armee entgegenzutreten!
In der Starostei [Landratsamt] wurde das Signal zur Verbrennung von Personalakten und geheimen Dokumenten gegeben. Es kam zum Chaos, da die polnische Verwaltung nicht mehr funktionierte und die sowjetische Verwaltung [noch] nicht da war. Dies förderte Willkür und Bestialität, insbesondere in Dörfern mit überwiegend ukrainischer Bevölkerung. Nachrichten über Gewaltexzesse wie in den Tagen von Chmelnyzkyj[6] kamen aus dem ganzen Landkreis. Polnische Siedlerfamilien wurden in

4 ukr. Plebaniwka – vier Kilometer südöstlich von Terebowlja liegendes Dorf.
5 ukr. Kopytschynzi – in der Zweiten Polnischen Republik eine Kreisstadt in der Woiwodschaft Tarnopol.
6 Bohdan Chmielnyzkyj (ca. 1595–1657) – Kosaken-Hetman, Anführer des großen Kosakenaufstandes gegen die Rzeczpospolita, in dessen Verlauf es zu Grausamkeiten auf beiden Seiten kam. Nachdem die Verhandlungen mit der Rzeczpospolita gescheitert waren, stellte er 1654 die Linksufrige Ukraine (also die Ukraine links des Dnepr) unter russische Herrschaft.

Dołhe, Semenów, Darachów, Iwanówka und in vielen anderen Orten umgebracht.[7] [...]
An dem Tag, als die Rote Armee die Stadt besetzte, begegnete man Flüchtlingen, die die Stadt aus Angst vor einer Verhaftung verließen, häufiger jedoch mit der Absicht, sich nach Rumänien oder Ungarn durchzuschlagen.
[...]
Bekannte, die sich zuvor als sogenannte Ruthenen[8] ausgegeben hatten und unsere Sprache sehr gut sprachen, begrüßten mich und sprachen mit mir auf Ukrainisch, wohl wissend, dass mein Ukrainisch sehr schlecht war. Andere wechselten »für alle Fälle« die Straßenseite, damit sie mir nicht begegnen mussten. Ich traf auch einige, die mich beim Vorübergehen ostentativ und respektlos nicht grüßten. Ich hatte mehr symptomatische Anzeichen einer Ukrainisierung erwartet. Interessanterweise erledigten die sowjetischen Beamten, die nach außen hin ihre ukrainische Nationalität erklärten, alle Angelegenheiten auf Russisch. So tat es der erste Sekretär der Partei, der in das Starostei-Gebäude einzog, ganz zu schweigen von Mitarbeitern des NKWD, die in den Räumlichkeiten des Amtsgerichts untergebracht waren, und anderen Personen, die zunehmend aus der Sowjetukraine kamen und in leitende Positionen in der Stadt versetzt wurden. Aufrufe an die Bevölkerung, die Waffen niederzulegen, und an die Militärs, sich zu registrieren, waren in russischer Sprache verfasst.
[...]

---

7   Die Dörfer lagen damals in der Nähe von Trembowla und heißen heute: Dowhe, Semeniw, Darachiw, Iwaniwka.
8   Ruthenen (poln. *Rusini*) hier im Sinne von Ukrainern. Der Begriff wurde in polnischen und russischen Schriften verwendet. In der Zweiten Polnischen Republik bestand die Nationalitätenpolitik in den östlichen Provinzen darin, alle slawischen Minderheiten zu assimilieren, so dass die Ruthenen (und Rutheninnen) nicht als nationale, sondern als ethnische Gruppe behandelt wurden, die in die polnische Nation integriert werden konnte. Schon der Begriff »*Rusini*« beleidigte die Ukrainer und Ukrainerinnen, die von den meisten Polen und Polinnen als eine unvollkommene Nation betrachtet wurden.

Von Podolien nach Kasachstan

Ich habe mich bei sowjetischen Behörden nicht gemeldet und dadurch meine Teilnahme im Jahr 1920[9] nicht zugegeben. Ich bedauerte es nicht, denn die Registrierten, in erster Linie Offiziere, wurden in unbekannte Teile der Sowjetunion weggebracht.

[...]

Der NKWD machte sich zunehmend bemerkbar: Rund um die Uhr wurden Verhöre durchgeführt, überall witterte man Gefahren für die sowjetische Staatsmacht. Immer öfter hörte man von Verhaftungen unschuldiger Polen, die von bezahlten NKWD-Informanten denunziert oder grundlos beschuldigt wurden, Juden oder Ukrainer »grausam« verfolgt und ausgebeutet zu haben. Diese »Ehre« blieb mir auch nicht erspart. Ich erregte bei einem Ukrainer Missfallen, den ich angeblich verletzt hatte, als ich bei einem Straßenbau gelieferte Steine annahm. Mein Verhör [...] fand im großen Saal des Stadtgerichts statt, das zu dem Zeitpunkt vom NKWD besetzt war. Am Anfang ging es um meinen Familienstand, meine Arbeit und meine Lebensbedingungen. Im Anschluss gab man mir auf unmissverständliche Weise zu verstehen, wie ich arbeiten sollte, um die Anerkennung Stalins, des »Vaters« aller Werktätigen zu verdienen. Während mir der Ermittler eine Erklärung über die Bereitschaft zur Zusammenarbeit mit dem NKWD zuschob, sagte er: »Sie werden uns über alles und jeden informieren, der sich gegen die Sowjetmacht ausspricht, und Stalin wird für Ihren Frieden und Wohlstand sorgen.« Allein über die Tatsache eines abscheulichen Denunziationsangebots, das mir geistig fremd war, war ich überrascht und empört und lehnte entschieden ab. Daraufhin rastete der Ermittler aus. Er bedrohte mich mit einer Waffe, und als auch das nichts half, verlangte er, dass ich mein Gesicht zur Wand drehe und meine Hände hinter dem Rücken verschränke. Er wartete einen Moment offenbar in der Annahme, dass ich nervlich zusammenbreche, und begann, den Revolver zu spannen. Er wiederholte dies mehrere Male, aber mein Widerstand nahm zu, anstatt abzunehmen. [...] Er appellierte an meinen gesunden Menschenverstand, indem er mir die Vorteile aufzeigte, die mich in Zukunft [durch die Unterzeichnung der Erklärung] erwarten würden. Er versäumte es jedoch

9 Gemeint ist die Teilnahme am polnisch-sowjetrussischen Krieg von 1920.

nicht, auf das Leid und die Qualen hinzuweisen, die meine Familie und mich selbst erwarten würden, wenn ich in unbesonnener Hartnäckigkeit verharre. [...] Als der Untersuchungsrichter schließlich erkannte, dass seine Argumente nichts nützten, beschloss er, mich nach Hause gehen zu lassen, und wies darauf hin, dass ich bei einer weiteren Anzeige nicht ungestraft davonkommen würde. [...] Tage und Wochen vergingen in ständiger Anspannung. Aus den Fenstern des ersten Stocks blickte ich auf die Bahnstrecke, auf der alle paar Minuten schwer schnaufend Güterzüge in Richtung Sowjetunion fuhren, beladen mit beschlagnahmten Möbeln, Ausrüstungsgegenständen und technischen Geräten sowie allen möglichen Materialien, die verhafteten polnischen Bürgern gehörten.

Im Februar des Jahres 1940 erfuhren wir von Deportationen von Familien der Militärangehörigen, der Forstbehörden und anderer Mitarbeiter der nationalen Volkswirtschaft in die Weiten der UdSSR.[10] In die Kibitkas[11], die von der NKWD überwacht wurden, durften die Unglückseligen nur das mitnehmen, was sie anhatten oder mit ihren Händen tragen konnten. Nur einigen wurde erlaubt, ein wenig mehr mitzunehmen. Unter den Polen in der Stadt brach Panik aus. Das Gleiche geschah in den Nachbarkreisen. In Viehwaggons wurden polnische Familien unter unglaublich beengten und stickigen Bedingungen transportiert, ohne Wasser- und Lebensmittelvorräte, um die riesigen Gebiete der Taiga, der Steppe und des Dauerfrostes, die nördliche Peripherie der Sowjetunion und die Territorien der asiatischen Republiken zu füllen. [...]

Im selben Monat [d. h. März 1940] erhielt ich den ersten Vorschuss auf mein Gehalt in Rubel.[12] Das bedeutete jedoch nicht, dass meine Position sicher war. Zu allem Überfluss wurden wir zu Sitzungen, Meetings und Versammlungen gezwungen, die in der Regel in der mit roten und sowjetischen Emblemen geschmückten (dem polnischen Turnverein

---

10 Es war die erste Massendeportation aus den ostpolnischen Gebieten. Sie umfasste militärische und zivile Siedler und Forstbedienstete mit ihren Familien. Insgesamt wurden 140 000 Menschen deportiert, darunter fast 33 000 aus der Region Trembowla.
11 Kibitka steht hier für ein Fahrzeug, das bei Gefangenentransporten genutzt wird. Ursprünglich ein überdachter Pferdewagen, der im zaristischen Russland für den Transport von Gefangenen verwendet wurde.
12 Als Facharbeiter wurde der Autor von den neuen Machthabern in der Straßenmeisterei eingesetzt.

gehörenden) Sokół-Halle stattfanden.[13] Jede Sitzung endete mit der obligatorischen sowjetischen Hymne. Da ich von der Tragödie meines Heimatlandes tief betroffen war, summte ich im Stehen leise Dąbrowskis Mazurek [poln. Nationalhymne]. Es war ja kein feindseliger Reflex, sondern eine tief empfundene Trauer um die verlorene und seit der Kindheit so sehr erträumte Freiheit Polens.
[...]
Es war etwa 23 Uhr. Die Kinder schliefen schon lange. Die Älteren waren dabei, schlafen zu gehen. Da hörten wir in der Totenstille des Abends ein Trampeln auf der Treppe und bald darauf das scharfe Läuten der Klingel. Wir wussten, was das bedeutet...
Zwei NKWD-Ermittler stürmten in die Wohnung. Der eine verlangte die Herausgabe von Waffen, der andere stellte die Erwachsenen und die plötzlich erwachten und verängstigten Kinder an die Betten. Nach Prüfung des Beweisdokuments, dass ein Revolver bereits übergeben war, begann eine gründliche Durchsuchung. [...] Nach der Durchsuchung »baten die ungebetenen Gäste«, dass ich mit ihnen die Wohnung verlasse und erlaubten mir, einen Schal und eine mit schwarzem Lammfell gefütterten Jacke anzuziehen. [...] Auf der Straße lag eine dünne Schneeschicht, und der Frost hatte, wie im Februar üblich, für Glatteis gesorgt. Meine Lederpantoffeln »griffen« auf dem glatten Belag recht gut, aber meine »Betreuer«, die Schuhe mit Gummisohlen hatten, fielen immer wieder wie Baumstämme auf die Straße. Bei aller Ernsthaftigkeit der Ereignisse konnte ich mein Lachen nicht unterdrücken. Es gab eine Möglichkeit zu fliehen, aber meine Familie kam mir sofort in den Sinn. Was würde mit ihr geschehen?
[...]

13 Die Sokół-Turnvereine waren in der zweiten Hälfte des 19. Jahrhunderts entstanden, orientierten sich an den damals populären Sportbewegungen und waren auch Orte für gesellschaftliche und patriotische Aktivitäten (soweit dies nach den Teilungen Polen-Litauens möglich war, als es keinen eigenen polnischen Staat gab).

Ein paar Tage später fand ich mich vor dem Ermittler Semeniuk wieder, der für seine Rücksichtslosigkeit und seinen ungezügelten Sadismus bekannt war. Ich versuchte, meine Angst zu kontrollieren. Eine scheinbar höfliche Person in Militäruniform schrieb ungeduldig meine persönlichen Daten und die [meiner] Familienmitglieder auf. Hätte ich die Spuren der erlittenen Verletzungen meiner Leidensgenossen nicht gesehen, hätte ich dem vorauseilenden Ruf dieses Satrapen keinen Glauben geschenkt. Nach einiger Zeit überraschte er mich mit einer unlogischen Frage. Wie ich herausfand, war dies die eigentümliche Vorgehensweise des NKWD. Es begann damit, ob ich der Nationaldemokratie, d. h. der ND angehörte.[14] Nachdem ich es verneint habe, wedelte er irritiert mit einer Mitgliedsliste dieser Partei herum. Mein Name stand an zweiter Stelle. Ich hatte mich immer noch unter Kontrolle und konterte den ersten Angriff so ruhig wie möglich, indem ich darauf hinwies, dass mein Name offensichtlich ungeschickt mit der Schriftart einer anderen Maschine anstelle eines anderen, zuvor mit einem Radiergummi entfernten Namens ersetzt worden war. Die nächsten beiden Fragen bezogen sich auf die Posten, die ich bei OZON[15] und PPS[16] innehatte. Nach meinem »Nein« fragte er mich wiederum, was ich in der UPA[17] gemacht habe, um schließlich (was mich völlig überrascht hat) danach zu fragen,

---

14 Eine rechte, nationalistische und antisemitische Partei, die seit dem Maiputsch von Marschall Józef Piłsudski (1926) in der Opposition war. Ihre Ursprünge sind eng mit dem Politiker Roman Dmowski verbunden und reichen bis in das ausgehende 19. Jh. zurück.
15 *Obóz Zjednoczenia Narodowego* [Lager der Nationalen Vereinigung], OZN bzw. umgangssprachlich OZON, war eine Gruppierung, die aus der seit 1926 regierenden Sanacja [Gesundung] des Piłsudski Lagers hervorgegangen war.
16 *Polska Partia Socjalistyczna* [Polnische Sozialistische Partei] war eine 1892 gegründete Arbeiterpartei mit einem linken und auf die Unabhängigkeit des Landes ausgerichteten Programm.
17 Abkürzung für *Ukrajinska Powstanska Armija*, Ukrainische Aufständische Armee, eine 1942 entstandene bewaffnete Formation ukrainischer Nationalisten. Ihr Ziel war die Schaffung einer unabhängigen Ukraine. Ihr Hauptgegner war der polnische und sowjetische Untergrund. Einheiten der UPA verübten in den Jahren 1943–1945 Massenverbrechen an der polnischen Zivilbevölkerung. Zu ihren Opfern gehörten auch versteckte Juden. Trotz anfänglicher Zusammenarbeit mit den Deutschen griff die UPA auch die Besatzungstruppen an und nahm desertierte Mitglieder der ukrainischen Kollaborationseinheiten auf, die die Deutschen in dem Gebiet ins Leben gerufen hatten. Der Autor verwechselte sie mit der 1929 gegründeten illegalen terroristischen

welche Funktion mir im BUND[18] zukam. Ich erklärte geduldig, dass mir als Pole die ukrainischen und jüdischen Organisationen fremd seien. Daraufhin beendete er seine maskierte Höflichkeit und begann mich zu bedrohen, während er mich mit wahllosen Beleidigungen überschüttete, mich der Lüge bezichtigte und mir viele unzensierte Schimpfwörter entgegenschleuderte. Als er an mir vorbeiging, kam er plötzlich auf mich zu und schlug mir mit voller Wucht seine Faust auf den Mund. Ich schmeckte den Geschmack von Blut und spürte, wie meine Zähne zu wackeln begannen. [...] Ich hatte mich noch nicht erholt, und schon fragte er, wann ich zum Oberst befördert worden sei. Aufgeregt verneinte ich und erklärte nervös, dass ich ohne Abschluss der Kadettenschule und ohne Ableistung des normalen Militärdienstes eine so hohe Beförderung nicht hätte erreichen können. [...] Das erste Verhör endete damit, dass ich ein ausführliches Protokoll über meine Aussagen unterzeichnete. Wie meine Mitgefangenen behaupteten, dauerte die »Befragung« drei Stunden. Sie hinterließ die bittere Demütigung eines Menschen, der sich nicht gegen fremde Gewalt wehren kann. [...]

Am Vorabend meines Abtransports nach Tarnopol [ukr. Ternopil], der für den 7. April 1940 angesetzt war, bestach meine Frau, die zu diesem Zeitpunkt benachrichtigt war, den Gefängniswärter und übergab mir ein Paket mit Unterwäsche und Lebensmitteln.[19] Am Straßenumzug vom Gefängnis zum Bahnhof nahm ich in keiner üblen »Gesellschaft« teil. Er wurde von einem Offizier mit einem entblößten Säbel auf der Schulter und zwei sowjetischen Soldaten mit schussbereiten Gewehren angeführt. Hinter ihnen ging neben mir der unschuldige Leiter des örtlichen Ladens des Bauernrings [*Kółko Rolnicze*]. Umringt waren wir von vier NKWD-Funktionären mit Pistolen in ihren Händen. Der Umzug wurde von ei-

Vereinigung OUN (Orhanisazija ukrajinskych nacionalistiw, Organisation Ukrainischer Nationalisten).
18 Algemejner Yiddisher Arbeter-Bund in Lite, Pojln un Rusland, BUND [Allgemeiner Jüdischer Arbeiterbund in Litauen, Polen und Russland] – linke, antizionistische jüdische Partei, die 1897 gegründet wurde.
19 Eine Woche später wurden Maria Łęczycka und ihre Familie nach Kasachstan in die Oblast Semipalatinsk deportiert. Die am 13. April 1940 in den besetzten Gebieten Ostpolens durchgeführte Deportation betraf insgesamt 60 000 Menschen, Angehörige von Kriegsgefangenen und Häftlingen.

nem Lastwagen abgeschlossen, [...] in dem sich die Mannschaft zur Bedienung eines Maschinengewehrs befand. Entlang der Strecke standen Gruppen von Landsleuten mit ihren Familien im Schlepptau. [...] Der Zug setzte sich in Bewegung, und in Gedanken nahm ich Abschied von dem schönen Tremboweler Land, vom Haus, das, wie es auch immer war, mit großer Mühe und unter Verzicht auf viele Freuden des jungen Lebens erbaut worden war, von dem herrlichen Lärchenpark auf dem Schlossberg mit dem Denkmal von Zofia Chrzanowska[20], von den sichtbaren Früchten neunjähriger Arbeit im Bereich des Verkehrs- und Bauwesens mit 40 Häusern des Volksschulvereins[21] im Landkreis, die auf meine Initiative hin im Rahmen der Sozialarbeit errichtet wurden.

Das alles habe ich mit einem Blick erfasst, so schnell wie es angeblich ein Mensch tut, der die Taten seines Lebens einen Augenblick vor seinem Tod erblickt. [...]

Es war kurz vor Mitternacht, als ich vor der Zellentür stand. Der Aufseher spähte erst durch das Guckloch und öffnete dann die Tür, um mich in die Zelle zu schieben. Ich wusste nicht, was ich mit mir anfangen sollte. Ich stand still, völlig fassungslos angesichts eines schwer zu beschreibenden Albtraums. Der große Saal war vom Boden bis zur Decke von einer graublauen Wolke angefüllt. Die Luft war gesättigt mit dem Mief von Körperschweiß und dem Gestank, der von der *parascha*[22] ausging, die in der Ecke der Zelle links von der Tür stand. Das schwache elektrische Licht schimmerte von der Decke und zeichnete konturenhaft die Silhouetten der nebeneinanderliegenden Gefangenen nach, die bis zur Hüfte mit ihren Haaren zugewuchert waren. Ich war müde vom ganztägigen Stehen und suchte hilflos nach einem Platz zum Ausruhen, aber jeder Schritt nach vorn schien eine Bedrohung für die schlafenden

---

20 Zofia (eigentlich Anna Dorota) Chrzanowska wurde als Ehefrau des Kommandanten der Festung in Trembowla für ihren heldenhaften Mut bei der Verteidigung der Festung vor der türkischen Armee in den 1670er Jahren berühmt. Das zu ihren Ehren Anfang des 20. Jahrhunderts aufgestellte Denkmal wurde im Jahre 1944 zerstört.
21 *Towarzystwo Szkoły Ludowej* (Volksschulverein) war eine 1891 gegründete und in Galizien tätige Bildungsorganisation. Ihr Ziel war es, den polnischen Schulunterricht, Lesesäle, Bibliotheken und Volkshäuser zu organisieren.
22 *Parascha* ist eine russische Bezeichnung (in polnischer Transliteration *parasza*) für einen Eimer oder Kübel, der in einer Zelle als Toilette dient.

Menschen zu sein. Schließlich fand ich einen hervorstehenden Pflock in der Wand und hängte daran meine Jacke auf. Dann fragte mich jemand flüsternd nach meinem Namen, meiner Nationalität und woher ich käme. Ich antwortete ebenfalls im Flüsterton. Ich bemerkte, dass einer der Unglückseligen aufstand, zu mir kam und mich in sein Lager führte, wobei er zwei Decken mit mir teilte, die uns als Laken und Bettdecke dienten. Ich fiel sofort in einen tiefen Schlaf. [...]
In der Zelle gab es eine Trennung zwischen Polen und Ukrainern. Nur wenige Juden wie etwa ein Spielkartenfabrikant aus Krakau gaben die polnische Staatsangehörigkeit an. Das heißt nicht, dass es zu politischen Zwischenfällen kam. Wir fuhren im selben Gefängniswagen und lebten im Einvernehmen, wobei wir versuchten, in erster Linie den Menschen zu sehen. Ein Beweis dafür war der 3. Mai, an dem die Ukrainer den Polen, was sie in der Vergangenheit nie getan hatten, eine glückliche Heimkehr in ein freies Vaterland wünschten. In der Zelle befand sich mindestens ein sowjetischer Informant, der als *kapuś* [Spitzel] bezeichnet wurde. Mit seiner vorgetäuschten patriotischen Haltung provozierte er naive Menschen zu Bekenntnissen und Informationen, die der Ermittler während des Verhörs nicht herausbekam, um sie an seine »Auftraggeber« weiterzugeben. Er gab auch Informationen über Stimmungen, Kassiber und Gespräche zwischen Gefangenen wieder, die sich anlässlich mutmaßlicher Vorladungen zum Untersuchungsrichter unterhielten.
[...]
Wochen waren vergangen. Ich dachte schon, dass der Ermittler mich vergessen hatte. In der Zwischenzeit wurde [ich] jedoch zum Fotografen gerufen. Schließlich war die *znimka*[23] ein wesentlicher Bestandteil meines Dossiers. Ich war nicht überrascht, als ich nach drei Tagen mein Foto sah, auf dem sie einen 37-jährigen Mann als *didok*[24] bezeichneten. Das Foto zeigte einen alten Mann mit einem langen Rotschopfbart und Falten im Gesicht.
[...]

---

23 Eigentlich *snimok*, russisch für Foto.
24 Im Volksdialekt bzw. im Ukrainischen für Großvater, alter Mann, Greis.

Eine weitere Vorbereitung für die Anhörung fand in der Gefängniskapelle statt, in der die Reste des Altars, das Kreuz, die Christusstatue, die Heiligenstatuen, die Kerzenständer usw. in eine Ecke geräumt worden waren. Ein Dutzend Häftlinge wurde in mehreren Reihen im Abstand von zwei Metern aufgereiht. Die Leibesvisitation begann. Völlig unbekleidet – nackt – mit Unterwäsche und Kleidern, die neben unseren Füßen auf dem Parkettboden lagen, sahen wir zu, wie die Wärter Medaillons und Rosenkränze, die sie bei den Gefangenen gefunden hatten, in den Mülleimer warfen oder zerstörten und zertrampelten und die Säume und Nähte von Kleidern oder Jacken Zentimeter für Zentimeter inspizierten. Sie schauten auch in den Mund und sogar in den After, um nach teuren Ringen und Goldmünzen zu suchen! Ich weiß nicht, warum [sie] Füße, Ohren und andere Körperteile untersuchten. Danach durften wir uns wieder anziehen. Als wir in die Zelle zurückkehrten, fanden wir alle unsere Habseligkeiten, die während unserer Abwesenheit zusätzlich durchsucht worden waren, böswillig verstreut.

Die Verhöre fanden in der Regel im NKWD-Gebäude statt, nicht vor Ort im Gefängnis. So fand ich mich nach dem Verlassen des Korridors, nach vielen bekannten »Zeremonien«, in einer sogenannten *woronka*[25] wieder, einem Auto, das für den Transport von Gefangenen eingerichtet war. Es war mit Blech verkleidet, hatte keine Fenster und enthielt nur einen kleinen Luftschlitz im Dach. Im hinteren Teil des Fahrzeugs saßen bei einer vergitterten Tür zwei Wachleute. [...] Das Verhör dauerte nicht lange und verlief nicht ohne Schläge, aber es verlief nicht so animalisch wie bei den drei Unglückseligen [vor mir]. Der Ermittler erwies sich als mürrisch wie ungeduldig und verlangte schnelle Antworten auf unverständliche Fragen über die Arbeit von mir völlig unbekannten Personen. Ich kehrte mit der gleichen *woronka* in meine Zelle zurück.

Die Gefängnisverpflegung, die äußerst karg und eintönig war, bestand aus 250 Gramm großen *pajka*[26] Vollkornweizenbrot und einer kleinen Streichholzschachtel Zucker pro Tag, einer Kelle Suppe (gut, wenn es eine

---

25 *Woronka* leitet sich ab von dem russischen Phraseologismus *tschorny woron* [Schwarzer Rabe], einer umgangssprachlichen Bezeichnung für ein sowjetisches Fahrzeug, das zum Transport von Häftlingen eingesetzt wurde.
26 Russisch für eine Brotration bzw. eine Scheibe Brot.

Erbsen- oder Linsensuppe war) und einem Esslöffel Brei, meist Hirse, zu Mittag. Zum Frühstück gab es einen Getreidekaffee. Von Zeit zu Zeit gab es statt der Suppe leicht gesalzene Heringe. Seit meiner Abreise aus Trembowla waren bereits zweieinhalb Monate vergangen, und doch verspürte ich kaum Hunger. Bis zu diesem Zeitpunkt hatten sich die solide Hausmannskost, die hygienische Lebensweise und der häufige Aufenthalt in der freien Natur, der mit meinem Beruf verbunden waren, noch »ausgezahlt«. Was mich jedoch quälte, war die Sehnsucht nach meinen Liebsten, vor allem nachts, wenn das schummrige Licht in der düsteren Zelle eine Stimmung für Erinnerungen schuf ... [...]
Ende Juli 1940 betraten zwei Würdenträger des NKWD mit kleinen Schlangen an den Ärmeln die Zelle. Sie waren umgeben von Wachleuten und untersuchten uns, als wir vor ihnen in einer Reihe standen. Von Zeit zu Zeit forderte einer von ihnen, die Namen einiger Häftlinge aufzuschreiben. Ich stand geschwächt und hilflos da und habe nicht einmal bemerkt, dass die »hohe Vertretung der Staatsmacht« vor mir stand. Ich wurde nach meinem Nachnamen gefragt. Und in diesem Moment verlor ich mein Gedächtnis. Ich war mir der tragisch-komischen Situation deutlich bewusst, beobachtete die ironische Grimasse auf ihren Gesichtern, aber ich konnte mich in keiner Weise an meinen Nachnamen erinnern. Die Situation ging noch eine ganze Weile so weiter. Aus dieser misslichen Lage wurde ich durch einen Nachbarn gerettet, der neben mir stand und mir meinen Namen einflüsterte. [...]
Derweil vergingen einige Tage, und außer dem üblichen Warten geschah nichts. In den ersten Augusttagen kam plötzlich die Sensation. Die vom Schicksal »Verurteilten« nahmen ihre Sachen, verabschiedeten sich von den in der Zelle Zurückbleibenden und gingen unter der Obhut der »Wächter« zu den Lastwagen, die vor dem Tor des *tjurma* [russ. Gefängnis] standen. Es fanden sich dort Häftlinge aus verschiedenen Zellen und Gebäuden. Im Auto traf ich Herrn Balawajder[27], den Referenten des Landratsamtes, der mir mitteilte, dass meine Familie nach Kasachstan[28] de-

---

27 Stanisław Balawajder war in der Zweiten Republik Beamter in der Starostei im Landkreis Trembowla, nach Kriegsende und der Migration in die Westgebiete Nachkriegspolens wurde er Leiter des Katasteramts in Koźle (dt. Cosel).
28 Bei der Deportation am 13. April 1940 wurden aus den besetzten Gebieten 61 000 Men-

portiert worden sei, wahrscheinlich, da war er sich nicht sicher, in den Oblast Semipalatinsk. [...] Die Sorge um die Familie wuchs im Zuge der Vorstellungen von der kasachischen Steppe an der Peripherie der asiatischen Republiken der UdSSR mit einer Fläche, die neunmal so groß ist wie die Polens. Diese neuesten spärlichen Nachrichten bedrückten mich umso mehr, weil ich mir nicht vorstellen konnte, wie meine Familie unter Menschen einer fremden Kultur und in einem so rauen Klima leben könnte. Ich fand keine Antwort auf die Frage, wie meine Frau drei Kinder ernähren und den seit langem sich abzeichnenden Krieg überstehen soll und ob ich in meinem Leben meine engsten Familienangehörigen jemals sehen werde. [...]

Ende 1940 [29] wurde ich vom Aufseher mit *weschtschami* [mit Sachen] gerufen. Ich hatte erwartet, dass ich in eine neue Zelle ziehen würde, wie es bisher der Fall war. Indessen wurde ich zur Toilette geführt, wo zwei NKWD-Offiziere [auf mich] warteten. »Feierlich« verlasen sie mir die Verurteilung in Abwesenheit der obersten NKWD-Troika [30] in Moskau. In der Sprache der Häftlinge »bekam« ich als »*jari graschdanin Polschy*«, ein verbissener polnischer Bürger, acht Jahre Lager zur »Besserung«. Ich hätte viel für dieses Dokument gegeben, aber leider wurde nur meine Unterschrift verlangt, um zu zeigen, dass ich es zur Kenntnis genommen habe. [...]

---

schen deportiert. Es waren Familien von Kriegsgefangenen und Häftlingen aus der Woiwodschaft Tarnopol (ukr. Tarnopil), zu der vor dem Zweiten Weltkrieg der Landkreis Trembowla (ukr. Terebowlja) gehörte.

29 Zu diesem Zeitpunkt befand sich der Autor im Gefängnis von Kirowohrad (seit 2016 Kropywnyzkyj), einer Stadt im Osten der Ukraine.

30 Die sog. NKWD-Troika, war ein außergerichtlich arbeitendes Gremium, das sich aus einem Staatsanwalt, einem Parteisekretär und dem Leiter des Sicherheitsapparats zusammensetzte und auf der Ebene der Unionsrepublik, des Generalgouvernements und der Oblast tätig war. Die meisten Opfer der sog. Großen Säuberung von 1937–1938 wurden genau durch diese Instanz verurteilt. Sie wurde im November 1938 aufgelöst. Der Autor bezieht sich wahrscheinlich auf das Sonderkollegium beim NKWD (*Ossoboje soweschtschanije pri NKWD*), ein weiteres außergerichtliches Gremium, das von 1934 bis 1953 tätig war. Zu seinen Befugnissen gehörte u. a. die Deportation in Arbeitslager.

Von Podolien nach Kasachstan

Am 20. Juni wurde mir schließlich das Besymjanka Lager[31] zugewiesen, das sich in der Nähe von Kuibyschew an der Wolga befand. Allein der Name des Lagers erweckte berechtigtes Entsetzen. Wieder fuhr ich in einem Gefängniswaggon und legte in ihm an einem Tag auf der Strecke Charkiw-Kuibyschew (zu Zarenzeiten Samara genannt) fast tausend Kilometer zurück. Die nächsten 24 Stunden wartete man auf die Lastwagen aus dem Lager. Da die Wärter keine Unterkunft vorbereitet hatten, beschlossen sie, uns in der Hundeschule der Miliz unterzubringen, die direkt neben dem damals im Bau befindlichen Wasserkraftwerk[32] Kuibyschew lag. Zu den einzelnen Hundehütten, die natürlich keine Fenster, sondern nur ein Eingangsloch hatten, wurden jeweils zwei Personen geführt. So verging die Nacht vom 21. auf den 22. Juni. Am Morgen brachte uns der Lastwagen nach Besymjanka. Unterwegs bemerkte ich Streifen von durchgestrichenen Papieren an den Fensterscheiben. Wir hatten also Krieg! Das Molotow-Ribbentrop-Abkommen gebrochen! Und unter welchen Umständen für mich! Der erste Tag meiner Zwangsarbeit fiel mit dem Tag von Hitlers Überfall auf die Sowjetunion zusammen.

Die *zona* des Besymjanka Lagers umfasste eine Fläche von etwa 30 Hektar, vielleicht auch mehr, und war zweimal von einem hohen Stacheldrahtnetz umgeben. An den Ecken und Seiten standen in kurzen Abständen »Taubenschläge« mit einem Bretterpodest und darüber einem Gitternetz. Die NKWD-Posten verfügten über Suchscheinwerfer wie Maschinengewehre und hielten dort Tag und Nacht Wache. Innerhalb der geschlossenen Zone befanden sich ein Verwaltungsgebäude, ein Zeltkrankenhaus, Lagerhäuser und ein Waschhaus. Die Lagerinsassen waren in Baracken mit Holzpritschen ohne Tische und Hocker etc. untergebracht. Abgesehen von Wegen und Grünflächen dienten die unbebauten Flächen als Versammlungs- und Appellplätze. Überall standen Holzmasten mit

---

31 Besymjanka [russ. für »ohne Namen«], eigentlich *Besymjanka isprawitelny trudowoi lagerei* (BesymjanLag) –Zwangsarbeitslager in der Nähe von Kuibyschew nahe der Bahnstation Besymjanka, das von 1940 bis 1946 bestand und in dem zu dieser Zeit etwa 90 000 Häftlinge untergebracht waren.

32 Der Bau des Kuibyschew-Wasserkraftwerks begann Ende der 1930er Jahre und wurde während des Krieges mit Deutschland unterbrochen. Das Kraftwerk wurde schließlich erst in den Jahren 1950–1955 fertiggestellt.

oben angebrachten Lautsprechern für das Kabelradio, die zwischen den beschwingten Musikmelodien Anordnungen und Informationen der Lagerleitung übertrugen.

Im Zwangsarbeitslager bestand der Tagesablauf aus: Wecken um fünf Uhr morgens; Frühstück bis fünf Uhr dreißig; Abmarsch zur Arbeit um sechs Uhr unter den Klängen eines Orchesters, das zumeist aus Juden (Lagerinsassen) bestand; Arbeit mit einer sogenannten Ruhepause samt einer eventuellen Mahlzeit für die Stachanowisten [33] 12 bis 13 Uhr und nach der Arbeit Rückkehr ins Lager um 18 bis 19; danach Abendessen und schließlich [Abend-]Ruhe um 22 Uhr. Dieses festgelegte Regime für die Lagerinsassen betraf die Tagesschicht. Für die Nachtschicht in der Nachbarzone galt natürlich ein ähnliches Regime, aber mit anderen Uhrzeiten. Kranke, die eine ärztliche Krankmeldung von einem Arzt (*wratsch*) erwarteten oder diejenigen, die schneller vor der Küche stehen wollten, um früher ein Frühstück zu bekommen, mussten vor dem Weckruf aufstehen. Das so genannte Frühstück bestand aus einer Kelle wässriger Suppe mit *silotki*, kleinen Fischen wie Sprotten und einem Löffel Brei. Es gab auch besondere Tage. Dann wurde anstelle der Suppe mit ein oder zwei *silotki* Sorghumhirse mit einem verkochten grätenreichen Seefisch gereicht. Morgens wurde eine Tagesration ausgehändigt: bei Normerfüllung eine *pajka* [Scheibe] 250 Gramm Brot, für die Stachanowisten 350 Gramm und, wie im Gefängnis, eine Portion Zucker in einer Streichholzschachtel. Lagerinsassen, die die Norm übererfüllten, erhielten zum Mittagessen (!) einen Liter gekochten Hafer samt Schale. Obwohl ich die Arbeitsnorm nicht erreichte, konnte ich ein paar Tage lang von einem Landsmann, der in der Küche arbeitete, den Hafer probieren. Das Abendessen beschränkte sich wie das Frühstück auf eine Suppe und einen Brei in denselben Mengen. Ich gehörte der 364. Brigade an. Der Brigadier, ein Russe aus der Gegend um Orjol, war jung, kräftig und neugierig auf das Leben. Er mochte mich und schonte mich so gut er konnte, da er sah, wie schwach ich war. In der Tat wurde ich in wenigen Wochen so dünn, dass meine Beine nicht mehr den Körper, sondern Haut

---

33 Stachanowisten bzw. Stachonow-Bewegung – umgangssprachliche Bezeichnung für Stoßarbeiter, die die Arbeitsnormen übererfüllten haben (sog. udarniki). Benannt nach dem Bergmann Alexej Stachanow.

und Knochen trugen. Er interessierte sich für die Lebensbedingungen in Vorkriegspolen. Verblendet von der Propaganda, glaubte er nicht an die Möglichkeit, seine eigenen Kühe züchten zu können oder dass unser Bauer auf seinem Hof Pferde halten konnte. Er bat, über die Armut und die Reichen zu erzählen und das mit Fragen der Landwirtschaft auf eigenem oder gepachtetem Land zu verbinden, denn das interessierte ihn am meisten. Im Steinbruch wurden nur selten leichte Arbeiten wie Bepflanzung, Abtragen von Mutterboden oder Schutt durchgeführt. Zu den normalen Arbeiten gehörte dagegen, dass vier Männer in 15 Minuten eine 15-Tonnen-Lade mit Sand oder Schotter beluden. Vor allem aber den Aushub von vier Kubikmetern Stein je Tag pro Lagerinsasse. Ich erinnere mich, dass ich einmal bei der Verlegung eines Eisenbahngleises durch einen seltsamen Zufall zusammen mit einem Chinesen eine Schiene von beträchtlicher Länge und einem Gewicht von etwa 600 Kilogramm auf den Schultern tragen musste. Unter diesem Gewicht gekrümmt, schleppte ich mich sehr langsam voran. Das ärgerte »meinen« Asiaten so sehr, dass er irgendwann – nach einigen unverständlichen Schreien – die Schiene zu Boden fallen ließ und drohend nach einer in der Nähe befindlichen Stahlstange griff und auf mich zustürmte, um mich zu schlagen. Das schnelle Eingreifen des Brigadiers rettete mir das Leben.
[...]
Am Morgen ging ich zum Arzt, wobei ich mich mithilfe meiner Leidensgenossen aus meiner Pritsche herunterschleppte. [...] Trotz ihres Wohlwollens weigerte sie sich zu glauben, dass ich so krank war, dass jedes Mal, wenn ich in die Hocke ging, Blut [aus mir] lief. Sie beauftragte einen Sanitäter mit der Untersuchung, und erst dann entband sie mich von meiner Arbeit und kündigte außerdem an, dass ich im Lazarett untergebracht werden würde. Sie verschrieb auch zusätzliche Mahlzeiten, die wirksamste Medizin bei *istaschtschenije* [russ. Erschöpfung]. Ich sollte zusätzlich zu den üblichen Speisen eine Scheibe Butter, einen Becher Milch und eine Portion Fleisch erhalten. Eine Fiktion. Das Einzige, was ich während dieser langen Krankheit erhielt, war ein Stück Fleisch und einige Male Milch. Butter hingegen wurde zu einem unerfüllbaren Traum.
Nach meiner Entlassung und den eingenommenen Medikamenten war ich stark genug, um mich auf die Bank vor dem Lazarett zu setzen. Wäh-

rend ich frische Luft einatmete, konnte ich die von den Lagerinsassen liebevoll gepflegten Rasenflächen betrachten. Einmal setzte sich ein Matrose der Baltischen Flotte [zu mir]. Als er erfuhr, dass ich Pole bin, strahlte er sofort und erinnerte sich, wie er sagte, an die unvergesslichen Eindrücke seines kurzen, aber sehr angenehmen Aufenthalts in Gdynia [Gdingen], als er auf einem sowjetischen Schiff, auf dem er damals diente, diesem Hafen einen Besuch abstattete. Er bewunderte besonders die Anmut und Eleganz unserer Damen. In einem sich zwanglos entwickelnden Gespräch erzählte ich ihm die unglaubliche Geschichte, dass ich hier in Besymjanka meinen Peiniger, den Ermittler Semeniuk als einen wie die anderen verurteilten Lagerinsassen gesehen habe. Ich erwähnte auch meine Krankheit, nicht ahnend, dass der Matrose als Häftling in der Küche des Lagers arbeitete. Die »redlichen« Beweise seines Wohlwollens konnte ich mehrmals spüren, indem ich volle Schüsseln mit Klößen samt Sahne bekam.

In jenen Jahren war das Zwangsarbeitslager in Besymjanka mit Kasachen, Usbeken, Tataren, Chinesen, Wolgadeutschen und anderen Nationalitäten gefüllt, Polen nicht mitgezählt, es gab ein paar polnische Juden im Orchester und im Friseurladen. Von letzteren gab es nur vier, jeder in einer anderen Baracke und Brigade.

[...]

Auf das konkrete Ergebnis des Sikorski-Stalin Abkommens [34] wartete ich einige Tage. Als ich, wie in einem schlafwandlerischen Traum begeistert von der Rede des damaligen Anführers der Polen im Exil, im [Kranken-] Zelt lag, traf der Leiter des Lagers ein. Er näherte sich dem Bett und erklärte, dass ich mich von nun an wie ein freier Bürger fühlen könne. Um die Einzelheiten meiner Abreise aus dem Lager zu besprechen, forderte er mich auf, mich sobald ich mich erholt habe, in seinem Büro zu melden.

---

34 Der Vertrag über die Aufnahme diplomatischer Beziehungen zwischen Polen und der UdSSR (das Sikorski-Maiski-Abkommen, benannt nach den Nachnamen der Unterzeichner – dem polnischen Ministerpräsidenten und dem sowjetischen Botschafter) wurde am 30. Juli 1941 unterzeichnet. Er kündigte einen gemeinsamen Kampf gegen das Dritte Reich im Rahmen der Anti-Hitler-Koalition an. In einem Zusatzprotokoll garantierte die Regierung der UdSSR eine »Amnestie« für polnische Bürger, einschließlich politischer Gefangener und Exilanten.

Von Podolien nach Kasachstan

Das Gespräch dort verlief wie folgt: »Wohin würden Sie gerne fahren«, »Als Pole nach Polen.« »Leider ist Ihr Land von den *Germanzy* besetzt, aber wo befindet sich Ihre Familie?«, »Angeblich im Oblast Semipalatinsk, näher weiß ich es nicht« »Dann fahren sie nach Semipalatinsk. Dort hat der NKWD eine Liste mit den aus Polen ausgesiedelten Menschen und ihren Adressen.« Allerdings machte er das Verlassen des Lagers von der Zustimmung des Arztes abhängig. Diese Bedingung erschien mir wie ein Vorwand. Ich beschloss, »das Eisen zu schmieden, solange es heiß ist«. Die Ärztin hatte zwar nichts gegen eine positive Entscheidung einzuwenden, verzögerte sie aber mit der Begründung, dass ich bei meinem Gesundheitszustand und meiner Erschöpfung eine längere Reise, die nach ihrer Einschätzung mindestens zwei Wochen dauern würde, nicht durchhalten könnte. Erst nach drei Wochen der Belästigungen und Bedrängungen gab mir »meine« Lembergerin die offizielle Erlaubnis zur Ausreise, wobei sie – vielleicht sogar wohlwollend – auf die Konsequenzen hinwies, die mir mit einem Körpergewicht von lediglich 38 Kilogramm drohten. Ich wartete sehnsüchtig auf die Entlassung aus dem Lager. Zum allem bereit, nur um aus der Lager-Zone herauszukommen. Gebadet und rasiert, zog ich die mir zugewiesene *maika* (Unterhemd), die Fußlappen und die Pantoffeln an, die komplett (Schuh und Sohle) aus einem alten Reifen angefertigt waren. Aus dem Magazin erhielt ich eine *soldatska*-Mütze, nur dass sie ohne Abzeichen und Rangabzeichen war. Leichtfertig unterschrieb ich das mir ausgehändigte Dokument, in dem ich die Rückgabe meiner Habseligkeiten und des im Lager deponierten Geldes bestätigte, natürlich ohne es zu erhalten. Schließlich, und das war damals das Wichtigste, erhielt ich fünf Kilo Weizenvollkornbrot, das ich sofort probierte, zwei Kilo geräucherte Heringe, eine Packung *Machorka* [Bauerntabak] mit Zigarettenpapier und 93 Rubel für die Kosten der langen Reise. Außerhalb der Zone habe ich die Heringe gegen frisch duftende Gurken eingetauscht. Eine Rarität! Ich stieg in einen Lastwagen und machte mich, sich dem Schutz Gottes anvertrauend, auf den Weg zum nächsten Bahnhof, ohne zu wissen, ob ich in die richtige Richtung fuhr und ob ich meine Familie lebend und unversehrt wiederfinden würde.
[...]

Um eine Fahrkarte zu »ergattern«, wurde der Bahnhof in Kuibyschew von Menschenmassen belagert. Am Fahrkartenschalter konnte man sie nur durch Bestechung, Geld oder noch besser, Spiritus erhalten. [...] Zum Zug führte mich der mir zugewiesene Führer, ein NKWD-Offizier. Er war es, der die Fahrkarte nach Semipalatinsk kaufte, den richtigen Platz im Waggon fand und zum Abschied sagte: »Verzeihen Sie, was Ihnen hier widerfahren ist, aber es sind Kriegszeiten.« Diese freundliche Geste erschien mir wie ein symbolischer Löffel Honig in einem Fass voller Bitterkeit.

Eine schwere Magenverstimmung und die Reise, die 13 Nächte und 14 Tage dauerte, erschienen mir als eine einzige Aneinanderreihung von Qualen, zumal die »OO« [Toilette] nicht immer frei war. Aus diesem Grund war es nicht verwunderlich, dass Menschen an den Raststätten oder Bahnhöfen entlang der Bahnstrecke ihre üblichen physiologischen Bedürfnisse befriedigten.

Der Zug fuhr auf der Transsibirischen Eisenbahn, passierte Ufa, die Hauptstadt der Baschkirischen Autonomen Sozialistischen Sowjetrepublik, und näherte sich dem Bahnhof Tscheljabinsk.[35] Hier bot sich mir das gleiche Bild wie in Kuibyschew. Auf dem großen Platz vor dem Bahnhof warteten Hunderte von Menschen auf Fahrkarten oder einen Zuganschluss. Und auch ich verbrachte dort eine Nacht, bevor der Zug nach Semipalatinsk kam. Zuerst fuhr ich durch Omsk am Irtysch, während in den wenigen Stunden Pause, die in Nowosibirsk folgen sollten, ich diese wachsende Stadt besichtigen konnte. Hier begegnete ich auf Schritt und Tritt armseligen Hütten neben prächtigen Gebäuden.

[...]

Ich erfuhr zufällig, dass Herr Laskowski, ein Polizist aus dem Kreis Trembowel, im Nachbarwaggon saß. Im Lager hatte er Briefe von seiner Mutter und seiner Schwester erhalten. Der letzte Brief, den er bei sich hatte, enthielt unter anderem eine Liste von Familien aus Trembowel, die damals in der Einöde Olechowka[36] bei Kokpekti im Oblast Semipalatinsk lebten. Obwohl meine Familie nicht auf der Liste stand, riet mir Herr

---

35 Tscheljabinsk – Stadt im Ural.
36 Eigentlich Olegowka, was nach 1994 in Akoj umbenannt wurde.

Von Podolien nach Kasachstan

Laskowski, dorthin zu fahren, wo er auch hinfährt, nämlich zum Bahnhof Jangis-Tobe und von dort aus, soweit es möglich sein wird, nach Olechowka. »Es ist einfacher im Kreise Bekannter nähere Informationen über die Adresse der Ehefrau herauszufinden, und was noch wichtiger ist, so gesund wie möglich zu werden, um die Reise fortzusetzen«, sagte er.
[...]
Das Dorf zog sich über drei Kilometer entlang eines 70 Meter breiten Bodentrichters hin. Wir kamen zu Fuß an den ersten Häusern vorbei, die sich sehr von den bescheidenen Lehmhütten unterschieden. Eine Lembergerin, wie sie selbst kundtat, legte Gurken für die Kolchose ein und konnte uns wenig weiterhelfen. Sie riet uns, stattdessen weiterzugehen, wo wir Landsleute treffen sollten, die vom Feld zurückkehrten. Und so war es tatsächlich. Eine Gruppe älterer Damen und Herren, die Rechen, Harken und Schaufeln trugen, umringten uns und durchlöcherten uns mit Fragen. Wie es sich herausstellte, waren wir in dieser Gegend die ersten aus den Lagern entlassenen Polen. Eine grauhaarige Dame sah mich einen Moment lang an und rief dann aus: »Mein Gott, es ist doch der Herr Ingenieur aus Trembowla, der mich im Schloss herumgeführt hat. Ich war mit meinem Mann dort! Sie sind herzlich in die kleine Hütte eingeladen, in der ich gerade wohne.« Eine andere der Damen »nahm« Herrn Laskowski mit. Ich nahm die Gastfreundschaft mit Freude an, aber auch mit einer gewissen Verlegenheit, da ich Angst hatte, Ungeziefer zu verbreiten. Also bat ich um eine Unterkunft in einem *saraj*[37]. Es wurde bereits grau, als ich gewaschen, in der sauberen Unterwäsche und Kleidung ihres Mannes, beim Abendessen – umgeben von vielen Frauen, die sich für die Lebensbedingungen in Gefängnissen und Lagern interessierten – die unbekannte Adresse meiner Familie in Kasachstan erwähnte. In der Zwischenzeit klopfte jemand an die Tür und eine junge Person betrat das Zimmer und sagte: »Guten Abend« mit einer Stimme, die der [meiner Bekannten] Frau Solecka ähnelte [...]. Sie war ihre Schwester. Sie versicherte mir, dass alle in [meiner] Familie gesund seien, denn vor we-

---

37 [Fußnote des Autors:] So etwas wie ein Holzschuppen neben der Küche.

Abb. 4: Henryk Łęczycki in der Uniform der polnischen Armee im Westen, um 1945

niger als einem Monat hatte sie einen Brief von meiner Frau aus Bolschoi Bukoni erhalten[38]. Ein Stein fiel mir vom Herzen. [...] Es hätte schon nach fünf Uhr morgens sein können. Noch war das Dorf in die Stille des Morgens getaucht, nur eine Frau in einem weißen Kittel trat vor das Krankenhaus. Ich fragte sie nach meiner Frau. Anstatt zu antworten, umarmte mich die Fremde und wies mit ihrer Hand auf ein etwa 40 Meter entferntes Lehmhäuschen. Mein Herz pochte heftig. Es hätte doch so wenig gebraucht, eine andere Route zu nehmen oder eine einzige Station zu passieren, um in den weiten Steppen Kasachstans hoffnungslos nach der Familie zu suchen. [...] Sie führte mich an der Hand

---

38 Eigentlich Bolschaia Boken, ein Dorf im Bezirk Kokpetki, das 1989 in Ülken Boken umbenannt wurde.

zusammen mit Herrn Laskowski zu der Hütte und klopfte an die Tür. Es ist schwierig, die richtigen Worte zu finden, um die Freude über die Begrüßung nach einer zweijährigen Trennung auszudrücken und gleichzeitig das Elend zu beschreiben, das nicht nur meine Familie, sondern auch Tausende von Landsleuten in einem fremden Umfeld von Sprache und Kultur erfahren haben. Die Vertriebenen lebten meist in Dörfern und arbeiteten fast umsonst in den Kolchosen oder Sowchosen. Meine Sieben[39] waren zusammengepfercht in einem Zimmer, ohne Möbel, ohne Mittel zum Lebensunterhalt und im Winter ohne Brennstoff und so kratzten sie die Blüten des Frosts mit einem Messer von den Wänden.

Jagódka, die mir ständig in die Augen sah, wagte es trotz des Zuredens der Jungs und der Älteren nicht, mich herzlich zu umarmen. Das arme Kind konnte seinen Vater nicht mit einem Mann in Verbindung bringen, der in Lumpen gekommen und zudem völlig abgemagert und schwach war. Sie beobachtete eindringlich einen Menschen, der auf einem Holzbett lag […] und von Dutzenden Frauen besucht wurde, die hofften, dass ich irgendwo im Gefängnis oder im Gulag ihre Ehemänner, Söhne oder Brüder getroffen hatte, um etwas über sie sagen zu können. So vergingen zwei Tage voller Aufregung und Illusionen. In dieser Zeit war ich mir der Notlage meiner Frau, die durch ihren kranken Mann zusätzlich belastet war, nicht bewusst. Die Augen wurden mir am dritten Tag nach dem Frühstück geöffnet, das mir meine Frau vor dem Verlassen des Hauses hinterlassen hatte. Jagódka beobachtete mich weiterhin, aber anders als an den vorherigen Tagen. Ich hatte den Eindruck, dass sie mit ihren Augen der Scheibe Brot folgte, die ich zum Mund führte. Schließlich überwand sie ihre Schüchternheit und fragte mit schwacher Stimme, ob mir das Stückchen Brot schmecke. Zufrieden über die Kontaktaufnahme und nicht wirklich ahnend, was die Frage bedeuten könnte, antwortete ich sofort: »Wahrscheinlich genauso wie dir«. Und dann geschah etwas Schreckliches! In der Stille hörte ich eine Art Klage: »Na, weil Mama nur Vati das Brotlein gibt, weil Vati krank ist.« Ich fühlte mich wie ein Schurke, der auf frischer Tat ertappt wurde. Reflexartig drückte ich ihr das

---

39 Neben der Frau und den Kindern des Autors waren auch seine Schwiegereltern und seine Schwägerin deportiert worden.

restliche Stück Brot in die Hand. Jagódka hingegen fiel mir blitzschnell um den Hals, küsste mich und umarmte mich herzlich. Von da an wich sie nicht mehr von meiner Seite. Dieser Moment meines Lebens hat sich tief in mein Herz eingegraben und ich habe ihn für immer vor meinen Augen. Ich beschloss, so schnell wie möglich irgendetwas zu arbeiten, um meine Frau wenigstens ein wenig zu entlasten.[40]

---

40 Der Autor trat der im Februar 1942 sich in der UdSSR formierenden polnischen Heimatarmee bei. Mit ihr wurde er in den Nahen Osten evakuiert. In den Jahren 1943–1944 nahm er an den Kämpfen in Italien teil. 1947 kehrte er nach Polen zurück. Seine Familie blieb bis 1946 in der sowjetischen Verbannung. Die Łęczyckis ließen sich in Wrocław nieder.

Abb. 5: Aus der UdSSR evakuierte polnische Kinder in einem Flüchtlingslager in Masindi (Uganda), um 1943. Danuta Krzyżanowska steht in der oberen Reihe als dritte von rechts

3

Danuta Krzyżanowska (1931–2017)
Über Sibirien zum Schwarzen Kontinent
Auszüge aus einem Bericht über die Jahre 1939 bis 1947

Meine Eltern stammen aus Kleinpolen, aus dem Dorf Łętowe im Kreis Limanowa in der Woiwodschaft Krakau.[1] Mein Opa väterlicherseits, Jan Krzysztof, besaß viel Land und Wald. Man sagte, dass die Familie meines Vaters Goralen[2] und die Familie meiner Mutter Lachy Sądeckie[3] seien. Vati Franciszek Krzysztof kam im Jahr 1901, Mama Helena Opyd 1908 zur Welt. Die Hochzeit war im Jahr 1927, 1928 wurde meine Schwester Janina geboren, 1931 ich und 1939 Krystyna. Mein Vati hatte drei Schwestern, Anna, Katarzyna und Wiktoria, und einen Bruder Józef, der an der Jagiellonen-Universität studierte und als Lehrer in verschiedenen Ortschaften in Oberschlesien arbeitete. Und wie es in einer so großen und wohlhabenden Familie vorkommt, gab es zwischen Vater und seinem Bruder einige Meinungsverschiedenheiten. [...] Um seine Ruhe zu haben, verkaufte Vater seinen Anteil und zog in die *kresy* [östliches Grenzland] in die Woiwodschaft Tarnopol, Kreis Radziechów, Gemeinde Miłków, Dorf Sobin[4] und kaufte dort von Hoffman, einem deutschen Kolonisten, in der Kolonie Niedźwiedź 10 ha Land. [...]

1　Heute liegt das Dorf in der Woiwodschaft Kleinpolen.
2　Bergvolk in der Hohen Tatra und den Westbeskiden.
3　Volksgruppe im heutigen Südostpolen, in der Gegend von Nowy Sącz und Stary Sącz.
4　Sobin – nicht mehr existierende Kolonie im Kreis Radziechów (ukr. Radechiw) im nördlichen Teil der Woiwodschaft Tarnopol (ukr. Ternopil). Der Landstrich befindet sich heute in der Ukraine.

Aus seiner Heimat brachte Vater Holz mit, um ein kleines Haus zu bauen. Im Herbst 1936 baute er ein neues größeres Haus im Goralen-Stil, in das wir eingezogen sind. Es gab dort noch sechs weitere Gehöfte deutscher Kolonisten, die vor dem Kriegsausbruch im Jahr 1939 nach Deutschland ausgewandert sind. [...] Nach dem Einmarsch der Russen herrschte eine gewisse Unruhe, aber das Kartoffelhacken und die Feldarbeit gingen normal weiter. Die Polen schauten die russischen Soldaten mitleidig an, ihre *szynel*[5] waren lang und unten ausgefranst. Sie trugen seltsame Mützen mit einer Spitze. Den russischen Soldaten boten die Polen Brot und Kekse an. Sie nahmen es an, wenn ihr Vorgesetzter nicht hinschaute. Vieh und Getreide wurden nicht beschlagnahmt. Alle Deutschen verließen die benachbarte deutsche Kolonie, nur ein Gutsverwalter blieb zurück.[6] [...] Aus den Geschäften verschwanden Lebensmittel und Textilwaren. Über die Deportationen erfuhr mein Vater etwas von einem uns gegenüber wohlwollenden Ukrainer im Januar 1940. Er sagte, dass nicht alle, aber einige Siedler deportiert werden könnten. Über die Kolonisten hat er meinem Vater nichts erzählt. Am neunten Februar las uns Vater wie immer an Winterabenden ein Buch vor. Dieses Mal ging es um einen jungen Mann aus dem Novemberaufstand[7], der nach Sibirien verbannt worden war. Als er nach einer bestimmten Zeit nach Hause zurückkehrte, dachte seine Mutter, dass ihr sein Geist erschienen sei, weil sie ihren Sohn nicht wiedererkennen konnte.

Und als sie am 10. Februar zu uns kamen, durchsuchten sie zunächst die Wohnstuben und die Speisekammer und nahmen bei der Gelegenheit die kleinen Fässer mit unserem Honig mit. Die Russen trieben unsere Eltern an und untersagten es, Kleidung und Bettzeug mitzunehmen. Sie fuhren uns zum Bahnhof in Radziechów [ukr. Radechiw]. Ich war noch klein und verstand nicht wirklich, wohin und warum sie uns bei dieser schrecklichen Kälte herausfahren. Dort warteten wir auf einen Transport mit Verbannten aus anderen Dörfern und Kolonien. Und dorthin brachte

---

5 Poln. für einen russischen Soldaten- bzw. Beamtenmantel russ. *schinel*.
6 Die deutsche Bevölkerung verließ im Zuge einer zwischen Berlin und Moskau vereinbarten Umsiedlungsaktion zum Jahreswechsel 1939/40 das Land. Das sowjetische Besatzungsgebiet verließen u. a. 66 000 Deutsche aus Wolhynien.
7 Gemeint ist der antirussische polnische Novemberaufstand aus den Jahren 1830–1831.

uns der unserer Familie wohlwollende Ukrainer Bettzeug, warme Kleidung und ein paar Hühner, denen er zuvor den Hals umgedreht hatte. So hatten wir während der Fahrt in die Oblast Archangelsk etwas zu essen.[8] Wir wurden in Kopytowo im Rajon Solwytschegodsk angesiedelt. [...] Vati wurde in die Taiga [zur Arbeit] geschickt und Mama in die Kantine. Im Frühjahr wurde mein Vater zum Flößen eingeteilt. Als man feststellte, dass er ein guter Tischler war, wurde er in eine Tischlerei in Solwytschegodsk geschickt. Er kam jeden Samstag nach Kopytowo und brachte verschiedene Lebensmittel mit. Kinder waren verpflichtet, zur Schule zu gehen. Die kleine Krystyna wurde von Mama über den Tag in die Kinderkrippe gegeben.

In der Schule haben wir uns sofort mit den russischen Kindern angefreundet, und es war eine echte Freundschaft, keine zur Schau. Die russischen Kinder haben den Freundschaftstest während eines Vorfalls in der Schule bestanden. Einer der polnischen Schüler hat nämlich mit der Kreide an die Tafel in polnischer Sprache geschrieben: »Stalinie, Stalinie jeszcze Bóg nad nami, będziesz ty wisiał do góry nogami« [Stalin, Stalin, der Gott über uns, und du wirst kopfüber hängen]. Es gab eine ernsthafte Fahndung nach dem Täter. Zugegeben, der Text war für die russischen Kinder nicht verständlich, niemand von den polnischen Kindern wollte den Text laut übersetzen, aber der Schulleiter vermutete, dass es sich um beleidigende Worte gegen Stalin handelte. Es gab eine Lehrerin polnischer Herkunft, die von den Verbannten aus der Zarenzeit abstammte, und sie übersetzte den Text. Aber niemand gab zu, es geschrieben zu haben und keines der russischen Kinder verriet den polnischen Schüler. [...]

Aus der Zeit der Amnestie[9] erinnere ich mich an die große Freude der Verbannten und die fieberhaften Reisevorbereitungen, um in den Süden zu den Sammelpunkten der Anders-Armee zu fahren. Und wieder reisten

---

8   Archangelsk – Stadt im Norden Russlands am Fluss Dwina. In den von der NKWD überwachten Siedlungen des Oblast Archangelsk wurden 38 000 polnische Verbannte untergebracht.
9   Im Zuge des polnisch-sowjetischen Vertrages vom 30. Juli 1941 (dem sog. Sikorski-Maiski-Abkommen) wurden Polen aus den Arbeitslagern und der Verbannung befreit. Der Kreml stimmte der Bildung einer polnischen Armee zu und war mit dem Aufbau eines Versorgungssystems für die Zivilbevölkerung einverstanden.

wir in Güterwaggons, dieses Mal waren sie offen. Wie lange wir nach Usbekistan gefahren sind, weiß ich nicht. Was mir in Erinnerung geblieben ist, sind Bilder von der Fahrt mit Kähnen auf dem Amudarja und mit den Arabas[10] über die Berge nach Turkmenistan. Dort wurden die Erwachsenen zum Baumwollpflücken geschickt und dabei gewarnt, dass sie sich mit Malaria anstecken könnten. Und das ist auch passiert, wie man es uns sagte, denn die Gegend war malariaverseucht. Meine jüngere Schwester Krystyna und ich erkrankten an Malaria. Sie brachten uns in ein Krankenhaus in Nukus. Dort lagen wir etwa für drei Wochen. Als Tischler baute Vater in dieser Kolchose Bienenstöcke. Der Vorsitzende der Kolchose, ein Russe, machte ihm klar, dass er nicht die 25 Rubel pro Bienenstock annehmen soll, denn mit Geld könne man nichts kaufen: »Du musst verlangen, in Lebensmitteln bezahlt zu werden!« Und genau das tat Vater. Wie lange wir in dieser Kolchose waren, weiß ich nicht mehr. Ich weiß nur, dass Vati von dort in die Anders-Armee einberufen wurde. Nachdem er gegangen war, zahlten sie uns seinen Lohn für die Arbeit in Rubel aus. Wir wurden in die Kolchose Ramatan gebracht und kamen in einer stillgelegten Moschee in der Nähe der Kolchose unter. Und in dieser Kolchose hungerten wir. Wer noch etwas von seiner Kleidung eintauschen konnte, tauschte es bei den Einheimischen gegen Lebensmittel ein. Zusätzlich zum Hunger wurden wir von Krankheiten geplagt. Es gab Tage, da starben dort täglich mehrere Menschen. Meine Schwester Krystyna starb dort. Wir haben sie auf dem muslimischen Friedhof im polnischen Bereich zusammen mit einer Erwachsenen beigesetzt. Meine Mutter und andere Frauen gruben abwechselnd ein Grab mit [zwei] Nischen, Krystyna wurde auf der einen Seite und die erwachsene Frau, eine Polin, auf der anderen begraben. [...] Es verging kein Tag, an dem dort nicht mehrere Beerdigungen von Kindern und Erwachsenen stattfanden. Ich glaube, nach einem Monat Aufenthalt in dieser Moschee beschlossen die örtlichen und polnischen Behörden, ein Waisenhaus für die Kinder von Militärfamilien einzurichten. Es befand sich weniger als einen Kilometer von der Moschee entfernt. [...] In das Waisenhaus wurden

---

10 Zweirädrige Wagen werden in Osteuropa und Zentralasien Arabas genannt.

auch Vollwaisen aufgenommen, denn bei den Zugfahrten gingen sehr oft Kinder verloren, indem sie an den Bahnhöfen zurückblieben. [...] Aus der Zeit in diesem Waisenhaus erinnere ich mich besonders daran, dass uns Brei mit bitterem Salz gekocht wurde. Das war kein leckeres Gericht. Ich trug jeden Abend drei Portionen dieses Breis für Mama und Schwestern in die Moschee. Mama verbesserte den Geschmack dieser Mahlzeit, indem sie etwas Mehl und ein paar Taubeneier hinzufügte, für die die anderen Kinder und ich auf den Turm der Moschee zu den Taubennestern kletterten. [...]

Einfahrt in Krasnowodsk[11]

Ich glaube, dass so nach einem Monat Aufenthalt im Waisenhaus eine Fahrt zum Hafen von Krasnowodsk organisiert wurde. Es fuhren dorthin Kinder aus Soldatenfamilien und Vollwaisen. Arabas kamen zum Waisenhaus und brachten uns nach Buchara[12], wo wir drei Tage verbrachten. Die Reise mit den Arabas dauerte 24 Stunden. Vor der Weiterreise nach Taschkent gab es ein Bad, um die Läuse loszuwerden. Dies dauerte drei Tage. In Taschkent[13] wurden in einem Park Zelte aufgeschlagen und wir warteten auf die Fahrt gen Krasnowodsk. Gemeinsam mit polnischen Soldaten, die nach Aschgabat[14] sollten, fuhren wir in Güterwaggons nach Krasnowodsk. [...] Auf der Fahrt gab es längere Zwischenaufenthalte. Einer davon fand in einem russischen Militärlager statt, wo uns eine Reissuppe und zum zweiten Gang Reis mit Rosinen angeboten wurde. Die Kinder stürmten die Küche wie hungrige Wölfe. Die Russen waren überrascht, dass die Kinder so hungrig waren. Obwohl es im Transport Lebensmittel gab, wurde uns während der Reise nichts zu essen gegeben. Wir hatten nur das, was unsere Mütter uns in

---

11 Krasnowodsk – Hafen am Kaspischen Meer in Turkmenistan, der seit 1993 Türkmenbaşy heißt.
12 Buchara (usb. Buxoro) – Stadt im Nordwesten Usbekistans.
13 Taschkent (usb. Toshkent) – 1925–1991 Hauptstadt der Usbekischen Sozialistischen Sowjetrepublik und heute Hauptstadt Usbekistans.
14 Aschgabat (turkm. Aşgabat, russ. Aschchabad) – 1925–1991 Hauptstadt der Turkmenischen Sozialistischen Sowjetrepublik und heute Hauptstadt Turkmenistans.

den Rucksäcken mitgegeben hatten, und das haben wir bald verbraucht. Erst bei diesem Zwischenstopp, bei dem das Essen von einer russischen Einheit zubereitet wurde, bekamen wir Dosenmilch, Dosenerbsen, Bohnen und Zwieback. An dieser Station trennten sich die polnischen Soldaten von uns und fuhren nach Aschgabat, der Versorgungswagen blieb bei unserem Transport. Nach der Ankunft in Krasnowodsk wurden uns am Strand Dosen mit Erbsen und Bohnen gereicht und wir durften am Strand herumlaufen, und da es heiß war, waren wir durstig. Aber in der Nähe des Hafens gab es kein Süßwasser. Die Usbeken vor Ort hatten es, aber sie gaben es nicht umsonst, sondern nur im Tausch. Wie viele Mengen Erbsen oder Bohnen, so viel Wasser gaben sie. Nicht jeder entschied sich für einen solchen Handel. [...]
Endlich wurden wir an Bord gelassen. Dort knauserten sie nicht mit Wasser. Alle stürzten sich auf das Trinken. Aber es war rohes Wasser. Alle wurden durstig und bekamen Durchfall, weil das Rohwasser einige Bakterien enthielt, was bei dem dortigen Klima normal ist. Ich glaube, dass es ein Fehler von unseren Betreuern war. [...] Es gab zwar genügend Toiletten an Bord des Schiffes, aber bei dieser Anzahl von Kindern reichte das immer noch nicht aus. Gut, dass das Personal – russische Matrosen – den Kleinen bei der Erledigung des dringlichen Geschäfts half, indem sie ihre Hintern über Bord steckten, damit sie das Deck nicht beschmutzten. Ich muss an dieser Stelle erwähnen, dass sie sich vorbildlich um uns gekümmert haben. Die Schwestern vom Roten Kreuz hingegen kümmerten sich um Personen, die an der Ägyptischen Augenentzündung [Trachom] und an Bindehautentzündungen litten. Sie wuschen fast der ganzen Kinderbande die Augen. Der Arzt lief herum und verabreichte den Kranken Tabletten und Tropfen. Für mich und für die anderen Kinder war der Aufenthalt auf dem Schiff eine Tortur. Als wir im Hafen von Pahlewi ankamen, näherten sich Kähne unserem Schiff, auf denen wir das Ufer erreichten. Am Ufer gab es einen großen Zeltplatz mit medizinischen Versorgungspunkten, Kantinen und Zelten, in denen man schlafen konnte. Das Lager war in zwei Teile geteilt, in einen schmutzigen und einen sauberen. In der schmutzigen Zone wurden uns zuerst die Augen gewaschen und nachdem wir unsere verlausten Klamotten ausgezogen und auf einen Haufen geworfen hatten, wurden wir zu den Waschräumen

geführt. Wir gingen in das Badehaus mit Duschen und warmem Wasser. Wir bekamen Handtücher und Seife und als wir das Bad verließen, bekamen wir je zwei Unterhosen, Nachthemden, ein Kleid, eine Zahnbürste und Zahnpulver. Nach dem Bad ging es zum sauberen Lager und viele Leute rannten zum Strand, obwohl sie vorher gewarnt worden waren, zu dieser Tageszeit nicht barfuß am Strand zu laufen, weil der Sand so heiß sei, dass man sich die Füße verbrennen könnte. Was einigen Personen widerfuhr und sie mussten sogleich zum Arzt gehen, weil sich Blasen an den Füßen gebildet hatten. Viele von uns wussten nicht, wo sich unsere Kleidungstücke befanden, mit denen wir in den Iran gekommen waren. Es stellte sich heraus, dass bereits fast alle verbrannt waren, indem man sie mit Benzin übergossen hatte.

In den folgenden Tagen trafen Transporte mit Kindern und Erwachsenen ein, meist Mitglieder von Soldatenfamilien. Jedes Mal standen wir vor dem Absperrband, das den Lagerbereich vom Strandbereich trennte, wo die Passagiere der Lastkähne ankamen. Wir hielten Ausschau, um zu sehen, ob unsere Eltern oder Freunde dort waren. Ich erinnere mich, dass ich Herrn Jędrzejewski und seine Frau entdeckte. Herr Jędrzejewski war unser Nachbar in Kopytowo. Ich sprang über das Seil und rannte ihnen sofort hinterher, so schnell, dass ich unterwegs meinen Schlüpfer verlor, weil der Gummizug an eine kräftigere Figur angepasst war. [...] Ich habe es geschafft, die Jędrzejewskis einzuholen. Und die Freude war riesig, ich hatte viele Fragen an sie, ob sie unsere Mama oder unseren Vati nicht irgendwo gesehen hätten. Leider wussten sie nichts über meine Eltern. Er nahm mich wie mein Vater hoch und küsste mich und ich fing an zu weinen, das erste Mal seit der Trennung von meiner Mama. Ihre Tochter Wanda ging zu den *junaczki* [jungen Frauen] in der Anders-Armee.[15] Meine Mutter war mit meiner kranken Schwester Janina in Buchara geblieben und bekam dort eine Bescheinigung, dass ihr Mann Soldat in der Anders-Armee sei, und auf dieser Grundlage kam sie auf dem Landweg über Aschgabat zusammen mit den Ehefrauen der Offiziere und Unteroffiziere in den Iran. Das war wohl Ende 1942 oder Anfang 1943. Wo

15 Die Junak-Militärschulen (*Wojskowe Szkoły Junaków*) wurden 1941 gegründet und nahmen polnische Jugendliche (*junak* = junger Mann) im vorwehrpflichtigen Alter auf, um ihnen eine schulische und einleitende militärische Grundausbildung zu gewährleisten.

sich Vater befand, wusste Mama nicht. Von seinem Tod erfuhr sie erst in Teheran. Ihr wurde als Todesdatum der 7. April 1942 angegeben. Er war in dem Dorf Guzar gestorben, wo seine Einheit stationiert war.[16] Die Ortschaft wurde von den Polen als das Tal des Todes genannt. [...] Aus den Erzählungen meiner Mama weiß ich, dass sie auf der Reise in den Iran viel einem russischen Offizier zu verdanken hatte, der dabei half, ihre Tochter in den Zug zu bringen. Kranke Menschen wurden aus Angst, dass sie andere anstecken, nicht in die Züge gelassen. Der Offizier forderte meine Schwester auf, Alkohol zu trinken und sagte dem Personal beim Einsteigen in den Zug, dass sie nicht krank, sondern betrunken sei. Im Abteil hatte er sie auf die oberste Bank gelegt und so kamen meine Schwester und Mama in den Iran. Als sie in Teheran ankamen, waren wir nicht mehr da, denn nach drei Monaten reisten wir nach Indien ab, getroffen haben wir uns in Rhodesien. Die Mütter suchten ihre Kinder über das Rote Kreuz und Mama fand mich dort.

Von Pahlewi[17] aus wurden wir mit Bussen nach Teheran gefahren. Wir wurden in einer Schule untergebracht und es ging gleich in das Badehaus. Nach dem Badehaus [ging es] in den nächsten Raum, wo wir Unterwäsche, Kleider und Schuhe bekamen. [...] Und wieder packten wir für die Weiterreise nach Indien. Dieses Mal in Schlafwagen nach Ahwaz[18] [...] Wir fuhren lange Zeit durch mehr als hundert Tunnel nach Ahwaz. Die Polen aus dem früheren Transport waren schon da. Gleich nachdem wir untergebracht waren, machten wir uns auf, um nach Bekannten zu suchen. [...]

Während unserer Zeit in Ahwaz liefen wir ständig gemeinsam durch die Stadt. Zusammen mit den Mädchen aus unserer Gruppe brachten wir den hiesigen armen und ausgehungerten Kindern Essen vorbei. Ach, was war das für ein Anblick! Es gab Kinder und Erwachsene, die

---

16 Guzar – eine Ortschaft in Usbekistan, in dem sich ein polnischer Soldatenfriedhof befindet, der nach 1989 restauriert wurde.
17 Pahlewi (eigentlich Bandar Pahlawi) – nordiranische Hafenstadt am Kaspischen Meer, die nach der Iranischen Revolution in Bandar-e Anzeli (kurz Anzali) umbenannt wurde. In Anzali befindet sich der zweitgrößte polnische Friedhof Irans, der während des Zweiten Weltkriegs errichtet wurde.
18 Ahwaz (persisch Ahvāz) – Stadt im Südwesten Irans. Sie liegt am Fluss Karun.

wunderschön gekleidet waren und in Gold badeten und auf der anderen Seite verwahrloste und ausgemergelte Menschen, die ihre Hände nach einem Stück Brot streckten. Die Polizisten verjagten sie. Wir gingen zu den armen Kindern und stritten uns mit der Polizei und erlaubten ihnen nicht, sie zu verjagen. Denn wer kannte das Gespenst des Hungers besser als wir? [...]
Von Ahwaz fuhren wir mit Automobilen unter Palmenkronen entlang nach Bombay[19]. Von dort mit dem Schiff nach Karatschi. Das für uns vorbereitete Lager befand sich 10 Kilometer [von der Stadt] entfernt. Kantinen, Wohnzelte mit Holzbetten, alles war in Zelten untergebracht. Das Gelände war mit Kakteen bewachsen. Dort begann für uns der Unterricht. Wir wurden in Klassen eingeteilt, bekamen Hefte und Bleistifte. Wir wurden aufgefordert, ein Diktat zu schreiben. Oh, war das ein schreckliches Diktat. Einem polnischen Buchstaben folgte ein russischer. Mit dem Lesen klappte es ein bisschen besser. Es war gut, dass die Lehrer Russisch konnten, so halfen sie uns, die Fehler beim Schreiben im Polnischen zu beseitigen. Es gab keine Bücher, wir wurden aus dem Gedächtnis unterrichtet. Nur die Lehrer hatten Bücher und haben uns diktiert, was wir sozusagen im Kopf aufschreiben mussten.
Nachts wurde es ein wenig gruselig: Jemand lief am Zelt entlang. Aber unsere Klassenlehrerin war da und beruhigte uns: »Das sind nur Schakale, sie werden nicht in die Zelte kommen.« Am Morgen hatten wir einen Militärbesuch. Ein amerikanischer Offizier kam herein. Wir erfuhren, dass er ein Major ist. Er begrüßte uns in einem schönen Polnisch. Es war ein Amerikaner polnischer Herkunft. Am Abend zeigten uns die amerikanischen Soldaten einen Film. Dann nahmen die Tage ein rasantes Tempo an. Morgens Weckruf und dann im Lauf zum Waschen, Frühstück, Schule, zweites Frühstück, Schule und Mittagessen. Nach dem Mittagessen wieder Schule. Während dieser Zeit trafen neue Transporte ein. Aber keiner in unserer Gruppe hatte das Glück, auf Bekannte zu treffen. Und so vergingen drei Monate wie im Flug. Unser Aufenthalt in Karatschi neigte sich dem Ende entgegen.

---

19 Versehen der Autorin, vermutlich handelt es sich um den Hafen von Basra.

Wir packten unsere spärlichen Siebensachen und weiter ging es mit dem Auto zum Hafen, wo uns ein gut bewaffnetes Schiff mit einem roten Kreuz erwartete. Auf ihm sollten wir nach Mombasa[20] fahren. Matrosen gaben uns Schwimmwesten, zeigten uns, wie man sie anlegt und wiesen uns den Weg zu unseren Kajüten. Wir gingen an Deck, um das sich entfernende Land zu beobachten. Beim Auslaufen aus dem Hafen wurde sofort ein Probealarm angeordnet. Wir rannten an Deck, jeder trug eine Weste. Die Matrosen erklärten uns, neben welchem Rettungsboot jede Gruppe zu stehen hat. Uns war nicht klar, wie ernst die Situation war. Für uns war diese Übung nur ein weiteres Spiel.

Eines Morgens stellten wir fest, dass das Schiff vor Anker liegt. Die Matrosen erklärten uns mithilfe des Dolmetschers: »Der Kapitän hat die Nachricht erhalten, dass er auf Schiffe zum Schutz vor japanischen U-Booten warten muss.« Unser Schiff wurde von zwei englischen U-Booten eskortiert. Gegen Mittag kamen die Kriegsschiffe an und umrundeten unser Schiff. Wir – alle mit Rettungswesten – standen da und beobachteten die Schiffe. Kurz darauf tauchten die uns begleitenden U-Boote auf. Nach einer Weile wurde uns gesagt, wir sollten uns die Ohren zuhalten und den Mund öffnen. Für uns war es ein komischer Anblick. Aber es war kein Scherz. Nach einer Weile knallte auf unserem Schiff eine Kanone in der Nähe des Hecks und auf den anderen Schiffen [knallten auch die Kanonen]. Wasserbomben wurden in den Ozean geworfen. Wir standen mit offenen Mündern und den Fingern in den Ohren wie angewurzelt auf dem Deck, spürten instinktiv die Bedrohung und bewunderten die nach oben spritzenden Wasserfontänen, die durch die durch die Wasserbomben aufgepeitscht wurden. Ich weiß nicht, wie lange es dauerte. Aber nachdem die Stille eingetreten war, konnten wir uns lange Zeit nicht vom Platz rühren. […]

Während der Reise wurden wir von Delfinen begleitet. Die Matrosen sagten uns, dass für uns keine Gefahr besteht, so lange Delfine das Schiff führen. Wir fütterten sie mit Essensresten. Worauf sie mit fröhlichen Hüpfern antworteten. Außer den Delfinen konnten wir auch Fliegende Fische beobachten. Glücklicherweise verlief die Fahrt ruhig und wir sa-

---

20 Mombasa – Hafen der damals britischen Kolonie Kenia.

Abb. 6: Die Verfasserin (links) mit einer Freundin in einem Lager für polnische Flüchtlinge in Masindi, um 1945

hen wieder Land. Die Delfine verließen uns erst, als wir in den Hafen von Mombasa einliefen. Wir standen auf Deck und betrachteten die riesigen Affenbrotbäume, Palmen und bizarren Bauten, die sich aus dem Wasser erhoben. Unsere Betreuer erklärten uns, dass es sich um Korallenriffe handelt, die bei Ebbe aus dem Wasser ragen. Am Hafen wartete ein Zug auf uns, der uns in das afrikanische Hinterland bringen sollte. Nach einer

Mahlzeit und der Verteilung in die Zugabteile begann die Fahrt von Mombasa nach Masindi.[21] Als wir in die Savanne hinausfuhren, verlangsamte der Lokführer die Geschwindigkeit, um uns die Möglichkeit zu geben, die Tiere besser zu sehen. Wir klebten mit den Nasen an den Fenstern und beobachteten eine Zebraherde, Giraffen, stolz schreitende Löwen und flinke Gazellen. Unsere Augen quollen buchstäblich aus unseren Köpfen, es war atemberaubend, und der Zug fuhr immer noch langsam. Offenbar wusste der Lokführer, dass die Fahrgäste noch nie solche Tiere gesehen hatten. [...] In Nairobi warteten auf dem Bahnsteig Tische mit reichlich Obst, Getränken und Süßigkeiten sowie einer warmen Mahlzeit auf uns. Wir wurden von Kellnern bedient – genau wie in einem Restaurant. Nach dem Essen bestiegen wir einen Zug und fuhren nach Kampala. Während der Fahrt fuhr der Zug sehr langsam, sodass wir die Tiere, Antilopen, Elefanten und Löwen sehen konnten. Von Kampala aus fuhren wir mit dem Bus nach Masindi in Uganda. Wie anders war diese Busfahrt als die Fahrt nach Teheran. Dort gab es Berge und Abgründe, während uns hier ein grünes Meer umgab und gelber Staub hinter uns aufwirbelte. Dies war die letzte Etappe der Reise zu den wartenden Häuschen in Masindi. Während der Fahrt überquerten Elefanten majestätisch die Straße, und der Bus musste warten.

Die ganze Zeit über begleiteten uns unser Betreuer Herr Korabiewicz und Pater Królikowski. Sie erklärten uns, welche Tiere wir sehen und was ihre Gewohnheiten sind. In Masindi kamen wir am Abend an. Die Erzieherinnen verteilten uns schnell auf die Häuschen, die im Busch aus Elefantengras mit einem Bogengang gebaut waren. In jedem standen für Kinder und einen Erzieher 25 Stockbetten. Wir gingen sofort zum Abendessen und nach dem Abendgebet zu Bett und fielen in einen tiefen Schlaf. Früh am Morgen gingen wir hinaus, um die Umgebung zu erkunden. Ringsherum gab es Buschland mit wunderschön blühenden Bäumen. Später erfuhren wir, dass es Bananenstauden waren. Zwischen den Bäumen blitzten die leuchtenden Augen der Mohrenkinder auf. Diese

---

21 Masindi – eine Ortschaft in Uganda, in der 4000 polnische Flüchtlinge untergebracht wurden. Insgesamt fanden mehr als 18 000 gerettete Verbannte – Kinder und Frauen – eine Zuflucht in Afrika.

erste Begegnung mit ihnen endete mit ihrer Flucht tief in den Busch und unserer in Richtung der Häuschen. Bei den folgenden Begegnungen mit den Mohrenkindern erfuhren wir, was wir essen konnten und was nicht. Die Unterhaltung wurde in Zeichensprache geführt, aber wir verstanden uns. Nach mehreren solcher Anschauungslektionen kochten unsere Betreuerinnen leckere Dschungelfruchtmarmelade. Als man für uns nach einer Weile einen Ausflug zu einer Gummibaumplantage organisierte, lernten wir die Gegend besser kennen. Schon in Masindi begann eine normale Grundschule. Zunächst gab es zwei Fächer: Polnisch und Rechnen, dann kamen Geschichte, Geografie und Englisch hinzu. Wir wurden von einer Engländerin in Englisch unterrichtet, aber nach ein paar Monaten gab sie auf, weil sie mit uns nicht zurechtkam. Wir trieben Unfug, was eine Kinderschar eben so macht. [...] Während der Familienzusammenführung im Mai 1944 wurden wir nach Nordrhodesien [22] transportiert. Von Masindi fuhren wir mit dem Bus nach Tanger, wo es eine polnische Siedlung gab. Nach zwei Wochen mit dem Boot über den Victoriasee und dann mit dem Zug nach Belgisch-Kongo in die Stadt Kigoma. Auf dem Weg gab es einen Lokomotivschaden. Bei dieser Gelegenheit gab es einen längeren Zwischenstopp und natürlich die erste Begegnung mit den Pygmäen. Es gab ein kleines Kennenlerntreffen. Am schnellsten erledigten das Kinder, weil sie sich überall schnell verständigen können. Aus Kigoma ging es mit einem Schiff über den Tanganjikasee zum Fluss Kongo, dann fuhren wir mit dem Schiff sehr langsam auf dem Kongo, weil der Fluss an manchen Stellen sehr eng ist und die Äste das Deck des Schiffes berührten. Und dann mit dem Zug nach Ndola und von dort mit dem Bus nach Mbwana M'Kubwa.[23] Wir trafen dort auf Polen. In der Siedlung gab es an die 3000 Menschen, Erwachsene mit Kindern. Ich traf dort wieder meine Schwester Janina, während Mama in Bulawayo war[24], wo sie in einer Hilfsdiensteinheit der Royal Air Force [RAF] arbeitete. Sie kam 1944

---

22 Nordrhodesien war ein 1911 gebildetes britisches Protektorat. Seit der Erlangung der Unabhängigkeit 1964 heißt das zentralafrikanische Land Sambia.
23 Bwana M'Kubwa – Ortschaft im heutigen Sambia. Dort befand sich eine der größten polnischen Siedlungen.
24 Bulawayo – Stadt, die damals in Südrhodesien lag und sich heute in Simbabwe befindet.

auf Urlaub nach Bwana M'Kubwa. Ich habe meine Mutter in ihrer RAF-Uniform nicht erkannt. Erst der Kommandant der polnischen Polizei, Sebastian Łuksik, zeigte mir, welche der vier Damen meine Mutter war. Nach zwei Jahren der Trennung war das für mich eine große Freude. Als meine Mutter ankam, wusste ich bereits, was mit Vati geschehen war. Meine Mutter hatte einen Brief an eine Freundin über das Schicksal meines Vaters geschrieben, steckte ihn aber in einen an mich adressierten Umschlag, und schon wusste ich, was mit ihm geschehen war und wo er begraben war. […] Auch hier wurde für uns schnell eine Schule organisiert. Wir bekamen Papier und begannen mit dem Schreibenlernen. Es klappte nur sehr mühsam, da wir immer noch die Buchstaben aus dem russischen und dem lateinischen Alphabet verwechselten. Wie zuvor beschloss man zunächst, uns die polnische Rechtschreibung beizubringen, was nicht einfach war, weil wir in unterschiedlichem Alter waren. Dann wurde neben Polnisch auch Rechnen eingeführt, dann polnische Geschichte und Geografie. Ich glaube, so nach einem Jahr hat man mit Englisch begonnen. Dort spürten wir ein Erdbeben, dessen Zentrum weit von uns entfernt war, wir hatten keine Schäden zu beklagen. Von der Siedlung aus machten wir Wanderausflüge zum Berg Wanda.

Zu Weihnachten 1943 hatten wir einen wunderschönen Weihnachtsbaum, es war eine Zypresse, es gab auch kleine Geschenke, wir sangen Weihnachtslieder unter der neuen Leitung eines Ordensbruders. Rund um die Siedlung unterhielten wir wunderschöne Gärten. Als ich in Rhodesien war, wusste ich, wo meine Mutter und meine Schwester waren. Wir schrieben uns gegenseitig Briefe. Und von der Schule aus schrieben wir Briefe an die polnischen Soldaten. Sie antworteten und erzählten uns, wie viel Freude ihnen unsere jugendlichen Briefe bereiteten. Sie fühlten sich geehrt, dass sich jemand an sie erinnerte, an sie dachte und ihnen eine glückliche Rückkehr in ihr Land nach dem Krieg wünschte. Im Laufe der Zeit erhielt die Schule immer mehr Bücher, und so bekamen auch wir mehr Bücher für das Internat. Am Anfang gab es ein Buch für sechs Personen, und dann hatte fast jede von uns eines.
[…]
Die meisten aus meiner Klasse landeten nach dem Krieg in Australien und ließen sich in der Gegend von Sydney nieder. Diejenigen, die keine

Familie in Polen hatten oder Vollwaisen waren, gingen dorthin. Als mein Onkel, ein Cousin meiner Mutter, von England nach Polen zurückkehrte, meldete sich auch meine Mutter, um in ihr Land zurückkehren zu können. Aber unsere Lehrer standen solchen Entscheidungen von Landsleuten ablehnend gegenüber. Als ich mich 1946 für das polnische Gymnasium in Lusaka bewarb, war es Herr Kozakiewicz, der sagte, dass ich nicht in das Gymnasium von Lusaka[25] aufgenommen werden würde, weil meine Mutter sich für die Abreise nach Polen gemeldet hatte. Wir wurden wie Feinde betrachtet. Aber Mama war fest entschlossen. »Ich fahre mit den Kindern nach Polen«, sagte sie. Gerade weil sie so aktiv und einfallsreich bei der Erledigung von Dingen war, wurde sie, glaube ich, von der polnischen Seite mit der Organisation des Transports betraut. Es kam aus Polen eine Delegation nach Bwana *M'kubwa*.[26] Wir erfuhren, wie es in Polen aussah, dass das Land in Trümmern lag und Armut herrschte. Der Vorsitzende der Delegation ermutigte uns, in das Land zurückzukehren. Wir haben ihm viele Fragen gestellt, und er hat sie alle sachlich beantwortet. Wir sahen uns ihn genau an, ob er einen Adler oder doch einen Stern auf seiner Mütze trug. [...]

Wir fuhren von Mombasa aus mit einem holländischen Schiff nach Suez, und dort wurden wir gewarnt, gut auf unsere Sachen aufzupassen, denn es liefen arabische Jungs herum, und es könnte etwas verschwinden. [...] Wir fuhren weiter nach Genua, während der ganzen Seereise hatten wir schönes Wetter. Das polnische Schiff »Sobieski« kam im Hafen an. Wir blieben auf dem Schiff und aßen zu Mittag. Nach dem Essen fuhren wir zum Repatriierungspunkt, wo wir unsere Zugtickets nach Polen erhielten. Hier wurden wir darüber informiert, dass wir unser Gepäck in größere Bündel packen sollen, da es so für Diebe schwieriger ist, es zu stehlen. Alle haben die Empfehlung verstanden und schienen sie auch zu befolgen. Um die Fahrkarten und die Plätze in den Waggons kümmerten sich unsere Betreuer und Mitarbeiter aus Polen. Wir hatten Güterwaggons ohne

---

25 Lusaka – Stadt in Nordrhodesien, heute Hauptstadt von Sambia.
26 Es handelt sich um eine von der kommunistischen Regierung in Warschau entsandte Repatriierungsmission, mit dem Ziel die Menschen zur Rückkehr ins Land zu bewegen. Sie wurde von den polnischen Flüchtlingen im Allgemeinen sehr widerwillig aufgenommen, und nur wenige von ihnen entschieden sich, nach Polen zu gehen.

Pritschen, zum Schlafen gab es nur Stroh. Wir fuhren durch den längsten Tunnel Europas. Für uns Kinder war das auch eine Attraktion. Auf der Reise blieb die Lokomotive liegen. Es sollte eine längere Reiseunterbrechung folgen. Die Reiseleitung hatte mit dem Lokführer vereinbart, dass er, wenn er abfahrbereit ist, ein Signal gibt und so konnten wir derweil einen Spaziergang machen, denn die Umgebung war auch schön. Wir trafen einige Polen, die uns fragten, woher und wohin wir fahren und ob wir Zigaretten hätten. Es ertönte das Signal zur Weiterfahrt. Die Betreuer kontrollierten die Anwesenheit. Wir kamen in Prag an und blieben dort zwei Tage lang stehen. Wir tauschten Orangen gegen Äpfel, was die Tschechen sehr amüsierte. Wir überquerten die Grenze nach Polen bei Zebrzydowice und hier wurde uns ein Bündel mit Krimskrams, Schuhen und anderen weniger wertvollen Dingen gestohlen. Wir hätten daran denken sollen, doch wir jammerten nicht. Der nächste Halt war in Czechowice-Dziedzice [Czechowitz-Dzieditz]. Hier war ein PUR[27] und hier erhielten wir unsere Repatriierungsdokumente: Eine Bescheinigung, eine finanzielle Unterstützung sowie eine Fahrkarte in einen Ort unserer Wahl. Meine Mutter hat diese Angelegenheiten im PUR-Büro erledigt. Und hier kam es zu einem unangenehmen Zwischenfall mit dem PUR-Personal. In Mamas Abwesenheit verlangten sie, dass wir unser Gepäck zur Kontrolle öffnen. Es war gut, dass Mama und der Zollbeamte kamen. Da ich schon immer ein Großmaul war, fragte ich im Beisein meiner Mama und des Zollbeamten, welches Recht sie hätten, uns zu kontrollieren, wenn uns seit Genua niemand mehr kontrolliert hatte und auch die Zollbeamten in Zebrzydowice nicht. Verwirrt entfernten sie sich schnell von uns.

Mama hatte Fahrkarten nach Mszana Dolna[28], weil dort die Familie väterlicherseits lebte. Wir kamen noch am selben Tag an. Sofort versammelte sich die ganze Familie, sie stellten sich vor, und es waren vie-

---

27 Es handelt sich hierbei um einen der sog. Etappenpunkte (*punkt etapowy*), die vom Staatlichen Repatriierungsamt (*Państwowy Urząd Repatriacyjny, PUR*) verwaltet wurden. Der PUR wurde im Herbst 1944 gegründet, um die Migrationsbewegung zu organisieren und die Bevölkerung auf der Rück- bzw. Durchreise zu betreuen.

28 Mszana Dolna – Dorf im Kreis Limanowa, damals in der Woiwodschaft Krakau und heute in der Woiwodschaft Kleinpolen gelegen.

le, die ich zum ersten Mal sah. Nach einer herzlichen und freudigen Begrüßung, bei der auch einige Tränen flossen, wurden wir am nächsten Tag mit einem Fest empfangen. [...] Für mich war der Goralen-Dialekt unverständlich und ich musste ihn wieder neu lernen. Und bei [meiner] Oma gab es viel zu lachen, weil sie mit uns nur Goralisch sprach, da sie kein Hochpolnisch beherrschte und ich konnte wiederum überhaupt kein Goralisch. [...]
Nach dem Aufenthalt bei der Familie meines Vaters ging ich nach Niederschlesien, zu meiner Tante Ludwika Palka in das Dorf Domaszków [Ebersdorf], im Kreis Bystrzyca Kłodzka [Habelschwerdt] und meine Schwester zum Onkel in Mysłowice [Myslowitz, Stadt in Oberschlesien]. Ich hatte mich an einer Schule in Bystrzyca Kłodzka eingeschrieben und sofort verbreitete sich die Kunde, dass eine »Afrikanerin« angekommen war. Ich erinnere mich, dass während einer Physikstunde bei Frau Chamiec fast erwachsene Jungen in das Klassenzimmer kamen und fragten: »Frau Professor, was sollten wir zum Chemieunterricht mitbringen?« »Ich habe doch heute kein Chemie mit euch«, antwortete Frau Professor. Dann sahen sie mich an und einer von ihnen fragte: »Kollegin! Warum ist die Kollegin weiß?« Und ich darauf: »Und, warum spricht der Kollege Polnisch?« – »Weil ich Pole bin!« – »Und ich bin eine Polin«, antwortete ich.[29]

---

29 Nach dem Besuch der Schule arbeitete und lebte Danuta Krzyżanowska mit ihrer Familie in Bystrzyca Kłodzka in Niederschlesien.

Abb. 7: Wanda Olczyk (rechts) mit ihrer Schwester Emilia, Anfang der 1930er Jahre

4

Wanda Olczyk (1927–2002) Erinnerungen an die Verbannung nach Kasachstan (1940 bis 1946)

Mein Name ist Wanda Olczyk geb. Krasuska, die Tochter von Maciej. Mein Vater wurde 1895 in dem Dorf Drużków bei Nowy Sącz geboren. [...] In seiner Jugend gehörte mein Vater dem *Związek Strzelecki*[1] an. Im Jahre 1914 wurde er mit seinem Bruder Antoni in die österreichische Armee eingezogen. Zusammen mit anderen weigerte er sich, den Treueeid auf den Kaiser zu leisten. Er wurde nach Italien abtransportiert, wo er in Triest beim Verladen der Munition in Eisenbahnwaggons schwer arbeiten musste. Dort erkrankte er schwer an Malaria und wurde in ein Krankenhaus in Wien gebracht, von wo aus er nach Hause zurückkehrte. Bald darauf trat er in die polnische Armee ein. Er nahm 1920 am polnisch-bolschewistischen Krieg teil. Im Mai wurde er in der Nähe von Kyjiw von Budionnys[2] Kavallerie gefangen genommen. Im Jahr 1921 wurden sie nach Stołpce[3] gebracht. Dort tauschte auf einer Brücke über dem Fluss Slutsch eine internationale Kommission Kriegsgefangene aus. [...] Mein Vater wurde wegen einer Schrapnellwunde behandelt,

1 Związek Strzelecki (Schützenverband) – polnische paramilitärische Organisation, die im österreichischen Teilungsgebiet (Galizien) aktiv war, und der eine grundlegende Bedeutung für den Aufbau der polnischen Militäreinheiten zukam, die während des Ersten Weltkriegs für die Unabhängigkeit des Landes kämpften.
2 Semjon Budjonny (1883–1973) – kommandierender General der 1. Roten Reiterarmee, einer bolschewistischen Einheit, die sowohl im Russischen Bürgerkrieg (1917–1922) als auch im Polnisch-Sowjetischen Krieg (1919–1921) kämpfte.
3 Stołpce (belarus. Stoubyz) war in der Zweiten Polnischen Republik Zentrum eines Landkreises in der Woiwodschaft Nowogródek mit Grenzbahnhof. Heute liegt Stołpce in Belarus.

die ein Jahr lang in der Gefangenschaft eiterte und nicht behandelt wurde. [...] Er bat um Krücken, um sich abzustützen, stand auf und verließ in all dem Chaos das Rote Kreuz-Gelände, um nach Hause zurückzukehren! Kurze Zeit später ging er wieder nach Osten in die Gegend von Stołpce, trat dem Grenzschutz bei, diente an der Ostgrenze am Fluss Morocz und wohnte im gleichnamigen Dorf. [...] Er trat 1925 in den Polizeidienst ein und heiratete Katarzyna Tomaszewicz, die Tochter eines Försters. Im Jahr 1927 wurde ich geboren, anderthalb Jahre später meine Schwester Emilia. Vater arbeitete zunächst in Czerniaków [belarus. Tscharnjakawa] im Landkreis Prużana in der Woiwodschaft Polesien. Als die dortige Polizeistation aufgelöst wurde, versetzte man die Polizisten in andere Städte. Vater wurde nach Międzylesie [belarus. Mischlesse] bei Bereza Kartuska [belarus. Bjaroza] versetzt.[4] Im Jahr 1937 kam meine Schwester Barbara auf die Welt. Międzylesie war ein großes Dorf, das mehrheitlich von poleschukischen Bauern bewohnt wurde. Es gab nur wenige Militärsiedler. Sie kamen aus allen Teilen Polens, hatten in der Piłsudski[5]- und Haller[6]-Legion auf Seiten der Mittelmächte gedient oder am Polnisch-Sowjetischen Krieg von 1920 teilgenommen. [...]

Es kam das Jahr 1939. Schon seit dem Frühjahr war von einem Krieg gegen Deutschland die Rede, die keinen Hehl daraus machten und Forderungen an Polen stellten. Vater munterte uns auf, wo er nur konnte, ließ den Gedanken an Krieg nicht zu, und wenn er es tat, war er sich eines schnellen Sieges sicher. Das, was kommen sollte, konnte niemand, auch nicht in seinen dunkelsten Gedanken, voraussehen.

4 Bereza Kartuska war in der Zweiten Polnischen Republik bis 1940 der Name der Stadt Bereza (belarus. Bjaroza, russ. Bjerioza, dt. Bjarosa) im Kreis Prużana in der Woiwodschaft Polesien. Heute liegt Bereza in Belarus.
5 Józef Piłsudski (1867–1935) – politischer Aktivist und Unabhängigkeitskämpfer, Häftling im zaristischen Regime. Während des Ersten Weltkriegs Befehlshaber der polnischen Truppen (I. Brigade der Polnischen Legion) auf Seite der Mittelmächte, Häftling in der Festung Magdeburg, Mitbegründer der Zweiten Polnischen Republik, Oberbefehlshaber im Polnisch-Sowjetischen Krieg. Anführer des Maiputsches 1926 und anschließend Staatsoberhaupt eines autoritären Regimes.
6 Józef Haller (1873–1960) – Hauptmann der österreichisch-ungarischen Armee, Befehlshaber polnischer Einheiten an der Ost- und Westfront bei den Kämpfen um die polnische Unabhängigkeit während des Ersten Weltkrieges. Nach dem Maiputsch 1926 in den Ruhestand versetzt.

Als am 1. September 1939 der Krieg ausbrach, schienen alle überall wie gelähmt zu sein. Sie konnten keine Antwort darauf finden, was als Nächstes passieren wird. Man hörte Radio, las Zeitungen – die Nachrichten waren traurig. Die Straßen aus Brześć [dt. Brest, belarus. Bjeraszje] gen Osten in Richtung Baranowicze[7] waren mit Flüchtlingen überfüllt. Autos, Pferdewagen voll mit Habseligkeiten. Jede Nacht suchen Menschen Unterkünfte, um etwas Gekochtes zu essen, sich zu waschen und zumindest die Kinder umzuziehen. Unser Haus voll mit fremden Menschen, die verzweifelt sind. Sie haben ihre Häuser und Wohnungen in Tschenstochau, Warschau oder woanders verlassen. Sie fliehen auf sich gestellt, ohne zu wissen, wohin. Die meisten der Flüchtlinge waren Juden. Eines Tages erschienen in unserem Dorf viele polnische Soldaten. Sie sagten, dass sie in den Wäldern von Polesien Befestigungen bauen wollen. In unserem Obstgarten richteten sie eine Feldküche ein. Sie gingen in der Nacht weg, so wie sie gekommen waren und niemand wusste wohin. Mitte September gingen unser Vater und die anderen weg. Er sagte, sie würden Richtung Rumänien fahren.[8] [...]
In der Nacht vom 18. auf den 19. September bemerkten wir Reiter, die im Galopp durch das Dorf ritten, sie hatten spitze Mützen auf. [...] Am Morgen wussten wir bereits, dass es die Bolschewiki waren, die ohne den Krieg zu erklären, Polen überfallen haben. Noch am selben Tag kamen mehrere zu uns. Sie führten Durchsuchungen durch, suchten nach Waffen und Dokumenten. Mama ließen sie mit dem Gesicht zur Wand stehen, bei ihr ein Soldat mit einem Bajonett auf seinem Gewehr. Der andere stand über uns, die wir zusammengekauert auf dem Sofa saßen. Wir waren schon halb tot. Ich umarmte meine zitternden Schwestern und behielt das auf uns gerichtete Bajonett und den Lauf genau im Auge, um zu sehen, ob etwas auf uns zukommt. Nach einer Weile gingen sie weg, sagten aber, dass sie noch kommen würden, und sie kamen auch, wenn es auch nicht dieselben waren. Auf der mutmaßlichen Suche nach Waffen

---

7 Baranowicze (belarus. Baranawitschy, russ. Baranowitschi) – in der Zweiten Polnischen Republik eine Kreisstadt in der Woiwodschaft Nowogródek, heute in Belarus gelegen.
8 Nach dem sowjetischen Einmarsch am 17. September 1939 überquerten Tausende von zivilen Flüchtlingen und Soldaten die Grenze zu Rumänien. Die Soldaten schlossen sich der polnischen Armee an, die sich in Frankreich formierte.

haben sie immer etwas mitgenommen und am meisten haben sie sich für Uhren interessiert. Nach einem solchen Besuch hatten wir mehrere Stunden lang zu tun, wir mussten Unterwäsche, Kleidung, Bücher zusammenlegen, sie durchsuchten sogar das zusammengestellte Geschirr. [...] Anfang Oktober wurde Basia krank. Keiner der Hofbesitzer wollte zu einem Arzt fahren. Sie hatten Angst, weil sie sahen, wie die Sowjets mit uns umgegangen sind. Gleich, als sich Basias Gesundheitszustand gebessert hatte, entschloss sich Mutter, Międzylesie zu verlassen. Einige der Landwirte, die wir kannten, nahmen unter dem Vorwand, Besorgungen zu erledigen, einige unserer Sachen mit nach Bereza. Uns erlaubte man zum Arzt zu fahren.

Wir kehrten nicht zurück, weil wir von Herrn Denisiuk, der in der Gemeinde arbeitete, erfahren hatten, dass er ein Gespräch der neuen sowjetischen Herren mitgehört habe, dass entweder alle Polen erschossen oder die Erwachsenen ins Gefängnis und die Kinder in Waisenhäuser gebracht werden sollten und dass sie noch auf einen *ukas* [Erlass] warten müssen. [...] Durch Bereza, auf der Straße Warschau-Brest-Minsk, die angeblich noch der russische Zar bauen ließ, gingen, fuhren mit Panzern oder zu Pferd Tag und Nacht Bolschewiken. Sie trugen spitze Mützen mit roten Sternen drauf, die Gewehre hatten sie an Bändern aus selbstgeflochtenen Schnüren. Sie waren irgendwie schmutzig, stanken nach Teer, mit dem sie scheinbar ihre Schuhe putzten. Jeder Soldat hatte hinter dem Schaft seines Schuhs oder an seiner Hosen einen hölzernen Esslöffel festgebunden. Wir staunten: ›Woher kamen sie und warum waren es so viele Soldaten? Laufen sie zufällig im Kreis herum, um ihre Macht zu demonstrieren?‹ In Bereza war es auch unruhig, ständig wurde uns zugetragen, dass jemand verhaftet oder bei Verhören getötet wurde. [...] Ende Oktober verließen wir Bereza und fuhren nach Deniskowicze bei Łuniniec[9]. Der Bruder meiner Mutter lebte dort und arbeitete bei der Eisenbahn. Als Lokführer fuhr er zwischen Brześć und Baranowicze, manchmal auch weiter. Eines Morgens ging ich wie üblich zum Laden, um Brot zu kaufen. Man sagte mir, dass man mir kein Brot verkaufen würde, weil ich kein russisches

---

9 Łuniniec (belarus./russ. Luninez) – in der Zweiten Polnischen Republik eine Kreisstadt in der Woiwodschaft Polesien, heute in Belarus.

Erinnerungen an die Verbannung nach Kasachstan (1940 bis 1946)

Geld hätte, denn seit heute könne man das polnische Geld wegwerfen, da es wertlos sei. Obwohl sich die Läden allmählich leerten, musste man leben. Wir kauften Lebensmittel von Bauern und Schwarzmarkt-Händlern. Wir begannen vom Verkauf von Dingen zu leben, die weniger notwendig waren. Ein Jude nahm sie. Angeblich brachte er sie nach Minsk, verkaufte sie dort und gab uns das, was er für richtig hielt. Wir waren nicht die Einzigen, die das taten. [...] Weihnachten 1939 war traurig und armselig, das erste Fest, dem wir uns nicht mit Freude und Plänen entgegensehnten, es gab nicht mal Vorbereitungen. Im Februar wurden alle Förster und Militärsiedler mit ihren Familien nachts abgeholt und abtransportiert.[10] In diesen Zeiten herrschte klirrender Frost, der Schnee reichte bis unter die Achseln und es gab viele Menschen, die mit dem Wald zu tun hatten, denn hier begannen die Besitztümer der Radziwiłłs.[11] Riesige Wälder mit Eichen, Buchen und anderen [mächtigen Bäumen], und sie waren reich an Wild, Pilzen und Beeren. [...] In der Nacht vom 12. zum 13. April 1940[12] wurden wir durch ein Hämmern an der Tür und Schreie geweckt: *»Otkroi! Tut sowetskaja wlast!«* [Aufmachen! Hier die Sowjetmacht!] Und wieder eine Durchsuchung. Ich habe nichts gesehen, nur dieses Bajonett auf einem Gewehr, das in unsere Richtung gerichtet war. Basia wusste bereits, dass Schreien und Weinen nicht erlaubt waren, aber sie zitterte am ganzen Körper und klammerte sich krampfhaft an meinen Hals. Nach der Durchsuchung packten sie die auf dem Tisch verstreuten Dokumente und Fotos in einen großen alten Sack und verschlossen ihn mit einem Vorhängeschloss. Dann sagten sie uns, dass wir uns anziehen sollten, weil sie uns in eine *»drugoju oblast«* [andere Oblast] fahren wer-

---

10 Die erste Deportation aus den von der Sowjetunion besetzten Gebieten der Zweiten Polnischen Republik fand am 10. Februar 1940 statt und umfasste 140 000 Menschen. Die meisten von ihnen waren ehemalige polnische Soldaten, die für ihre Verdienste in den Unabhängigkeitskriegen Land in den östlichen Woiwodschaften erhalten hatten.
11 Radziwiłłs – polnische Adelsfamilie, die aus dem Gebiet des ehemaligen Großfürstentums Litauen stammt. Jahrhundertelang war sie sehr einflussreich und wohlhabend und besaß Ländereien in verschiedenen Teilen Polens. Einer ihrer Zweige war am Ende des 18. Jahrhunderts mit den Hohenzollern verwandt.
12 Am 13. April fand eine zweite Deportation statt, der Familien von Verhafteten, Kriegsgefangenen und ins Ausland Geflüchteten zum Opfer fielen. Etwa 61 000 Menschen wurden deportiert, hauptsächlich nach Kasachstan.

den. Man durfte ein Gepäckstück pro Person mitnehmen. Unsere Koffer waren klein und so durften wir so viele Sachen mitnehmen, wie sie in drei große Decken passten, die wir zu Bündeln gebunden hatten. Etwas zu Essen und das nötigste Geschirr nahmen wir in einem geflochtenen Wäschekorb mit. Wir zogen uns mehrere Blusen und Pullover übereinander, von der Unterwäsche ganz zu schweigen. Zwei NKWDler trugen die Sachen auf einen Pferdewagen, von dem wir nicht wussten, dass er vor dem Haus stand. Die Wohnung wurde versiegelt und die beiden führten uns etwa einen Kilometer zu einem Zug. Am Bahnhof standen mehrere Viehwaggons, an denen wortlos russische Milizionäre umherliefen. Unser Gepäck wurde in die Waggons geworfen und man befahl uns hineinzukriechen. Drinnen waren schon mehrere Familien und es wurden immer wieder neue herbeigefahren und in verschiedene Waggons gesteckt. Nach jedem dieser Reinwürfe wurden die Waggontüren geschlossen, sodass man nicht sehen konnte, wie viele drinnen waren, denn das Morgengrauen begann bereits, neblig, düster und kalt. Im Waggon gab es auf beiden Seiten Pritschen, die aus zwei blanken Brettern bestanden. An der Wand war für die Toilette ein Loch im Boden. In der Mitte ein eiserner Herd. Alle, die im Waggon landeten, standen, die Gepäckstücke lagen auf dem Boden. Keiner hatte es eilig einen Platz auf einer Pritsche einzunehmen. Entsetzt und nicht wissend, was geschehen war, was sein wird, wohin und wofür sie aus ihrer Heimat verjagt worden sind.

Und wieder wurde der Waggon geöffnet, sie schoben eine junge Frau hinein, sie hatte ein Kind auf dem Arm. Das Gepäck wurde hinterhergeworfen. Plötzlich ertönten unmenschliche Schreie: »Janeczka! Janeczka! Wo ist mein Kind?!« Nach einigen Minuten warf ein NKWDler ein dreijähriges Kind mit den Worten hinein: »Da hast du dein Rotzlöffel!« Die empörten Frauen fragten eine nach der anderen: »Was hat er gesagt?« Und das Kleine verfing sich zwischen den Erwachsenen. In diesem Moment schienen alle zur Besinnung zu kommen, begannen sich zu sammeln, ordneten ihre Bündel, halfen sich gegenseitig und nahmen ihre Plätze auf den Pritschen ein. Wir waren mehr als 70 Personen im Waggon. Nur Frauen und Kinder.

Schließlich wurde die Tür zugeschoben, von außen verriegelt und mit einer Eisenstange befestigt. Der Zug setzte sich in Bewegung, wobei er

Erinnerungen an die Verbannung nach Kasachstan (1940 bis 1946)

von Zeit zu Zeit anhielt. Durch das Ruckeln der Waggons konnte man erahnen, dass weitere Waggons angekoppelt wurden. Durch die kleinen vergitterten Fenster, die hoch oben angebracht waren, konnte man nichts sehen. Im Waggon war es still, Gebete wurden im Flüsterton gesprochen, es wurde geweint, ohne zu schluchzen. Selbst die kleinen Kinder waren verängstigt und saßen still. Wir fuhren ins Unbekannte, und im Kopf kreiste die eine Frage – was wird geschehen? Einmal am Tag wurde der Zug angehalten und die Lokomotive gewechselt. Der Waggon wurde aufgeschlossen, Soldaten mit Gewehren kamen herein und fragten, ob jemand gestorben sei. [...] Dann befahlen sie drei Personen, vier Eimer und einen Sack zu holen. Sie gingen vor zwei bewaffneten NKWDlern einher und holten so Suppe, Brot und Wasser. Ich erinnere mich nicht an den Geschmack der Suppe, beim Anblick dieser schwarzen dünnen Graupensuppe überkam einen das Ekel. Das Brot war krümelig mit Hafer- oder Gerstenhülsen. Wasser wurde eingeteilt. Jeder hatte sein eigenes, meist in einem Wasserkessel, und wenn es jemandem ausging, halfen andere aus. Niemand wusch sich. Die von den Säuglingen nassen Windeln trocknete, wer konnte, indem sie unter der Brust um den nackten Körper gewickelt wurden. Der Herd stand kalt, wir bekamen keinen Brennstoff, um Feuer zu entfachen. Während der ganzen Fahrt wurde der Waggon mehrmals geöffnet und wir wurden mit dem Ruf »*Pod wahon!*« [Unter den Waggon!] aus dem Waggon gelassen. Bei jeder kleinen Gruppe, die ihr Geschäft erledigte, stand ein Soldat mit einem Gewehr. Es war verboten, sich zu entfernen, sie sagten, sie würden schießen. Nach ein paar Minuten wurden wir wieder in den Waggon getrieben. Herausgelassen wurden nie alle, nur aus zwei oder drei Waggons. Es war auch nie möglich zu zählen, wie viele Waggons es [insgesamt] waren. [...] Jeder Waggon hatte eine Plattform, auf der Milizionäre standen, sobald sich jemand für den Waggon zu interessieren begann, schrien sie sofort und drohten mit dem Gewehr.

Nach zwei Wochen wurde der Zug angehalten, die Waggons wurden geöffnet – wir sahen eine endlose Wüste. Ein starker Wind trug den Sand mit sich und wehte ihn in unsere Augen. Wir erblickten gerade noch die kleinen Lehmhäuser und schlitzäugigen Menschen. Die verängstigten Kinder fingen jetzt erst an zu weinen. Wir wurden zu einer nicht fertiggestellten Schule gebracht. Zuerst kamen Kinder mit seltsamen Gesichtern angerannt, um uns zu betrachten. Wir erfuhren, dass dies Kasachstan sei, das in Asien liegt. und die Siedlung eine Stadt, die den Namen Aktjubinsk[13] trage. Mehrere Tage lang fuhren Lastwagen vor der Schule vor, und die mongolisch aussehenden Vorsteher wählten sich ihre eigenen Arbeiter aus, die sie in ihre Aule[14] herausfuhren. [...] Schließlich kam ein Kasache auch auf uns zu und fragte Mama nach den Kindern, klopfte ihr auf die Schulter und sagte: »*Gute Frau, starke Frau, wird viel arbeiten!*« Er fügte hinzu, dass meine Schwester und ich schon jetzt arbeiten können und in ein paar Jahren auch die Kleine arbeiten gehen wird. Wir wurden zusammen mit vier anderen Familien auf einen Lastwagen verladen. [...] Sie führten uns zu einem Stall, wo die Schafe überwinterten, die bereits auf die Weide getrieben worden waren. Der Mist war weggeräumt, das Stroh verstreut, aber der Geruch blieb. Wir schliefen auf unseren Bündeln ein. Geweckt wurden wir von einem Geschrei, gemischt mit Weinen und Lachen. Es war eine Dorfbewohnerin, die erfahren hatte, dass Polen hergebracht worden waren und sie kam, um es zu sehen. Sie schrie vor Freude, küsste alle ordentlich durch und sagte [auf Polnisch]: »Wie gut, dass sie euch gebracht haben, ich dachte schon, ich würde nie wieder die polnische Sprache zu hören bekommen!« Es stellte sich heraus, dass es eine Polin aus Żytomierz[15] war. Ihr 18-jähriger Sohn war erschossen worden, weil er versucht hatte, nach Polen zu fliehen, ebenso ihr Ehemann, der die Todesstrafe erhielt, weil er einen Verräter als Sohn großgezogen hatte. Sie und ihre beiden Töchter wurden nach Kasachstan in die Verbannung transportiert. Die ältere Tochter Jadzia war etwa 20, die jüngere Lusia 14 Jahre alt. Ihre Mutter, Frau Stryczkowa, war 45. Wir dachten, dass sie älter als 60 war: verwahrlost, fast ausgetrocknet, ohne Zähne und mit schütterem, nachwachsendem Haar. Sie war vor ein paar

---

13 Aktjubinsk (heute kas. Aqtöbe, russ. Aktobe) – Kreisstadt im Nordwesten Kasachstans.
14 Aul, hier eine kasachische Siedlung.
15 Żytomierz (ukr. Schytomyr), bis 1939 eine Stadt in der Ukrainischen Sozialistischen Sowjetrepublik und Hauptstadt einer Oblast, in der in der Zwischenkriegszeit hunderttausende Polinnen und Polen lebten. In den 1930er Jahren waren sie von Massenrepressionen, Deportationen und Verhaftungen betroffen. Vgl. die Erinnerungen von Jadwiga Barańska in diesem Band.

Monaten an Typhus erkrankt. Wir übernachteten in diesem Stall. Am Morgen wurden wir in das Auto geladen und die Reise ging weiter durch die Steppe entlang des Flusses, der Karkala[16] genannt wurde. Wir erreichten das Aul. Es war mehr oder weniger 70 km von Aktjubinsk entfernt. Es gab ein paar Häuschen – Lehmhütten. Der Ort wurde Kysyltu genannt. Kasachen kamen, um uns sehen. [...] Sie sprachen eine für uns unverständliche Sprache. Sie fragten bestimmt, woher wir kommen, wussten aber nicht, was Polen ist. Erst als jemand Lechistan[17] sagte, waren sie überrascht und schüttelten den Kopf. Dann brachten sie Lepjoschkas (auf einem Backblech gebackenes Fladenbrot) und etwas Milch. Sie wollten kein Geld und zeigten auf unsere Kleidung und Schuhe. Schließlich begannen sie nach einem Gespräch mit dem NKWDler uns in ihre Häuser zu führen. Durch den Stall, in dem eine Kuh, eine Ziege oder manchmal ein Esel stand und in getrockneten Kuhmist herumlag, gelangte man in eine Stube, die zu dreiviertel von Pritschen belegt war. In der Mitte der Stube war ein Heizkessel eingemauert. Keine Möbel, nur auf einer Pritsche, eine Art Koffer, ein Samowar und zusammengerollte kümmerliche Laken. Der Kasache zeigte uns, bis zu welcher Stelle wir die Pritsche einnehmen können. Uns stand eine halbe Pritsche für zehn Personen zu. Wir waren drei Familien. Unsere Mamas hatten vereinbart, nacheinander Wache zu halten. In der Nacht bemerkte der Kasache, dass sie wach waren und um sie zu beruhigen, sprach er laut: »Schlaft, schlaft, ein Kasache isst heute keine Menschen.« [...] Nach ein paar Tagen bemerkten wir bei uns massenhaft Läuse, sie waren weiß und von stattlicher Größe. Wir begannen die Gastgeber zu beobachten und fanden heraus, dass sie von ihnen stammten. [...]

Wir wurden geschickt, uns um das Getreide für die Aussaat zu kümmern: Wir bestreuten es mit irgendeinem Pulver und mischten es von Hand. Dann schütteten wir es in Säcke und wogen es ab. Meine Schwester Emilka kümmerte sich um Basia und die anderen kleinen Kinder. Auf dem Heimweg von der Arbeit betraten wir ein Büro, wo wir pro arbeitende Person einen Viertelliter Becher gemolkener Milch, einen Becher Mehl,

---

16 Eigentlich Kargaly (kas. Quarghaly) – ein Fluss im Oblast Aktjubinsk.
17 Lechistan – so wurde Polen im Osmanischen Reich genannt.

Graupen oder Kartoffel so groß wie Nüsse bekamen. Bisweilen hatten sie nichts, dann hieß es, wir sollten zum Kornspeicher gehen und dort gab uns ein Lagerverwalter für jeden eine Handvoll Weizen. Gut, dass wir eine Kaffeemühle hatten, so konnten wir den gemahlenen Weizen ins kochende Wasser geben und daraus eine *Mămăligă*[18] machen. [...] Wir stellten vor der Hütte zwei Ziegel oder Steine und einen Topf darauf. Um aber ein Feuer zu machen, mussten wir zuerst *kiziak* sammeln. Das war trockener Kuhmist und wir mussten lange suchen, wo die Kühe weideten, bis wir ihre Routen kennengelernt haben. Holz gab es dort nicht. Sicherlich gab es in der Nähe Kohleminen, doch keiner brachte Kohle her, niemand verkaufte sie und die Menschen blieben sich selbst überlassen, ohne sich auf etwas oder jemanden verlassen zu können.
[...] Am nächsten Tag wurden wir nach Petropawlowka gebracht, das etwa 20 Kilometer näher an Aktjubinsk liegt. Ein Dorf inmitten der Steppe. Ringsherum Berge mit sanften Hängen, auf denen Kühe, Schafe und Kamele der Kolchose weideten. Sie wurden von einem Chaban (Hirten) zu Pferd überwacht. [...] Ein kleines Dorf mit etwa hundert Lehmhütten. Die Einwohner sind hauptsächlich Umgesiedelte aus der Ukraine nach dem Ersten Weltkrieg. Einige russische Verbannte und ein paar kasachische Familien, die ein wenig Russisch sprachen, wenn auch sehr komisch. [...] Aus dem Fluss wurde Wasser zum Kochen und Trinken geschöpft, in ihm wurde das Vieh getränkt, man badete dort und wusch die Wäsche. Abseits des Flusses gab es kein Wasser, kein Leben. Dutzende von Kilometern konnte man in jede Richtung gehen und keinen Baum erblicken, nichts als Wüste aus ermüdendem Sand. In den Tälern und Senken wuchs im Frühjahr Gras, das man zu Heu zu mähen versuchte. Die Steppe war kurzzeitig grün mit stechendem Steppengras, das im Hochsommer vertrocknete und im Wüstensand versank. Über unsere neue Bleibe waren wir sogar froh. Es gab dort eine Schule, ein Waisenhaus und eine Reparaturwerkstatt. Man konnte sich mit den Menschen verständigen. Es gab viele Polen aus unserem Transport, und auch wenn wir uns vorher nicht kannten, war es unter den eigenen Leuten schöner. Es war bereits Juni und die Ernte begann. Je tiefer man in die Steppe kam,

---

18 Ein in Südosteuropa weit verbreiteter einfacher Maisbrei.

desto mehr Polen arbeiteten dort. Die Russen zogen für sich die Arbeit im Garten, beim Vieh oder auf den näheren Feldern vor. In Petropawlowka gab es damals mehr als 70 Polen. [...] Bei der Suche nach einer Wohnung hat uns Frau Stryczkowa sehr geholfen. Sie war dort seit 1936 und so kannte sie jeden, wusste, mit wem man reden konnte und mit wem nicht, wo man Klamotten gegen ein bisschen Milch oder etwas Mehl tauschen konnte. Sie erzählte uns über viele verschiedene Dinge und führte uns in ein für uns unbekanntes Leben ein, was für uns später vom Nutzen sein konnte. [...] Einige Leute, darunter meine Mama und mich, wurden zur Heuarbeit geschickt. Wir harkten das gemähte Heu, bündelten es zu Garben zusammen, brachten diese mithilfe von Ochsen näher an den Weg und legten sie zu Haufen, damit man sie im Winter besser erreichen konnte. Die Ochsen waren langsam, faul und wollten nicht auf uns hören. Der Wagen (*arba*), den man beladen musste, um später das Heu auf die Haufen zu stapeln, war sehr groß. Der Brigadier schrie uns an, dass, wenn wir so weiterarbeiten würden, die Arbeit bis zum Winter nicht fertig wäre und hier bereits die Ernte anfinge, bei der man Arbeitskräfte bräuchte, und wenn wir die Norm nicht erfüllten, wir kein Brot bekommen würden. [...] Für die hundertprozentige Normerfüllung wurde uns ein *trudodien* [Tagelohn] gutgeschrieben, für den wir am Ende unserer Feldarbeit, nachdem wir entsprechend dem Ablieferungsplan die Zwangsabgabe an die Regierung in Form von Getreidekörnern übergeben hatten, in Getreide ausbezahlt werden sollten. Wie viel es sein wird, wussten wir nicht, weil es davon abhing, wie viel übrigbleibt. Ein *trudodien* wurde auf alle Arbeiter geteilt. Alles, was jeder von ihnen gegessen hat, wurde abgezogen, der Rest wurde ausgezahlt. Aber erst im Folgejahr. Um viel zu bekommen, musste man viel arbeiten.

Wir wurden vom Heu zur Ernte gebracht. Auch hier benutzten wir Frauen die Ochsen, um das Getreide zusammenzubringen und zu Haufen zu stapeln. Da dies weit weg von dem *possjolok* [Siedlung] stattfand, verbrachten wir die Nächte in der Steppe unter freiem Himmel. Wir machten uns in die Getreidehaufen Löcher. Nachts fiel Stroh auf uns und wir mussten in Kopftüchern schlafen, um unsere Ohren und Haare zu schützen. Zum Umziehen und Waschen durften wir etwa alle Dutzend Tage einzeln nach Hause. Die Arbeiterin, die an der Reihe war, fuhr mit den

Erinnerungen an die Verbannung nach Kasachstan (1940 bis 1946)

Ochsen und dem Wasserzulieferer immer am Nachmittag los und musste am nächsten Morgen wieder bei der Arbeit sein. [...] Bei der Arbeit mit dem Getreide mussten wir nie hungern. Die Russinnen konnten auf jedem Metallplättchen mit einer Rispe aus Stroh heimlich Weizen rösten. Es gab immer eine, die uns etwas in die Taschen schüttete. Man kaute darauf herum, bis die Kiefer schmerzten. Die erwachsenen Polen mussten öfter in den *possjolok* zurück. Sie mussten sich bei der Miliz melden, dass sie da sind und dass sie arbeiten. Ohne Wissen der Behörden durften wir den Wohnsitz nicht verlassen. Wir hatten weder Personalausweise noch andere Dokumente. Im Falle einer Verhaftung konnten wir ohne Papiere dorthin geschickt werden, wo es aus der Sicht der Behörden gerade passte. [...] Basia wurde von ihrer Schwester Emilka betreut. Trotz ihrer 12 Jahre machte sie sich ganz gut. Immer, wenn es möglich war, brachte Mama ihnen ein paar Handvoll Weizen mit. Mit der Kaffeemühle gemahlen, reichte es aus, um eine Art Suppe zu kochen. Immer wieder, wenn etwas mehr da war, backte meine Schwester auf dem Herd ein Paar Fladenbrote, die Lepjoschkas genannt wurden. Es gab auch Pyszki[19], aber für diese brauchte man Hefe. [...] Obwohl Basia nicht in die Krippe ging, bekam sie jeden Tag einen halben Liter abgekochter Magermilch, den sie mit einem Brei aß. Mit anderen Kindern gingen beide [Schwestern] auf Erdhörnchenfang. [...] Nach dem Ausweiden konnte man sie kochen. Manchmal fingen sie zwei bis drei, manchmal gar keins. [...] Beide Schwestern gingen auch zum Fischen in den Fluss, der meistens seicht war. Das Wasser floss schnell von den Bergen herab, war glasklar und darin schwammen mehrere Zentimeter lange Gründlinge. [...] Wenn man mehrere Stunden am Wasser saß, war es möglich, 200 bis 300 Gramm Fische zu fangen. Gegessen wurden sie gekocht. Köstlich! Zum Fang ging man entweder morgens oder am frühen Abend, denn tagsüber brannte die Sonne unbarmherzig. Man konnte sich nirgends verstecken oder unterkriechen.

In Petropawlowka gab es einen Laden, der immer leer war. Es war der einzige Ort, an dem man mit Geld etwas kaufen konnte. Wenn sich die Nachricht verbreitete, dass sie nach Aktjubinsk fahren würden, um Waren

19 Bei Pyszki – russ. Pyschki – handelt es sich um eine Art Hefe-Kartoffel-Gebäck.

zu holen, stellte sich, wer konnte, an. [...] Nach 24 Stunden des Wartens kam die Ware. Meistens war es Petroleum, Wodka, manchmal Hirsegrütze, öfters Streichhölzer, zwei bis drei Paar Gummistiefel. Ein wenig Cretonne, aber der wurde nicht verkauft, da er für die Toten bestimmt war. Der Winter rückte näher. Man sagte uns, dass es eisige Temperaturen und Schneestürme geben würde. Wir hatten nicht die richtige Kleidung oder das richtige Schuhwerk, aber wir glaubten den Geschichten auch nicht wirklich. Wir hatten etwas *kiziak*, den Emilka und Basia gehortet hatten. Von einer alten Russin mieteten wir ein Zimmer, in das drei polnische Familien einzogen. Wir mussten niemandem erklären, woher wir etwas Weizen oder ein paar Kartoffeln hatten, die wir gegen Kleidung eintauschten oder stahlen. Uns blieb immer weniger, sogar von den notwendigen Sachen. Ihren Ehering tauschte Mama gegen einen Eimer Mehl. Vaters Siegelring gegen einen Eimer Gerstengrütze. Mit ihrem allzu eleganten Kleid ging Mama auf den Markt in Aktjubinsk. Ein Mann kam auf sie zu und meinte, dass er eine zierliche Frau habe, die nähen könne; sie würde aus dem Kleid ein Kleid und einen Rock machen. Er könnte für das Kleid Mehl geben. [...]

Nach dem heißen Sommer gab es ein wenig Frost, Regen, aber noch keine anderen Anzeichen von Herbst. Dunkle Quellwolken zogen auf, die ersten Schneestürme kamen. Jedes Mal schneite es mehr. Der Frost hörte nicht auf. Basia weinte immer öfter. Sie gab uns die Schuld, dass wir sie hierhergebracht hatten. Sie bat darum, zurück nach Hause zu ihrem Papa zu gehen. Dort gab es Brot, Brötchen und Äpfel. Zum Schlafen wollte sie sich von uns nicht mehr ausziehen lassen, weil sie fahren wollte und Schluss. Schließlich bekam sie furchtbaren Schüttelfrost, der dann in Fieber überging – und das jeden Tag. Die Arzthelferin diagnostizierte Malaria. Das Kind fragte nach Kompottsaft und Wackelpudding – es gab nichts! Der Laden leer und überall arme Menschen, niemand konnte helfen, weil niemand etwas hatte. Schließlich verschlimmerte sich das Fieber so sehr, dass es gar nicht mehr sank und die Arzthelferin empfahl, eine höhere Dosis Chinin zu verabreichen und den Rücken mit Petroleum einzureiben. Es gab keine Medikamente. Hausmittel halfen nicht. Wir konnten sehen, wie ihre Kräfte schwanden. Sie bat um nichts mehr, lag ruhig da und öffnete nicht einmal die Augen. Sie schlief sehr viel. Im Schlaf starb sie, wobei sie nur ein paar Mal tief seufzte. Die Verzweiflung ergriff uns alle, doch inmitten der Tränen schrie meine Schwester am meisten. »Warum hast Du mich verlassen!«, rief sie. […] Es war der 18. November 1940. Wir begruben sie in einem kleinen Sarg aus Furnier, denn Bretter waren nirgends zu finden. Zwei Nachbarn, Russen, gruben das Grab aus, wir brachten selbst den Sarg und sie begruben ihn. Ein kleines Kreuz aus einem Eisenrohr wurde von einem kasachischen Traktoristen angefertigt. Wir blieben allein zurück, das Wichtigste, was wir hatten, war nicht mehr da. Das Leben verlor seinen Sinn. Es war uns egal, was mit uns geschehen würde. Wir kehrten vom Friedhof zurück, als wären wir tot. Sogar der Schneesturm hatte sich beruhigt. Das Klopfen von Steinen und gefrorenen Klumpen [gegen den Sarg] dieser fremden und feindseligen Erde habe ich lange gehört, nicht selten weckte es mich aus dem Schlaf. Schon im September 1940 begannen kleine polnische Kinder zu sterben. […] In diesem ersten Herbst starben in Petropawlowka alle kleinen Kinder. Der Winter wütete und verwehte mit dem Schnee Fenster und Türen. Des Öfteren saßen wir tagelang im Haus gefangen. Nur mit größter Anstrengung gelang es uns, die schneebedeckte Tür zu öffnen, um etwas Schnee zu sammeln, ihn zu schmelzen und wenigstens einen Schluck heißes Wasser zu trinken. Wir hatten keine Uhren mehr und wussten nicht, ob es Tag oder Nacht war. Eine Lampe hatten wir auch nicht und die einzige Beleuchtung war eine *koptilka*. Dabei wurde in eine beliebige Flasche [mit Petroleum] ein Röhrchen, das an einer Dose befestigt war, eingelassen. Der Docht bestand aus einer Schnur, einem Baumwollfaden oder einem Schnürsenkel. […] Am Ende des Jahres erhielten meine Mama und ich für mehrere Monate Arbeit anhand der Abrechnungstage insgesamt 60 Kilogramm Getreide. Darunter waren Weizen, Roggen, Gerste und Wicke. Einige Tage später fuhren Schlitten durch das Dorf und sammelten das Getreide wieder ein. Bitten halfen nichts. Die Kolchose hatte den Auslieferungsplan nicht erfüllt, der Rest interessierte sie nicht. Wir waren zunehmend hungrig. Unsere Kleidungsstücke, die wir gegen Lebensmittel tauschen konnten, waren langsam am Ende. Wir mussten einiges behalten, denn es gab wenig Hoffnung, jemals etwas kaufen zu können. Die Sehnsucht nach allem, was war, nach dem Vaterland, nach den Nächsten, erschlug uns. Es kam das Weihnachtsfest, das zweite trau-

rige meines Lebens. Wird jedes weitere schlimmer sein als das vorherige? Wir haben innerhalb eines Jahres zwei geliebte Menschen verloren, wer wird ihnen folgen? Wie wird unsere Tragödie zu Ende gehen? Der Winter wütete zügellos. [...] Man bestellte Mama zum *selsowet* [Dorfsowjet] und beorderte sie, zur Arbeit ins Waisenhaus zu gehen. Sie begab sich dorthin und der Direktor befahl ihr, in der Wäscherei zu arbeiten. [...] Zunächst musste der Kessel mit dem Wasser aus einem etwa 300 Meter entfernten Dorfbrunnen befüllt, ein Sack mit *kiziak* aus dem Vorratslager geholt und das Feuer im Ofen angemacht werden. Aufgrund der Läuse wurde die dreckige Wäsche in das kochende Wasser getan, dann wurde sie auf einer Holzreibe von Hand gewaschen. Zum Kochen der Wäsche wurde Natronlauge, zum Waschen farbiger Kleidung je 100 Kleidungsteile ein Stück Seife zugefügt. Man musste so waschen, dass man ein Stückchen Seife sparte, das man gegen ein Glas Weizen tauschen konnte. Oft konnten auch Stücke von *kiziak* mit nach Hause genommen werden. Die Kinder wurden zweimal im Monat gebadet. Mama erhitzte dann zwei Kessel mit Wasser. Die Erzieherinnen brachten jeweils eine Gruppe von Kindern herein, bestrichen sie mit Schwefelsalbe und übergossen ihre Köpfe mit irgendeiner Flüssigkeit. So war es vor jedem Bad, aber mit Krätze und Läusen konnten sie nicht fertig werden. [...] Wir gingen oft Mama zu helfen. Wenn die Erzieherinnen nicht zuhören konnten, fragten wir die Kleinen, wo ihre Eltern sind? Nur einige antworten, dass ihre Eltern tot seien. Die meisten Kinder wussten, dass ihr Vater oder ihre Mutter in einem *tjurma* (Gefängnis) saßen, weil sie *wragi naroda* (Feinde des Volkes) waren. [...] Kleine Mädchen wollten immer gekämmt werden. Sie legten dann die Köpfchen zur Seite, um gestreichelt oder geknuddelt zu werden. [...] Und so haben wir den ersten schrecklichen Winter in Kasachstan überstanden, es kam wieder der Frühling. [...]
Im späten Frühjahr kamen verbannte Rumänen.[20] Mehr als ein Dutzend Familien wurden nach Petropawlowka gebracht. [...] Die schlanken, schwarzäugigen Mädchen liefen in bestickten Leinenhemden und ge-

---

20 Im Mai und Juni 1941 führten die sowjetischen Behörden die letzte Deportation durch, die sich auf das gesamte neue Grenzgebiet erstreckte, von den annektierten Sowjetrepubliken bis nach Bessarabien, das man Rumänien abgenommen hatte. Ins-

Erinnerungen an die Verbannung nach Kasachstan (1940 bis 1946)

streiften Wollstrümpfen herum. Auch die Männer fielen durch ihr Äußeres und ihr gutes Aussehen auf. Eine Familie, die noch jungen Eltern und ihre drei hübschen Töchter im Alter von 13, 16 und 18 Jahren wurde in unserer Nähe angesiedelt. Die Jüngste klammerte sich sofort an meine Schwester. Sie konnten nicht ohneeinander. Sie arbeiteten zusammen, sammelten *kiziak* in der Steppe, gingen zum Baden und Waschen an den Fluss. Wie sie sich verständigten, weiß ich nicht. Sie konnte kein Russisch, das wir schon beherrschten, Rumänisch war uns fremd, und auch von Polnisch verstanden sie kein Wort. Ich fragte meine Schwester: »Wie verständigt ihr euch?« Sie antwortete »Normal« und, dass sie im Übrigen nicht viel reden müssten, da eine immer weiß, was die andere will und lachen würden sie eh gleich. Mama war sehr glücklich über diese Freundschaft, denn ihre Tochter hatte sich seit Basias Tod sehr verändert. Sie war weinerlich und lustlos. Sie tat wenig, auch mit sich, so musste sie zum Waschen oder zum Kämmen fast getrieben werden. Jetzt erkannten wir sie nicht wieder, so sehr hat sie sich verändert. [...]

Wir wussten wenig darüber, was im Land und in der Welt geschah. Es gab keine Zeitungen, es sei denn, dass jemand aus Aktjubinsk von der Kolchosenverwaltung welche mitbrachte. Briefe von der Familie kamen nur sehr selten. Gelegentlich erhielt jemand ein Lebensmittelpaket, das mehrere Wochen oder Monate lang unterwegs war. Ungeschützte Lebensmittel waren meist nicht mehr zum Verzehr geeignet! [...] Dann plötzlich, wie ein Blitz, traf uns die Nachricht, dass die Deutschen Russland überfallen hatten. Bis vor Kurzem rühmten sie sich noch ihrer Freundschaft mit den *Germanzy*. Es hat uns nicht traurig gemacht. Gut, dass auch sie am eigenen Leib erfahren, wie es ist, geknechtet zu werden. Denn vor nicht allzu langer Zeit hatten sie gelacht, als sie daran erinnerten, wie die Deutschen Polen in zwei Wochen besiegt haben. Jetzt flohen sie selbst schneller als die Polen. Jeden Tag erfuhren wir von neuen Städten, die sich den Deutschen ergeben hatten. Männer im Alter zwischen 16 und 60 Jahren wurden eingezogen. Es wurden auch Mädchen und kinderlose Frauen mitgenommen. Übrig blieben Leiter, *politruks* [Politoffiziere] und

gesamt wurden 87 000 Menschen deportiert, darunter fast 10 000 aus Bessarabien (das heute zu Moldawien gehört).

Erinnerungen an die Verbannung nach Kasachstan (1940 bis 1946)

Traktoristen. Den Traktoren und Maschinen gingen allmählich das *gorjutscheje* (der Treibstoff) und die Schmierstoffe aus. Sie schickten alles an die Front. [...] Bald kamen ganze Familien aus der Wolgaregion in die Verbannung, sehr viele Nachkommen der Deutschen, die sich dort noch unter dem Zaren niedergelassen hatten.[21] Sie hatten wie wir als Verbannte auf unbestimmte Zeit keine Rechte. Eine große Anzahl von Evakuierten wurde aus aus Kyjiw, Odesa und Rostow gebracht, meist waren es Familien von *komandiry* [Kommandeure], die an der Front waren. [...] Wir waren noch nicht mit dem Einsammeln des Heus fertig, und schon hieß es, wir sollten zur Ernte gehen. Wir schleppen das Getreide mit Ochsen ein, legen es in Haufen ab, zu denen nach und nach die vom Traktor gezogene Dreschmaschine geschoben wird. Es war eine harte Arbeit, die Garben vom Getreidehaufen auf die Dreschtrommel zu werfen. Es ist schwierig, Getreide mit Schaufeln auf einen Haufen zu werfen. Beim Stroh ist es nicht einfach, es von der Dreschmaschine wegzuwerfen, zumal es viel Wermut enthält, der in Hals und Augen brennt und unbarmherzig staubt. Wir arbeiteten vom Morgengrauen bis zur Abenddämmerung und schliefen unter freiem Himmel in den Strohhaufen. Wir haben Löcher für zwei bis drei Personen gemacht, denn eine hatte eine Decke, eine andere ein Kissen und die dritte etwas zum Unterlegen. Wir schliefen mit Tüchern auf dem Kopf, weil Stroh in unsere Haare und Ohren fällt. Zum Umziehen und Waschen durften wir alle zwei Wochen nach Hause [...] Eines Tages kam der Brigadier zurück aus Petropawowka und sagte: »So viel Arbeit, und mir wurde befohlen, alle Polen für einen Tag zu entlassen! Sie sollen sich beim *selsowet* melden.« Er wisse nicht, ob es gut oder schlecht für uns sein werde, aber es geschehe etwas in der Welt. In der Überzeugung, dass uns nichts Gutes widerfahren könne, gingen wir [Frauen] nach Petropawlowka. Diejenigen, die im *possjolok* arbeiteten, kamen uns entgegen und sagten, dass etwas geschieht, doch die Obrigkeit will, dass alle Polen zusammenkämen. Wir begannen Vermutungen anzustellen, ob sie uns vielleicht noch weiter wegbringen würden. Der

---

21 Von der Deportation deutscher Bürger:innen der UdSSR waren im Herbst 1941 fast eine Million Menschen betroffen. Darunter etwa 400 000 aus der Autonomen Sozialistischen Sowjetrepublik der Wolgadeutschen, die größtenteils von den Nachkommen der Kolonist:innen aus dem 18. Jahrhundert bewohnt war.

Erinnerungen an die Verbannung nach Kasachstan (1940 bis 1946)

predsedatel [Vorsitzende] begrüßte uns freundlich und begann seine Ansprache, die ihm schwerfiel, wie sollte es auch anders sein, vor Kurzem waren Polen ja noch Untermenschen. Und nun eine solche Veränderung! Schließlich sagte er, dass wir uns bei Stalin und General Sikorski bedanken können.[22] [...] Wir sollen vorerst nach Aktjubinsk gehen, weil dort eine polnische Mission im Aufbau ist, und dort wird man uns alles erklären. Einige weinten, andere lachten, umarmten sich, sprangen vor Freude. Wie uns gesagt wurde, ging jeder, der konnte, am nächsten Tag nach Aktjubinsk. Dort wurde alles bestätigt. Wir mussten uns nicht mehr melden gehen und bekamen polnische Personalausweise! Mit so einer freudigen Kunde hatten wir nicht gerechnet. Da haben alle vor Freude geweint. Wir wurden gebeten, uns nirgendwohin auf den Weg zu machen und an dem Wohnort zu bleiben, da die Inhaftierten die Gefängnisse verlassen werden und vor der Abreise nach Busuluk[23], wo die polnische Armee gebildet wurde, ihre Familien besuchen wollten, da dort die Listen aller tief in die Sowjetunion deportierten Polen ausliegen würden. Wir sollten die Vertretung in Aktjubinsk aufsuchen. Man versprach uns Hilfe in Form von Kleidung und Lebensmittel. [...] Für die Erwachsenen wurden polnische Personalausweise ausgestellt. Voller Freude gingen wir zur Kolchose. Unsere Beine trugen uns wie von selbst. Sie wussten doch, wo wir sind! [...] Bereits im Herbst begannen die aus den Gefängnissen entlassenen Polen zu kommen. [...] Herr Stancel, ein Polizist aus der Gegend von Nowogródek, war der erste, der zu seiner Familie kam. Er war derjenige, der uns von Ostaschkow, Kozelsk und Starobelsk erzählte.[24]

22 Władysław Sikorski (1881–1943) – polnischer Offizier, nach 1939 Oberbefehlshaber wie Premierminister der polnischen Exilregierung. Am 30. Juli 1941 unterzeichnete er ein Abkommen mit der Führung der UdSSR, das die Freilassung der Verbannten und in Lagern unterdrückten polnischen Bürger:innen sowie ihren Schutz durch die polnischen Vertretungen in der Sowjetunion vorsah. Im Rahmen dieses Abkommens wurde auch eine polnische Armee mit General Władysław Anders als Befehlshaber aufgestellt. Sikorski starb bei einem Flugzeugabsturz bei Gibraltar.
23 Busuluk – Stadt im europäischen Teil Russlands am Fluss Samara, die zum ersten Aufstellungsort der polnischen Armee bestimmt war.
24 Ostaschkow, Koselsk, Starobelsk sind zwei westrussischen Städte und eine ostukrainische Stadt, an denen sich in den Jahren 1939–1940 Kriegsgefangenenlager für 14 000 polnische Offiziere und Polizisten befanden, die auf Befehl Stalins im Frühjahr 1940 in Katyn und anderen Orten ermordet wurden.

Wir hörten entsetzt zu. Einige Zeit nach der Abreise ihres Mannes nahm Frau Stancelowa ihre drei Kinder und fuhr ins Unbekannte. Sie sagte, dass sie auf nichts warten würde und auf eigene Verantwortung gehe, egal ob es in einem Waggon, auf dem Waggon, oder unter dem Waggon sein sollte. Sie wäre sogar bereit, zu Fuß zu gehen, um dieses Land zu verlassen. [...] In der Fastenzeit besuchte uns ein junger Priester, der aus dem Gefängnis entlassen wurde. Es scheint mir, dass er Kapusta hieß. Er hielt heilige Messe an einem provisorischen Altar in der Wohnung der Familie Sławiński. Und als wir sangen: »O Herr, der Du im Himmel bist, strecke Deine gerechte Hand aus, wir das polnische Haus rufen für polnische Waffen von überall zu Dir! Gott zerbreche das Schwert, welches das Land zerhackt, lass uns zurückkehren in ein freies Polen!«, da schien es, dass dies nun sicher von Dem erhört werden würde, zu Dem wir so vertrauensvoll und warmherzig riefen, dass Er uns nie wieder unbeaufsichtigt lassen würde. Der Priester erzählte uns ein wenig über das, was in der Welt geschah. Er bat uns, durchzuhalten, egal wie lange es dauern möge. Die Russen strömten herbei, um ihre Kinder von ihm taufen zu lassen. Sie baten, also taufte er. Auch ich hielt fünf von ihnen bei der Taufe. Es war bereits das Jahr 1942 und auch die Russen begannen, ihr Leben zu ändern. Diejenigen, die eine hatten, hängten Ikonen (Heiligenbilder) zu Hause an die Wand. Nicht selten befand sich ein solches Bild auf der Rückseite eines Portraits von Stalin. [...] Auf den Plakaten stand in großen Lettern: »*W boi na amerikanskich tankach!*« [In die Schlacht auf amerikanischen Panzern!] Die sowjetischen Offiziere zogen ihre Rangabzeichen an. [...]
Das Jahr 1942. Es drohte eine große Missernte und Hungersnot, die sich dort alle paar Jahre wiederholte. Man hatte keine Zeit, das Getreide gleich nach dem Tauwetter in den feuchten Boden zu säen, und so wuchsen einige handhoch und hatten bereits Ähren, während andere gar nicht erst aufkamen und wie Asche in der trockenen Erde lagen. Nur die frühesten Ähren, die in den Tälern zwischen den Bergen gesät wurden, konnten geerntet werden. Die mähenden Erntemaschinen umfassten nicht einmal die ganze Ähre, sondern schnitten sie in der Hälfte durch. Wir, die Schulkinder, als auch diejenigen aus dem Waisenhaus liefen durch die Steppe und sammelten die Ähren in Säcke ein. Von der Arbeit sind wir nie mit leeren Händen zurückgekommen. Man schleppte auf dem Rücken ent-

weder *kiziak*, trockenes Gras oder Stroh. Die russischen Frauen trugen genauso viel wie wir oder sogar mehr, denn sie hielten Kühe, die jetzt und im Winter gefüttert werden mussten. Von den Kühen profitierten sie nur ein wenig, weil sie einen Teil der Milch kostenlos an die Regierung abliefern mussten, doch es blieb von ihr immer ein wenig übrig. Jedes Jahr mussten sie ein Kalbfell weggeben.
Der Sommer ging zu Ende. Die Malaria machte uns mit ihren Anfällen fertig. Sie kamen immer zur gleichen Zeit, entweder jeden Tag oder jeden zweiten. Von Chinin und Akrichinin sind wir Gelb wie ein Salat geworden. Die Arzthelferin verwies mich an eine *malarstancja* [Malariastation] in Aktjubinsk. Es gab keine Möglichkeit dorthin zu fahren. [...] Ich beschloss zu laufen und bin am Morgen los. Bis Aktjubinsk waren es 40 bis 50 Kilometer. Ich ging durch die Steppe entlang der Straße. Als ich noch nicht einmal bei der Hälfte der Strecke angekommen war, spürte ich, wie mir Kälte den Rücken hinunterlief. In letzter Zeit bekam ich jeden zweiten Tag Malaria[-Anfälle]. Genau an diesem Tag sollte ich es nicht bekommen. Der Schüttelfrost wurde von Minute zu Minute stärker, ich rannte ins Feld, wo Sonnenblumen wuchsen, ein ganzes Feld. Ich ging so weit ich hineinkam, denn in der prallen Sonne würde ich in der Mittagszeit verbrennen. Als das Fieber sank, ging gerade die Sonne unter und ich hatte noch einen so langen Weg vor mir. Ich trank Wasser aus dem Fluss, wusch mich ein wenig und ging weiter. Ich gelang in unsere Vertretung; trotz der späten Stunden wuselten die Beamten noch immer herum. Sie waren dabei, etwas zu verpacken und Papiere zu sortieren. Ich fragte eine polnische *uborschtschiza* [Putzfrau], ob ich übernachten könnte. Sie nahm mich mit in ihr Zimmer, wo ich geschlafen habe. Am Morgen betrat ich erneut die Vertretung. Einer der Männer fragte mich, woher ich käme und ob ich hungrig sei? Sie gaben mir ein vielleicht zwei bis drei Kilo schweres Paket mit Matze, die Art, die die Juden früher aßen. Aus der *malarstancja* kehrte ich zurück nach Hause, sie hatten dort keinen freien Platz, untersuchten mich und sagten: »Ne nada poddawatsja!« [Man sollte sich nicht aufgeben!] [...]
Der Winter 1942/1943 kam, und man rief uns zur Miliz[station]. Man befahl uns, unsere polnischen Personalausweise zurückzugeben und die sowjetischen anzunehmen, was bedeutete, dass wir ihre Staatsangehörig-

keit annehmen würden. Man sagte uns, dass das Abkommen gebrochen worden und dass die Amnestie vorbei sei.[25] Sikorski habe sie getäuscht und eine große Zahl von Menschen aus Russland herausgeholt.[26] Die aus dem Gefängnis Entlassenen sollten gegen die Deutschen kämpfen, und jetzt säßen sie zusammen mit ihren Familien und Freunden in Zimmern im Ausland.»Ihr seid zurückgeblieben, also werdet ihr für alles bezahlen!« Diejenigen, die ihren Personalausweis nicht annehmen wollten, wurden in Gewahrsam genommen. Am 6. Januar wurde ich 16 Jahre alt. Das ist das Alter, in dem man nach ihrem Gesetz als erwachsen gilt. Ich habe mich wie die anderen geweigert, ihre Staatsangehörigkeit anzunehmen. Zusammen mit anderen wurden wir in Petropawlowka inhaftiert. [...] Wir wurden in einen Haftraum ohne Fenster gepfercht, der mit Stroh bedeckt und voller Flöhe war. Nachts flogen die Wanzen, die dick wie Erbsen waren, von der Decke aufs Gesicht. Zerquetscht rochen sie furchtbar. [...] Nachts wurden wir einzeln zum Verhör gerufen. Nach kurzer Zeit sagten sie uns, dass sie uns, wenn wir hartnäckig blieben, nach Aktjubinsk zurückschicken würden und dass sie dort für uns schon einen geeigneten Paragrafen finden würden und dass niemand uns fragen würde, ob wir Patrioten seien oder nicht. Die Vereinbarung wurde gebrochen und sie werden mit uns machen, was sie wollen. In meiner letzten Nacht in der Zelle wurde ich bereits am Abend in ihr Büro gerufen. Dann holte er eine Aktentasche aus dem Schrank und begann, daraus Dokumente und Fotos herauszuholen, die uns vor der Deportation abgenommen worden waren. Er fing an, mir zu erklären, dass, wenn ich ihren Pass (ihre Staatsangehörigkeit) annehmen würde, es sowieso Beweise dafür gibt, dass ich eine Polin bin und aus Polen komme. Wenn eines Tages jemand auf uns Anspruch erhebt und unsere Sicherheit garantiert, wird es keine Hindernisse mehr geben, dass man zum Beispiel nach Polen zurückkehrt.

25 Die sich verschlechternden polnisch-sowjetischen Beziehungen wurden im April 1943 abgebrochen, nachdem die Deutschen die Massengräber der hingerichteten polnischen Offiziere in Katyn publik gemacht hatten. Bereits im Januar 1943 verkündete der Kreml, dass Menschen aus den ehemaligen polnischen Ostgebieten Sowjetbürger seien.
26 Im Jahr 1942 wurden mit Zustimmung des Kremls und mit Unterstützung des Vereinigten Königreichs polnische Militäreinheiten (78 000) und Zivilisten (37 000) in den Nahen Osten evakuiert. Zwischen 1943 und 1944 kämpften polnische Soldaten an der italienischen Front.

Erinnerungen an die Verbannung nach Kasachstan (1940 bis 1946)

»Warum solltest du dich mit Absicht in ein Gefängnis stecken lassen? Du bist jung, weißt du nicht, wie es im Gefängnis zugeht?«, fragte er mich. Ich willigte ein, den Pass anzunehmen, und als ich in die Zelle zurückkehrte, trug ich ihn in zwei Fingern vor mir her, damit sie mich nichts fragen mussten. [...] Dann wurden alle Frauen eine nach der anderen herausgerufen, ich weiß nicht, welche Argumente er gegen sie anführte, aber am Morgen waren wir alle russische Untertanen. [...] Dort wurden wir erneut zur Miliz gerufen, wo uns mitgeteilt wurde, dass wir schweigen sollen, als sei nichts geschehen. Wir sollen vergessen, was war. Wir sollen uns ihnen unterordnen, denn wenn wir das nicht tun, werden die Lager, die nach unseren Verwandten leer stehen, ohne Probleme, wenn sie das wollen, mit uns aufgefüllt werden! Vor allem die Jungen sollten aufpassen, denn sie, die Russen, sehen, dass die Polen zwar Russisch sprechen, arbeiten und leben, aber Polnisch denken, und das muss man ihnen aus den Köpfen prügeln, worum sie sich kümmern werden. Wir sollen daran denken, dass wir russische Untertanen sind und wir sollen ihnen dankbar sein, dass sie sich daran nicht erinnern wollen, wer wir sind! [...]
Der Schnee begann in schwindelerregendem Tempo von den Bergen zu verschwinden und in allen Tälern floss Wasser. Der Frühling begann. Ich wurde zum Kolchosenbüro gerufen und man forderte mich auf, meinen Personalausweis mitzunehmen. Ein Funken Hoffnung flackerte auf, wurde aber sofort wieder zerstört, als ich dort ankam. Auf dem Hof stand ein Lastwagen, in dem ein paar Mädchen saßen – sie weinten. Sie fragten mich, ob ich wisse, was sie mit uns vorhaben. Sie wollen uns zur Arbeit wegbringen, es wird *trudowoi front* [Arbeitsfront] genannt. Ich hatte nur Zeit meiner Schwester, die bei mir war, zu sagen, sie solle zu Mama gehen und ihr sagen, wie die Sache aussieht. Kaum ist meine Schwester losgelaufen, fuhr der Laster mit uns weg. Wir fuhren in Richtung Aktjubinsk, ohne in die Stadt zu kommen und fuhren weiter in den Süden, die ganze Zeit bergauf, so an die 20 Kilometer.
Es stellte sich heraus, dass es sich um eine Art Kohlemine handelte. [...] Wir waren 12 Mädchen: zwei Polinnen, drei Rumäninnen und sieben Russinnen. Ein älterer Mann kam herein und sagte, dass er der Brigadier sei und uns auf dem Weg zur Arbeit, von der Arbeit und während der Arbeit begleiten wird. Er befahl uns mit ihm ins Lagerhaus zu gehen,

holte uns graue Hosen und Hemden aus Drillich. Dann brachte er Schuhe mit Schnürsenkeln, die ebenfalls aus Drillich waren und eine dicke Holzsohle hatten. Er brachte uns zu einem Büro, nahm unsere Personalausweise weg und überreichte uns Lebensmittelkarten für Brot und Suppe. Wir sind schlafen gegangen und am frühen Morgen weckte uns ein Wächteropa, indem er mit einem Hammer auf ein Stück Schiene schlug, die am Eingang der Baracke befestigt war. Sogleich tauchte auch der Brigadier auf und wir gingen mit ihm durch die Berge zur Kohlengrube. Wir fuhren mit einem kleinen Waggon hinunter. Man gab uns Schaufeln und befahl, Kohle in die Förderwagen zu laden. Dann fuhren wir die zwei bis drei Wagen bis zum Ende des Tunnels auf eine Art kreisförmige bewegliche Plattform. Eine Kette wurde befestigt und die Wagen fuhren an die Oberfläche. Wir nahmen die leeren und luden sie wieder auf und so weiter und so fort, mehr als zehn Stunden täglich. Männer, die genauso wie wir dorthin transportiert wurden, rissen die Kohle mit Spitzhacken aus den Wänden. Zum Mittagessen fuhren wir an die Oberfläche. In einer schmutzigen schwarzen Kantine aßen wir eine schwarze dünne Graupensuppe oder eine Kohlsuppe mit grünen Kohlblättern auf Wasser gekocht, in der zwei bis drei Fettaugen zu finden waren. Jeden Tag gab man uns ein recht großes Stück Brot. Anscheinend sollten es 600 Gramm sein. Wenn ich mich nicht gezwungen hätte, etwas für das Abendessen oder das Frühstück aufzubewahren, hätte ich alles aufgegessen, und ich weiß nicht, ob ich genug gehabt hätte. Morgens und abends wurde in der Kantine *kipiatok* (abgekochtes Wasser) ausgeschenkt. Unsere Augen taten weh und brannten. Jeden Morgen waren unsere Augenlider mit eingetrocknetem Eiter verklebt, sodass wir sie zusammen mit unseren Wimpern ausrissen. Die Haare fielen in ganzen Strähnen aus. [...] Der Mond schien, es war ruhig, niemand war zu sehen, und es war Ende September oder Anfang Oktober. Eine von uns sagte, dass heute ein guter Tag wäre, um zu fliehen. Der Rest antwortete: »Lass uns fliehen, sonst sterben wir hier bald.« Ohne nachzudenken, machten wir uns mit schnellen Schritten auf den Weg – wir zogen nach Norden in Richtung Aktjubinsk. Wir liefen durch die Steppe, nicht weit von der Straße entfernt, sodass wir die Telefonmasten sehen konnten. Wir umgingen Aktjubinsk und liefen in westlicher Richtung den Fluss Karkala stromaufwärts. Wir liefen die ganze Nacht und den ganzen darauffolgenden Tag hungrig, die Beine bewegten sich automatisch, wenn wir uns hingesetzt hätten, wäre sicher keine von uns aufgestanden. Am Abend waren wir alle vier bereits in Petropawlowka. Heimlich schlugen wir uns zu unseren Häusern durch. Zu Hause fand ich Mama und Schwester. Sie waren beide sehr krank. Obwohl ich ausgetrocknet und schwach ankam, war ich gesund. […] Wir dachten nicht daran, wie es weitergehen würde, obwohl wir kurz nach dem Bruch des Abkommens zwischen der polnischen Regierung und der UdSSR erfuhren, dass ein neues Abkommen unterzeichnet worden war.[27] Mit den russischen Machthabern hatte sich Wanda Wasilewska[28] arrangiert. Männer, die es nicht schafften, mit der Anders-Armee mitzugehen, wurden in die polnische Armee, die sogenannte Kościuszko-Armee, aufgenommen. Die Leute, die schon einmal enttäuscht wurden, nahmen dies ohne Begeisterung auf. Es war klar, dass das, was sich abzeichnete, unser Schicksal nicht ändern würde. Es wurden den Polen, die von dem gebrochenen Abkommen übriggeblieben waren, scheinbar Zulagen gewährt, aber nur denjenigen, in deren Familie jemand ein Kościuszko-Soldat geworden war. In Aktjubinsk entstand anstelle der Vertretung [ein Büro des] Verbands Polnischer Patrioten. Einige Zeit später, als sich die Deutschen aus der Ukraine zurückzogen, wurden Familien der Kościuszko-Soldaten dorthin umgesiedelt. Sie hatten viel bessere Lebensbedingungen, worüber sie uns in ihren Briefen berichteten. Und in Petropawlowka wütete der Hunger und forderte einen hohen Tribut. Die Russen töteten ihre einzigen Kühe, um mit ihren Kindern zu überleben. […] Im Dorf gab es keinen einzigen Hund und keine einzige Katze mehr, alle wurden aufgefressen. Die meisten Todesopfer gab es unter den Tschetschenen, die im Herbst 1943 und im Winter 1944 gebracht

---

27 Ab dem Frühjahr 1943 begann der Kreml mit Hilfe der polnischen Kommunisten eine neue Politik gegenüber Polen zu verfolgen. Es wurde in dieser Zeit zwar kein Vertrag unterzeichnet, aber eine kontrollierte Organisation für die Verbannten zugelassen und eine neue polnische Militäreinheit gegründet. Als Schirmherr wählte man den Unabhängigkeitskämpfer Tadeusz Kościuszko aus dem späten 18. Jh.
28 Wanda Wasilewska (1905–1964) – polnische linke Aktivistin, die während des Krieges die UdSSR unterstützte und Vorsitzende des 1943 gegründeten Verband Polnischer Patrioten (Związek Patriotów Polskich, ZPP) wurde.

wurden. [29] Als sie gebracht wurden, waren sie noch nicht erschöpft, so wie es bei uns war, und sie trugen eine Kleidung, die der von Georgiern ähnelte. Die Frauen waren bescheidener gekleidet, aber die Männer kamen in langen Lederstiefeln und Lederjacken, echte Dschigiten. Die Frauen schlank, wohlgeformt, mit schönem schwarzem langem Haar, aber sie waren fast sommerlich gekleidet. Sie hatten kein Gepäck dabei, und es war offensichtlich, dass sie noch im Sommer aus ihren Häusern geholt worden waren. Sie taten nichts, um zu überleben. Andere stahlen, bettelten, flohen und sie, sie haben sich in ihre schmutzigen Löcher gelegt, anders kann man ihre Schlafstätten nicht nennen, und sind in ganzen Familien gestorben. Ich weiß nicht einmal, wer sich um ihre Leichen gekümmert hat, niemand war damals daran interessiert oder kümmerte sich darum, es gab dafür keine Kraft.

[...] Ende Februar 1944 kam ein Staatsanwalt in den *possjolok* [Siedlung]. Mir wurde eine Liste mit Personen ausgehändigt, die ich zum *selsowet* herbeirufen sollte. Ich las und es verschlug mir die Sprache, denn am Ende der Liste standen eindeutig mein Name und die Namen der Mädchen, die aus [der Mine] in Kuraschassaj geflohen waren. [...] Als ich meinen Vorsitzenden fragte, was ich tun sollte, antwortete er:»Lauft weg, aber so, dass ich nicht weiß, wohin, ich kann nichts mehr für euch tun. Der Staatsanwalt wird in zwei Wochen hierher kommen, ihr solltet dann nicht mehr in Petropawlowka sein!«

Nachdem wir unsere Sachen in Bündel gepackt hatten, gingen wir auf der verschneiten Straße bei mehr als 10 Grad unter Null in Richtung Aktjubinsk. Nach 20 Kilometern machten wir in einer *Podchose*[30] des NKWD halt. [...] Wir beschlossen, dort zu bleiben. Ich ging zum Büro und sie sagten mir, dass sie uns aufnehmen können, aber unsere Ausweise benötigten. Mit einer zugeschnürten Kehle trug ich den Personalausweis meiner Mutter, in dem meine Schwester eingetragen war, und überlegte, was für eine Lüge[ngeschichte] ich über meinen Personalausweis erzählen sollte, der mir in Kuraschassaj abgenommen worden war. Ich ging ins

---

29 Die Deportationen von Einwohner:innen aus dem Kaukasus begannen Ende 1943. Zu Beginn des Jahres 1944 wurden rund 450 000 Menschen aus Tschetschenien verschleppt.
30 Russ. Abk. für podsobnoje chosjajstwo, landwirtschaftlicher Hilfsbetrieb

Erinnerungen an die Verbannung nach Kasachstan (1940 bis 1946)

Büro, holte den Ausweis meiner Mutter heraus und überreichte ihn. Ich begann, in meinen Taschen nach meinem Ausweis zu suchen, obwohl ich wusste, dass er nicht dort war. [...] Ich fing an so zu suchen, bis ich selbst glaubte, dass ich ihn vor Kurzem noch hatte. Sie fragten mich, ob ich den Ausweis auf dem Weg zum Büro rausgenommen habe, was ich bejahte. »Sicherlich ist er dir herausgefallen, geh den gleichen Weg und schau nach, vielleicht liegt er noch irgendwo.« Jemand sagte, dass gerade eben Tschetschenen vorbeikamen, aber die würden den bestimmt nicht abgeben, sondern in den Ofen schmeißen. Es wurde ein Protokoll geschrieben, das der Direktor unterschrieb. Mir wurde angetragen, nach Aktjubinsk zum *pasportny stol* [Passabteilung] zu fahren – mir wurde ein zweiter Ausweis ausgestellt, ohne etwas zu überprüfen. Als ich zurückkam, schickte man mich, um Schnee von den Gebäuden zu schippen. [...] Die *Podchose* war ein wahrer Turm zu Babel. Neben den Kasachen gab es Rumänen, Tschetschenen, Türken, Usbeken, Ukrainer, Deutsche, Polen und andere. [...] Die Arbeit dort war sehr schwer. Es gab keine Traktoren; sie wurden von Ochsen, Kamelen und Pferden (Mähren) ersetzt [...] Für die Bewässerung wurde das Wasser mit Pumpen aus dem Fluss geholt. Bereits im März haben wir Tomaten, Kohl und Auberginen in die Frühbeete gesät, dann die Röschen auf dem Feld gepflanzt und sofort bewässert. Die Schlucht lag geschützter und es gab weniger Sandstürme, aber die Sonne brannte dort stärker als in Petropawlowka. Wir arbeiteten von der Morgendämmerung bis 11:00 Uhr, machten dann eine Pause bis 14:00 Uhr und arbeiteten wieder bis in die Nacht. Nachts bewässerten wir die Kartoffeln und Futterrüben, ohne Angst zu haben, dass das Wasser etwas überschwemmt oder die Wurzeln auswäscht. Überall um uns herum waren Berge, die einen weiß wie Kreide, die anderen rot, wie Ton. Diejenigen, die von uns aus am nächsten lagen und jedes Jahr vom Fluss unterspült wurden, glitzerten wegen der Asbestplatten in der Sonne. Auch der Fluss, aus dem wir unser Wasser schöpften, war voll mit Asbest. Obwohl der Fluss jedes Jahr nach der Schmelze sein Bett wechselte, wuchs hier viel Weidengebüsch. *Kiziak* war hier kein so wichtiger Brennstoff wie anderswo. Wir verdienten so viel, um das Lebensmittelkarten-Brot zu kaufen und die Suppe zu bezahlen, aber das war schon etwas, das wir vorher nicht hatten. [...] Der Herbst kam. Die Blätter von Rüben, Karotten

und allem, was noch grün war, warfen wir in Gruben für das Gärfutter, das das Vieh bekam. Ich sah, dass die Mädchen mit Absicht zwischen den Blättern eine Rote Beete, da eine Karotte reinwerfen. Ich fragte sie, warum sie das tun. Und sie antworteten:»Auch du wirst froh sein, wenn du so etwas im Winter findest, wirste schon sehen, wie es hier sein wird!« […] Als das kalte Wetter einsetzte, wurden Häftlinge aus Aktjubinsk hergebracht. Hinter der Ansiedlung hoben sie große Gruben aus. Ich fragte meine Kameradinnen:»Für was ist die Grube?« Sie antworteten:»Für uns.« Mich überkam die Angst,»Was, sie werden auf uns schießen?«,»Wir könnten selbst sterben, wo sollen sie uns dann hineinwerfen? Du weißt ja, wie die Winter hier sind.«, antworteten sie. Der Winter kam wie immer im Oktober. Frost und Schneestürme. […] Unsere Augen schmerzten immer öfter. Die geröteten Augenlider bedeckten sich über Nacht mit Eiter. Das Zahnfleisch und die Zähne schmerzten. Die Zahnbürsten waren schon lange aufgebraucht. Wir putzten unsere Zähne mit Holzkohle, mit einem Finger oder mit einem Stofffetzen. Auch mit den Nägeln geschah etwas. […] Einige Stunden vor dem Waschen fetteten wir unsere Haare mit Petroleum, wenn genügend vorhanden war, ein. Dann schütteten wir kochendes Wasser über die Holzasche. Als sich das Wasser darüber aufklärte, schütteten wir es in ein anderes Gefäß und wuschen uns in diesem Wasser unsere Haare. Anschließend haben wir sie mit sauberem Wasser abgespült. In einer solchen Lauge wuschen wir auch unsere Unterwäsche. Am Anfang haben wir sie wegen des Ungeziefers abgekocht. Seit meine Mama nicht mehr im Kinderheim arbeitete, hatten wir keine Seife mehr. Keiner hatte sie. Nun noch ein paar Worte zu einer schambehafteten Sache. Unsere Frauen, die bereits Kinder geboren hatten, und die heranwachsenden Mädchen menstruierten nicht, was sie sehr schätzten, denn unter den Bedingungen, in denen wir lebten, wäre es eine weitere Qual gewesen. Der Körper wurde mit einem mit Wasser getränktem Lappen gewaschen, natürlich gab es keine Badewannen und kaum jemand hatte eine Waschschüssel. Im Sommer rettete uns der Fluss vor dem Schmutz. […]
Ich erinnere mich an den 6. Januar 1945 – meinen 18. Geburtstag. Nach einem mehrtägigen Schneesturm herrschte klirrender Frost. Das Wasser gefror im Eimer. Ich nahm eine Axt und eine Schnur und ging auf die

Erinnerungen an die Verbannung nach Kasachstan (1940 bis 1946)

andere Seite des Flusses, um Weidentriebe zu holen. [...] Ich kehrte mit einem Bündel Weidentriebe zurück, die ich mir selbst gehackt hatte. Die dickeren Enden trug ich auf dem Rücken, die dünneren schleiften auf dem Eis. Plötzlich knackte das Eis. Ich brach ein und fand mich bis zu den Achseln im Wasser wieder. Verschlimmert wurde es durch die Weidentriebe, die mich von oben unter das Wasser drückten. Ich sah für mich keinen Ausweg, noch ein bisschen und der Fluss würde mich unter das Eis ziehen. Plötzlich höre ich jemanden schreien »*Derschis!*« [Halte durch!] Ein alter Kosake eilte herbei, der Schnee von seiner Lehmhütte geschaufelt hat. Er sah mich ertrinken, packte das Bündel, das mich unter das Eis drückte, und zog mich zusammen mit diesem heraus. Er nahm das Bündel und trug es zu unserer Lehmhütte. Als meine Mutter mir den Mantel auszog, war er so gefroren, dass sie ihn zum Auftauen in die Ecke stellte. Die Tränen und das Bedauern nahmen kein Ende. Mama und Schwester machten sich Vorwürfe, weil sie mich allein gehen gelassen hatten, und weinten, während sie meine Arme und Beine warm rieben, die vom Frost steif waren. Ich bezahlte das Ganze mit einer schweren Krankheit.

[...]

Von Beginn unserer Verbannung an haben wir viel, oft gemeinsam gebetet. Es spendete uns Trost, war eine gewisse Linderung und gab uns Hoffnung. Mit der Zeit, als alles scheiterte, als der Hunger die leeren Eingeweide verdrehte, als er uns trotz der Müdigkeit von der Arbeit über unsere Kräfte hinaus nicht schlafen ließ, als wir Menschen, die von Krankheiten heimgesucht wurden, still sterben sahen, als kein Ende unserer Tragödie in Sicht war, es nicht einmal Tränen zum Weinen gab, niemand mit jemanden redete, weil es nichts zu bereden gab, wollte ich oft beten. Aber es kam mir kein Gebet in den Sinn. Den im Kopf drehten sich ständig die gleichen Gedanken: ›Gott, wofür ist das alles, wofür bestrafst Du uns? Siehst Du, ich kann nicht mal beten, ich kann es nicht, weil ich es vergessen habe. Bald werde ich meine Heimat vergessen und auch das ich ein Mensch bin.‹ [...]

Es war schon warm und wir arbeiteten bereits auf dem Feld. Als wir gerade Gemüse anpflanzten, beschlossen wir, nach Aktjubinsk zu gehen und im Verband Polnischer Patrioten [Związek Patriotów Polskich, ZPP] zu fragen, ob man uns nicht auch in die Ukraine mitnehmen könnte. Wir baten um einen freien Tag und gingen nach Aktjubinsk. Es halfen weder Jaraputowas Bitten, dass sie kleine Kinder hat, noch meine, dass wir so oft krank sind. Weil wir keine Kościuszko-Soldaten in den Familien hatten, stand uns die Reise vorerst nicht zu. Wenn sich was ändert, dann vielleicht. Wir Frauen haben an nichts mehr geglaubt, wir wurden in Kategorien eingeteilt, obwohl wir alle unschuldig leiden mussten. Als wir zurückkamen, fragte uns der Direktor, was man uns gesagt hat, also wiederholten wir es und er sagte: »Ich hab's euch doch gesagt, euch braucht niemand, die euren haben euch das dritte Mal im Stich gelassen. Aber macht euch keine Sorgen; der Krieg ist bald vorbei und ihr habt russische Pässe, mit denen ihr fahren könnt, wohin ihr wollt, vielleicht sogar nach Moskau oder auf die Krim. Bei uns im *Sojuz* [Sowjetunion] gibt es kein Platzmangel und Arbeit für jeden!«

Wir sind wieder an die Arbeit. Der Sommer stand an und wir würden nicht hungern. Aber werden wir den Winter überleben? [...]

Schließlich kam der 9. Mai 1945. Der Krieg war zu Ende. Es herrschte allgemeine Freude, aber wird dieser Tag etwas in unserem Leben verändern? Wir hatten wieder einen arbeitsfreien Tag. Man veranstaltete für uns ein *miting* (Treffen), dem eine Erfrischung folgte. Alle bekamen einen großen Löffel Rote-Beete-Salat mit Gurken und Kartoffeln, ein Stück Brot ohne Lebensmittelkarten [verbrauchen zu müssen] und hundert Gramm Wodka, welchen alle aus einem Glas tranken. Am Nachmittag gingen wir in die Berge. Warmes sonniges Wetter. Die Tulpen blühten, wie jedes Jahr, aber wir konnten sie nie aus der Nähe betrachten, dafür hatten wir nie Zeit. Die Mädchen aus Rumänien haben uns gezeigt, wie man die Hora tanzt. Wir tanzten die Hora auf einem hohen Berg zwischen den Tulpen. Rumäninnen, Russinnen, Deutsche und Polinnen – wir alle drehten uns im Kreis und sangen mit. Nach der Feierlichkeit ging die Gartenarbeit weiter. [...] Unmittelbar nach Kriegsende wurden Deutsche aus der Wolgaregion, die man nicht vor dem Krieg 1941 deportieren konnte, gebracht. Sie wurden der Zusammenarbeit mit den Deutschen beschuldigt. Einige, zum Beispiel junge Mädchen, hatten Deutsche geheiratet und waren nach Deutschland gegangen, wo man sie fasste und samt ihrer Ehemänner und Kinder abtransportierte. Während der Reise

wurden die Männer separiert und sie wussten nicht, was mit ihnen geschehen ist.
Der heiße Sommer des Jahres 1945 zog sich unendlich in die Länge. Unsere letzten Sommerkleider nutzten sich ab. Vom Bettbezug, Laken und Kissenbezug waren keine Stoffstücke mehr übrig. Alles wurde zu Blusen umgearbeitet und verbrannte in der Sonne. Röcke wurden aus dem Futter der Mäntel oder selbst aus den nicht mehr getragenen Mänteln genäht. Trotz der Armut sind wir doch ein wenig gewachsen. Jedes Stück Stoff wurde für einen Rock oder für Unterwäsche verwendet. [...] Es schien, als könnten wir den kommenden Winter nicht überleben, wir hatten nicht mehr die Kraft, zumal ab und zu jemand aus der Podchose sich auf die Reise in seine Gegend machte. Zunächst fuhren die Evakuierten, dann nach einigen Bemühungen, diejenigen, die zwischen 1936 und 1940 verbannt worden waren. und nur diejenigen, die auf eine bestimmte Zeit, zum Beispiel fünf Jahre, verbannt waren [blieben], und da zu dieser Zeit Krieg herrschte, wurde niemand aus der Verbannung entlassen. Erst jetzt, nach einigen Bemühungen, konnten sie in ihre heimatliche Gegend zurückkehren. Die einzigen, die blieben, waren die *bessrotschnyje* (Unbefristeten) und wir, die zwangsrussifizierten Untertanen. Die Rumänen glaubten inbrünstig, dass ihr König sich für sie einsetzen würde und dass ihre Familien sie bald holen würden. Alle machte die Ungewissheit [und die Frage,] was sie auch mit uns machen würden, fertig. [...] Wir hörten immer öfter von unserer Rückkehr nach Polen – jemand hörte jemanden was sagen – aber was Konkretes wussten wir vorerst nicht. Es wurde gesagt, dass wir nicht in unser Land, in unsere Häuser zurückkehren würden, sondern in die »Wiedergewonnenen Gebiete«[31]. Niemand wusste es, wo sie sein sollen – vielleicht war es eine neue Verbannung? Wir glaubten es nicht so recht. Schon so oft erweckte man in uns Hoffnung, nur um uns Schmerzen zuzufügen, uns wie unnötigen Abfall zurückzulassen, um die Herrschaft unserer Feinde über uns wieder zu stärken. Sie verhöhnten uns, und als man uns zum wiederholten Mal im Stich gelassen hat, wurden wir immer mehr gedemütigt. Es

---

31 Ziemie Odzyskane (Wiedergewonnene Gebiete) war eine propagandistische Bezeichnung der ehemaligen ostdeutschen Gebiete, die 1945 an Polen angegliedert wurden.

waren die, die zu uns sagten: »Eher siehst du [dein] Ohr ohne einen Spiegel als dein Heimatland!« Oder: »Eher wachsen dir Haare auf der Handfläche, als dass du Polen siehst!« [...] Ende des Sommers teilte man uns schließlich mit, dass wir uns beim Verband Polnischer Patrioten [ZPP] melden sollten, um die notwendigen Dokumente für die Ausreise nach Polen vorzulegen.[32] Die Leute sagten: »Sie versprechen euch immer mehr, aber sie tun nichts, und ihr werdet euch damit abfinden, ihr werdet euch daran gewöhnen, und wenn ihr euch nicht daran gewöhnt, werdet ihr verrecken.« Wir Frauen gingen zum ZPP, und wieder befahl man uns zu warten, doch wir reichten die Dokumente ein, obwohl wir nicht glaubten, dass wir noch eine Veränderung unseres Lebens erleben werden. Der Herbst kam, wir sammelten Feldgemüse, bereiteten das Gärfutter vor und beluden die Lastwagen. Bevor der Frost einsetzte, beschlossen wir um einen freien Tag zu bitten, um nach Petropawlowka zu fahren und uns von Basia zu verabschieden. [...] Wir kamen zum Friedhof, auf dem Kühe weideten. Die Gräber waren zertreten ohne irgendwelche Zeichen, wer wo liegt. Wir haben Basias Grab gerade so gefunden. Das Kreuz war zerbrochen, nur ein Stück Eisen steckte noch im Boden. Wir beteten, heulten uns aus, erklärten ihr, warum Mama nicht gekommen war, um sich von ihr zu verabschieden. Wir versprachen, dass wir ihr, wenn wir bis zum Frühjahr nicht abreisen, Tulpen mitbringen würden und wenn es anders kommt, solle sie es uns verzeihen, dass wir sie nie vergessen und sie immer lieben werden. Dass es so kam, war nicht unsere Schuld, auch wenn unser Herz vor Schmerz zerbrach. Wie schwer es war, uns von ihr zu verabschieden, kann wohl niemand nachvollziehen. Wir legten ein Kreuz aus Steinen und schütteten ein Grab auf. Wir waren schon dabei zu gehen und kehrten noch einmal zurück. Wir konnten das Grab nicht verlassen, weil wir wussten, dass wir vielleicht nie wieder hierherkommen würden. Wir werden sie in dieser schrecklichen und feindlichen Erde unter Fremden zurücklassen, wo sie bis zum Ende ihres kurzen Lebens nicht sein wollte. [...] Wir hatten immer noch nicht den Mut, die *Podchose* zu

---

32 Anfang Juli 1945 unterzeichneten die Vertreter der UdSSR und die von Kommunisten kontrollierte polnische Regierung ein Abkommen über die Repatriierung von Polinnen und Polen wie Jüdinnen und Juden, die ehemals Bürger:innen der Zweiten Polnischen Republik gewesen waren.

verlassen. Wir warteten – vielleicht würde dieses Mal die versprochene Reise nach Polen klappen? Wir arbeiteten hart und obwohl wir schon irgendwo polnische Papiere hatten, hatten wir keinerlei Erleichterungen. Wir schnitten weiterhin Weidentriebe und schaufelten bei unter 40 Grad unter Null den Schnee weg.
Abends stellten wir keine Handschuhe und Ohrenschützer für die Armee mehr her. Die Lehrerin Ksenia Wasilewna, eine Russin, organisierte für uns so etwas wie einen Abendunterricht. Zu der örtlichen Obrigkeit sagte sie: »Es ist eine Schande, dass Ausländer nach einem sechsjährigen Aufenthalt weder Russisch lesen noch schreiben können!« Sie lehrte uns Lesen und Schreiben, ein wenig Mathematik und andere Fächer. Nicht viel und oberflächlich. Am liebsten lasen wir Bücher von Turgenjew, Puschkin und Lermontow, die die Lehrerin mit großer Mühe erworben hatte. Die kleine Bibliothek befand sich neben dem neuen offenen Hort. Es gab dort Bücher über Lenin, Stalin und andere. Sie wusste, dass wir Verbannte an solchen Lektüren nicht interessiert waren, also tat sie, was sie konnte, damit wir Mädchen das Schönste in ihrer Literatur kennenlernten. Sie brachte uns bei, alte russische Lieder voller Sprachbilder und schöner Melodien zu singen. Wir kamen immer in Scharen und genossen es. Es war unterhaltsam.
Die Kälte begann. Unsere Filzstiefel gingen kaputt, unsere Röcke und Wollpullover begannen zu reißen. [...] Man teilte uns mit, wir sollten für die Dokumente zur Reise nach Polen zum ZPP kommen. Endlich waren die Dokumente da, wir mussten nur noch auf den Transport warten. Wir waren glücklich, aber im Stillen, um nicht zu unken, und immer noch ungläubig. Wir wurden dann auf die Milizwache gerufen. Man führt mit uns ein Gespräch, dann wurde uns eine schriftliche Erklärung zum Unterschreiben vorgelegt, in der wir uns verpflichteten, niemandem etwas von dem zu erzählen, was wir erlebt, wie wir gelebt und was wir getan hatten. Bis ans Ende unserer Tage sollten wir uns mit Respekt über ihre Obrigkeit und ihr Land äußern. [...] Ende Februar [1946] ging ich zum Büro, um Brotkarten für den März zu bekommen. Man sagte mir, dass wir die Karten nicht mehr bekommen würden, weil sie in Aktjubinsk für uns nicht ausgestellt wurden, schließlich standen wir kurz vor der Ausreise nach Polen. Wir gingen zu Fuß nach Aktjubinsk. Im ZPP wur-

Erinnerungen an die Verbannung nach Kasachstan (1940 bis 1946)

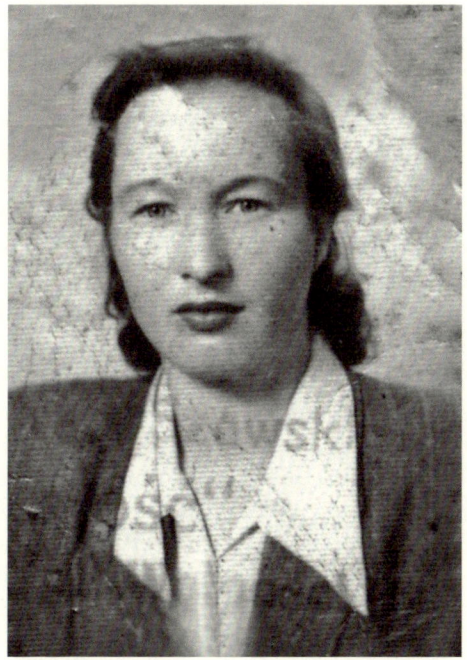

Abb. 8: Wanda Olczyk am Ende der 1940er Jahre

de bestätigt, dass wir fahren, aber sie waren noch dabei, die Waggons für uns herzurichten. Als wir am Bahnhof ankamen, wurden uns die Waggons gezeigt – zertrümmert mit abgerissenen Planken. Die gleichen Viehwagen mit Pritschen, mit denen wir in die Verbannung fahren mussten. […] Ich kehrte zur *Podchose* zurück, ging zum Büro, um mir eine Bescheinigung ausstellen zu lassen, dass wir für sie gearbeitet haben. Sie gaben mir eine, verlangten aber, dass wir dafür bezahlen, dass wir in einer staatlichen Wohnung lebten, ohne für sie Miete zu zahlen. Ich fragte: »Wie soll ich das aufbringen, ihr habt doch von dem, was wir verdient haben, alles weggenommen, indem wir euch diese Grünkohlsuppe, die schwarze Gerstensuppe und das schwarze Brot teuer bezahlen mussten. Von dem, was wir verdienten, war nichts mehr übrig!« Man ließ uns in

Erinnerungen an die Verbannung nach Kasachstan (1940 bis 1946)

Ruhe, verlangte nur, dass das Zimmer geweißt und der Fußboden mit *kiziak* verputzt werden sollte, da neue Arbeiter kommen würden. Ich tat, was sie verlangten. [...] Vom ZPP bekamen wir drei Paar Schuhe: zwei Paar Gummistiefel und geschnürte Halbschuhe vom Militär mit angenagelten Sohlen. In ihnen kam ich nach Polen, obwohl sie mir fünf Nummern zu groß waren. Wir verkauften die Gummistiefel auf dem Basar und kauften davon für die Reise Mehl und Grütze. Wie alle anderen auch bekamen wir außerdem etwas Haferflocken. [...] Im Verlauf der Reparaturen füllte man die fertigen Waggons mit Polen, damit sie uns nicht weggenommen werden. [...] Ein paar Tage später wurde neben unserem Transport[zug] eine Tribüne aufgebaut. Es kamen die örtlichen Vertreter der Sowjetunion. Sie verabschiedeten uns ohne etwas über unsere Erfahrungen, das Leid, die Opfer, die wir gebracht hatten, die unmenschliche Behandlung und die Arbeit, die unsere Kräfte überstieg, zu sagen. Schließlich betrat einer unserer Leute die Tribüne, einer von denjenigen, die wussten, wie man sich anstellt, und sagte, dass man den sowjetischen Behörden für ihre Gastfreundschaft danken sollte und dafür, dass auf uns keine Bomben geflogen waren und wir den Krieg ruhig hatten überleben können. Und im Nu wurde es unter der Tribüne leer, niemand hatte es eilig, sich zu bedanken. Nach einer Weile wurde eine Lokomotive an die Waggons angehängt und der Zug fuhr los. Ein unbeschreibliches Gefühl, Freude, Trauer, Angst, dass der Zug angehalten wird und man uns zum Aussteigen auffordert. Unser Transport war während der Fahrt mit Fahnen und Bannern geschmückt. Die Aufschriften besagten, dass wir nach Polen zurückkehren. »Grüß Dich Polen!« und dergleichen. Wir passierten Transporte mit jungen Mädchen und Jungen, die aus Deutschland zurückkehrten, wohin sie zur Arbeit verschleppt worden waren. Transporte mit verschiedenen Maschinen, Möbeln, Lebensmitteln und sonstigem Gerümpel. Wir passieren auch Transporte mit neuen Verbannten. Die Waggons sind so voll mit Menschen, dass sie nebeneinanderstehen müssen. Aus ihnen stinkt es nach menschlichen Exkrementen. Die sie bewachenden Soldaten lassen uns nicht in ihre Nähe und sagen, dass es ukrainische Banditen seien. Wir fahren durch die vom Krieg zerstörten russischen Städte. Oft treffen wir auf deutsche

Kriegsgefangene, die Trümmer beseitigen. Sie sind erschöpft, schmutzig, zerlumpt. [...]
Einmal am Tag bekamen wir eine Mahlzeit, ein Stück Brot und eine dünne Graupensuppe ohne Fett. Bei den Zwischenaufenthalten durften wir die Waggons verlassen, niemand überwachte uns und wir mussten aufpassen, dass wir selbst nicht zurückbleiben. Als wir die Ukraine durchquerten, wurden wir aufgefordert, von den Waggons alle Verzierungen zu entfernen und während der Aufenthalte ruhig in den geschlossenen Waggons sitzen zu bleiben, denn es seien ukrainische Banden unterwegs, die Polen ermorden würden! Das taten wir auch. [...] Schließlich erreichen wir die Grenze in Medyka.[33] Russen steigen in die Waggons ein, kontrollieren die Dokumente, nehmen uns unsere sowjetischen Personalausweise ab. Sie fragen nach weiteren Dokumenten, meine Mama holt eine Tüte mit unserem Kram heraus, sie nehmen Basias Sterbeurkunde und Bescheinigungen von der Arbeit und sagen, dass wir diese nicht mehr brauchen werden. Die Evakuierungskarte wird der Länge nach in zwei Hälften zerrissen, die in russischer Sprache geschriebene wird weggenommen, die in polnischer Sprache wird uns zurückgegeben. Dann kommen die polnischen Soldaten herein, sie haben nichts mehr zu tun. Nachdem sie sich umgesehen und die Namen und die Anzahl der Personen notiert haben, gehen sie mit den Worten: »Auf Wiedersehen.« Wir haben uns unwohl gefühlt, niemand hat gefragt, wie es uns geht oder ob wir Hunger haben. Wir fuhren durch Südpolen. Nach Krakau heißt es. An einigen Bahnhöfen kampieren Familien oder Personen, die auf die Rückkehr ihrer Angehörigen warten; sie nähern sich den Waggons, fragen, woher wir kommen und ob wir jemanden mit dem einen oder anderen Nachnamen getroffen haben. Es ist die Zeit vor Ostern 1946. Es ist ein Jahr nach dem Ende des Krieges. Wenn wir in Großstädten anhalten, steigen wir nur selten aus, um uns nicht den Blicken der Menschen auszusetzen, die manchmal voller Mitleid, manchmal voller Ignoranz oder Missachtung sind, [von] Menschen, die gut genährt und ordentlich gekleidet sind und sich heimisch fühlen. Wir, schmutzig, schäbig, vom Leben

---

33 Medyka – Dorf mit Grenzstation im Kreis Przemyśl im Karpatenvorland. Einer der wichtigsten Orte, an dem die Repatriierungstransporte aus der UdSSR die neue Ostgrenze überschritten.

zerstört, erwecken kein Vertrauen. Ich habe erst hier bemerkt, dass meine 41-jährige Mutter schlimmer aussah als diejenigen, die in ihren 60ern waren! [...] In Mikulczyce[34] trennen sie die Waggons, die mit Juden[35] wurden nach Wałbrzych[36] geleitet, die mit Polen nach Kłodzko. Wir waren vier Wochen lang unterwegs. Von Mikulczyce nach Kłodzko[37] fuhren wir drei Tage. Nicht ein einziges Mal haben wir etwas zu essen bekommen. Was übrig blieb, wurde gemeinsam mit den Mitreisenden verzehrt. Am ersten Osterfeiertag kamen wir in Kłodzko an. Wir saßen in den schmutzigen Güterwaggons, auf Pritschen mit Stroh, schmutzig und hungrig. Einige von uns jungen beschlossen, uns auf die Suche nach dem Leiter des *PUR*[38] zu machen. Wir fanden ihn und auch den Lagerverwalter. Wir wollten nicht lockerlassen und sie mussten mit ins Lagerhaus gehen. Wir glaubten nicht, dass sie für uns nichts zu essen hatten. Und tatsächlich gab es nichts als ein bröckelndes Laib Brot. [...] Am Bahnhof fanden wir unseren Transport nicht mehr, man sagte uns, er sei nach Międzylesie[39] zurückgeschickt worden. Wir wurden auf eine Art Kohlewaggon gesetzt und folgten ihnen. Bystrzyca Kłodzka[40], ein Güterbahnhof. Wir erkannten unseren Transport. Unsere Mütter kochten etwas am Bahnsteig auf zusammengestellten Ziegelsteinen. Dann aßen wir eine riesige Menge Brot mit Butter, dazu Eier, Speck, Kartoffeln und tranken einen echten Tee mit Zucker. Wir fragten, woher das alles kam. Es stellte sich her-

---

34 Mikulczyce war damals ein Dorf und ist heute ein Stadtteil von Zabrze (von 1915 bis 1945 Hindenburg O. S.) in Oberschlesien.
35 Zwischen 1945 und 1946 machten Jüdinnen und Juden mehr als die Hälfte der rund 260 000 Repatriierten aus dem Osten der Sowjetunion aus.
36 Wałbrzych (Waldeburg) – Stadt in der Woiwodschaft Wrocław (Breslau) in Niederschlesien, Bergbau- und Industriezentrum.
37 Kłodzko (Glatz) ist eine Stadt in der Grafschaft Glatz, damals in der Woiwodschaft Wrocław, heute in der Woiwodschaft Niederschlesien.
38 Das Staatliche Repatriierungsamt (*Państwowy Urząd Repatriacyjny, PUR*) war eine im Herbst 1944 gegründete Institution zur Organisation und Durchführung von Umsiedlungen und Vertreibungen in den polnischen Gebieten, die für die Betreuung von Migranten zuständig war (sie betrieb sog. Etappenpunkte, *punkty etapowe*, vorübergehende Unterkünfte für Reisende).
39 Międzylesie (dt. Mittelwalde, tsch. Mezilesí) – Stadt in der Region Kłodzko, damals nahe der Grenze zur Tschechoslowakei, heute der Tschechischen Republik.
40 Bystrzyca Kłodzka (dt. Habelschwerdt) – Stadt in der Region Kłodzko, damals in der Woiwodschaft Wrocław (Breslau), heute in der Woiwodschaft Niederschlesien.

aus, dass sie, als sie am Bahnhof ankamen, die Stadt in der Ferne sahen, dorthin gingen, die Kirche betraten, was sie rührte und was dem Pfarrer nicht entging. Er schickte eine Nonne, um sie zu holen, und als sie bereits im Pfarrhaus waren, fragte er sie nach allem aus. Er forderte die Nonne auf, ihnen so viel einzupacken und mitzugeben, wie sie tragen konnten. Es gab Kartoffeln, Brot, Graupen, Mehl, Zucker, Fette und Eier und sogar Salz. Der Pfarrer hieß Śmietana [poln. für Sahne, Anm. d. Ü.]. Eine solche Überfütterung hat uns nicht gutgetan und fast alle bekamen Magenbeschwerden. [...] Die Mitarbeiter des PUR kamen und brachten uns in die Stadt. Wir gingen mit kleinen armseligen Bündeln. Die Leute sahen uns wie Sonderlinge an. Wir kamen in Holzbaracken neben einer Streichholzfabrik unter. Heu auf dem Boden und so viele Menschen, wie hineinpassten. Zum Mittagessen gingen wir zum PUR in der Nähe der Kirche. Wir erhielten eine finanzielle Unterstützung von 500 Złoty pro Person, je ein Kleid und ein Paar Schuhe. Ich kaufte mir für 10 Złoty Strümpfe. Es fehlte an Arbeit und es waren nur die trostlosen Unterkünfte übriggeblieben. Wir kamen ein Jahr nach dem Kriegsende. Was besser war, war von denen genommen worden, die vor uns da waren, schneller als wir. Und im Kopf nur die eine Frage: Wie soll man leben? Sechs vergeudete, grausame Jahre. Hunger, Kälte und Bitterkeit – für was, für welche Vergehen? Niemand wird glauben, was wir erlebt haben. Ohnehin interessiert es niemanden. Wir haben keine Kleidung, kein Bettzeug, kein Geld und keine lebensnotwendigen Sachen. Ohne Beruf und nicht einmal ein Abschluss in irgendeiner Schule. Ich war 19 Jahre alt, meine Schwester 17, Mama 41 – nicht viel unter normalen Umständen, aber nicht unter unseren. Mehr als einmal fragte ich mich – waren es sechs Jahre oder eine ganze Ewigkeit? Ich erinnere mich an die Worte eines alten Brigadiers:»Ihr werdet es nicht vergessen, ihr werdet nicht die Kraft haben, wieder fest auf den Beinen zu stehen und eure Flügel auszubreiten!« Stimmt, aber vielleicht werden wir wenigstens nicht hungern...[41]

---

41 Die Familie von Wanda Olczyk lebte nach der Repatriierung zunächst auf dem Land, doch waren die Lebensustände auf dem kleinen Hof für die alleinstehenden Frauen sehr schwierig. Nach einigen Jahren heiratete die Verfasserin und zog nach Bystrzyca Kłodzka (Habelschwerdt) in Niederschlesien. Erst 1948 fand sich ihr Vater, über den es seit Kriegsausbruch keine Informationen gegeben hatte.

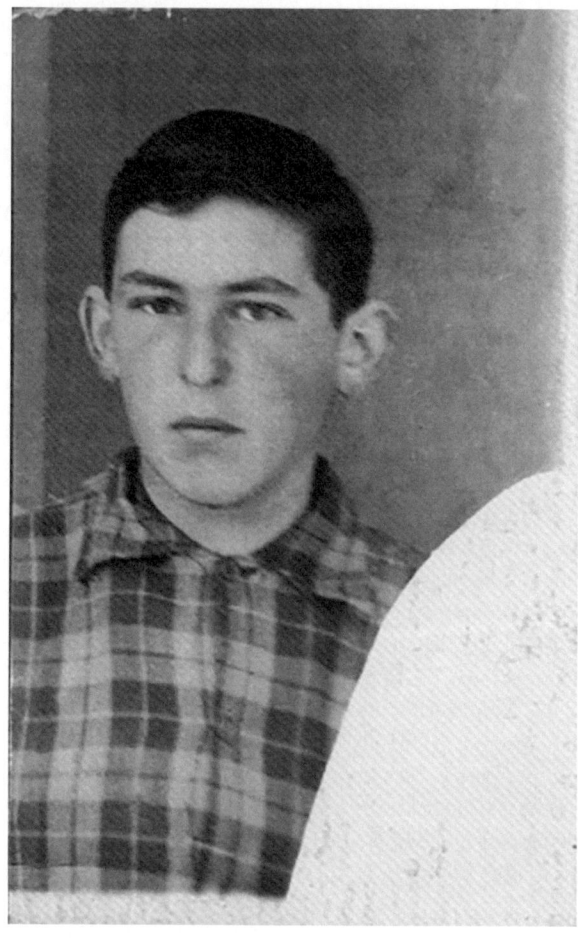

Abb. 9: Stefan Unger auf einer während der Verbannung Anfang der 1940er Jahre entstandenen Fotografie

5

Stefan Unger (1925–1944)
Der Traum von der Rückkehr ins Vaterland
Briefe eines jugendlichen Soldaten an seine Mutter und Schwester (1943/1944)

Postkarte vom 29. Mai 1943

Meine Lieben![1]
Ich schreibe am Samstag, den 29. Mai aus Petropawlowsk, während ich auf den Zug warte. Sie sollen uns (25 Tage lang) irgendwo sehr weit wegbringen.[2] Wohin, das weiß niemand. Es geschah alles so schrecklich schnell und unerwartet.[3] Ich fühle einen furchtbaren Mangel an allem: Ich habe kein Brot, auch keinen Wasserbecher, Geld ist lächerlich knapp, meine

1   Die Ungers waren eine polnische Familie jüdischer Herkunft, die aus Österreich stammte. Der Vater, Ing. Walter Unger (1889–1940), hatte im Ersten Weltkrieg für die Unabhängigkeit Polens gekämpft. Zwischen den Kriegen arbeitete er in der Stickstofffabrik in Chorzów (Königshütte). Nach dem deutschen Angriff auf Polen fanden er und seine Frau Mizzy (1895–1981) sowie die Kinder Stefan und Ewa (1926–2020) Zuflucht in Lwów (Lwiw), das nach dem 17. September 1939 von der UdSSR besetzt wurde. Die Familie Unger wurde Ende Juni 1940 aus Lwów in den Oblast Swerdlowsk (Westsibirien, mit der damals gleichnamigen Hauptstadt, die heute Jekaterinburg heißt) deportiert. Walter Unger starb dort im Oktober 1940. Nachdem die polnischen Staatsbürger aus der Verbannung entlassen worden waren, zog die Familie 1942 nach Nordkasachstan, in der Hoffnung, sich der im Aufbau befindlichen polnischen Armee anschließen zu können. Dies misslang jedoch, und sie landeten in einer Kolchose im Rajon Mamljutka (kas. Mamjlut, poln. Mamlut bzw. Mamlutka) bei Petropawlowsk (kas. Petropawl).
2   Der Autor wurde zur 1. Tadeusz-Kosciuszko-Infanteriedivision eingezogen, einer neuen polnischen Militäreinheit, die von den Kommunisten kontrolliert wurde. Der Ausbildungs- und Trainingsort war Selzy an der Oka (Oblast Rjasan).
3   Die rasche Abreise der Rekruten überraschte die Mutter und die Schwester des Autors.

Der Traum von der Rückkehr ins Vaterland

Schuhe sind zerrissen, Socken löchrig und schmutzig. Ein Bild des Elends und der Verzweiflung. Warum habt ihr nichts auf den Mahlsteinen gemahlen? Warum kam Ewa nicht, um sich zu verabschieden, sondern fuhr zum Silo. Und vor allem, warum hast du in diesem vielleicht letzten Brief kein einziges gutes, liebevolles Wort gefunden, denn nur Gott weiß, ob wir uns jemals wiedersehen werden. Ich verstehe das nicht. Ich bin zusammen mit Bolek und Trofim. Bolek hat mir Brot gegeben, aber nur noch die trockenen Stücke. An der ersten Station schreibe ich wieder.

Brief vom 30. Juni 1943

Meine Teuren!
Gestern ist es drei Jahre her, dass wir abtransportiert wurden. Wie viel hat sich in dieser Zeit verändert! Wie sehr haben wir gelitten! Aber trotz allem haben wir, Gott sei es gedankt, die Hoffnung auf eine Rückkehr in unser Land noch nicht verloren. Aber Ihr müsst Euch an den Gedanken gewöhnen, dass wir uns erst nach dem Krieg wiedersehen werden! Ich will nicht daran denken, dass ich Euch vielleicht nicht wiedersehe. Nicht jeder stirbt im Krieg, und ich denke, dass ich Glück haben werde. Wie ich bereits mitgeteilt habe, besuche ich eine Unteroffiziersschule. Ich werde Truppenführer bei den *awtomatschyki* [russ. für Maschinengewehre], entweder Unteroffizier oder Zugführer. Kannst Du [Mama] Dir mich in dieser Rolle vorstellen? Mir geht es gut, ich habe keinen Hunger und die [Militär]Übungen sind auch nicht so schlimm. Ich weiß nicht, was ich über mich mehr schreiben sollte.

Was macht ihr? Wie lebt ihr? Habt ihr was zu essen? Soll ich euch 150 Rubel schicken? Wo wohnt ihr? Schreibe einen langen, langen Brief. Wie geht es [Frau] Nieciengiewiczowa? Dr. B. Drobner[4] aus Krakau ist Leiter

---

Sie versuchten für ihn etwas Essen für die Reise zu besorgen, in der Hoffnung, dass sie noch Zeit haben würden, sich zu verabschieden.
4   Bolesław Drobner (1883–1968) war ein sozialistischer Aktivist, der 1940 in die UdSSR verbannt wurde. Seit 1943 war er Führungsmitglied im Verband der Polnischen Patrioten (Związek Patriotów Polskich, ZPP) einer von den Kommunisten kontrollierten polnischen Organisation, die nach Abbruch der Beziehungen zur polnischen Exilregierung im Frühjahr 1943 gegründet wurde.

Der Traum von der Rückkehr ins Vaterland

der Abteilung für Sozialhilfe im Verband Polnischer Patrioten in Moskau und wird für die Verteilung der Hilfen an die Soldatenfamilien zuständig sein. Schreib ihm einen Antrag! Ich für meinen Teil werde das Gleiche tun! Schreibt oft, so oft wie möglich! Das ist der einzige Trost für mich! Ich habe sehr wenig Zeit und kann nur einmal in der Woche schreiben. Abgesehen davon habe ich kein Papier mehr. ~~Schickt mir welches.~~[5] Nicht notwendig, welches zu schicken!! Meine Adresse lautet 66 843 AK. Bolek Stępniak dient bei der Artillerie und wir sind nicht mehr zusammen.

Brief vom 25. Juli 1943

Meine Teuren!

Heute haben wir einen freien Tag und deshalb schreibe Euch wieder. Ich habe schon ein paar Mal geschrieben und weiß nicht, warum es keine Antwort gibt. Schreibt so viel wie möglich! Das Einzige, was mir hier fehlt, sind eben die Nachrichten von zu Hause. Was macht Ihr? Wie lebt Ihr? Seid Ihr hungrig? Arbeitet Ewa in der Kolchose? Bei wem lebt Ihr? Wo ist die Familie Nieciengiewicz? Bekommt Ihr irgendwelche Hilfe? Dr. Drobner ist im Verband Polnischer Patrioten der Generalinspektor im Hilfskapitel; ich habe an ihn einen Antrag geschrieben und um Hilfe gebeten, macht das auch! Ich bin gesund und glücklich. Ich wünschte nur, ich hätte Kontakt mit Euch. Küsse Euch.

Stefan

Brief vom 6. August 1943

Meine Lieben!

In meinem letzten Brief, den ich noch vom alten Ort aus verfasst habe, schrieb ich, dass wir bald an die Front gehen würden. Heute ist dies eine vollendete Tatsache. Ich schreibe bereits vom neuen Ort aus. Zurzeit graben wir uns warme *semljanki* [Erdhütten], weil es nachts schon sehr kalt ist. Das Essen, das wir bekommen, ist gut. Wir haben warme Wintermäntel erhalten (nach polnischem Muster). Macht euch um mich keine Sorgen!

---

5 Der Satz ist durchgestrichen.

Der Traum von der Rückkehr ins Vaterland

Ich habe warme Fußlappen aus einer Decke und meine Beine sind gut gewärmt. Schreibt viel und oft! Ich habe insgesamt zwei Briefe von Ewa auf Russisch erhalten. Ich sende euch eine Bescheinigung. Man muss sich mit ihr an die folgende Adresse wenden: *Raiispolkom otdjel* [Abteilung des Bezirksexekutivausschusses] […]⁶. Und verlangt nachdrücklich und bestimmt nach einem *pajok* [Stück bzw. Ration] Brot. Wie lebt ihr? Was macht ihr? Schreibt! Schreibt! Macht euch keine Sorgen um mich! Bisher droht mir nichts, Gott wird mich weiterhin beschützen, und wir werden uns zu Hause gesund und munter wiedersehen!

Stefan

Brief vom 10. September 1943

Meine Lieben!
In meinem letzten Brief schrieb ich, dass wir am 1. September 1943, vier Jahre nach Ausbruch des Krieges, unser Lager verließen und nach Westen fuhren. Wir sind in ein Land gekommen, in dem Hitler sich fast zwei Jahre lang ausgebreitet hat. Wenn man sich die Zerstörung und das Elend ringsum ansieht, überkommt einen die Wut. Etwas Schreckliches! Kein einziges Haus, keine Spur von ehemaligen Dörfern, nur Schutt und verbrannte Erde. Wird es in Polen auch so sein? Vorläufig leben wir in einer warmen und bequemen Erdhütte. Uns wurde die Ernährung verbessert (wir bekommen jetzt die Kategorie I – Frontlinie). Die glorreichen Siege der Roten Armee und die Kapitulation Italiens⁷ erfüllen uns mit der unerschütterlichen Hoffnung, dass wir zu Weihnachten vielleicht nicht zu Hause, aber im Land sein werden. So Gott will, werden wir uns demnächst gesund und munter wiedersehen. Ich bin nicht in Gefahr. Ich würde mich freuen, wieder einen Brief von euch zu bekommen. […]⁸

Stefan

---

6 Unlesbares Wort.
7 Die Kapitulation wurde am 29. September 1943 unterzeichnet.
8 Unleserlicher Abschnitt.

Der Traum von der Rückkehr ins Vaterland

Brief vom 27. Oktober 1943

Meine Lieben!
Dank des Entgegenkommens eines Kameraden schreibe ich Euch erneut ein paar Worte. Ich kann dies nicht selbst tun, da ich, wie ich Euch schon am 23. Oktober schrieb, an meinem rechten Arm verletzt bin und in einem Feldlazarett liege.[9] Es handelt sich um eine nicht sehr gefährliche Wunde und ich hoffe, dass ich bald wieder gesund bin. Ich würde sehr gerne wissen, wie Ihr Euch für den Winter eindecken konntet? Habt Ihr etwas von der Kolchose erhalten? Habt Ihr warme Kleidung? Ist Ewa schon wieder gesund und in der Lage, zur Arbeit zu gehen? Wie verhält sich die Haushälterin zu euch? Was macht Frau Strepiakowa? Ist Maniek am Leben? Wie kommt die alte Frau Sedlaczkowa zurecht? Sind die Spirydonows und Kowalczyks zu Hause? Ist Głuszyn aufgetaucht und was treibt seine Frau? Versucht an die [Zeitung] ›Prawda‹ vom 24. Oktober zu kommen, dort werdet Ihr interessante Nachrichten über unsere Division finden. In unserer Divisionszeitung stand die Nachricht, dass Ihr dank meiner Bemühungen materielle Hilfe erhalten habt. Schreibt, was Ihr bekommen habt. Ihr seid sicher überrascht, dass ich früher als Ihr davon weiß. [...] Schreibt mir so oft wie möglich. Ich hoffe, bald wieder gesund zu werden und Euch eigenhändig zu schreiben. Ich küsse Euch.
Stefek
P. S.: Schreibt an die alte Adresse: *Polewaja potschta* [Feldpost] 66843B Unger Stiepan

Brief vom 13. Dezember 1943

Meine Lieben!
Heute schreibe ich Euch wieder, obwohl es schon lange her ist, dass ich einen Brief von Euch bekommen habe. Ich lebe gut. Ich bin perfekt für den Winter gekleidet. Ich habe die perfekten Walenki, zehnmal besser als die vom letzten Jahr, Fufaikas, wattierte Hosen, Pelzmützen und Handschu-

---

9 Die mangelhaft ausgebildete und schlecht befehligte 1. Warschauer Infanterie-Division »Tadeusz Kościuszko« erlitt in der Schlacht von Lenino am 12. bis 13.10.1943 schwere Verluste.

he. Ich fühle mich gut, aber meine Hand heilt wegen der Kälte nicht. Es war dumm von mir, mich selbst aus dem Krankenhaus zu entlassen. Aber ich hoffe, dass es bald wieder gut ist. Ich bin wieder aufgestiegen und bin jetzt stellvertretender Zugführer. Der stellvertretende Kompaniechef hat mir gesagt, dass, wenn wir auf polnischem Boden ankommen, viele neue Einheiten gebildet werden. Zu diesem Zeitpunkt wird mich eine Beförderung zum Offizier und die Position eines stellvertretenden Kompaniechefs erwarten. Ihr habt keine Ahnung, was für einen außergewöhnlichen Ruf ich im Regiment habe, das ganze Regiment kennt mich, denn meine Kollegen von der Unteroffiziersschule sind überall. Im Gymnasium war ich ein guter Schüler, und hier bin ich in der Kompanie der beste Unteroffizier. Der Zugführer (ein Lemberger) kommt ohne mich nicht aus. Trofim ist gesund. Bolko hat man schon lange nicht mehr gesehen. Grüßt mir die Bekannten und für Euch 1000 Bussis. Stefan

Brief vom 26. Dezember 1943

Meine Lieben!
Heute am Zweiten Weihnachtstag ist es mir gelungen viel Papier und Zeit zu ergattern, um Euch einen langen und ausführlichen Brief zu schreiben. Zunächst einmal wünsche ich Euch ein frohes Weihnachtsfest, auch wenn ich weiß, dass es ein verspäteter Wunsch sein wird. Die politische Lage sieht heute so aus, dass dies sicherlich die letzten Weihnachten in der Fremde sind und wir Ostern zu Hause verbringen werden. Wir haben die Feiertage bestmöglich verbracht. An Heiligabend gab es Weißbrot […] [10], Reis mit Rosinen, drei Sorten geräucherten und gesalzenen Fisch und süßen Kaffee, dazu gaben sie uns Milch und Nudeln mit Milch. […] [11] Am zweiten Tag haben wir 95 Piroggen mit Kartoffeln gebacken. Da die Küche nicht kochte, gaben sie uns Mehl aus dem Speicher und wir haben die Kartoffeln gekauft. Wir haben sie gut mit Margarine eingefettet und es war *first rate*. Für den Abend kochten wir Fleisch mit Kartoffeln. Heute werden wir Dickreis essen. Alles so fett, dass man es kaum glauben kann.

10 Es folgt eine unverständliche Textstelle.
11 Der Satz ist verwischt, wahrscheinlich eine Folge der Briefzensur.

Ihr seht also, dass es den Soldaten der Kościuszko-Division erstklassig ergeht. Ich bitte Gott, dass Ihr die Feiertage mindestens halb so gut verbracht habt, wie wir es taten. Erzählt mir genau, wie Euer Weihnachten war. Wie geht es Euch gesundheitlich? Habt Ihr in der Kolchose etwas bekommen? Oder aus dem Magazin? Konntet Ihr den Kontakt mit Dr. Drobner aufrechterhalten? Was machen all unsere Bekannten? Wen haben sie in die Armee eingezogen? Ich habe zuletzt am 5.11.1943 einen Brief erhalten, ich wünsche mir einen guten, langen Brief. Am Ende gaben sie uns jeweils 200 g Wodka, und die Jungs kauften an verschiedenen Stellen etwa 3 Liter Wodka, so dass ich bis zur Bewusstlosigkeit betrunken war und heute Kopf- und Bauchschmerzen habe. Ich habe beschlossen, dass dies das erste und letzte Mal sein soll. Gesundheitlich geht es mir gut, meine Hand ist bereits verheilt, nur habe ich mir eine schlimme Erkältung eingefangen. Ansonsten komme ich gut zurecht. Ihr seht also selbst, dass es in der Armee nicht so schlimm ist, vor allem für mich, denn ich bin stellvertretender Zugführer und werde nicht wie die Gefreiten überall hingescheucht. Schreibt mir ausführlich und oft, so dass ich alle 2 bis 3 Tage einen Brief bekomme. Es gibt hier Leute, die bekommen 8 (!!!) Briefe auf einmal, und ich bekomme nichts und wieder nichts. Und was ein Brief für einen Soldaten bedeutet, könnt Ihr Euch nicht vorstellen. Ich küsse Euch ganz fest und wünsche alles Gute.

Stefan

Smert germanskim okkupantam[12]

Brief vom 8. Januar 1944

Meine Lieben!

Draußen tobt seit ein paar Tagen ein Schneesturm, und ich kann nur an Euch denken und daran, wie Ihr in diesem schrecklichen sibirischen Winter lebt. Ich mache mir aus dem Winter nichts, wir sind gut gekleidet und leben in einem Dorf. Nur dass ich stark erkältet bin. Ich bekomme wenig Briefe von euch, die letzte Karte kam am 12.12. Ich bin jetzt stell-

---

12 Notiz des Autors auf der Rückseite des Briefes in russischer Sprache. »*Tod den deutschen Okkupanten!*«

vertretender Zugführer und werde wahrscheinlich weiterbefördert. Wie steht es um Eure Gesundheit, wie sieht es mit der Versorgung aus? Werden Jurek Nieciengiewicz, Spirydon und Kowalczuk nicht in die Armee eingezogen? Bleibt im Kontakt mit Drobner. Küsse. Stefan

Brief vom 18. Februar 1944

Meine Lieben!
Nach einer langen Pause habe ich in den letzten Tagen insgesamt 7 Briefe und 2 Karten erhalten. Das liegt daran, dass die Post schlecht funktioniert. Der letzte Brief war vom 22.1. Ich bin sehr froh, dass Ihr noch lebt, um die Wahrheit zu sagen, hatte ich schon angefangen, daran zu zweifeln. Es tut mir einfach weh, dass Ihr ein so schreckliches Leben führen müsst. Ich werde tun, was ich kann, um Euch zu helfen. Ich habe 180 Rubel erhalten und werde nun jeden Monat meinen vollen Sold schicken. Ich habe an Moskau geschrieben und werde weiterschreiben, ebenso an Tupow und an den *selsowet* [Dorfsowjet]. Ich werde an das Komitee in Mamljutka schreiben, nur weiß ich nicht an wen. Leider kann ich nichts mehr tun. Ich werde bei nächster Gelegenheit Urlaub beantragen. Haltet durch! Die Tage Eures Leidensweges neigen sich dem Ende zu. Seid tapfer! Sprecht Ihr oft von mir? Ich bin jetzt schon Offizier[13] und stellvertretender Kommandant einer Schützenkompanie. Mir geht es sehr gut, aber ich denke immer noch an Euer Unglück. Seid Ihr mir nicht böse für das, was ich früher getan habe? Ich beende jetzt meinen Brief und sende Euch 1000 Küsse und grüßt mir die Bekannten, die Haushälterin und Tupow.

Brief vom 29. März 1944

Meine Lieben!
Ich habe gestern zwei Briefe von euch erhalten. Es hat mich sehr gefreut, denn ich hatte schon lange nichts mehr bekommen. Wir saßen den ganzen Winter über in der Nähe von Smolensk, 16 Kilometer vom Wald von Katyn entfernt. Unsere Delegierten waren dort, um den Opfern des Nazi-

---

13 Der Autor wurde in den Rang eines Fähnrichs befördert.

Verbrechens die Ehre zu erweisen.[14] Jetzt, nach ein paar Tagen Fahrt, sind wir näher an Polen. Hier gibt es viele Obstgärten und die Menschen sprechen anders als in Smolensk. So wie Ignatiuk. In der jüdischen Hauptstadt Berdyczów[15] gibt es unter den 30 000 Einwohnern keinen einzigen Juden mehr. Sie liegen alle unter der Erde. Wir fuhren durch Belarus. Entlang der gesamten Eisenbahnstrecke gibt es riesige Befestigungen, Stacheldraht, Schützengräben und dergleichen mehr. Alles gegen die Partisanen, die den Deutschen dort das Leben schwer gemacht haben. Überall sieht man zertrümmerte, umgestürzte Waggons, Lokomotiven usw. – das Werk der Partisanen. Alle Dörfer und Städte sind zerstört und niedergebrannt. Was wird in Polen geschehen? Sicherlich sind die Goldsteins in Lwów weg! Ihr müsst zwar leiden, aber vielleicht könnt ihr euer Leben retten. Bei mir ist alles beim Alten, nur ein abgefrorener Zeh tut mir weh. Ich hoffe, dass wir uns bald in der Heimat wiedersehen. Ich küsse euch.
Stefan

Brief vom 8. April 1944

Meine Lieben!
Ich habe soeben Euer Einschreiben erhalten. Die Nachrichten sind nicht sehr erfreulich, aber ich kann euch eines sagen: Es wird bald vorbei sein, in Kürze wird unsere Armee in Polen, in Lwów, Tarnopol[16] usw. einmarschieren. Bei mir ist alles beim Alten. Wir haben unseren Winterlagerplatz verlassen und sind an einen anderen Ort gefahren. [...] Bekommt Ihr manchmal polnische Zeitungen? *Nowe Widnokręgi*, *Wolna Polska*[17] oder

---

14 Vgl. Fußnote Nr. 26 in den Erinnerungen von C. Bazan.
15 Berdyczów (poln.; ukr. Berdytschiw, jiddisch Barditschew), ist eine Stadt in der Zentralukraine (Oblast Schytomyr, poln. Żytomierz), die im 18. und 19. Jh. ein wichtiges jüdisches religiöses und kulturelles Zentrum darstellte. Im Jahr 1939 machte die jüdische Bevölkerung fast 40 % der Bevölkerung der Stadt aus, die damals innerhalb der Grenzen der UdSSR lag.
16 Lemberg (ukr. Lwiw, poln. Lwów) und Tarnopil (poln. Tarnopol) lagen bis 1939 in der Zweiten Polnischen Republik und gehören heute zur Ukraine.
17 *Nowe Widnokręgi* [Neue Horizonte], *Wolna Polska* [Freies Polen] waren Zeitungen, die vom Verband Polnischer Patrioten (ZPP) herausgegeben wurden.

andere? Jetzt sind wir näher an Polen als an Mamlutka.[18] Wir haben Belarus durchquert. [...] Als wir hier ankamen, war es bereits warm, aber vor ein paar Tagen tobte ein Schneesturm, der das ganze Dorf mit einer vier Meter hohen Schneedecke bedeckte. So einen Schneesturm habe ich noch nie gesehen. Aber heute, am Vorabend von Ostern, ist das Wetter schon prächtig. Das ganze Dorf versinkt in Obstgärten, die Lerchen singen, und rundherum sind deutsche Schützengräben, Minenfelder und kaputte [...][19] Panzer. Könnt Ihr Euch das vorstellen? Die Leute hier reden wie Tupow und Mackiewicz. Morgen werden wir ein köstliches [Oster-] Fest feiern. Wir haben Wodka, Backwaren, amerikanische Konserven, Eier: mit einem Wort alles. Wir werden nach [...][20] zu einem feierlichen Gottesdienst gehen, der von unserem Pfarrer, Major Kubsz, abgehalten wird.[21] Wie werden bei Euch die Feiertage sein? Wahrscheinlich nicht besonders. Habt Ihr von mir das Geld erhalten? In wenigen Tagen bekomme ich mein Offiziersgehalt und schicke Euch ein paar Hunderter. Bei uns gibt es nichts Neues. Vielleicht werden sie bald Urlaubstage verteilen? Das wäre wunderbar. Ich würde Euch elegant, erwachsen und in einer Offiziersuniform besuchen und Ihr würdet mich sicher nicht wiedererkennen. Ich werde versuchen mir in der Stadt ein Foto zu machen und schicke es Euch dann. Wie sieht Ewa aus? Sieht sie schon erwachsen aus? Ist sie hübsch? Sieht sie sehr schlecht aus? Wie steht es um Eure Gesundheit? Habt Ihr was zu lesen? Wie verhält sich Tupow? Schreibe unbedingt, warum Ewa im Winter nicht gearbeitet hat! Ist es nicht möglich, in Mamlutki Geld zu verdienen? [...][22] An Robert habe ich mehrmals geschrieben, an Lena nur einmal.[23] Es gibt keine Postkarten. Ich schreibe auf Englisch, so wie mir der Schnabel gewachsen ist, aber der Sinn ist da.

18 Industriesiedlung in Kasachstan (kas. Mamljut, russ. Mamljutka, poln. heute Mamlut). Früher wahrscheinlich Mamlutka.
19 Wort durch die Militärzensur verwischt, wahrscheinlich: »radz.«, sowj.
20 Ortsname durch die Militärzensur verwischt.
21 Pfarrer Major Wilhelm Kubsz (1911–1978) war Kaplan der 1. Warschauer Infanterie-Division »Tadeusz Kościuszko«, ehemaliger Geistlicher in der Woiwodschaft Nowogródek (heute Belarus), nach 1941 Mitglied einer sowjetischen Partisaneneinheit.
22 Wiederholung von Informationen aus einem vorherigen Brief.
23 Geschwister von Mizzy Unger (Stefans Mutter), die nach dem »Anschluss« Österreichs im Jahr 1938 in das Vereinigte Königreich emigriert sind.

Ich bin gut drauf und würde gerne schreiben und schreiben – aber was? Ich kann wahrscheinlich nur schreiben, dass ihr mir sehr leidtut, dass ich euch gerne helfen würde, aber machtlos bin; ich habe geschrieben, interveniert, doch alles liegt bei dieser verfluchten Frau Ajzensztadtowa.[24] Ich denke oft, sehr oft an Euch und bedaure mein schlechtes Verhalten, aber jetzt ist es zu spät. Seid Ihr mir nicht böse, sprecht Ihr oft über mich? Ich höre jetzt auf und wünsche Euch allen frohe Ostern, alles Gute und bis bald in einem freien Vaterland. Stefan

Brief vom 1. Mai 1944

Meine Lieben und Teuersten!
Es ist jetzt ein Jahr her, dass ich Euch verlassen habe. Es kommt mir aber so vor, als wäre es vor zwei bis drei Wochen gewesen. Die Erinnerungen an die Smolensker Gegend sind keineswegs näher als die an Woskresenowka[25].
Das Jahr verging:
Mit gewaltigen Veränderungen in der Politik, die Front verschob sich von Stalingrad bis nach Tarnopol, Brody und bis nach Kischinau[26].
Bei mir – große Veränderungen, aus einem jungen Rekruten wurde ich zum Offizier mit einem guten Ruf bei meinen Vorgesetzten.
Und bei euch? Ihr armen, armen Leute, Ihr seid eine weitere Stufe auf der Armutsleiter hinabgestiegen, fast an der Grenze zum Elend. Mein Herz schmerzt und mein Kopf zerbricht, wenn ich daran denke. Aber was kann ich tun? Am Anfang habe ich 35 Rubel bekommen, also habe ich Euch nichts geschickt. Dann habe ich zweimal 100 Rubel geschickt, aber jetzt, wenn ich einen Offizierssold bekomme, werde ich jeden Monat 400 Rubel schicken. Bestätigt es aber! Jetzt hat eine Umsiedlungsaktion der Polen in größere Ballungsräume und bessere [Lebens-]Bedingungen

---

24 ZPP-Aktivistin.
25 Kolchos-Siedlung in der Nähe der kasachischen Stadt Mamljut.
26 Kischinau (moldawisch Chişinău) ist eine Stadt in Bessarabien und heute die Hauptstadt der Republik Moldau. Im Jahr 1940 wurde sie von der UdSSR annektiert.

begonnen.²⁷ Ich setze mich gleich hin und schreibe an W. Wasilewska.²⁸ Außerdem habe ich an Drobner geschrieben und Euch seine Antwort geschickt. Ich hoffe, die Angelegenheit hat sich in der Zwischenzeit weiterentwickelt. Möge Gott euch helfen! Ich küsse Euch herzlich und denke ständig an Euch; Euer Euch liebender Sohn Stefan

Brief vom 8. Mai 1944

Meine Lieben!
Ich schreibe diese Worte bereits auf polnischem Boden!²⁹ Nach fast vier Jahren habe ich wieder polnische Wälder und polnische Felder gesehen. Leider hat sich alles, was »Wolna Polska«³⁰ geschrieben hat, als wahr herausgestellt. Ukrainische Banditen haben hier Hunderttausende von Menschen ermordet, ganze polnische Kolonien und Siedlungen niedergebrannt.³¹ Aber wir haben das Glück, dass wir bereits 350 Kilometer von Warschau entfernt sind. Wie sieht es bei Euch mit den Umsiedlungen der Familien in die Ukraine aus? Habt mir das Geld von mir bekommen? Habt Ihr irgendeine Hilfe am 3. Mai³² erhalten? Bei mir ist alles in Ordnung. Vom 30. April bis zum 4. Mai war ich ständig betrunken. Der einmonatige Aufenthalt in Berdyczów [ukr. Berdytschiw] war insgesamt gesehen der angenehmste. Die Menschen empfingen uns mit außergewöhnlicher Gastfreundschaft und verabschiedeten uns mit Tränen und Segensworten. Was die Gesundheit betrifft, fühle ich mich gut. Ich habe mich schon so daran gewöhnt, dass mir die Sache mit den 30 Kilometern Fußmarsch mit einer Last nichts ausmacht. Leider habe ich seit über ei-

27 Im Jahr 1944 wurde ein Teil der Polinnen und Polen, hauptsächlich Angehörige von Soldaten, aus den Gebieten mit den schwierigsten klimatischen Bedingungen u. a. in die Ostukraine umgesiedelt.
28 Wanda Wasilewska (1905–1964) – sozialistische Aktivistin, entschloss sich bereits 1939 zur Zusammenarbeit mit Stalin, Vorsitzende des ZPP, siehe Fn. 28, S. 164.
29 Der Autor bezieht sich hierbei auf die Grenzen von 1939.
30 Zu deutsch: »Freies Polen« wurde vom ZPP herausgegeben.
31 Nach den Erkenntnissen polnischer Historiker wurden in Wolhynien und Ostgalizien zwischen 1943 und 1945 von ukrainischen Nationalisten (Ukrainische Aufständische Armee) mindestens 50–60 000 Polen ermordet. Diese Ereignisse belasten bis heute die polnisch-ukrainischen Beziehungen.
32 Polnischer Nationalfeiertag.

Der Traum von der Rückkehr ins Vaterland

nem Monat keine Post mehr erhalten. Wir sehen uns in Wieliczka.[33] Derweil bin ich mit meinem ganzen Herzen bei Euch!

Stefan

Postkarte vom 7. Juni 1944
Meine Lieben und Teuersten!
Seit gestern ist es ein Jahr her, dass ich zur 1. PDP[34] gekommen bin. Wie viele Veränderungen hat es seitdem in meinem Leben gegeben! Aus einem dummen jungen Rekruten ist heute ein stellvertretender Kompaniechef geworden. Mir geht es gut, aber die Sehnsucht wird immer größer. Oh, wie sehr wünschte ich mir, Euch wenigstens zu sehen! Zuvor, als ich einen Rucksack und eine Maschinenpistole tragen musste, konnte ich die Briefe nirgends aufbewahren und habe sie alle weggeworfen. Schade! Jetzt, ab Mitte Februar, habe ich angefangen sie gefaltet in eine Feldtasche zu stecken. Und in schweren Zeiten, wenn die Sehnsucht überhandnimmt, ziehe ich sie mir heraus und lese sie. Bewahrt Ihr auch meine Briefe auf? Ich habe bereits 24 Stück. Außer Euch schreibt mir niemand. Vor ein paar Tagen habe ich mit Drobner persönlich gesprochen (er war bei uns im Regiment), er hat versprochen, dass er sich wieder drum kümmern wird. Ich bin froh, dass Ewa bei der Traktorbrigade und nicht bei der Pferdebrigade arbeitet. Leider gibt es weder eine Chance auf einen Urlaub noch auf ein Foto. Das war nur in Berdyczów möglich. Jetzt bilden wir Rekruten aus und bereiten uns auf den Marsch nach Westen vor. Ich küsse Euch sehr, sehr doll.

Stefan

Brief vom 22. Juli 1944
Meine Lieben und Teuersten!
Nun gehen wir vorwärts. Die Märsche sind sehr hart, je 40 Kilometer und manchmal noch mehr. Manchmal steht uns der Schlamm, manch-

---

33 Wieliczka – Stadt in der Nähe von Krakau, in der die Verwandten des Autors vor dem Krieg lebten. Die meisten von ihnen sind während des Holocaust umgekommen.
34 Sicherlich eine Abk. für Polska Dywizja Piechoty [Polnische Infanterie-Division].

mal der Treibsand bis zu den Knöcheln. Wir sind müde, aber sehr zufrieden. Heute Nacht werden wir den Bug überqueren und im echten Polen sein. Bald wird die Zeit kommen, in der Ihr hier sein werdet. Jetzt stehen wir in einem Wald, in dem die Deutschen vor 4 Tagen waren. Die Luft ist schwer von den Leichen, die überall liegen. Um uns herum verlassene deutsche Waffen und Ausrüstung. Hier war unsere Heeresartillerie am Werk und erhielt dafür einen besonderen Dank von Marsch. Stalin. Bei mir ist alles in Ordnung. Sogar meine Beine tun nicht weh. Ich bin froh, dass der Krieg bald vorbei sein wird. Dann werde ich Euch helfen, so gut ich kann. Ich habe Euch 450 Rubel auf Dauer gutgeschrieben und 600 Rubel einmalig gesendet. Mehr kann ich nicht tun. Wenn wir über den Bug gehen, werde ich für Euch von irgendeiner Familie einen *wysow*[35] ausstellen. Fürs Erste haltet gut durch. Es wird nicht mehr lange dauern. Derweil küsse ich Euch ganz fest und erwarte zwei Briefe die Woche. Verstanden?! Euer Euch liebender Stefan

Brief vom 27. Juli 1944

Meine Lieben und Teuersten!
Triumphierend schreiten wir über die polnische Erde. Man könnte Bände darüber schreiben, wie sie uns begegnen. Mir fehlen die richtigen Worte, um zu beschreiben, wie sie uns gestern in Lublin empfangen haben.[36] Ganz Lublin ging auf die Straße und überhäufte uns unter Freudentränen mit Blumen, Zigaretten, Bonbons, Wodka, kurzum, mit allem, was vorhanden war. Lang leben unsere Retter, lang leben unsere Soldaten! Sie haben uns vor Freude geküsst. Uns verköstigt, mit dem was sie bieten konnten. Ganz Lublin ist überschwemmt mit deutschen zu Schutt und Asche zertrümmerten Fahrzeugen, mit deutschen Leichen und mit Pferdekadavern. Hier wurden sie von unseren polnischen Partisanen ordentlich vermöbelt[37], und die sowjetischen Panzer überrollten diese ganze

---

35 Russisch für Vorladung, hier handelt es sich um eine förmliche Einladung seitens einer Familie, die einer Person eine Reise aus der Verbannung in den Westen erleichtern sollte.
36 Lublin wurde am 24. Juli 1944 von den sowjetischen Truppen und den mit ihnen kämpfenden polnischen Partisaneneinheiten besetzt.
37 An den Kämpfen waren Einheiten der Heimatarmee, die die polnische Exilregierung in

motorisierte Kolonne wie eine Lawine und zerschlugen alles, ohne eine einzige Maschine zu verlieren. Als wir marschierten, standen an der Seite ukrainische SS-Männer[38] mit eingeritzten Hakenkreuzen auf dem Kopf, die »Es lebe Polen« schreien mussten. Jeden Tag fangen Partisanen in den Wäldern Deutsche, polnische Verräter und Ukrainer. Es gibt hier überhaupt keine Juden – keinen einzigen. Aber es gibt Konzentrationslager, die mit Hunderttausenden von Leichen gefüllt sind. Leute aus der lokalen Intelligencja sagen, dass in den 5 Jahren der deutschen Herrschaft in Polen bis zu 6 Millionen Menschen getötet wurden!! Und Ihr seid, Gott sei Dank, noch am Leben und gesund, ich werde Euch sicher bald nach Hause holen. Haltet vorerst durch, so gut ihr könnt. Heute werden wir die Weichsel überqueren[39] und in ein paar Tagen werden wir in Warschau sein, das von polnischen Partisanen geräumt worden sein soll.[40] Generell sind die Partisanen mächtig vertreten und bilden hier eine starke provisorische Herrschaft[41] aus, die weiterhin Deutsche in den Wäldern aufspürt. Hinter der Weichsel soll es noch mehr von ihnen geben. Wenn die Partisanen dort den Kampf fortsetzen, wird der Krieg bald zu Ende sein.

Was mich persönlich angeht, gibt es nichts Neues. Ich lebe wie bisher. Wir machen extrem schwierige Märsche, aber ich halte sie sehr gut aus, zumal ich weder einen Rucksack noch ein Gewehr habe, nur eine Pistole. Ich bin ein bisschen erkältet, aber sonst ist alles in Ordnung. Gestern erhielt ich den Brief von Mutti vom 29.6., vor ein paar Tagen einen von Ewa ohne Datum. Ich freue mich sehr, dass sie [die Briefe] etwas fröhlicher als diejenigen aus dem Winter und Frühling sind. Es gibt jetzt sicher frische

London anerkannten, und weniger zahlreiche Einheiten der kommunistischen Volksarmee beteiligt.
38 Der Autor meint die ukrainischen Mitglieder der im Jahre 1943 von ukrainischen Kollaborateuren gegründeten 14. Waffen-Grenadier-Division der SS.
39 Die Weichsel wurde am 25. Juli in der Gegend von Dęblin und Lublin erreicht.
40 In Warschau bereiteten sich Einheiten der Heimatarmee, die auf die Hilfe der herannahenden Roten Armee zählten, auf den Aufstand vor.
41 In Lublin wurde der Versuch unternommen, eine polnische Regierung zu gründen, die der Londoner Exilregierung unterstellt sein sollte, doch die Verhaftungen des NKWD führten zu ihrer schnellen Auflösung. Die Partisanenverbände wurden entwaffnet und die Kommunisten verkündeten die Bildung des Polnischen Komitees der Nationalen Befreiung (*Polski Komitet Wyzwolenia Narodowego, PKWN*), das quasi eine dem Kreml unterstellte Regierung Polens bildete.

Der Traum von der Rückkehr ins Vaterland

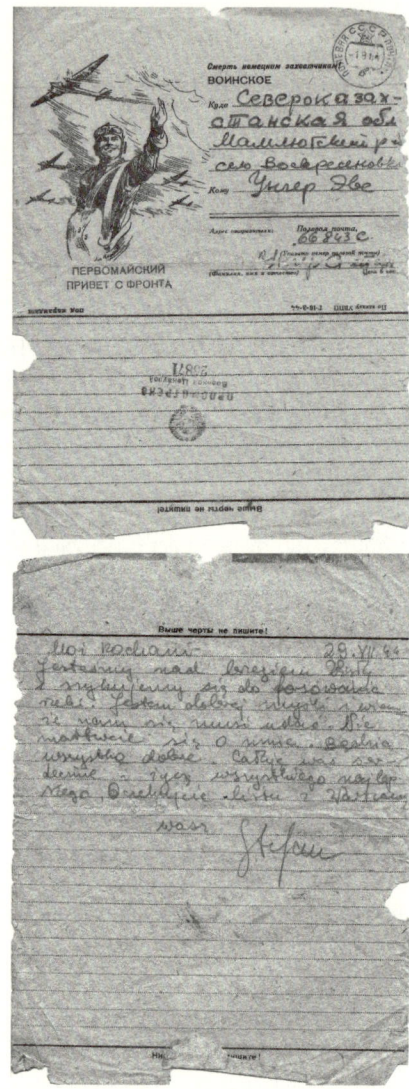

Abb. 10: Der letzte Brief Stefan Ungers an seine Mutter und Schwester in der Verbannung in Kasachstan vom 29. Juli 1944

Kartoffeln und ihr könnt euch mit dem erhaltenen Geld etwas kaufen. 600 Rubel bekommt Ihr jeden Monat. Und wir sind dem flüchtenden Deutschen auf den Fersen, aber wir können ihn nicht einholen, weil er mit Autos flieht. Aber es sieht alles danach aus, als sei er bis nach Berlin geflohen, und dann wird der Krieg gewonnen sein. Bis dahin seid guten Mutes, ich küsse Euch herzlich.
Euer Euch liebender Stefan

Brief vom 29. Juli 1944

Meine Lieben!
Wir befinden uns am Ufer der Weichsel und machen uns bereit, den Fluss zu durchqueren.[42] Ich bin guten Mutes und weiß, dass wir es schaffen müssen. Macht euch keine Sorgen um mich. Alles wird gut gehen. Ich küsse Euch herzlichst und wünsche Euch alles Gute. Erwartet einen Brief aus Warschau.[43]
Euer Stefan

---

42 Mit der Einnahme des Brückenkopfs Warka-Magnuszew am linken Weichelufer südlich von Warschau am 1. August 1944 begann eine Phase schwerer Kämpfe.
43 Stefan Unger wurde am 4. August 1944 bei der Übersetzung der Weichsel getötet. Seine Leiche wurde nie gefunden. Seine Mutter und seine Schwester kehrten erst im April 1946 aus der Verbannung nach Kasachstan in ihre Heimat zurück. Sie ließen sich in Breslau nieder. Ewa Unger absolvierte ein Chemiestudium. Ihre Promotion verteidigte sie im Jahre 1961. Sie war aktives Mitglied im Breslauer *Klub Inteligencji Katolickiej* [Club Katholischer Intelligenz] und war 1989 eine der Mitbegründerinnen der *Fundacja Krzyżowa dla Porozumienia Europejskiego* [Stiftung Kreisau für Europäische Verständigung].

Abb. 11: Czesław Bazan in der Uniform der Polnischen Volksarmee, um 1945

6
Czesław Bazan (geb. 1924)
Vom Ob gen Polen
Tagebuchnotizen eines Verbannten und Soldaten (1943/1944)

29.08.43. Neue Nachrichten. Erstens: Es entsteht eine neue polnische Armeedivision, benannt nach Henryk Dąbrowski.[1] Zweitens: Im Radio werden Nachrichten auf Polnisch gesendet![2] Drittens: Der eigentliche »Hammer«: ich soll mich am 31.08. um 10 Uhr im *Narymski okrwojenkomat »dlja prochoschdenija prisywa w armiju«* (Einberufungsstelle des Bezirks Narym »zur Einberufung in die Armee«) einfinden. [...] Unter der polnischen Bevölkerung der Stadt herrscht eine feierliche Stimmung und Freude. Belarusen und Ukrainer werden nicht eingezogen. [...] Aber vielleicht wird nichts daraus? Vielleicht werden sie niemanden entsenden? Wir sind doch schon so oft dorthin. Ich war dort z. B. schon drei Mal. Vielleicht wird auch jetzt nichts draus?

1 Im Mai 1943 wurde die 1. Warschauer Infanterie-Division »Tadeusz Kościuszko« formiert, deren Kommando Oberstleutnant Zygmunt Berling (1896–1980) übernahm. Anfang August desselben Jahres begann die Aufstellung der 2. Warschauer Infanterie-Division »Henryk Dąbrowski«, die von Oberstleutnant Antoni Siwicki (einem sowjetischen Offizier polnischer Herkunft) befehligt wurde.
2 Die Sendungen wurden aus Moskau vom polnischsprachigen Radiosender »T. Kościuszko« gesendet. Eine der Redakteurinnen war Zofia Dzierżyńska (1882–1968), eine aus einer jüdischen Familie stammende Sozialdemokratin, später Kommunistin, die in ihrer Jugend mit Rosa Luxemburg befreundet war und den Tscheka-Gründer Feliks Dzierżyński heiratete.

Vom Ob gen Polen

Auf jeden Fall freue ich mich, denn das Herumsitzen ging mir allmählich auf die Nerven. Neue Aussichten, neues Leben. Es gibt nichts Schlimmes, was man nicht ins Gute wenden könnte. Nur, was wird mit Wiesiek?[3] Doch dazu später mehr. Wir werden am Dienstag sehen, was passieren wird. Ich würde gerne fahren, weil: 1. Ich so die Spuren meiner »Verbrechen« auf Arbeit (Erwerb von Brot mithilfe von Lebensmittelkarten anderer Kursteilnehmer) unter den Teppich kehre. 2. Ab dem 15. sollen wir Torf stechen, man legte im Kurs fest, dass wir 300 m³ herausholen sollen. 3. Ortswechsel, Bewegung. 4. Man kommt teilweise aus der Hölle heraus. 5. Neue Erfahrungen sammeln, einen neuen Beruf erlernen. Wir warten also bis zum 31. August.

5.09.43. Nun ja, keine Reise! Eigentlich sollten wir heute abreisen, aber da ich die Knete nicht abgegeben habe, bleibe ich bis zum 10. des Monats. Das tut mir leid, aber es ist nun einmal passiert. Heute werden sie nämlich die erste Gruppe von Polen in die Armee einweisen. Wir (die nächste Gruppe) holen sie vielleicht noch ein. Ich bin auf den Direktor wütend, weil ich seinetwegen das Geld nicht ausgehändigt habe. Andererseits ist es vielleicht besser – so werde ich noch etwas Brennholz vorbereiten. Eine andere Sache ist die, dass Janka Pokryszko und ich uns nicht trennen wollten (sie wurde auch einberufen), aber vielleicht sehen wir uns ja wieder. [...]
Vielleicht werden wir nicht lange kämpfen? Im Ganzen nehmen sie uns sehr feierlich und freundlich auf. Für die Reise geben sie uns Geld und Lebensmittel mit [...].
Offenbar sollen sie uns nach Moskau fahren. Dort ist das Hauptquartier des ZPP[4], es wird einen Empfang geben, ein Einberufungskomitee, vielleicht werden sie uns sogar zurückschicken? [...]

---

3 Der Autor war zusammen mit seiner Mutter Bronisława (1903–1980) und seinem Bruder Wiesław (1932–) kurz vor dem Überfall des Dritten Reichs aus Prużana (bis 1939 eine polnische Kreisstadt in Polesien, heute liegt Pruschany in Belarus) in die UdSSR deportiert worden. Er blieb und arbeitete in dem Dorf Kolpaschewo am Fluss Ob (Kreis Narym).
4 Verband Polnischer Patrioten (Związek Patriotów Polskich, ZPP).

Ich hätte nie gedacht, dass ich in die Armee dieser »verfluchten« Wasilewska[5] gehen würde. Und doch ... Es kam alles ziemlich unerwartet. Am 31. August waren wir bei der Ärztekommission und ich nahm an, dass sie uns zwischen dem 10. und 19. [September] einziehen würden. Ich war sogar besorgt, dass es so spät sein wird. Ich wünschte mir, dass es schneller geht – und siehe da, das Wort ist Fleisch geworden. Mögen die drei Tage schneller vergehen!!! [...]
Heute marschierten vor uns die »Soldaten« des Jahrgangs 1926. Jungs von einem Meter Größe, kleiner als ein Gewehr. Unsere marschierten, obwohl ungeschult, wie alte Krieger.
Revolution in Dänemark.[6] Amerikaner landen in Italien.[7] [...]

9.09.43. Heute oder spätestens morgen sollen wir abreisen. Nur Polen. Belarusen und Ukrainer werden nicht eingezogen. Russen reisen getrennt. Wir sind 18 Personen und werden die einholen, die am 6. September abgereist sind.

Mein Kopf ist bereits rasiert, ich war in der »Banja« (Badehaus), im *gorzdrav*[8] (medizinische Untersuchung) und bei ähnlichen Zeremonien. Eine weitere Gruppe fährt am 16.09. und wir sollen noch für die Reise Lebensmittel erhalten.
Mit Gott!
Werde ich dies jemals wieder lesen? [...]

11.9. *Also wir fahren*.[9] Wir sind schon den zweiten Tag unterwegs. Gestern, am 10.9. gegen 12 Uhr sind wir losgefahren. Im Großen und Ganzen gab es viel Geschrei. Das Schiff sollte um 10 Uhr kommen, um drei

---

5 Siehe Fn. 28, S. 164.
6 Im August 1943 kam es im besetzten Dänemark zu einer Streikwelle.
7 Der Autor meint damit die Invasion auf das italienische Festland, die am 3.9.1943 mit der Landung britischer Truppen in Kalabrien und am 9.9. mit der Landung amerikanischer und britischer Truppen in Salerno und Tarento begann.
8 Abkürzung für: *gorodskoye upravlenija zdravochranienja* – kommunales Gesundheitsamt.
9 Auf Deutsch geschrieben.

Vom Ob gen Polen

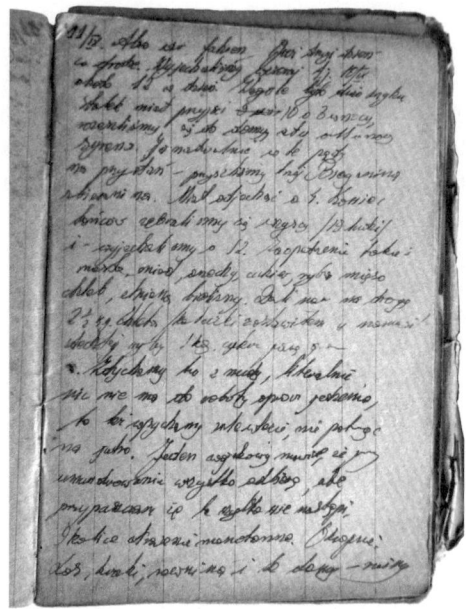

Abb. 12: Eine Seite aus dem Tagebuch von Czesław Bazan mit dem Eintrag vom 11. September 1943, der mit den deutschen Worten »Also wir fahren« beginnt

gingen wir alle nach Hause, und dann gingen in der Nacht plötzlich die Sirenen los. Ich bin natürlich zum Hafen geeilt, wir waren zu dritt. Ein Rumgerenne und Einsammeln. Wir sollten um vier los. Schließlich haben wir uns alle zusammengefunden (19 Personen) und sind um 12 abgefahren. Als Vorräte haben wir Butter, Honig, Nüsse, Zucker, Fisch, Fleisch, Brot und Wechselwäsche. Auf den Weg gaben sie uns 2,5 Kilogramm Brot (einige Stücke ließ ich bei Mutti) 1 Kilogramm stinkenden Fisch und ein paar Gramm Zucker. Wir sterben vor Langeweile, es gibt buchstäblich nichts zu tun, außer zu essen, so stopfen wir uns voll, so viel wir können, ohne an morgen zu denken. Ein Militär sagte uns, dass sie uns beim Aushändigen der Uniformen alles abnehmen würden, aber ich nehme an, dass das nicht so schnell passieren wird. Die Umgebung ist furchtbar monoton. Schrecklich: Wald, Gebüsch, alles flaches Land und diese

Vom Ob gen Polen

Häuser – lustlos verstreute Ruinen, man weiß nicht wofür und warum. Ein Haufen Trümmer und das war's. Bei den Zwischenstopps kaufen wir Milch, solange das Geld reicht. Preis: 15 Rubel die Flasche. Wir schafften es, Karotten zu kaufen, für 30 Kopeken (!) das Stück. [...]

12.9. Am Morgen kamen wir in Tomsk an. Wir standen fast den ganzen Tag und sahen ein wenig von der Kultur, der alten, zaristischen (mitnichten was von der Neuen). Gepflasterte Straßen, Trottoirs aus Beton oder Holz. Gemauerte Häuser oft im gleichen Stil. Alles stürzt ein, rottet vor sich hin. Neue Häuser konnte ich nirgends sehen, alles alt und unrenoviert wie aus längst vergessenen Zeiten. So wie es war, ist es geblieben, sie haben nichts Neues gemacht und das Alte zerfällt. Am Ende bleibt Chaos: ein Merkmal der sowjetischen Wirtschaft. Ich war im Kino, ebenfalls aus der Zarenzeit, Schmierereien und Beleidigungen auf den Sitzen (wie in einer Toilette). Es gibt dort keine Anlegestelle. Es gibt einen Hafen, aber auch er ist verlassen. Im Allgemeinen hat man das Gefühl, dass die Stadt verfällt. Es herrscht wenig Verkehr und es ist ruhig. Die Kriegsstimmung spürt man hier mehr als in Kolpaschewo. In der Nähe der Depots marschieren überall Soldaten. Riesige Markthallen, die aber auch baufällig sind. Ich sehe Lagerhäuser und eine Metzgerei. Ja, es ist alles weiß getüncht, aber trotzdem sieht es scheußlich aus. Überall hölzerne »*dostrojki*« [Anbauten]. Überall Vernachlässigungen und Altes. [...] Die ganze Straße war besudelt, schmutzig voll von verschiedensten Balken, Sägemehl und Gips. Es gab Blumenbeete und Blumenkästen, doch die Zäune waren niedergerissen und alles war zertreten. Nur die Bäume entlang der Straßen sind erhalten geblieben. Das Grün sorgt für ein wenig Charme. Die Preise auf dem Markt sind ein wenig höher als bei uns, für manche Produkte sind sie gleich hoch, nicht so schrecklich, wie die Leute sagen. Mit dem Holz sieht es schlecht aus. Auf dem Markt verkaufen sie Brennholz stückweise. [...]

15.9. Wir werden wahrscheinlich morgen nach Nowosibirsk aufbrechen. Ich tauschte einen halben Liter Milch gegen ein Pfund Brot. Ich hatte

Vom Ob gen Polen

gestern vergessen, die neuesten Nachrichten (die sicherlich eine Woche alt sind) aufzuschreiben: Deutschland hat Italien den Krieg erklärt und Rom besetzt.[10] Zurzeit rücken die Engländer erfolgreich auf Sizilien vor, ohne auf Gegenwehr der sich zurückziehenden Heere zu stoßen. Es sah zunächst so aus, als ob sie Italien kampflos einnehmen würde, es zeigt sich aber, dass dies nicht der Fall ist. Ich bin seit Tagen sehr gut gelaunt, obwohl es dafür eigentlich keinen Grund gibt. Die Preise steigen, doch die Leute kaufen, was sie kriegen können. Das Wetter ist weiterhin gut. Mein Rucksack wird immer leichter, bis wir ankommen, werde ich das ganze Brot aufgegessen haben. Anscheinend wird es in Nowosibirsk wieder eine Kommission geben. [...]

17.9. Wir sind in Nowosibirsk. Gegen acht Uhr abends sind wir von Bord gegangen, danach zum Etappenpunkt, wir saßen dort an die zwei Stunden. Dann hetzen sie uns wieder zur Banja und wir warten wieder eine Stunde. Zur Banja waren es drei Kilometer. Sie ist recht gut mit einer Dusche und ohne diese Wannen ausgestattet. Natürlich sind die Anlagen kaputt und werden nicht richtig genutzt. Jetzt erst habe ich verstanden, wie so eine Desinfektion funktioniert. Die Krankheit wird getötet, doch die Kleidung bleibt schmutzig. Von der Banja kamen wir um vier Uhr zurück und gingen zu den Kasernen[häusern]. Bei der nächtlichen Beleuchtung sieht die Stadt sehr sauber und hübsch aus. Sehr viele Bäume, schöne Backsteinhäuser mit bis zu sechs Stockwerken, man weiß natürlich nicht, wie sie innen aussehen. Nach der Ankunft [kommen wir] natürlich zum »*pjerjes*«-Punkt.[11] Ein großes mehrstöckiges Backsteingebäude. Wartesäle, Friseursalons, Kantinen etc. Ganz hübsch eingerichtet mit Zentralheizung, sauber und schönen Inschriften an den Wänden. Aber die Toilette – um Gottes willen, was für ein schrecklicher Gestank. Wie die ganze Sauwirtschaft. Matsch. [...] Zu Essen haben sie auch nichts gegeben. Wir vespern das Mitgebrachte. Das wissen sie und deshalb geben sie uns auch nichts. Sie registrierten uns wieder, d. h. Geburtstag, Aufenthaltsort und

---

10 Die Deutschen besetzten Rom am 10.9.1943.
11 Abgekürzt von *peressylny punkt*, Übermittlungsstelle.

so weiter. Hin-und-her-Gerenne, Appelle und am Ende des Tages fallen wir um zum Schlafen. Wir sind um 7 Uhr aufgestanden, um zu frühstücken, haben eine Stunde gewartet und es wurde nichts ausgegeben. Es wurde auch keine Registrierung vorgenommen. [...] Es gibt hier nur 10 Menschen. Die Mädchen haben sie in die Fabrik zum Bau der *tanki* [russ. für Panzer] geschickt. Was für ein Los. Kämpferinnen in der Fabrik. Dort ist eine von uns aus Lwów [Lemberg] und ein Pole aus Lublin. Er war irgendwo in Kamtschatka, jetzt fährt er fast seit einem Jahr zum Militär. Vielleicht schaffen wir es, nicht zur Arbeit geschickt zu werden. [...]

19.9. Gestern haben sie uns in Waggons eingeteilt. [...] In jedem Waggon 52 bis 53 Personen. Wir aus Kolpaschew [landeten] in einem separaten Waggon. Angeblich werden wir heute abreisen. Die Mädchen, die mit uns reisten, wurden in eine unbekannte Richtung abtransportiert. Wir haben währenddessen einen Vortrag über Kriege aus der ganzen Welt angehört. [...] Hundert Russen aus Kolpaschewo sind eingetroffen. In zwei Tagen werden wahrscheinlich auch unsere Leute kommen. Vielleicht warten wir auf sie? Heute gab es wieder kein Frühstück. [...] Gestern waren wir (in unserem Gebäude) im Kino. Im Großen und Ganzen lebten wir hier ganz passabel. Morgens Suppe, 200 Gramm Brot, manchmal Kompottsaft, mittags Suppe, Graupen mit Fleisch, abends und morgens Brot. Brief an Mutti schreiben. [...]

25.9. [...] Wir wechselten ein paar Mal den Zug, und schließlich kam ich in Pensa[12] an. Dort wurden wir registriert. Wir fahren weiter. [...] Es gab nichts zu verkaufen, das Geld musste sparsam ausgegeben werden. Dann wurden wir an Polen aus Kasachstan angehängt. Es war verdammt eng und ich konnte die ganze Zeit nicht schlafen. Zwei Tage (26. bis 27.[9.]) lang reisten wir mit ihnen. Wir hielten in der Nähe von Moskau, weil der Zug [in der Stadt] nicht anhielt. Am Mittag des 28.[9.] ka-

12 Pensa (russ. Penza) – Regionalstadt im europäischen Teil Russlands, am Fluss Sura, einem Nebenfluss der Wolga.

Vom Ob gen Polen

men wir am Sammelpunkt im Dorf Diwowo[13] an. [...] Wir wurden nass bis auf die Knochen und verbrachten die Nacht in einem Zelt, es war saukalt. [...] Die Preise für die Kleidung waren furchtbar niedrig. Ich verkaufte meinen Wintermantel für 100 Rubel, weil man ihn nicht zurückschicken durfte. Wir übernachteten im Lager, dann teilten sie uns einem Regiment zu. Und wir verbrachten wieder eine Nacht im Lager, am Lagerfeuer in einem Unterstand ohne Dach. An jenem Tag (1.10.) bekamen wir unsere Uniformen, russische Kleidung, sie gaben uns weder Schuhe noch Mäntel, nur Fufaikas. Nach und nach teilen sie alles aus. Mir fehlen noch ein Gürtel, ein Adler, Mütze und Mantel. Ich bin in einer Schulungsbatterie 76 mm [...]. Wir bauen Unterstände, und es gibt keine Übungen. Wir stehen um sechs Uhr auf (sogar noch früher, weil man Zeit zum Anziehen braucht), waschen, rasieren, frühstücken, dann arbeiten wir bis 13 Uhr und es gibt um 14 Uhr Mittagessen, einen kleinen Vortrag und Arbeit bis 19 Uhr.

9.10. Morgen sollen wir in den Unterstand umziehen. Nun, ich glaube nicht, dass daraus etwas wird. Heute stand ich Wache, davor war ich auf Patrouille. In der Nacht ist es kalt und es gibt Frost. Leider tun mir die Hände weh, ich habe sie an den Stangen verletzt. Heute haben sie mich wieder in einer Artilleriebatterie zugeteilt. Das wird wohl bis zu den Militärübungen so bleiben. Sie ernähren uns schlecht, angeblich soll es während der Ausbildungszeit besser werden. Es gibt drei Mal Suppe [dünn] wie Wasser, Graupen, eine Kartoffel, morgens und abends Kaffee, in der Mittagszeit noch Graupen und Erbsen und noch ausgezeichnete englische Wurst- und Fischkonserven, aber nicht viel Brot – 650 Gramm früher waren es 750 – ich weiß nicht, warum sie es reduziert haben. Die Gegend an der Oka mit einem Dorf, Wald und Hügeln ist sehr schön. Es gibt noch eine Sache, die plagt. Überall russische Sprache, russische Offiziere, die kein Polnisch sprechen. Ich dachte, ich würde zur polnischen Armee gehen, aber [es] sieht nicht so aus. Man hat den Eindruck, dass man in einem Lager ist [...].

---

13 Diwowo – Name einer Bahnstation in der Oblast Rjasan.

20.10. Am 12. sind wir in die Unterstände umgezogen. Heute habe ich meine Butter aufgegessen. Zucker und Brot sind auch weg. Ich lebe jetzt von den Rationen [14]. Ich habe Rubel aus dem Verkauf, damit kann ich mir Brot und Kartoffeln kaufen. [...]

23.10. [...] Mittags und abends haben wir politisch-erzieherische Vorträge. Es gibt noch keine Übungen aber immer noch Arbeit. Mir ist es gelungen, zur dekorativen Arbeit zu kommen, ich weiß nicht für wie lange. [...] Unsere Armee ist in eine Schlacht gezogen und hat einen Punkt besetzt. Mehr teilen sie nicht mit. Kämpfe südlich von Homel [...] Die Krim wurde eingekesselt. Korsika besetzt.[15] Die italienische Regierung unter Badoglio erklärte Deutschland den Krieg. [...] Laut eines Dekrets soll es in Polen keine Kolchosen geben. Sie sollen die schädlichen Landbesitzer enteignen. [...] Einige von uns [...] sind dagegen, doch eigentlich ist es richtig so. [...] Man sollte es nur denen wegnehmen, die selbst nicht gearbeitet haben. [...] denn manche Menschen haben alles dank der Arbeit ihrer eigenen Hände. [...] Unsere verstehen das nicht so ganz und denken, dass es allen weggenommen wird. Sie fürchten auch, dass trotz allem, dass in Polen die Russen den Kommunismus einführen wollen, daher vertrauen sie wenig.

Die Zungen der Leute beginnen sich zu lösen. Zuerst dachten sie, dass das alles [hier] mit dem NKWD zusammenhängt. [...] Sie geben 100 g weniger Brot, Kartoffeln nur manchmal, überhaupt kein Mehl, Karotten oder Rote Beete gibt es nicht, Kohlrüben verteilen sie gerecht [...] Konserven gaben sie bisher und jetzt kippen sie es in die Suppe, damit man sie besser stehlen kann. Morgens und abends geben sie uns eine solche Plörre [...] am Boden buchstäblich ein halber Löffel Graupen und eine Viertelkartoffel. [...] Interessant ist die Haltung unserer russischer

---

14 Im polnischen Original: pajka = große Scheibe Brot, gemeint ist: ausschließlich von den Rationen.
15 Korsika wurde im Zuge der Operation »Vésuve« besetzt, die im September begann und bis zum 4.10.1943 dauerte.

Vom Ob gen Polen

komandiry [Kommandanten]¹⁶ uns gegenüber. Sie fühlen sich fremd, sie fühlen sich überhaupt nicht wie Polen [...] Wir sind schon seit einem Monat nicht mehr in die Banja gegangen. Wir waschen uns im Fluss, es ist aber nur ein Spülen und kein Waschen. [...] Ich habe drei Briefe an Mutti geschrieben. Andere haben schon sieben geschrieben. [...]

27.10. Völlig unerwartet fahren wir los. [...] Am 25. [10.] war unser Abmarsch. Am Tag davor hatten wir Wachdienst, danach waren wir nachts in der Banja, sie gaben uns Uniformen und am Abend des 25. [10.] ging es zur Eisenbahn. Das gesamte Regiment. Es gab eine Messe. In der Nacht gaben sie uns ungesalzene Kartoffeln. Danach aßen wir erst was am Nachmittag. Gestern fuhren wir in die Gegend von Moskau, standen [dort] die ganze Nacht und heute den halben Tag. In der Nacht waren wir in der *stolówaja* [Kantine]. Schreckliche Unordnung, man konnte sich zweimal was nehmen. Wir fahren. Im Waggon ist unser gesamter Zug: 52 Mann. Wir quetschen uns fürchterlich. Unsere verkaufen, was geht (einige haben sich mit verschiedenen militärischen Gegenständen eingedeckt) und trinken, was geht. Unsere Uniformen sind ziemlich gut. Zu essen gibt es Zwieback, Wurst, Zucker, gestern gab es noch Schmalz und Erbsen.

31.10. Wir sind in Gschatsk.¹⁷ [...] Gestern fiel der erste Schnee, der aber bis zum Abend geschmolzen ist. Schon nach Moskau sind die ersten Anzeichen des Krieges zu sehen. In Gschatsk waren [die Deutschen] bis zum März, doch sie zogen ohne zu kämpfen ab. [...] Tatsächlich sieht man nicht so viele Zerstörungen, wie ich angenommen hatte. Oder wurde schon aufgeräumt? Wir haben viele von der 1. Division getroffen. Die Kämpfe fanden am 12. und 13.10. statt.¹⁸ Die Unseren waren beim Kon-

---

16 Der Großteil der Kader bestand aus sowjetischen Offizieren.
17 Gschatsk (seit 1969 Gagarin) – Stadt im Oblast Smolensk; wurde am 6.3.1943 befreit.
18 Die Schlacht um Lenino (12.–13.10.1943), die im Zuge der Orscha-Operation geführt wurde, war die Feuertaufe der 1. Warschauer Infanterie-Division »Tadeusz Ko-

ter [Gegenangriff] ganz vorne, nur mit dem rechten Flügel ging etwas schief. Es gab Tausende Tote und Verwundete.

28.11. Es ist jetzt fast einen Monat her, aber ich hatte noch keine Zeit zu schreiben. Also von Anfang an. Von Smolensk aus gingen wir zu Fuß zu den Divisions- und Bataillonsunterständen.[19] Am Morgen des 19. waren wir beim Regiment, wir warteten ein paar Stunden und wurden dann zu den Übungen gefahren. Mich und andere (je zehn Mann aus dem Regiment, insgesamt 30 Mann) [schickte man] zur Ausbildung für Unteroffiziere – Pioniere. Sie fuhren uns ins Dorf. Endlich verbrachten wir eine anständige Nacht im Warmen. Es war (und ist) eine wirklich tolle Zeit. Zwei Tage Erholung, dann begann die Ausbildung. Ein Schnellkurs – 14 Fächer ohne Bleistift, Papier und einen Platz. Zum Glück war es nur der Anfang. Am 23.[11.] nachts Abmarsch, vermutlich, so scheint es in Richtung Smolensk. Die erste Marschroute war katastrophal. Es war verdammt rutschig und die Menschen fielen wie Säcke um. Wir legten 25 Kilometer zurück und rasten in einem Dorf. Natürlich gab es für uns keinen Platz, nur mit Gewalt konnten wir uns ihn sichern. Nachts marschierten wir wieder los, wieder an die zwei bis drei Stunden und danach Erholung. Natürlich verpflegen uns die Gastgeberinnen, wie und womit sie können. Die schlimmste Rast ist heute. Wir kamen gegen 10 Uhr im Dorf an und den ganzen Tagen scheuchten sie uns von Hütte zu Hütte, bis sie uns dorthin jagten, wo es nur ging (einer verbrachte die Nacht im Heu). Gestern hatten wir den ganzen Tag nichts zu essen und die Gastgeberin freut es auch nicht, uns durchzufüttern – 15 Personen in einer Hütte, zumal sie allein ist und drei Kinder hat. Die Straßen, auf denen wir marschierten, wurden von Polen unter Deutschen gebaut. Ironie des Schicksals. Heute war Sonntag, ein Priester war da und hielt einen Gottesdienst. [...] Apropos, ich bin ein Bildungsunteroffizier. Selbstverständlich gab es eine Beichte. Heute ist schon der zweite Tag, an dem wir uns erholen. Die Leute beschweren sich über die Kolchosen, sie sind

ściuszko«. Die schlecht vorbereitete und befehligte Einheit erlitt enorme Verluste, die bis zu 25 % der gesamten Stärke ausmachten (darunter 500 Tote).
19 Das Lager befand sich in dem Dorf Sumarokowo in der Nähe von Smolensk.

Vom Ob gen Polen

unter dem Deutschen regelrecht aufgeblüht. Er hat sie zu sich zum Arbeiten genommen, aber man merkt es ihnen nicht an, als dass sie es bereut hätten. Anscheinend ist schon eine polnische Stadt eingenommen worden.[20] Sie lassen uns nicht essen, einmal am Tag gibt es sehr unregelmäßig etwas. Wir haben uns rasiert und geschoren. Die Leute erholen sich, doch es gibt zu wenig Platz. Die Menschen haben genug Kartoffeln und Getreide, doch es fehlen die Mühlen. Sie sind dabei, sie zu »entkulakisieren« und sie von der Last zu befreien. Anscheinend sollen wir hier warten, bis sie alle Regimenter eingeladen haben. Ich habe vergessen zu schreiben, dass, bevor das Regiment abgefahren ist, Manöver stattfanden – Überquerung des Flusses, wir wurden nass und sie hetzten uns wie Hunde. Danach wurden die Kommandeure mächtig »zusammengeschissen«. Wir konnten uns nicht abtrocknen und wurden zur Außenstelle und von der Außenstelle zur Schule gejagt.

12.12. Ja, wir haben bereits Dezember und sitzen in diesem Dorf Sumarkowo. Wir haben das schlechteste Quartier (wie immer werden wir vom Schicksal verfolgt). Kein Fußboden, der Wind fegt hindurch, wie es ihm passt und das Essen ist sehr dürftig. Sie ist allein in der Hütte und hat drei kleine Kinder, drinnen und draußen stinkt es, ist dreckig, stickig und dunkel. Wir sind 11 Personen und jetzt kam noch ein Werkstatt-Tisch hinzu (der nachts zu einem Bett wird) und ein Ofen, der von unserem Meister gebaut wurde […]. […] Die Schuhe sind fast bei allen gerissen und das Regiment schickt trotz der Berichte [keine neuen]. In der Banja waren wir vor einer Woche, aber die Unterwäsche haben wir nicht gewechselt. Als wir die Unterwäsche anzogen, war der Körper wieder schmutzig. Kein Wunder, dass dem ein Arztbesuch folgte. Sie stellten fest, dass 50 % Läuse haben, nebenbei gesagt, war es eine sehr oberflächliche Untersuchung, denn Läuse haben 100 %. Erst gestern wurden zwei Leute zu den Regimentern geschickt, um Wäsche usw. zu holen, natürlich mit einem fragwürdigen Ausgang. Was können zwei Personen schon mit-

---

20 Die Rote Armee überschritt die Vorkriegsgrenze zu Polen erst in der Nacht vom 3. auf den 4.1.1944 bei dem Dorf Sarny in Wolhynien.

bringen? Höchstens ein paar Walonkas (es sind sieben Kilometer). Was das Lernen angeht, so geht es gut voran. Mit dem Drill und Gräben Ausheben ist es am schlimmsten, weil ich alle paar Tage die antreiben muss, die schon seit sechs Monaten in der Armee sind. Aber egal. […] Wir waren heute in der Messe, d. h. wir hörten das Ende: »Gott, der Du Polen«[21] vom Orchester gespielt und sind zurückmarschiert. Unsere Leute jagen, einmal haben sie ein Birkhuhn geschossen, sodass die Federn nur so flogen, vom Fleisch blieb nichts mehr übrig, heute einen Fuchs und einen Spatzen. Jetzt fehlt nur noch, dass sie einen Menschen jagen. Nicht weit weg von hier ist ein Kriegsgefangenenlager für die Deutschen. […]
19.12. Bald ist Weihnachten.[22] Wir werden trockenen Proviant bekommen, d. h., dass wir bleiben. […] In der Zwischenzeit [ist es] warm [geworden]. Wir bekamen Walonkas. In Jugoslawien gibt es eine neue Regierung.[23] Churchill ist krank, unsere haben Angst, dass er stirbt, zumal er alt ist. […]

23.2. Fest der Roten Armee.[24] Wir bereiten uns ziemlich lange darauf vor. Zucker bekamen wir für 10 Tage (da er zuvor nicht geliefert wurde), Seife, Machorka [Bauern-Tabak]… für den Morgen Wasser und am Abend sollte es Wodka geben […]. Vor Kurzem wurde ein Gemeinschaftsraum

---

21 »Boże, coś Polskę« (Gott, der Du Polen) gilt neben dem »Dąbrowski Mazurek« als die zweite inoffizielle Nationalhymne, obwohl es sich gleichzeitig um ein Kirchenlied handelt. Inspiriert vom »God save the King« wurde im Laufe des 19. Jh. der Refrain umgewandelt, so dass nicht wie ursprünglich 1816 gedichtet dem Zaren gehuldigt, sondern für die Unabhängigkeit des Landes gesungen wurde: »Gib uns unser Vaterland zurück, o Herr!«
22 Nachträgliche Anmerkung: Weihnachten in Sumarkowo. Krippe im Nachbardorf. Krippenspiel.
23 Das Nationale Befreiungskomitee Jugoslawiens wurde vom Antifaschistischen Rat der Nationalen Befreiung (serbokroatisches Akronym: AVNOJ) gegründet, der von den Kommunisten kontrolliert wurde. Auf der zweiten Konferenz der AVNOJ Ende November 1943 wurde der Beschluss gefasst, die Exilregierung nicht anzuerkennen und den König zu entthronen.
24 Ein Feiertag, der 1922 als Tag der Roten Armee und der Marine eingeführt wurde. Das Datum geht auf den Beginn der Kampfhandlungen der Roten Armee gegen die Deutsche Armee im Jahre 1918 zurück, bevor der Frieden von Brest-Litowsk geschlossen wurde. Die Bolschewiki stellten ihre eigene Armee am 28.1.1918 auf.

eröffnet. Es gab einen Ball, natürlich für Offiziere. Heute Abend eine Abendveranstaltung (Musik und Amateurkunst). Zuerst sollten die Offiziere und Unteroffiziere kommen. Später befahl man auch die Gefreiten hineinzulassen, um am Ende die Leute zu verjagen. [...] Der Wind kam heute auf und es gibt seit ein paar Tagen Frost. Vielleicht beginnt der Winter? Vielleicht werden die Walonkas noch von Nutzen sein? [...] Ein paar unserer Auszubildenden haben eine Offiziersschule besucht. Wegen meiner Augen und meiner Gesundheit bin ich darauf gar nicht erpicht. [...] Ich wäre lieber Bildungsoffizier, aber ich mag es nicht zu lügen, und außerdem fühle ich mich hier als Schreiber wohl, vor allem, wenn es ums Essen geht. [...] Man kann bei uns eine Ansammlung von Menschen der schlimmsten Sorte beobachten (vielleicht nicht der schlimmsten Sorte, aber mit einigen negativen Neigungen). Die Besten sind diejenigen, die unter den Deutschen waren.[25] Und sie werden sogar vom Leutnant respektiert, von dem es heißt, dass er Polen nicht mag. [...]

24.2. [...] Das Echo des Waldes von Katyn war bereits zu hören. Ganze Zeitungen waren voll davon, eine Kommission wurde eingesetzt. Die Kommission gab »einen Plan« heraus, was gemacht werden soll. Man sammelte Geld für ein Denkmal und dann passierte nichts.[26] Bei uns

25 Der Autor meint wahrscheinlich Polen, die zuvor in der Wehrmacht gedient hatten und nach ihrer Gefangennahme durch die Rote Armee zu polnischen Einheiten versetzt wurden.
26 Am 13.1.1944 setzte der Kreml eine Kommission ein, die herausfinden sollte, wer für die Ermordung der polnischen Kriegsgefangenen 1940 in Katyn verantwortlich war. Eigentlich sollte sie die sowjetische Täterschaft vertuschen und den Mord den Deutschen zuschieben. Die Kommission wurde vom Chirurgen Nikolai Burdenko geleitet. Ihr gehörten Schriftsteller, orthodoxe Geistliche, Militärs und Vertreter des sowjetischen Roten Kreuzes an. Die Kommission arbeitete in Katyn in der zweiten Januarhälfte des Jahres 1944. In ihrer Verlautbarung hieß es, dass die Kriegsgefangenen in Katyn von den Deutschen ermordet worden seien. Die Zahl der Opfer wurde mit 11 000 angegeben. Über die Ergebnisse der angeblichen Nachforschungen berichtete das Presseorgan des Verbandes Polnischer Patrioten (ZPP) in der *Wolna Polska* [Freies Polen]. Am 30.1.1944 wurden auf Befehl des Kreml Trauerfeiern in den polnischen Einheiten organisiert, auf denen den Soldaten erklärt wurde, dass das Verbrechen von den Deutschen begangen worden sei. Unter Beteiligung von Delegationen aus den Einheiten wurde an den Massengräbern eine Messe abgehalten. Nach diesen Trauer-

wurde ein Monatssold eingezogen (die zehn Rubel sind ein kleiner Verlust). Wenn man sich diese erzieherischen und politischen Fabeln anhört, ist nicht klar, wohin sie führen sollen. Der eine sagt, dass die [polnische] Regierung es gewollt habe, der andere sagt, dass sie es nicht gewollt haben, und eigentlich hat man den Eindruck, als ob man nach einem Haken suchen würde. Es gibt kaum Regierungen ohne Schuld, denn sie bestehen aus Menschen und Menschen sind nicht heilig. Natürlich hatte die [polnische] Vorkriegsregierung ihre Fehler und unterschied sich nicht von den anderen, aber wir sollten nicht alle Fehler hervorheben – die wir begehen können und selbst machen müssen. Sie schimpfen gegen die Polizei, aber schlussendlich gibt es keine Regierung ohne eine Polizei, denn gewährt Ordnung. Des Weiteren sagen wir, dass Belarus und die Ukraine nicht zu uns gehören sollen, nur die westlichen Gebiete Deutschlands?[27] Warum? Ich glaube, dass wir im Osten eine größere Konzentration des Polentums haben als im Westen. Glauben sie, dass die Deutschen uns mit Dankbarkeit aufnehmen und von selbst Polen werden? [...] Und was wäre, wenn die Regierung dem Vorschlag Russlands zugestimmt hätte – hätte das die Lage verbessert?[28] [...] Die ganze Kultur und Schönheit in ganz Europa hätte befreit werden können, so wie es jetzt der Fall ist. Die Deutschen verbrennen Bücher und zerstören Museen. Und die – haben die das nicht gemacht? [...] Sie sagen: Polen verfolgte eine hitleristische Politik. Wenn sie diesen Hitlerismus so sehr wollten, wie konnten da antifaschistische Bücher gedruckt werden? War das diese »eiserne faschistische Zensur«? Und in letzter Zeit hatte man begonnen, sich mehr um den Arbeiter zu kümmern, mehr als in Russland, vor allem in den staatlichen Fabriken und es war keine Schau. [...]

feiern fand eine Spendenaktion für ein Denkmal und für Panzer statt, die den Namen »Mściciel Katynia« [Rächer von Katyń] tragen sollten.
27 Der Autor bezieht sich auf Vorträge, in denen die Verschiebung der Grenzen Polens angekündigt wurde. Solche Vorträge wurden Anfang Januar 1944 in den Einheiten gehalten.
28 Der Autor verweist auf das Angebot der UdSSR vom Mai 1938, der Tschechoslowakei zu Hilfe zu eilen, wenn Polen und Rumänien der Roten Armee den Durchmarsch durch ihr Gebiet gestatten würden.

8.4. Der große Karsamstag. Früher war das wirklich ein großer Tag. Man spürte die Atmosphäre, alle waren ehrfürchtig. Und – es ist ein wenig schade, dass das so heruntergekommen ist. Oder ist es nur bei uns so? Man weiß nicht, wie die Dinge in Polen laufen. Und was werden die Polen sagen, wenn wir mit dem ganzen Lager Unglauben, Schamlosigkeit und fehlender Erziehung hineinfahren? Wie werden uns die unseren im Großen und Ganzen betrachten? Das übersteigt meine Vorstellungskraft. [...] Offiziere laufen besoffen wie die letzten Säue herum und zeigen auf der Straße, wer hier das Sagen hat. *»Ich bin der Hauptmann. Wie verhalten sie sich ihrem Vorgesetzten gegenüber? Was ist das? Ich gebe euch gleich, ich gebe euch gleich eine ...«* [29] Es folgen Vulgarismen. Und diese Erziehung. Ist das die höhere Schicht, die uns beherrscht. [...] Ich habe einen Brief geschrieben und konnte ihn aber nicht abschicken, weil ich keinen Umschlag habe. Ja, die Nacht ist wunderbar, die erste nach so vielen Nächten mit Schneegestöber und Staubwolken. Der Schnee schlägt zu und taut wieder auf, dann regnet es den ganzen Tag und die Nacht und die [nächste] Nacht und so weiter ohne Ende. Was für ein teuflisches Gefühl: Ich gehe gerne in den Fußstapfen anderer Leute (aber allein). Und schon fällt es mir furchtbar schwer, etwas für andere zu tun. Ich mag die Malerei, die Musik, die Kunst und den Humor, ich würde mein Leben dafür geben, aber gleichzeitig bin ich zu schlecht im Musizieren und Malen. Wenn sie mir nur die Möglichkeit gäben, etwas zu lernen ... Gott oder etwas – haben es, zu meinem Leidwesen, nicht zugelassen. Und ich weiß, dass es vorbei ist. Es wird ein lausiger jemand aus mir werden. [...]

7.5. Wir sind in Sarny.[30] Von Kyjiw aus waren wir ziemlich schnell durch die »brotspendende Ukraine« gefahren. Überall Zerstörung. In der Nähe der Gleise und Brücken sieht man befestigte »Bunker« und Verteidigungspunkte. Sie sehen wie antike Festungen und Bastionen o. Ä. aus und sind vom Stacheldraht umzäunt. Neben den Gleisen sind an die 50 bis 60 [Meter] Wald abgeholzt. Hier und da liegen umgestürzte Bäume, die hier und da verbrannt sind. Es ragen nur schwarze Köpfe hervor. Alles

29 Im Original eine Mischung von Polnisch und Russisch in polnischer Lautsprache.
30 Sarny ist eine Kreisstadt, die während der Zweiten Polnischen Republik in der Woiwodschaft Polesien lag und sich heute in der Ukraine befindet.

Zeugnisse eines Partisanenkriegs. Und dann sind da noch die umgestürzten Züge, abgerissene Brücken, zertrümmerte Bunker.

23.7. Ein 18-stündiger Marsch mit Wagen-Unterstützung. Wir überqueren den Fluss Bug und übernachten auf polnischem Boden.[31]

---

[31] Nach dem Militärdienst nahm der Autor ein Physik-Studium an der Universität Wrocław auf, arbeitete dann als Wissenschaftler und lebte in Wrocław. Seine Mutter und sein Bruder kehrten im März 1946 aus der Verbannung zurück. Erst nach dem Krieg erfuhr er, dass sein ältester Bruder Stanisław (1919–1945) in einem deutschen Konzentrationslager ums Leben gekommen war.

Abb. 13: Władysław Całus (Mitte) in der Verbannung, nach der Entlassung aus dem Lager. Kolyma, um 1955

7

Władysław Całus (1923–2014)
Erinnerungen eines Zwangsarbeiters im Dritten Reich und eines Häftlings von Kolyma

Ich komme aus der Gegend um Wieluń.[1] Geboren wurde ich am 27. Oktober 1923 in dem Dorf Czarnożyły[2]. Meine Eltern besaßen dort einen Bauernhof. In unserem Haus wohnten wir bis zum Juni 1940. Dann begannen die deutschen Besatzer mit den Aussiedlungen der Polen aus diesem Gebiet. Wieluń wurde in das Wartheland und damit in das Dritte Reich eingegliedert. Auf polnischen Bauernhöfen, nachdem mehreren von ihnen zu größeren Höfen zusammengelegt worden waren, siedelte man Menschen deutscher Herkunft aus den Gebieten östlich des Bugs an. Im Juni 1940 wurden wir fünf – Mutter, Vater, ich, mein Bruder und meine Schwester – ins Generalgouvernement ausgesiedelt.[3] Meine

---

1　Wieluń – in dieser Stadt lebten 1939 rund 15 000 Menschen. In der Zweiten Polnischen Republik war Wieluń die Hauptstadt eines Landkreises an der deutschen Grenze und gehörte zu der Woiwodschaft Łódź. Es wurde bei einem deutschen Luftangriff am 1. September 1939 zerstört. In der Folgezeit wurde der Landkreis Wieluń Teil des Warthelandes, das aus besetzten Gebieten Polens gebildet und in das Deutsche Reich eingegliedert wurde.
2　Das Dorf Czarnożyły wurde erstmals zu Beginn des 15. Jahrhunderts erwähnt und liegt etwa 8 km von Wieluń entfernt. In der Landgemeinde lebten bis 1939 7000 Menschen, fast ausschließlich christliche Polen; sie gehörte zum Landkreis Wieluń in der Woiwodschaft Łódź. Während der Kriegshandlungen teilweise zerstört, wurde sie anschließend in das Deutsche Reich eingegliedert.
3　Die Staatsangehörigen der Zweiten Republik Polen, die von den Deutschen als Juden oder Polen kategorisiert worden waren, wurden seit den ersten Monaten der Besatzung aus den annektierten Gebieten deportiert. Aus dem Wartheland wurden bis zum Frühjahr 1941 250 000 polnische Menschen deportiert. Ein Teil von ihnen wurde zur Zwangsarbeit eingesetzt.

Familie kam in ein Dorf in der Nähe von Puławy. Ich war [zu diesem Zeitpunkt] nicht mehr bei ihnen. Auf dem Sammelpunkt in Łódź fand eine Selektion statt, bei der junge und gesunde Männer ausgewählt und zur Zwangsarbeit nach Deutschland geschickt wurden. Damals wurde ich von meinen Eltern und Geschwistern getrennt und zur Arbeit nach Deutschland geschickt. In unserem Dorf blieben nur noch fünf Familien (etwa 25 ältere Menschen und Kinder). Sie wurden später bei den Deutschen als Arbeitskräfte eingesetzt. Nach dem Krieg kehrte meine Familie auf ihren Hof zurück. Er war vollständig zerstört. Ich hingegen wurde aus dem Lager in Łódź zur Arbeit nach Schlesien in die Nähe von Nysa[4] gebracht. Dort arbeitete ich bei einem Bauern und später dann auf einem großen Gut irgendeines Grafen, wo ich bis zum Frühjahr 1945 blieb.

Als sich im Januar 1945 die Ostfront in Bewegung setzte, erreichten die sowjetischen Truppen schnell die Oder. Die Deutschen flohen panikartig nach Westen und ließen ihr gesamtes Hab und Gut, ihr Vieh, ihre Kühe, Pferde und Schweine zurück. Wir, die Zwangsarbeiter, flohen auch, aber jeder in seine eigene Richtung. Wir dachten, dass wir, wenn die Russen kommen, zu unseren Familien zurückkehren könnten. Nach dem Einmarsch der Roten Armee wurden wir an unseren bisherigen Arbeitsstellen beschäftigt und die Papierschnipsel, die angeblich unsere Dokumente waren, nahm man uns weg. Wir fütterten und pflegten weiter das Vieh. Zu dieser Zeit dachte jeder daran, irgendwie abzuhauen, und zwar auf eigene Gefahr und eigenes Risiko. Aber in der Nähe des Frontgebiets und noch dazu ohne Dokumente waren die Erfolgsaussichten gleich null. Und so wurde ich am 19. März 1945 in der Nähe von Kluczbork[5] gefasst, eingesperrt und der Spionage beschuldigt. Es gab keine Gelegenheit für Erklärungen. Mir wurde am 7. April 1945 der Prozess gemacht und ich wurde zu 10 Jahren Haft verurteilt. Es gelang mir, meine Eltern über meine Verhaftung und Verurteilung zu informieren. Aus einem Gefangenentransport, der gerade den Bahnhof in Wieluń passierte, warf ich einen Zettel mit der Adresse meiner Eltern

4 Nysa (Neisse) – Kreisstadt im Regierungsbezirk Oppeln (während des Krieges: Provinz Oberschlesien), heute gehört Nysa zur Woiwodschaft Opole.
5 Kluczbork (Kreuzburg) – Kreisstadt im Regierungsbezirk Oppeln, heute Woiwodschaft Opole. Der Landkreis Kluczbork grenzte an den Landkreis Wieluń.

und der Bitte an den Finder, ihn zuzustellen (es waren nur acht Kilometer bis zu unserem Haus). Der Zettel wurde von einem Eisenbahner zugestellt, der ihn fand, nachdem der Transport bereits abgefahren war. Nach dem Erhalt der traurigen Nachricht begann mein Vater, sich für mich einzusetzen und schrieb überall hin, wo er nur konnte. Von überall her kamen negative Antworten. Ich hingegen entfernte mich immer weiter von meiner Heimat.

Nach der Ankunft des Transports in Lwów [Lwiw] wurde er in ein Sammellager in der Pełtewna-Straße gebracht.[6] Es war Ende Mai 1945 und es gab dort eine regelrechte Völker-Ansammlung: Polen, Ukrainer, Tschechen und Ungarn. Eine große Anzahl von Menschen, die aus den ehemaligen Woiwodschaften Lwów, Stanisławów [Stanislau, Iwano-Frankiwsk], Tarnopol [Tarnopil] und aus ganz Wolhynien stammten. Mitglieder der AK[7], der UPA[8] sowie russische Soldaten, die aus Kriegsgefangenenlagern des Dritten Reichs befreit worden waren. Die letztgenannten wurden als Vaterlandsverräter behandelt, denn Stalin missbilligte diejenigen, die in die deutsche Gefangenschaft geraten waren. Er war der Meinung, dass ein Soldat sich selbst erschießen und nicht in die Hände des Feindes fallen sollte. Und es gab unter ihnen auch Offiziere sowie Invaliden ohne Arme oder sogar ohne Beine. Viele Polen kamen aus Drohobycz, Kołomyja, Lwów und Stryj.[9] Aber jeder von uns war über sein Schicksal so depri-

6 Dort befand sich ein sowjetisches Verteilungslager, aus dem Transporte zu den Lagern im Hinterland der UdSSR zusammengestellt wurden.
7 Abkürzung für die *Armia Krajowa,* Heimatarmee, die größte militärische Organisation des polnischen Widerstandes während der Besatzungszeit. Die Vorläuferorganisationen der AK begannen sich Ende 1939 zu formieren. Die Heimatarmee entstand 1942 und war der polnischen Exilregierung in London unterstellt. Sie wurde im Januar 1945 aufgelöst.
8 Abkürzung für *Ukrajinska Powstanska Armija*, Ukrainische Aufständische Armee, eine 1942 entstandene bewaffnete Formation ukrainischer Nationalisten. Ihr Ziel war die Schaffung einer unabhängigen Ukraine. Ihr Hauptgegner war der polnische und sowjetische Untergrund. Einheiten der UPA verübten in den Jahren 1943–1945 Massenverbrechen an der polnischen Zivilbevölkerung. Zu ihren Opfern gehörten auch versteckte Juden. Trotz anfänglicher Zusammenarbeit mit den Deutschen griff die UPA auch die Besatzungstruppen an und nahm desertierte Mitglieder der ukrainischen Kollaborationseinheiten auf, die die Deutschen in dem Gebiet ins Leben gerufen haben.
9 Die Städte Drohobycz (dt./ukr. Drohobytsch, jiddisch Drobitsch), Kołomyja (Kolomea, Kolomyja), Lwów (dt./jiddisch Lemberg, ukr. Lwiw), und Stryj (poln./dt./ukr.)

miert, dass von engeren Bekanntschaften keine Rede sein konnte. Alle wurden umgehend zur Arbeit getrieben. Ich wurde in ein Lager im Dorf Skniłów[10] an der Straße von Lwów nach Gródek Jagielloński [Horodok] eingeteilt. Wir arbeiteten am Bau eines Flughafens. Im Frühjahr 1946 wurde ein Transportzug nach Nowosibirsk[11] organisiert. Er bestand aus vergitterten Güterwaggons mit 80 Personen je Wagen, einem Klo an der Tür und einem Loch im Boden als Pissoir. Der Transport dauerte länger als zehn Tage. Das Essen bestand aus Schwarzbrot, Salzheringen und einem Gesöff unbekannter Zusammensetzung. So wie ein Mensch bekleidet war, schlief er, ohne sich auszuziehen, da, wo es Platz gab, auch auf dem Boden. Es gab keine Möglichkeit, sich zu waschen, und so machten sich nach ein paar Tagen unsere Mitreisenden – die Läuse – bemerkbar.

Ich war nur bis Herbst 1946 in Nowosibirsk und arbeitete auf Baustellen. Ich erhielt weder Briefe von zu Hause, noch konnte ich selbst welche schreiben. Im Herbst 1946 fand erneut ein Transport in die Ferne statt. Ich fuhr in den Fernen Osten nach Komsomolsk am Amur (das sogenannte Chabarowski krai).[12] Dort arbeitete ich wieder auf Baustellen. Da gab es viele Wolgadeutsche, Ungarn, Russen und Menschen kaukasischer Herkunft wie auch Kriegsgefangenlager für Japaner. Es gab so viele Lager, dass eines neben dem anderen lag und nur ein Zaun sie voneinander trennte. Ich habe oft darüber nachgedacht, dass der Name Komsomolsk dank uns, den verbannten Lagerinsassen entstanden ist, und dass es zuvor die *katorżnicy*[13], die Pioniere waren, die Komsomolzen des stalinistischen

    gehörten vor dem Zweiten Weltkrieg zum südöstlichen Teil der Zweiten Republik Polen. Seit 1945 befinden sie sich innerhalb der Grenzen der Ukraine.

10 Skniłów (ukr. Sknyliw) – Dorf am südwestlichen Stadtrand von Lwiw, in dem sich heute ein internationaler Flughafen befindet.

11 Nowosibirsk – Hauptstadt der Oblast am Fluss Ob in Westsibirien. Sie wurde im späten 19. Jahrhundert gegründet und liegt mehr als 4500 km von Lwiw entfernt.

12 Komsomolsk am Amur ist eine in den 1930er Jahren gegründete Industriestadt im russischen Fernen Osten, die auch heute im *Chabarowski krai* (dt. Region Chabarowsk, *krai* kann mit Verwaltungsregion übersetzt werden) liegt.

13 *Katorżnicy* (plural von *katorżnik*) ist ein polnischer Russizismus, der mit Strafgefangener im russischen Arbeitslager übersetzt werden kann. Der russische Begriff *katorga* hingegen leitet sich vom griechischen *kateirgon* [zwingen] ab und stand schon im Zarenreich für die Verbannung zur Zwangsarbeit.

Regimes, die diese Lagersiedlung der Menschenvernichtung erbaut haben.
Die Bedingungen in den Baracken waren recht erträglich. Es gab einen Waschraum, und die persönliche Unterwäsche wurde, als vom Kragen nur noch ein Band um den Hals und von der langen Unterhose nur ein Band um die Hüfte übrig waren, von Zeit zu Zeit ein wenig gewechselt... Da das Lager inmitten sumpfiger Gebiete lag, waren Stech- und Kriebelmücken eine Plage. In Komsomolsk schrieb ich zwei Briefe nach Hause und erhielt auch zwei als Antwort zurück, aber es dauerte insgesamt zwei Jahre bis 1948. Ich erinnere mich weder an den Namen noch an die Nummer des Lagers. Im Winter herrschten frostige Temperaturen bis zu 40 Grad Celsius unter null, die zudem von schrecklichen Winden und Schneestürmen begleitet waren, sodass die Sicht auf einige Meter sank. Das Essen war sehr dürftig, in der Suppe jagte ein Kohlblatt das andere und die mickrigen Fische bestanden fast ausschließlich aus Gräten, die man weder essen noch ausspucken konnte. Man bekam 600 Gramm Brot, wenn die Brigade die Norm gemäß dem Plan erfüllte.
Im Herbst 1948 fand ein Transport nach Kolyma[14] statt. Der Name der Region leitet sich vom Namen des Flusses ab, der in das [Nördliche] Eismeer mündet. Kolyma wurde als Insel bezeichnet, weil es zu einem unzugänglichen Teil der UdSSR gehörte, der nur in einer bestimmten Jahreszeit auf dem Seeweg erreicht werden konnte. Wir wurden zunächst zum Hafen von Wanino[15] geschickt und dort auf ein Schiff geladen. Im Frachtraum befanden sich an die 1500 Verurteilte. Das Schiff hieß »Erewan« und fuhr in südliche Richtung, um die Insel Sachalin zu umfahren und zwischen ihr und Japan in das Ochotskische Meer zu stechen. Wir fuhren weiter nach Norden bis Magadan. Die Strecke von etwa 2500 Kilometer legten wir in sechs Tagen zurück. Nach dem Entladen und der

---

14 Kolyma (jakutisch Chalyma) bzw. das Kolymagebiet (russ. Kolyma Krai) leitet sich vom Namen des Flusses ab und bezeichnet die Oblast Magadan (russ. Magadanskaja oblast) in der Jakutischen Autonomen Sozialistischen Sowjetrepublik (russ. Jakutskaja ASSR), in der sich ein großer Komplex von Gulag-Lagern befand, der seit den 1930er Jahren im Dienste des sowjetischen Bergbauunternehmens Dalstroi stand.
15 Wanino ist ein Hafen an der Tatarischen Sund (russ. Tatarski proliw) am Japanischen Meer, der durch eine Eisenbahnlinie mit Komsomolsk verbunden ist.

Zuweisung zum Sammelpunkt erfolgte die Verteilung auf die verschiedenen Lager. Man hatte es eilig, um es vor dem Frost- und Wintereinbruch zu schaffen, der den Transport erheblich erschwert. Ich wurde einem Transport zugeteilt, der für ein Lager an einer 700 Kilometer von Magadan entfernten Goldmine bestimmt war. Wir, 40 Mann, wurden auf Lastwagen verladen (eine Eisenbahn gibt es auf Kolyma nicht). Auf der Ladefläche, direkt neben der Fahrerkabine, war Platz für zwei Soldaten mit Gewehren, die in Pelze eingewickelt waren. Wir hingegen mussten uns nach dem Besteigen des Lasters mit den Gesichtern zu ihnen gerichtet in Reihen aufstellen und dann fiel der Befehl: »*Sadis*« [Setzen!]. Es gab keinen Platz, und so saßen alle zusammengepfercht in einer Hocke. Der Laster wurde dann mit einer Plane abgedeckt und die ganze Kolonne von etwa 15 Fahrzeugen machte sich auf den Weg. An einem Tag wurden etwa 150 Kilometer zurückgelegt und für die Nacht hielt die Kolonne in irgendeinem Lager an. Es gab sehr viele Lager. Wir wurden in alten Lagerhallen untergebracht und man gab uns irgendein Gesöff. Und so machte jeder, der konnte, ob im Stehen oder in irgendeiner Ecke, ein Nickerchen, während er die ganze Nacht zitterte. Und am nächsten Tag die gleiche Prozedur: rauf auf die Laster und die Fahrt ging weiter. Die Strecke schlängelte sich zwischen Berghängen, vorbei an Felsen und verschiedenen Schluchten. Wir fuhren mit einer Geschwindigkeit von etwa 20 bis 25 Stundenkilometern, schließlich wurde dieselbe Straße auch von Autos in Richtung Magadan befahren. Zu dieser Zeit erreichte die Kälte bis zu 30 Grad Celsius unter null. Und so kamen wir nach fünf Tagen am Zielort an. Das *possjolok*, also eine kleine Siedlung, bestand aus 20 Häusern und einem großen Lager mit dem Namen »*Cholodnyj*«, was übersetzt »Kalt« bedeutet. Es war ein Lager, wahrscheinlich noch aus den 1930er Jahren, das mir so noch nirgendwo begegnet ist: Armut, Armut und Elend, tonnenweise Schmutz, Läuse und Wanzen. Von uns waren mehr als 300 angekommen. Es waren dort schon alte Stammgäste, *schuliki*, Diebe. Es war, als ob wir den Löwen in der Arena zum Fraß geworfen werden sollten, denn keiner von uns hatte jemals zuvor eine solche Meute gesehen oder getroffen. Wenn jemand etwas Wertvolleres hatte, wurde er es sofort und das ohne jeden Widerstand los. Es war aussichtslos, sich zu wehren. Und es folgte wieder eine Nacht, in der wir uns weder waschen noch umziehen konnten. Man musste sich bis zum nächsten Tag durchquälen. Am Morgen gab es wieder irgendein Gesöff mit einem Stück Brot und es wurden sogleich Brigaden für die Arbeit in der Mine formiert. Meistens handelte es sich dabei um eine Ergänzung der bereits bestehenden Brigaden. Wir bekamen neue Kleider, d. h. wattierte Hosen, Hemden, lange Unterhosen, wattierte Jacken, solche, die länger waren als Fufaikas, sowie Walenki mit Gummisohlen, eine Uschanka-Mütze und Handschuhe. Am nächsten Tag nach dem »Frühstück« und dem Appell fand der Marsch zur Arbeit statt. Zunächst mussten wir in Fünferreihen (diese Wachen konnten wahrscheinlich nur bis fünf zählen) antreten. Zudem hatte jeder noch seine Nummer auf der Mütze und auf dem Rücken. Γ-1-730. Das war meine Nummer. Sie war auf einen weißen Lappen geschrieben. Auf dem Rücken war er 20 × 30 cm groß. Der auf der Mütze etwas kleiner. Beim Auszug der Brigade vor dem Tor der Zone wurde entlang der Liste kontrolliert, und jeder von uns musste sich z. B. mit: Γ-1-730 nach Paragraf 58-6 zu 10 Jahren ITL[16] melden und dann war der nächste dran. Als die ganze Kolonne aus dem Tor gelassen wurde, säumten den Weg Soldaten mit Gewehren und Hunden. In unserem Fall entsprach die Entfernung zur Mine der Entfernung zum nächsten Tor, es waren in etwa 100 Meter. Der Anführer des Konvois gab seinen »Segen«: Ein Schritt nach links oder ein Schritt nach rechts wurde als Fluchtversuch gewertet und es wurde ohne Vorwarnung von der Schusswaffe Gebrauch gemacht. »Ponjatno« [Verstanden?]. Und die ganze Kolonne musste antworten: »*Ja, klar*«, um zu signalisieren, dass die Menschen es verstanden haben. Sobald wir die Zone der Mine erreicht hatten, konnten wir uns frei bewegen. Weil wir das erste Mal da waren, bekamen wir die sogenannten *koptilka*, Lämpchen, die aus einem Rohr geschweißt waren und in denen sich Öl und ein Docht befanden. Nachdem wir ausgerüstet waren, gingen wir zum Aufzug. Da es sich um einen kleinen Aufzug handelte, der nur eine Ebene und nur ein Gegengewicht besaß, fuhren wir nur zu Zehnt auf einmal in den Schacht hinunter. Unsere Gefühle bei dieser ersten Fahrt

---

16 Die Abkürzung steht für *isprawitelno trudowoi lager*, was mit Besserungsarbeitslager übersetzt werden kann.

lösten Schreie aus. Die erste Ebene lag bei 62 Metern. Dort habe ich auch gearbeitet. Als wir aus dem Aufzug ausstiegen, gingen die Lämpchen an und es begann ein wahres Feuerwerk. Ein Haufen Rauch, Gestank, man konnte nichts sehen, weil der Rauch so erstickend war und sich in die Augen bohrte. Aus einem Seitengang kamen fünf kleine Förderwagen herausgefahren, die von einem Pferd an einer Kette gezogen wurden. Auf dem Wagen saß ein verdreckter Mensch, was man an seiner Gestalt erkennen konnte, denn von seinem Gesicht her sah er aus, als käme er aus der Hölle. Nur seine weißen Zähne stachen ein wenig hervor. Am ersten Wagen hing hinten eine Lampe, die mächtig rauchte. Der Kutscher fuhr den Stollen entlang und wir folgten dem Brigadier im Gänsemarsch in der Mitte zwischen den Gleisen. Der Stollen schlängelte sich einmal nach links und dann wieder nach rechts. Nur in den Kurven konnte man sehen, dass wir wie diese rätselhaften Irrlichter gingen. Überall zischte, knirschte und kreischte es – aus den Rohren entwich Luft, die der Kompressor in die pneumatischen Förderschnecken pumpte. Dann machte irgendein Ventilator einen unglaublichen Lärm. Er belüftete die Stollen von der Vorderwand aus, weil dort das Aushubmaterial herausgesprengt wurde. Dieser erste Spaziergang war etwa drei Kilometer lang. Entlang der Strecke gab es Überholstellen, wo die beladenen Förderwagen an den leeren vorbeifahren konnten. Als wir den Abbauhohlraum und den Verladebereich erreichten, wurde der Lärm noch lauter, denn dort arbeiteten Presslufthämmer, die das Gestein, das sogenannte Erz, aufschlugen. Es war ähnlich wie Granit und wurde auf Karren verladen. Sie informierten uns darüber, wie wir uns verhalten sollten, wenn wir die Wagen nacheinander schieben. Die Lampe musste vorne aufgehängt werden, damit das Licht auch auf die Seiten fällt. Der Gang war etwa 3 Meter breit und 2,5 Meter hoch. In der Mitte war eine 70 Zentimeter breite Schmalspur verlegt. Bei diesem Licht konnte man die Schienen kaum erkennen. Die Ränder waren voll mit dem abgebauten Gestein. Sobald der Brigadier »*Fahr los!*« rief, fuhr ich los. Nach etwa einem Dutzend Meter war es nicht mehr nötig, den Wagen zu schieben, da er von alleine rollte. Der Gang fiel zum Schacht hin ab. Der Wagen musste zurückgehalten werden, damit er nicht zu stark beschleunigte, weil er dann sehr leicht umkippen konnte. Man musste den Griff des Wagens und ja nicht die Seiten mit den Händen festhalten. Ich habe gesehen, welche Wendungen und Kurven es gab. Sogar die Sicherheitspfosten der Gruben waren zur Hälfte durch die Wagenränder angesägt. Es gab Momente, in denen ich die Augen schloss, weil ich den Eindruck hatte, dass der Wagen gegen einen Pfeiler prallen würde und Steinmassen den Stollen zuschütten würden. Aber genau in diesem Moment gab es eine Kurve in die entgegengesetzte Richtung, und der Wagen schrammte nur an der Stange entlang und rollte weiter. Als ich am Schacht ankam, ließ ich den Wagen stehen und ging zurück, um den nächsten zu holen, sodass ich in den gesamten 12 Stunden im Schnitt acht Fahrten machte. So begann meine Arbeit in der Goldmine am 12. Oktober 1948.

Angesichts dieser Zustände hatte ich nicht den Hauch einer Hoffnung, dass ich den Tag erlebe, aus dieser Hölle entlassen zu werden. Im Lager waren die Lebensbedingungen noch schlimmer. Als wir nach 12 Stunden von der Arbeit zurückkehrten, konnten wir uns nicht wiedererkennen. Nur unsere Augen und unsere Zähne leuchteten, der Rest war, als ob jemand in einen Zementtank gefallen wäre. Es gab kein Wasser und so nahm man Schnee und schmolz ihn auf einem Ofen, der aus einem Fass gebaut war. Und zum Trinken wurde Wasser in Fässern von einer Brigade – unserer Leidensgenossen – aus dem *possjolok* [kleine Siedlung] transportiert. Eine andere Brigade ging jeden Tag in die Berge, um dort im Schnee die sog. Zwergkiefern und Sträucher zu roden. Sie wurden zu großen Bündeln zusammengebunden und über den Schnee den Berg hinabgezogen. Dabei überschlugen sich die Leidensgenossen mehrfach. Natürlich arbeiteten sie unter der Aufsicht eines Begleittrupps mit Hunden. Es war die schlimmste Arbeit mit den meisten Verletzungen und Toten, denn bei zwei Touren im Schnee bei einer Entfernung von bis zu 10 Kilometer am Tag war man völlig durchnässt und es gab keine Möglichkeit, sich irgendwo abzutrocknen. Und am nächsten Tag wieder die gleiche Arbeit. Im Winter erreichten die Temperaturen bis zu minus 50 Grad. Dort im Bergwerk, traf ich Tadeusz Trusiło, einen Polen aus der Gegend von Lida [17]. Ich lernte ihn kennen und wir wurden Freunde. Wir schliefen

---

17 Poln., dt., russ., und belarus. Lida (lit. Lyda, jid. Lyde) – Stadt im Westen von Belarus. Vor 1939 gehörte die Gemeinde Lida zur Woiwodschaft Nowogródek im Nordosten der Zweiten Polnischen Republik.

auf Pritschen ohne Matratzen und kuschelten uns mit den Rücken aneinander, um uns zu wärmen. Ans Umziehen war nicht zu denken, denn am Morgen würde man wie im Paradies dastehen – ganz ohne Kleider. Man hätte sie gestohlen und es hätte niemanden gegeben, bei dem sich unsereiner beschweren konnte.

Als ich mich zum Schlafen hinlegte, bat ich oft Gott, am Morgen nicht wieder aufzuwachen. Aber offenbar wachte die göttliche Vorsehung über mich, und ich durfte nicht ewig dortbleiben. Dafür bin ich Gott dankbar, denn so wurde ich von meinen Eltern erzogen: Wer mit Gott ist, mit dem ist Gott. Und das war mein Motto, das mich in der Hoffnung ermutigt und unterstützt hat, dass es vielleicht doch irgendwie weitergehen wird.

Einmal im Monat bekamen wir einen Badetag (Banja). In Gruppen von etwa 60 Personen wurden wir zu der Banja gebracht, die sich in dem *possjolok* etwa einen Kilometer vom Lager befand. Als es dann so weit war, wurde man sogar um drei Uhr morgens geweckt, es wurde ein Appell gemacht und abmarschiert. Es gab dort eine alte, nicht allzu große Baracke. Wasser wurde erhitzt, bis es kochte. Jeder bekam einen Zuber aus Holz, in den der Bademeister jedem eine Portion Wasser eingoss, so an die 2 Liter; kaltes Wasser gab es nicht. So musste ein Mensch, der bereits entkleidet war, vor die Baracke springen und ein paar Handvoll Schnee hineinwerfen, um das Wasser abzukühlen. Und draußen war es Winter, eisig kalt, sogar Minus 40 Grad oder mehr. Das Seifenstück, das man bekam, war so groß wie heute eine Packung Mamba-Kaugummi für Kinder. Der Kopf wurde kahl geschoren und unter den Achseln wie in der Leistengegend wurde man auch rasiert. Und das Rasiermesser war so, dass es mehr Haare herausriss, als es rasierte. Die Kleidung wurde auf ein Drahtrad mit einem Durchmesser von etwa 40 cm aufgehängt und in den Ofen, in eine sogenannte *woschoboika*, geschoben. Dort wurde mit Dampf desinfiziert, um Insekten und Läuse zu vernichten. Bei so wenig Wasser hat man sich gerade erst den Schmutz im Gesicht und am Körper verschmiert und da holte der Bademeister schon die Wäsche aus dem Ofen und rief: »Wem gehört das?«, und wenn sich keiner meldete, schmiss er sie auf den Boden. Als sich alle angezogen hatten, hat es einen Appell vor der Baracke gegeben, wir mussten den Marsch zurück ins Lager antreten und das Wasser tropfte von unseren Kleidern. Ich erinnere mich, dass ich mich mit einem Kollegen an den Armen einhakte, und als wir im Lager angekommen sind, konnten wir unsere Arme nicht mehr ausstrecken, weil unsere Kleidung auf uns eingefroren war. Hätte man es mit Gewalt versucht, wäre eher der Ärmel gebrochen, als dass man ihn ausgestreckt bekommen hätte. Und weil wir in der Frühe zur Arbeit mussten, trocknete die Kleidung am Mann. Erst nach etwa eineinhalb Jahren nach unserer Ankunft im Lager wurde mit dem Bau neuer Baracken begonnen. Ein Badehaus wurde gebaut. Die Fläche des Lagers wurde um einen Hang mit einem kleinen Bach vergrößert, um aus ihm Wasser schöpfen zu können. An diesem Bach wurde eine Wasserleitung gebaut, sodass man sich bereits im Sommer nach der Arbeit im Freien waschen konnte. Und im Winter wurde in der Baracke eine Waschzeile eingerichtet. Insgesamt haben sich die Dinge ein wenig verbessert. Auch im Bergwerk wurde mit der Modernisierung begonnen. Die Stollen wurden begradigt. Pferde kamen [mehr] zum Einsatz und das Schieben der Wagen mit der Hand war nicht mehr notwendig. Fünf Wagen mit Aushubmaterial wurden von einem Pferd gezogen. Auf dem ersten Wagen lag ein Mann, der das Pferd antrieb. Am letzten Wagen war eine Bremse angebracht, an der ebenfalls ein Mann stand, der darauf achtete, dass die Ketten zwischen den Wagen straff waren, damit sie nicht gegeneinanderstießen oder sich spontan lösten. Denn dann hätte es zu einem Unfall kommen können und der volle Förderwagen hätte das Pferd überfahren. Diese Methode wurde recht schnell aufgegeben und es kamen batteriebetriebene Wagen zum Einsatz (die Batterie wog 900 Kilo und war in der Lage, 15 beladene Wagen zu ziehen). Gemeinsam mit einem Kollegen, einem weiteren Häftling, bedienten wir diese Wagen. Wir waren drei Teams, sodass wir in 12 Stunden über 250 Wagen an die Oberfläche fördern konnten. Der Abbau nahm folglich zu und man begann mit sogenannten *satschoty* [Anrechnung bzw. Gutschrift]. Je nach der prozentualen Übererfüllung der Norm wurde ein Tagessatz für einen Tag Freiheitsentzug oder ein Tag für zwei Tage oder ein Tag für drei Tage angerechnet. Dazu stieg noch die Ration für Brot und Brei bis zu 900 Gramm Brot. Auf diese Weise verdiente ich viele Tage und verkürzte so meine Strafzeit. Im Bergwerk arbeitete ich bis zum 3. September 1952. Insgesamt waren es zwei Jahre und sechs Monate.

Zu dieser Zeit ging das Lager dazu über, selbst abzurechnen, sodass für geleistete Arbeit ein bestimmter Geldbetrag fällig wurde. Nach Abzug der Kosten für den Unterhalt des Lagers, des Wachpersonals, der Nahrung und Kleidung blieb noch etwas Geld übrig. Deshalb wurde ein sogenanntes Verurteiltenkonto eingefügt, auf welches das Geld floss, das nach der Abrechnung übrig blieb. Zunächst nahmen wir diese Nachricht mit Misstrauen auf und glaubten nicht, dass sie wahr sein konnte. Denn es gab bei uns ein Sprichwort, dass ein Russe nur dann die Wahrheit sagt, wenn er nichts sagt. Aber 1952, um den 1. Mai herum, eröffnete im Lager ein Kiosk mit Lebensmitteln, in dem man Brot, Talg (Rinderfett) und Fischkonserven kaufen konnte. Sie zahlten uns in der Zeit pro Kopf 100 Rubel aus und alle stürzten sich auf den Einkauf. Sie mussten mehrmals Brot herbeischaffen, weil jeder so viel kaufte, wie er Geld hatte. In der Baracke lag in jeder Pritsche neben dem Kopfkissen so viel Brot, dass man seinen eigenen Augen nicht trauen konnte, dass es wahr war. Bald trauten wir den neuen Begebenheiten. Von da an wurde das Brot ständig verkauft und niemand kaufte mehr so gierig und auf Vorrat.

Am Tag, an dem mir gesagt wurde, dass ich nicht zur Arbeit müsse, da ich frei sei, konnte ich es nicht glauben, bis ich meinen Nachnamen auf der Liste sah. Am nächsten Tag wurden 15 von uns zusammengebracht, darunter auch mein Kollege Tadeusz. Es kam ein Militär mit höherem Dienstgrad und sagte: »Nu, poschli, rebjata« [*Auf geht's Jungs*]. Und so machten wir uns ohne Begleittrupps auf den Weg vor das Tor, immer noch ungläubig, dass wir unsere kleine Freiheit erlangt hatten (klein, weil noch fünf Jahre Verbannung als Strafe vor uns lagen). Drei Kilometer entfernt befand sich die Lagerleitung. Dort machten sie uns bewusst, dass unsere Erlebnisse im Lager ein ewiges Geheimnis sein sollten und wenn wir die Zustände in den Lagern bekannt machten, uns fünf Jahre Lagerhaft drohen würden. Dort mussten wir auch eine Verschwiegenheitserklärung unterschreiben. Sie zahlten uns das Geld aus, das wir auf unseren Konten hatten. Ich erhielt 900 Rubel, bekam eine dünne Arbeitshose, ein ebenso dünne Jacke, ein Hemd, eine lange Unterhose, eine Schildmütze, ein Stück von einem alten Handtuch sowie Schuhe (mit Schnürsenkeln). Ein Teil des Geldes steckte ich in meine Hosentasche, den Rest versteckte ich unter dem Fußlappen, damit es mir niemand stehlen konnte. Nach der Abrechnung und der Unterzeichnung der Erklärung wurde ein Laster mit einer Plane für uns bereitgestellt. Wir fuhren ungezwungen auf Holzbänken sitzend in die Siedlung Jagodnoje[18], wo die Lagerverwaltung ihren Sitz hatte. Wir fuhren einige Stunden. In der Siedlung gab es ein sogenanntes »Arbeitsbüro«, in dem Menschen an bestimmte Orte entsandt wurden, wo man »freie Arbeitskräfte« benötigte. Ich bin in der Siedlung Orotukan[19], die 560 km von Magadan entfernt liegt, gelandet. Dort trennten sich unsere Wege mit meinem Kollegen Tadeusz und es begann mein Leben in der »Freiheit«. Ich habe in metallurgischen Betrieben gearbeitet, die Erzeugnisse und Gussteile für die Bergbauindustrie herstellten. Ich wurde einer kommunalen Abteilung zugeteilt, wo ich im Brennstofflager Holz und Kohle aus Autos entlud. Dort habe ich einige ältere Leute getroffen, sogar einen Wolgadeutschen. Weil sie Sowjetbürger waren, hatte man ihnen befohlen, sich dort anzusiedeln und es ihnen nicht erlaubt, nach Zentralrussland zurückzukehren. Auch mit den Russen und Menschen aus dem Kaukasus ging man ebenso um. Sie hatten dort schon eine aufgebaute Hütte mit einem großen Wohnraum wie einer Küche und boten mir an, bei ihnen einzuziehen, da in den Arbeiterhotels ein heilloses Durcheinander herrschte, das sich kaum von den Bedingungen in den Lagern unterschied. Es waren sehr hilfsbereite Menschen und ich habe ihnen viel zu verdanken. Im Oktober fiel bereits Schnee und die Temperaturen sanken unter 35 Grad.

Während meiner Zeit in Kolyma hatte ich keine Nachrichten von zu Hause erhalten, obwohl ich einige Briefe abgeschickt habe. Ich weiß nicht, was der Grund dafür war. Welche Aussichten hatte ich also, an eine Rückkehr nach Polen zu denken? In der Verbannung musste man sich jeden Monat bei der Miliz melden, dass man noch am Leben war und vor Ort lebte. Ich hatte keine Ausweispapiere und die nächste größere Siedlung lag 40 bis 50 Kilometer entfernt. Es gab keine Kommunikationsmöglichkeiten. Nachdem ich mich schon ein wenig eingelebt hatte, schrieb ich wieder nach Hause. Ich habe lange gewartet, aber es kam keine Nachricht. Eines

18 Jagodnoje – Mitte der 1930er Jahre gegründete Siedlung, etwa 500 Kilometer nördlich von Magadan.
19 Orotukan – in den 1930er Jahren entstandene Siedlung in der Region Jagodnoje.

Erinnerungen eines Zwangsarbeiters im Dritten Reich

Abb. 14: Repatriierungs-Karte für Władysław Całus vom 3. Dezember 1955. Dieses Dokument für Heimker aus der UdSSR war ein provisorischer Personalausweis und ermöglichte es, von den Behörden Hilfe bei der Ansiedlung in Polen zu erlangen

Tages, es war vielleicht das Jahr 1953, als ich mich bei der Miliz meldete, fragte mich der Kommandant, ob ich nicht nach Polen fahren wolle. Ich antwortete, dass ich will, sogar sofort. Er forderte mich auf, sechs Fotos wie für einen Personalausweis vorzulegen, dabei endete das Ganze. Bis zum Jahr 1954. Denn dann erhielt ich nach einer mehrjährigen Pause einen Brief von zu Hause. Ich erfuhr, dass alle am Leben waren, dass mein Bruder in Oberschlesien geheiratet hat und in Radzionków bei Bytom [Beuthen] lebte. Ich schrieb sofort einen Brief nach Hause, dass ich gesund bin und dass es »hier gut« sei und grüßte alle. Damit war unsere Korrespondenz zu Ende. Bis mir im Herbst 1955 mitgeteilt wurde, dass ich mich in der Personalabteilung des Stahlwerks in Orotukan zu melden habe. Dort teilte man mir mit, dass ich mich innerhalb einer Woche bei der Abteilung für Innere Angelegenheiten des KGB in Magadan melden

solle, da ich nach Polen zurückkehren könne. Das war zwischen dem 12. und 20. Oktober 1955.
Für die Ausreise waren keine Dokumente erforderlich, man riet lediglich, in der UdSSR zu bleiben. Aber konnte ich mir eine solche Gelegenheit entgehen lassen, nicht nach Polen zu meinen Eltern und Geschwistern zurückzukehren? Ich hatte keinen Besitz. Es gab nichts, was ich hätte mitnehmen können. Alles, was ich zum Mitnehmen hatte, waren meine eigenen Knochen, die, mit Haut überzogen, noch nicht zerfallen konnten. Geblieben sind die Kollegen, die es nicht nachweisen konnten, dass sie polnische Staatsbürger waren. Bei den Vorbereitungen zur Abreise lernte ich den Kollegen Olgierd Bokszański[20] kennen, einen Polen aus Wilno [Vilnius]. Er war in einem anderen Lager. Diese Wohnsiedlung wurde von etwa 6000 Menschen bewohnt. In diesem Mischmasch kannten sich die Polen nicht einmal untereinander. Als Gefährten einer gemeinsamen Irrfahrt und des gemeinsamen Elends hielten wir von nun an zusammen. Wir meldeten uns bei der Dienststelle in Magadan. Dort wurde alles Notwendige veranlasst, es wurden uns sogar Obligationen, das heißt Staatsanleihen, ausbezahlt.
Nach einigen Tagen meldeten wir uns im Hafen. Dort stand auf der Reede bereits das Frachtschiff »Feliks Dzierżyński«.[21] Die Bedingungen waren ähnlich wie ein paar Jahre zuvor, nur die Richtung war umgekehrt, denn das Ziel war dieses Mal unser Vaterland. Wir waren etwa 300 Personen. Es herrschte ein echtes Mundartenwirrwarr der polnischen Sprache mit vielen lächelnden Gesichtern. Wir liefen in den letzten Oktobertagen des Jahres 1955 aus Magadan in das Ochotskische Meer ein. Zu unserer Linken war Kamtschatka und zu unserer Rechten Sachalin. Anschließend fuhren wir in das Japanische Meer ein und nahmen Kurs auf Wladiwostok, welches 2700 Kilometer von Magadan entfernt liegt. Die Fahrt dauerte sechs Tage und man konnte ungezwungen an Deck

---

20 Olgierd Bokszański (1927–1995), Soldat der Heimatarmee, verurteilt zu 10 Jahren Lagerhaft.
21 Der gebürtige Pole Feliks Edmundowicz Dzierżyński (1877–1926) war ein kommunistischer und bolschewistischer Aktivist und mit der Tscheka und der GPU Begründer und Leiter der ersten Terrororganisationen der Sowjetunion.

gehen und die grenzenlosen Weiten des Pazifiks bewundern, die sich um das Schiff herum erstreckten.
Schließlich liefen wir in den Hafen von Nachodka bei Wladiwostok ein. Von dort aus wurden wir zum Zug geleitet. Nach sieben Jahren erblickte ich wieder die Aufschrift: Bahnhof Tichookean, 7420 km bis Moskau. Von dort aus begaben wir uns nach Chabarowsk, das 500 Kilometer von Nachodka entfernt liegt. Dort wurden wir, wo immer dies möglich war, untergebracht, denn das Fest der Großen Oktoberrevolution stand kurz bevor und dauerte vom 6. bis 8. November 1955. Olgierd und ich schlenderten durch die Stadt. Niemand hat uns überwacht. In der Kantine organisierte man uns etwas zu essen. Dann, nach ihren revolutionären Feiertagen, wurde ein Bahntransport organisiert. Wir stiegen ein, doch jetzt schon in Passagierwagen. Jeder hatte einen Platz zum Schlafen auf solchen Bänken, wie sie in russischen Waggons zu finden sind. Schließlich fuhren wir mit der Transsibirischen Eisenbahn gen Europa. Polnische Frauen, die mit uns zurückkehrten, bastelten weiß-rote Schleifen und steckten sie jedem an, sodass wir uns überall wiederfinden konnten. In jedem Waggon gab es einen Ältesten [*starosta*], der sich um die alltäglichen Dinge kümmerte, er nahm jeden Tag den Proviant entgegen, d. h. das Brot und war für die ganze Gruppe in der Kantine verantwortlich. In der UdSSR gab es an den Bahnhöfen entlang der Transsibirischen Eisenbahn riesige Kantinen, in denen Hunderte von Menschen Platz nehmen konnten. Wir hatten einen Transportleiter, einen russischen Offizier und eine Waggonbegleitung. Kein Fremder konnte zu uns stoßen. Der Leiter telegrafierte an die Städte, die sich auf unserer Strecke befanden, dass ein Transport mit 300 Menschen kommen wird und bestellte ein Mittagessen mit dem vor Ort ausgemachten Preis. Nach der Ankunft wurden wir in zwei Gruppen aufgeteilt und gingen in die Kantine. Wenn das Mittagessen billiger war, erhielten wir für die Preisdifferenz Trockenproviant wie Zucker und für jeden Waggon bekamen wir natürlich Brot. Dann haben sie es irgendwie untereinander verrechnet. Unser Transport war außerplanmäßig. Wenn es also freie Strecken gab, fuhr er bis zu 300 Kilometer am Tag, aber wenn es keine Durchfahrt gab, stand er mehrere Stunden am Stück. Dann haben wir den Transportleiter gefragt: »*Natschalnik, skolko jeschtsche tschasu?*« [Chef, wie lange

noch?] Wenn der Zug mehrere Stunden stehen sollte, fuhren wir in eine Stadt, selbst wenn sie 20 Kilometer weit weg war. Wir nahmen ein Taxi, schließlich hatten wir Rubel und die mussten wir loswerden. Als der Zug den Baikalsee erreichte, hielt er an. Wir sprangen aus den Waggons, um wenigstens die Hände in das Wasser zu tauchen, in das so viele Tränen polnischer *katorżników* [Strafgefangener] und Verbannter über mehrere Jahrhunderte geflossen waren.
Die Fahrt dauerte 19 Tage. Zweimal schickte ich ein Telegramm nach Hause: das erste Mal in Chabarowsk und dann ein weiteres aus der Ukraine, in Brjansk. Am 2. Dezember 1955 erreichten wir die Grenze zu Polen. Der Kontrollpunkt befand sich am Bahnhof in Mościska [Mostyska]. Nebenan gab es einen Basar. Wenn jemand noch Rubel hatte, konnte er sie noch ausgeben. Am späten Abend wurden die Waggons mit einem Schlüssel verschlossen, und nur die Zöllner liefen auf den Dächern der Waggons herum und klopften dauernd, so als ob sie was suchen würden. Es war keine Routinekontrolle, nur eine flüchtige. Sie nahmen mir mein Arbeitsbuch ab, welches 1956 nach Warschau zurückgeschickt wurde. Am 3. Dezember überquerten wir die polnische Grenze. Es gab keine Überraschungen. Die gleichen Plakate wie drüben vergifteten uns mit den Erfolgen der sowjetischen Menschen. Der Plan, der Plan, der Plan und lauter Stachanowisten [22].
Über die polnische Wirklichkeit wussten wir fast nichts. Es herrschte ein Gefühl der Angst vor, wie wir wohl von den Behörden aufgenommen werden, die ja ein Werkzeug des NKWD waren. Und wir waren ja Feinde der sowjetischen Herrschaft, so wurden wir ja ständig bezeichnet. Unsere Lokomotive wurde mit einer weiß-roten Fahne und einem Fichtenzweig dekoriert. Als wir anhielten, stiegen Mädchen und Jungen in die Waggons und gaben jedem eine Karte mit der Nummer des Blocks und des Bettes im Repatriierungspunkt in Żurawica Górna bei Przemyśl. Auf dem Bahnhof in Przemyśl warteten bereits Busse und Autos, um uns aufzunehmen und zum Repatriierungspunkt zu bringen.
Das Zentrum befand sich in Militärkasernen aus der Vorkriegszeit. Das Tor war mit polnischen Fahnen und Fichtenzweigen verziert. Zur Linken

22 Siehe Fn. 33, S. 113.

war ein Porträt von Bierut[23], rechts von Rokossowski[24], in der Mitte ein Adler und die Aufschrift »*Witamy Was*« [Wir heißen Euch willkommen]. Als wir aus den Bussen ausstiegen, schauten wir nach, ob auf der anderen Seite des Tores nicht der Schriftzug »*Mamy Was*« [Wir haben Euch] hing. Auf dem Platz standen bereits Studenten. Sie wiesen uns zu den einzelnen Blöcken und Zimmern. Die Betten waren schön mit sauberem Bettzeug hergerichtet. Dann seufzte jeder erleichtert auf, dass unsere Gefangenschaft, die Demütigung und das Niedertreten unserer Würde auf dem »unmenschlichen Boden« zu Ende waren. Endlich waren wir im Vaterland angekommen. Sogleich wurden wir zum Frühstück in die Kantine geführt. Und dort eine Sauberkeit, die wir uns »drüben« nie erträumt hätten, eine Höflichkeit, die wir »drüben« nie erfuhren. Danach Mittagessen, Abendessen und Übernachtung. Wir wurden informiert, dass zwei Fotos gemacht werden müssen. Sie wurden vor Ort und umsonst für die Repatriierungskarte angefertigt. Wenn jemand sofort nach Hause oder zur Familie fahren wollte, wurde ihm für die [polnische Staatsbahn] ein Zugticket einschließlich eines für das Gepäck ausgestellt. Die jeweiligen Personen wurden informiert, wie man dorthin kommt, und es wurden jedem 1000 Złoty überreicht. Jede Stunde fuhr ein Auto nach Przemyśl, das jemanden zum Bahnhof brachte. Auch Olgierd fuhr weg. Er ließ sich in Słupsk [Stolp] nieder, wie ich später aus seinem Brief erfuhr. In Żurawica wurde den Leuten mitgeteilt, dass sie sich, falls sie niemanden haben, in den Wiedergewonnen Gebieten niederlassen könnten. Es hingen Bilder von Menschen, die sich dort dank der Volksmacht bereits niedergelassen hatten. Und ich machte mich sofort auf den Weg zu meinen Eltern, zu dem Haus, wo ich geboren wurde. Gleich nachdem die Formalitäten erledigt waren, fuhr ich am 4. Dezember zum Übernachten an den Bahnhof in Przemyśl.

23 Bolesław Bierut (1892–1956) – polnischer Kommunist, von 1947 bis 1952 Präsident Polens, von 1948 bis 1956 Vorsitzender der Polnischen Vereinigten Arbeiterpartei und verantwortlich für Massenrepressionen in Polen.

24 Konstantin Rokossowski (1896–1968) – sowjetischer Befehlshaber polnischer Herkunft, Marschall der UdSSR, zwischen 1949 und 1956 Verteidigungsminister in der volkspolnischen Regierung, gleichzeitig Marschall der VR Polen. Seine Position im polnischen Militär und der Regierung war eines der Anzeichen für die Unterordnung der in Polen regierenden Kommunisten unter den Kreml.

Vor Ort waren wir fünf Personen, die alle in Richtung Katowice [Kattowitz] fuhren. Die Bahnmitarbeiter kannten uns Heimkehrer bereits. Einer von ihnen richtete schnell ein ganzes Abteil für uns ein, damit uns niemand stört. Wir gaben dem Schaffner Geld. Er brachte uns vom Bahnhof ein Paar Flaschen mit und ich merkte gar nicht, dass wir schon in Katowice angekommen waren. Ich musste weiter nach Tarnowskie Góry [Tarnowitz] und von dort mit dem Zug nach Wieluń. Auf dem Postamt schickte ich ein Telegramm, um wieviel Uhr ich in Wieluń ankommen werde. So fand ich mich nach zehn Jahren und sechs Monaten, nachdem ich einen Zettel aus dem Häftlingswaggon geworfen hatte, wieder am Bahnhof in Wieluń. Der Unterschied war, dass ich aus dem Osten zurückkehrte und nicht dorthin fuhr. Mit einem Pferdewagen holte mein Vater seinen Sohn ab, der schon auf dem Weg ins Jenseits war. Man kann sich diesen Moment vorstellen, als mein Vater mich lebend und bei guter Gesundheit sah. Umarmungen, Küsse und Tränen der Rührung, unbeschreibliche Gefühle. Und dann noch die Ankunft zu Hause. Meine Mama und Schwester. Freude und Freudentränen nach so vielen Jahren der Trennung und Ungewissheit. Nach 15 Jahren und 6 Monaten Abwesenheit überschritt ich wieder die Schwelle meines Familienhauses in Czarnożyły.[25]

---

25 Der Verfasser fand Arbeit, gründete eine Familie und ließ sich in Legnica (Liegnitz) in Niederschlesien nieder.

Abb. 15: Tadeusz Bukowy. Die Fotografie wurde 1951 während des Lageraufenthalts in der UdSSR angefertigt

8

Tadeusz Bukowy (1929–2023)
Ein bisschen Glück
Auszug aus den Erinnerungen eines Jugendlichen an seinen Aufenthalt in sowjetischen Gefängnissen in den Jahren 1945 bis 1946

Verhaftung

[...]

Plötzlich höre ich in der Küche eine laute Stimme.[1] Das Gespräch ist auf Russisch, sie fragen meine Eltern, wo der Sohn sei. Ich springe[2] zum Fenster (das Haus war einstöckig), und dort ein paar Schritte vom Fenster entfernt, ist ein Soldat mit einer Maschinenpistole. Ich bin auf eine solche Situation nicht vorbereitet. Wäre ich in dem anderen Zimmer gewesen, hätte ich eine Chance gehabt zu entkommen, aber es ist anders gekommen. Als ich gerade vom Fenster weggetreten bin, betritt ein NKGB-Offizier[3] mit einer Pistole in der Hand den Raum und geht sofort auf mich zu: »Hände hoch!«, ein zweiter kommt herein und be-

1 Der Autor lebte mit seinen Eltern in Sambor [ukr. Sambir], bis 1939 eine Kreisstadt in der Woiwodschaft Lwów [dt., jid. Lemberg, ukr. Lwiw] in der Zweiten Polnischen Republik. Heute liegt sie in der Westukraine. Im Februar 1945 trat er als 16-Jähriger dem polnischen Untergrund bei, in dem er als Meldegänger diente. Am 9. Mai 1945 wurde er zusammen mit anderen Untergrundkämpfern in Sambor verhaftet, wahrscheinlich als Folge einer Denunziation.
2 Im Original springt der Autor häufig zwischen Präsens und verschiedenen Vergangenheitsformen. Dieser Wechsel der Zeitebenen ist in der vorliegenden Übersetzung etwas geglättet, im Prinzip aber beibehalten worden.
3 Abkürzung für: *Narodny komissariat gosssudarstwennoi besopasnosti* (Volkskommissariat für Staatssicherheit). Sicherheitspolizei, die vom NKWD (Volkskommissariat für Innere Angelegenheiten) abgetrennt wurde und von 1943 bis 1953 arbeitete (nach 1946

ginnt mich zu durchsuchen. Ich habe nichts Verbotenes bei mir gehabt. Meine Parabellum mit dem Ersatzmagazin habe ich in der Kontaktstelle zurückgelassen. Ich habe einige Dinge zu Hause gehabt, die für sie von Interesse wären, doch sie sind in einem Versteck auf der Veranda verstaut gewesen. In einer Schublade in der Kommode finden sie ein Kabel und sprechen mich augenblicklich an: »Wo ist das Funkgerät?« Meine Mutter hat mich aus meiner misslichen Lage gerettet, indem sie gesagt hat, dass es sich um die Kabel eines Radiogeräts handele, das wir 1943 zwangsweise an die Deutschen abgeben mussten. Sie kann sogar die Quittung vorzeigen, denn so war es tatsächlich gewesen.

Die Durchsuchung in beiden Zimmern und der Küche hat vielleicht eine Stunde gedauert. Sie haben nichts Verdächtiges gefunden. Einer der Offiziere hat an meinem Handgelenk eine Uhr gefunden. »Nimm die Uhr ab«, sagte er. Ich habe sie abgenommen und reichte sie ihm. Er hat sie angeschaut, geöffnet, geschlossen und in seine Hosentasche gesteckt. Ich habe ihn gebeten, sie mir zurückzugeben. Er hat mich angeschaut, die Hand in die Hosentasche gesteckt und sie mir zurückgegeben. Ich wiederum habe sie meiner Mutter überreicht.

»Wir gehen«, fiel das Kommando. Sie haben mir noch Zeit gelassen, von meinen Eltern Abschied zu nehmen. [...] Als wir schon auf dem Marktplatz gewesen sind, forderten sie uns auf, links in die Kopernik-Straße abzubiegen, die wir vielleicht 500 Meter vom Markt aus gegangen sind. Wir sind den ganzen Weg auf der linken Straßenseite gelaufen und kamen zu einem Haus mit der Nummer 58, an dem keine Schriftzüge oder staatliche Zeichen zu sehen waren. Es stellte sich heraus, dass sich in diesem Haus ein geheimer Stützpunkt der NKGB befand.

[...]

Jeden Tag ist jemand aus unserem Keller zum Verhör geholt worden. Die am häufigsten verprügelten und misshandelten sind »unsere« zwei Bandera-Leute[4] gewesen. Nach jeder Vernehmung saßen sie in ihrer Ecke

---

zum Ministerium für Staatssicherheit, *Ministerstwo Gossudarstwennoi Besopasnosti*, MGB umgewandelt).

4 Im Polnischen bezeichnete man mit *banderowcy* [Bandera-Leute], *sing. banderowiec* [Bandera-Mann] Mitglieder des ukrainischen nationalistischen Untergrunds, dessen Anführer Stepan Bandera war. Während des Zweiten Weltkrieges kämpfte der bewaff-

und redeten leise. Sie zusammengeschlagen zu sehen, hat uns kein gutes Gefühl gegeben, denn wir haben nicht gewusst, wie sie mit uns umgehen würden. Nach einer Woche wurde ich zum Verhör gerufen. Sie haben mich in denselben Raum gebracht. Hinter dem Tisch saß ein anderer Offizier. Ich bin an den Tisch herangetreten und habe mich auf den Stuhl gesetzt, genau wie beim ersten Mal. Mein Offizier war wie von einem Blitz getroffen. »Wer hat dir erlaubt, dich zu setzen?«, wendet er sich zu mir und ich will antworten »Schweig!« sagt er, »Du wirst dich setzen, wenn ich es dir erlaube. Stell dich an die Wand!« Ein wenig ängstlich und nervös stand ich dort vielleicht eine halbe Stunde, während der Offizier in seine Papiere vertieft war und etwas schrieb. Ich bin an der Wand gestanden, nicht weit entfernt von einem Fenster; bin ein wenig herangerückt und konnte den ganzen Garten voller Blumen sehen. Fast habe ich zu weinen angefangen, weil mich ein großes Heimweh nach dem Zuhause und meinen Eltern überkam. Aus meinen Gedanken riss mich der Offizier heraus. Er ist an mich getreten, hat mein Gesicht zu sich gedreht, mich unterm Hals gepackt und hat mich an die Wand gedrückt. »Du hast mit dem Gesicht zur Wand zu stehen und nicht herumzuzappeln, verstanden?«, »Ja«, habe ich geantwortet. Und wieder habe ich vielleicht eine Stunde gestanden, immer aufgeregter, in meinem Kopf rauschte es und alle möglichen Gedanken kamen mir in den Sinn.

Das zweite Verhör ging unerwartet zu Ende. Mein Offizier erhielt einen Anruf, hörte zu und antwortete: »Jawohl, jawohl.« Er hat nach dem diensthabenden Soldaten gerufen und ihm befohlen, mich in den Keller zu bringen. Ich bin auf wackligen Beinen gegangen und habe mit dem Schlimmsten gerechnet, denn es sah ganz danach aus. Die Brutalität dieses Offiziers hat mich erschreckt. Die ganze Zeit grübelte ich darüber nach, was er so lange gelesen und geschrieben hat. Wahrscheinlich hat der Anruf meine Haut gerettet. Ich habe den Keller betreten, mich beruhigt und bin langsam zu mir gekommen. Psychisch bin ich am Boden gewesen. Zwei Tage später werde ich erneut zum Ermittler gerufen. Ich geht vor dem Soldaten. Gedanken schwirren in meinem Kopf. Wir betreten den-

nete Arm der Bewegung, die Ukrainische Aufständische Armee (UPA), auch gegen polnische Partisanen und griff die polnische Bevölkerung in Wolhynien und Galizien an, siehe Fn. 17, S. 105.

selben Raum. Ich sehe meinen Ermittler vom letzten Verhör und einen anderen Offizier im Rang eines Hauptmanns. Mit der Erfahrung des zweiten Verhörs halte ich neben der Tür an. Der Hauptmann sagt zu mir: »Komm näher.« Er sieht mich an und sagt: »Du willst bestimmt nach Hause. Deine Mutter hat Papiere eingereicht, um nach Polen auszureisen und du hast auch die Möglichkeit, mit deinen Eltern zu fahren. Wir werden dir helfen, aber du musst uns helfen.« Ich bin dagestanden und habe nicht gewusst, was ich antworten soll. Der Hauptmann mustert mich weiterhin und beginnt wieder zu sprechen, der andere Ermittler sitzt hinter dem Tisch und schaut mich eingehend an. Mit ruhiger Stimme wendet sich der Hauptmann an mich: »Wir wissen, dass du der einzige Sohn bist und dass du zu Hause bei deinen Eltern sein solltest, um dich auf die Ausreise nach Polen vorzubereiten. Wir werden dir einen Offizier zeigen, und du wirst uns sagen, wer er ist. Wenn du die Wahrheit sagst, wirst du nach Hause gehen. Jetzt gehst du zur Wand und drehst dich mit dem Gesicht zu ihr.« Der Hauptmann ist zum Telefon gegangen und hat einen Befehl erteilt. Es sind an die fünf Minuten vergangen und zwei Personen betreten den Raum, ein Soldat und eine weitere Person. Ich stehe mit dem Gesicht zur Wand, kann aber hören, was passierte. Die Wache geht heraus. Jetzt werden die Rollen getauscht: Der Hauptmann sitzt und der Leutnant kommt auf mich zu, dreht mich um und stellt mir eine Frage: »Kennst du diesen Offizier?« Ich stehe vor ihm, schaue ihn an, versuche aber um jeden Preis nicht den Eindruck zu erwecken, dass ich ihn kenne. Der Leutnant wendet sich wieder zu mir: »*Also Junge, sag uns, wer ist das.*« Vor mir steht Oberleutnant Józefowicz, Deckname »Grot II«, und ich war sein Meldegänger. Seine Kleidung nass, die Haare zur Hälfte angebrannt und im Gesicht getrocknetes Blut. Der Leutnant richtet sich wieder an mich: »Sieh dir ihn genau an.« Ich habe mich inzwischen wieder im Griff, sodass ich dem [polnischen] Oberleutnant in die Augen blicken kann und sage, dass es irgendeiner von den Bandera-Leuten sein müsse. Sie fragen ihn, ob er mich kenne und er verneint. Dann packt mich der Leutnant an den Haaren, zieht meinen Kopf näher zum Oberleutnant und sagt: »Sieh dir ihn genau an.« Ich antwortet ihm, dass ich diesen Herren nicht kenne. Er wird wütend: »Er ist kein Herr, er ist ein Feind der UdSSR und du bist auch einer.« – und schlägt mir mit voller Wucht in den Magen.

Während ich auf die Knie falle, halte ich mir den Bauch. Ich knie auf dem Boden und der Leutnant unterhält sich mit dem Hauptmann. Nach diesem Gespräch haben sie dem Oberleutnant befohlen hinauszugehen. Der Hauptmann dreht sich zu mir um:»Steh auf«. Ich bin aufgestanden, habe mich aber gegen die Wand gelehnt. Der Hauptmann sagt zu mir: »Vielleicht kennst du ihn, vielleicht auch nicht, wenn ich es mir recht überlege, gilt unser Vorschlag immer noch.« Und er lässt mich in die Zelle führen.

Die Etappe aus Sambor

Es war Ende Mai, sie weckten uns nachts und sagten uns, wir sollen uns anziehen, unsere Sachen holen und vor der Tür warten. Das ganze Gebäude kam in Bewegung. Man hörte Befehle auf Russisch und Schreie auf Polnisch. Nach einer Weile öffnete sich die Tür, zwei Soldaten erschienen in ihr und befahlen uns, mit unseren Sachen herauszutreten. Wir nahmen die Beutel mit unseren persönlichen Sachen und gingen hinaus. Ein Soldat vor uns, der andere hinter uns. Wir gingen die Treppe zum Erdgeschoss hinauf. Dort standen schon mehrere Personen, alle aus Sambor.
Nachdem alle nach draußen gegangen sind, hat uns der NKGB-Hauptmann befohlen, in Fünferreihen anzutreten. Es hat sich eine kleine Kolonne aus Männern und Frauen gebildet. Wir sind auf die Straße hinausgeführt worden, die völlig leer war. Draußen begann es bereits zu dämmern. Jeder hatte irgendeinen größeren oder kleineren Beutel, einer hatte dem anderen geholfen und es ist ein kleines Durcheinander entstanden. Aber ein paar Schläge mit einem Gewehrkolben haben uns beruhigt. Wir sind von mehreren Soldaten mit automatischen Waffen umzingelt worden und sind nach links gegangen. Nach etwa einem halben Kilometer auf der Kopernik-Straße haben wir einen Bahnübergang erreicht. Dort stand auf den Gleisen eine Dampflokomotive und mehrere Güterwaggons. Wir sind an den mittleren Wagen getreten. Die Soldaten haben die Tür geöffnet und forderten uns auf, einzusteigen. Durch Schreie haben sie uns in den Waggon gedrängt. Sie haben uns befohlen, an einem Ende des Waggons Platz zu nehmen. Auf der anderen Seite haben sich fünf Vertreter der NKWD hingesetzt. Der Offizier, der die Gruppe leite-

Ein bisschen Glück

te, zeichnete mit Kreide eine Grenze, bis zu der wir uns bewegen durften, beim Übertreten würden sie schießen. Wir – Frauen und Männer – waren zu einer Traube zusammengepfercht. Gegenüber von uns lag ein Soldat mit einem Maschinengewehr, die anderen saßen mit dem Offizier auf Kisten. Es waren Befehle auf Russisch zu hören und unser kleiner Zug setzte sich langsam in Bewegung. Wir fuhren. Aber wohin?
[…]

Lwów

Es war später Abend, Ende Mai. Unser Transport fuhr in den Hauptbahnhof von Lwów [Lwiw] ein. Nachdem wir etwa 20 Minuten gestanden sind, ist die Tür zurückgeschoben worden und man forderte uns auf, herauszugehen. Das Ausladen hat nicht lange gedauert und wieder waren wir zu einem Häufchen zusammengepfercht. Von Soldaten (einige mit Hunden) umgeben, verließen wir den Hauptbahnhof. Ich habe mich umgeschaut, denn einen so schönen Bahnhof habe ich noch nie zuvor gesehen. Was für'n Pech, da bin ich das erste Mal in Lwów und dann in einer solchen Gesellschaft, zudem bewacht, damit ich ja nicht verloren gehe. […] Es ist schon Abend gewesen, einige Leute sind sofort in die Keller gebracht worden. Unter dem ganzen Gerichtsgebäude hat es viele Keller gegeben und sie sind schon voll mit Polen, Bandera-Leuten, Volksdeutschen und Frontoffizieren gewesen. Ein paar Frauen und ich waren am Ende des Ganges untergebracht. Ein langer Gang mit vergitterten Fenstern und Parkettboden – besser als ein feuchter Keller. In diesem Gang haben wir uns bis zum Morgen geplagt. […] Wir sind vielleicht 800 Meter gelaufen und blieben vor einem Tor stehen. Auf der rechten Seite, tief im Garten, stand eine Villa. Vor uns ein Zaun und ein Tor aus Metallstäben. Die Geschichte wiederholte sich: Wir befanden uns wieder in einem getarnten NKGB-Außenposten. Es war eine an ihre Zwecke angepasste Vorkriegsvilla. […] Ein großer Keller, in dem wahrscheinlich früher eine Waschküche untergebracht war, denn die Wände waren gefliest und in der Mitte des Bodens war ein Abflussloch. Die Tür wird geöffnet und ein stinkender Mief dringt aus dem Inneren zu uns. Wir sind in den Keller gestoßen worden und die Tür wird hinter uns geschlossen.

Ein bisschen Glück

Unsere Kollegen sind in einen zweiten Keller nebenan geworfen worden. Der Keller ist voll mit Menschen, es gibt nur auf dem Betonboden in der Mitte ein wenig Platz. Wir stehen da und sind schockiert, weil wir mit solchen Bedingungen nicht gerechnet haben. Der erste, der auf uns zukommt, ist ein Bandera-Mann. Er fragt: »Wer seid ihr?« »Polen aus Sambor«, antworten wir. Dann sind zwei Herren an uns getreten und haben sich vorgestellt; beide sind aus Lwów gewesen. Wie sich herausstellte, befanden sich in dem Keller mit uns etwa dreißig Personen. Der Zellenälteste war der Bandera-Mann, der uns als erstes angesprochen hat. Auf den Pritschen hat es keinen Platz mehr gegeben, wir sind auf dem Boden untergekommen und das neben dem Abflussloch. Am schlimmsten ist es in der Nacht gewesen, weil wir keinen Platz zum Schlafen gehabt haben und im Sitzen dösen mussten. Glücklicherweise hat das nur ein paar Tage gedauert. Wir sind in dieser Zeit auch nicht zum Verhör abgeholt worden. Sie haben die ganze Zeit nur die Bandera-Leute in die Mangel genommen.

Irgendwann am vierten oder fünften Tag unseres Aufenthalts werden zehn Bandera-Leute mit ihren Sachen abgeführt, und es ging das Gerücht um, dass sie in ein Lager kommen sollten. Voller Freude haben wir uns in den Pritschen eingerichtet. Zuvor haben wir mit den anderen Bandera-Leuten vereinbart, dass wir Polen eine Ecke besetzen würden und sie den Rest des Raumes bekommen werden. Die Bandera-Leute waren aus den Dörfern um Lwów gewesen. Nachdem wir in den Pritschen schlafen konnten, schliefen wir die erste Nacht wie die Toten. [...] Die [Tages]Ordnung war eine andere als in Sambor und ein Vorgeschmack auf die Verhältnisse in der UdSSR. Morgens, sechs Uhr – *podjom* (Weckruf). Man musste seine Oberbekleidung zusammenrollen und man durfte bis zum Abend weder schlafen noch sich hinlegen. Dann wurde die Tür geöffnet und man durfte auf die Toilette gehen. Gegen acht Uhr gab es *kipjatok* (kochendes Wasser) und 400 Gramm Brot. Abends, gegen 18 Uhr, bekamen wir Suppe (eine sogenannte *balanda*) – eine dünne Suppe, von der wir nicht wussten, woraus sie bestand, oder es gab eine trübe Kohlsuppe. Im Anschluss folgte eine *prowerka* (Kontrolle). Wir haben uns in zwei oder drei Reihen aufgestellt und ein Offizier oder Unteroffizier überprüfte den Zustand, den zuvor der Gruppenälteste meldete. Um zehn Uhr abends konnte man seine Habseligkeiten auspacken, sich bettfertig machen und über sein Elend nachdenken.

Nach zehn Tagen wurde in unseren Keller nachts ein zusammengeschlagener Bandera-Mann geführt. Er wurde auf den Beton geworfen und von seinen Leidensgenossen versorgt. Sie hatten ihn aus dem Bunker geholt. Er hat einen kleinen Pelz getragen, der voller Läuse war. Als wir das gemerkt haben und seinen Pelz wegwerfen konnten [...], war es schon zu spät gewesen. Ich habe noch nie in meinem Leben Läuse gesehen, und jetzt juckte es mich plötzlich am ganzen Körper, der ganze Keller war befallen. Die Läuse haben unseren Tagesablauf verändert. Nach der Morgenmahlzeit und dem Gebet haben wir unsere Hemden und langen Unterhosen ausgezogen und man begann, die Nissen in den Nähten zu zerquetschen. Eine wahre Tragödie: Wir sind nicht in die Waschräume gelassen worden, unsere Körper jucken, wir waren hungrig, ungewaschen und mit Haaren zugewachsen. [...] Überall verbindet die Armut die Menschen ein wenig, und so war es auch bei uns und den Bandera-Leuten. Mit der Zeit begannen zwischen uns erträgliche Beziehungen zu herrschen.

Man darf nicht vergessen, dass wir etwa dreißig Leute im Keller waren, und es war Juni, Juli und August; draußen war schönes Wetter und bei uns im Keller Gestank von der *parascha*⁵, ungewaschenen Körpern und schmutzigen Füßen. Wir schnappten morgens nach Luft, als sie uns auf die Toilette ließen oder am Abend während der Inspektion. Ein paar ältere Leute hatten Asthma, sie hatten große Probleme, es war beängstigend, das mitanzusehen. Mir persönlich fehlte am meisten die Bewegung – für einen jungen, sportlichen Mann waren das harte Zeiten. Deshalb haben wir vormittags auf dem Boden Platz gemacht und sind paarweise von Wand zu Wand spazieren gegangen. Aber selbst in diesem Elend verließ uns der Humor nicht. Ein älterer Herr, der aus Lemberg stammte, zählte sorgfältig unsere »Strecke«, und wenn wir die vorgeschriebene Anzahl von Umdrehungen von Wand zu Wand gemacht hatten, sagte er: »Das war's Leute, ihr seid jetzt im Stryjski Park angekommen. Setzt euch bitte auf eine Bank und ruht euch aus.«

---

5 Siehe Fn. 22, S. 107.

Ein bisschen Glück

Eine Sache, die uns schon in Sambor Freude bereitete, war das Heraustragen der Exkremente in den Garten, um diese dann in den Kanal zu schütten. Es war ein Ritual. Jeder achtete sehr darauf, wann er an der Reihe war. Wir trugen die *parascha* zu zweit heraus. Eines Tages, als ich sie auf diese Weise herausbrachte, wurde ich angenehm überrascht, denn jemand rief aus einem Fenster im zweiten Stock: »Halte durch, Tadzio!« Es stellte sich heraus, dass es hinter unserer Villa noch ein Nebengebäude gab, in dem die Frauen aus unserer Gruppe untergebracht waren. Am Ende des Gartens befand sich ein zweites Haus mit einem Balkon, auf dem ein Fahrrad stand. Als ich wieder in den Keller kam, war ich so traurig, dass ich weinen musste. Was mache ich nur hier? Und was wird als nächstes passieren? Aber mit diesen Gedanken hatte jeder zu kämpfen. Am schlimmsten war es am Abend. Ich legte mich nicht nur hungrig und voller Läuse hin, sondern dachte zudem an Sambor, an den Dnjestr, an dem ich jetzt die Zeit verbringen würde. [...]
In Lwów haben andere Ermittler den Fall unserer Gruppe bearbeitet. Vor mir hat ein Leutnant gesessen, der mich nicht angesehen hat, sondern meine Unterlagen durchgesehen und sich Notizen gemacht hat. An seinem Tisch ist ein Gehstock angelehnt gewesen. Nach einer Weile hat er mich aufgefordert, näher zu kommen, damit er den Feind der UdSSR besser sehen kann. Er saß da und schaute mir in die Augen. Es fielen Fragen über meine Tätigkeit in der feindlichen Organisation. Ob ich bestimmte Leute kenne, er schaute in ein Heft und listete Namen auf – ein Drittel von ihnen ist mir bekannt gewesen. »Kenne ich nicht«, sagte ich. Ich wurde nach Kosturek und Oliwia gefragt. »Kenne ich«, lautete meine Antwort. »Wir sind auf dieselbe Schule gegangen.« »Wer hat dich in die Organisation geholt?« Ich antwortete: »Lisowski.« Es gab nichts mehr zu verbergen, denn wir hatten schon geahnt, dass er uns verraten hat. »Warum bist du nach Drohobytsch gefahren?« Diese Frage habe ich nicht erwartet und bin einen Moment lang sprachlos gewesen. »Grüble nicht nach!« Er nahm den Gehstock an einem Ende und packte mich mit der anderen runden Seite am Hals und drückte mein Gesicht gegen die Tischplatte. Vor lauter Schmerz und Angst kann man sich an etwas erinnern. Ich habe mich erinnert, dass ich nach Drohobytsch ins Brygidka-Gefängnis fuhr, um Pater Drabik ein Paket zu überreichen. Er

hat den Gehstock von meinem Hals gezogen und fragt mich:»Wirst du reden?«»Ja«, lautete meine Antwort.»Ich fuhr nach Drohobytsch zum Gefängnis, zum Brygidka.« Er schaute mich an,»Zu wem und warum?«»In diesem Gefängnis befand sich unser Pfarrer, der verhaftet wurde. Im Januar 1945 fuhr ich mit einem Lebensmittelpaket zu ihm.« Dieses Mal war der Ermittler überrascht.»Wie ist sein Nachname?« Ich antwortete:»Pfarrer Drabik«[6] Er machte sich Notizen gemacht [und sagte]»Wir werden es überprüfen.« [...] Der Leutnant gab nicht auf und fragte weiter nach, mit wem ich in Drohobytsch Kontakt aufgenommen habe. Und ich habe wiederholt, dass ich zum Gefängnis in Brygidka gefahren bin.»Du bist so jung und hast schon unser Vaterland verraten.« Ich habe ihm geantwortet, dass mein Vaterland Polen sei. Er ist aufgestanden, auf mich zugekommen – leicht hinkend – und hat gesagt:»Du Faschist, du bist ein Feind des sowjetischen Volkes.« Er hat mich mit dem Stock am Hals gepackt, an sich herangezogen, auf den Boden geschmissen und begann auszuteilen. Ich habe mich vor Schmerzen auf dem Boden zusammengerollt, begann zu schreien, aber er hat mich weiter geschlagen. Plötzlich hat er aufgehört, hat sich an den Tisch gelehnt, keuchte schwer, ist bleich geworden und hat mich angeschaut. Ich bin zusammengekauert auf dem Boden gelegen.»Steh auf«, hat er nur gesagt. Ich stand auf und merkte, dass ich an den Hosenbeinen nass war. Der Ermittler hat auf die Klingel gedrückt, der Wachmann ist hereingekommen, um mich zurück in die Zelle zu geleiten. Als er mich auf der Straße angesehen hat, bemerkte er die Veränderung. Zum Verhör bin ich ruhig und gleichmäßig gegangen. Zurück ein wenig hinkend und mit einem anderen Gesichtsausdruck.»Pass auf dich auf«, hat er nur gesagt. Und es ist kein weiteres Wort gefallen. In der Zelle habe ich nicht geredet, ich habe mich nur an die Wand gesetzt und meinte, dass ich Kopfschmerzen habe [...]

6 Pater Michał Drabik (1912–1991) – Gemeindepfarrer in Sambor, Mitglied des polnischen Untergrunds. Er wurde im Januar 1945 zu acht Jahren Arbeitslager verurteilt und wurde 1955 nach Polen repatriiert.

Gericht

Am Ende der Ermittlung waren wir erschöpft, aber froh, dass sie vorbei war. Vor der Verhandlung wurden alle in ein Waschhaus geführt. Was für eine Freude, nach ein paar Monaten hatten wir die Möglichkeit zu baden. Unsere Sachen wurden in den Dampfkessel gesteckt. Endlich waren wir die Insekten los, die uns so sehr geplagt hatten. Vom Waschhaus aus wurden wir in die Sądowa-Straße [Gerichtsstraße] und in einen großen sauberen Keller gebracht, von dem es aus nicht weit zur Gerichtsverhandlung war. Die Anhörung fand vom 20. bis 23. August statt. Es wurden uns sechs Anwälte zur Verfügung gestellt, die, soweit ich mich erinnere, ein paar unbedeutende Worte sagten. Unsere Eltern mussten jeweils 300 Rubel zahlen. Erst bei der Verhandlung trafen wir uns in einer größeren Gruppe. Gespräche zwischen uns waren nur von kurzer Dauer, sie wurden unterbunden. In einer geschlossenen Sitzung im Saal des NKGB wurden die einzelnen Fälle behandelt und die Urteile verkündet. Ich muss zugeben, dass wir sehr naiv und uns unserer Situation nicht bewusst waren. Wir nahmen die Gerichtsentscheidung gleichgültig auf und keiner von uns dachte, dass wir die Strafe absitzen würden. Die ganze Zeit hatten wir die Hoffnung, dass die Alliierten es nicht zulassen würden, dass die Mitglieder der Heimatarmee verurteilt werden. Die politische Lage war damals unsicher und wir hofften, dass die staatlichen Stellen in Polen uns nicht vergessen würden.

Der zweite Prozesstag war wegen der verhängten Todesurteile gegen Stefan Józefowicz[7], Mirosław Hentosz[8] und Edzio Buca[9] sehr traurig. Es war ein Schock, denn niemand hat mit solchen Urteilen gerechnet. Die Haltung der Verurteilten war bewundernswert und machte uns Mut. Die

---

7   Stefan Józefowicz, Deckname Grot II, war Mitglied des polnischen Untergrunds in Sambor, zum Tode verurteilt, was zu 20 Jahren Lagerhaft umgewandelt wurde.
8   Mirosław Hentosz (1924–2005) war Mitglied des polnischen Untergrunds in der Region Lwiw, zum Tode, verurteilt was in eine 20-jährige Haftstrafe umgewandelt wurde. Lagerhaft bis 1958, danach Rückführung nach Polen.
9   Edward Buca (1926–2013) war Mitglied des polnischen Untergrunds, zum Tode verurteilt, was in eine 20-jährige Haftstrafe umgewandelt wurde. Lagerinsasse bis 1958, danach Rückführung nach Polen.

anderen Urteile beliefen sich auf zehn, sieben und sechs Jahre Arbeitslager und betrafen auch Frauen.[10] Nachdem die Verurteilten ihre Todesurteile erhalten hatten, wurden sie sogleich aus dem Gerichtssaal geführt. Jeder von uns dachte darüber nach, was als nächstes passieren würde. Während des Prozesses durften wir unsere Eltern nicht sehen, obwohl einige von ihnen nach Lwów gekommen waren. Unser Kontakt mit dem Anwalt war nur von kurzer Dauer. Die Anwälte waren sicherlich alte Routiniers und wussten, wie sie sich in der Verhandlung zu verhalten hatten und was sie sagen mussten, damit die Behörden zufrieden waren und sie ihren Job nicht verloren.

Ich muss an dieser Stelle den Warschauer Aldek Orski[11] erwähnen, der während des Prozesses sagte: »Ihr habt kein Recht, uns wegen Vaterlandsverrat zu verurteilen, denn wir werden unser Vaterland nicht verraten, genauso wie unsere Offiziere, die ihr in Katyn ermordet habt.« Nach einer kurzen Verwirrung antwortete der Staatsanwalt mit einer donnernden Stimme: »Ich entziehe dir das Wort, setz dich und rede kein Unsinn.« [...]

Gefängnis in Zamarstynów[12]

Wir nähern uns dem Hauptausgang, der Beamte geht zum Wachhaus, unterschreibt ein Dokument und wir verlassen das Gefängnis und treten auf die Straße. Draußen, normaler Verkehr, schönes Wetter, es ist warm, Mitte September, und ich trage eine dicke Jacke, Springerstiefel und dazu trage ich einen Sack auf dem Rücken. Ich muss erbärmlich ausgesehen haben, denn die Leute schauten mir hinterher. Der Leutnant fragt, was ich in dieser Tasche habe und ob ich sie tragen muss. Als ich ihm antworte, ist er überrascht. So ungefähr nach 10 Minuten werde ich schwach, mir wird einfach schwindelig. Ich bin nach der Krankheit im Gefängnis erschöpft, außerdem hat die Situation an meinen Nerven gezehrt. Wir gehen, ich vorne, der Leutnant einen Schritt hinter mir, die Leute machen uns Platz. Auf der Straße [herrscht] Betriebsamkeit und lebhaftes

---

10 Der Autor wurde zu 6 Jahren Lagerhaft verurteilt.
11 Romuald Orski war Mitglied des polnischen Untergrunds. Er wurde in Sambor verhaftet und zu 10 Jahren Lagerhaft verurteilt.
12 Zamarstynów (ukr. Samarstyniw) ist ein Stadtteil im Nordosten der Stadt Lwiw.

Treiben. Es gehen fröhliche junge Leute in meinem Alter an uns vorbei, als sie uns sehen, verstummt ihr Lachen. Sie blicken auf den Leutnant und mich und denken sich wahrscheinlich, dass er einen Bandera-Mann abführt. Ich halte noch durch, doch der Sack wird immer schwerer und ich bin kurz davor, ihn auf der Straße liegen zu lassen, aber wenn ich an seinen Inhalt, an diesen Schatz von zehn Laib Brot denke, bin ich entschlossen, ihn weiter zu tragen. Der Leutnant, der meinen schwankenden Gang sieht, sagt, dass es nicht mehr weit sei.
Es ist vielleicht eine halbe Stunde vergangen, als wir am Gefängnis von Zamarstynów anlangen. Wir erreichen die Wache und mein Leutnant holt die Dokumente, Akten meines Falls, heraus, die der Beamte dieses Gefängnisses entgegennimmt. Ich stehe die ganze Zeit mit dem Gesicht zur Wand, der Sack liegt neben mir. Die Akten über mich sind eingereicht und akzeptiert worden und nun nehmen sich die Gefängnismitarbeiter meiner an. Sie bringen mich in einen großen Raum, befehlen mir, mich komplett auszuziehen und meine Kleidung samt der Unterwäsche auf einen Metallring zu legen. Ich stehe nackt dar. Eine Frau kommt herein, setzt sich auf einen Hocker und fordert mich auf, näher zu kommen. Ich bedecke mein Glied mit meinen Händen und spüre, wie ich erröte, aber ich folge ihrem Befehl. Sie schaut mich an, sieht, dass ich mich schäme und sagt zu mir:»Mache dir keine Sorgen, du wirst dich daran gewöhnen. So jung, was machst du hier?« Sie zwingt mich, die Hand zu heben, und rasiert mir mit einem Rasiermesser die Haare unter einem Arm, dann unter dem anderen. Dann die Schamhaare und lacht dabei, dass sie so spärlich sind. Mit einem Pinsel, der in eine Art Lösung getaucht wird, streicht sie mir die Haut unter den Achseln und in der Leistengegend ab. Mit einem Haarschneider, der mich sehr gezwickt hat, rasierte und überprüfte sie meinen Kopf, ob ich Läuse habe. Ich bin in einen anderen Raum geführt worden, wo man mir eine große Schüssel mit warmem Wasser und ein Stück Pseudoseife gegeben hat. Nach dem Waschen habe ich auf meine Kleidung gewartet, die man mir zur Desinfektion weggenommen hat. Außer mir befanden sich dort noch drei weitere Leidensgenossen. Nach kurzer Zeit hat man uns unsere Kleidung und Unterwäsche zugeworfen, alles ist sehr heiß gewesen, fast dampfend. Wir haben uns angezogen und sind auf den Korridor hinausgeführt worden.

Ein bisschen Glück

Man hat uns getrennt und ich werde in den zweiten Stock geführt. Wir bleiben vor der Zelle stehen, der diensthabende Wachmann öffnet sie und schiebt mich hinein. Er schließt die Tür. Ich gehe ein paar Schritte und bleibe stehen. In der Mitte der Zelle leuchtet eine Glühbirne. Die Zelle ist fast leer; in der Ecke sitzen Häftlinge. Einer von ihnen steht auf und kommt auf mich zu. Wie sich herausstellen sollte, ist es der Zellenälteste. »Hauptmann Solowjow«, stellt er sich vor, »und, wer bist du?« Ich nenne meinen Nachnamen, meine Nationalität und meine Strafe. Er ist überrascht, dass sie mich in diese Zelle gebracht haben, in der sich zwei Soldaten, zwei Leutnants und ein Hauptmann befinden, die noch vor ihrer Verurteilung sind. Sie sind zugewachsen, ich sauber und gewaschen. Der Hauptmann fordert mich auf, mich in die andere Ecke zu setzen, weit weg von ihren Läusen, sagt er. […] Ich habe mich in einer Ecke der Zelle an der Wand eingerichtet, meine Schuhe ausgezogen, meine Jacke abgelegt, mich hingesetzt und umgesehen. Das jetzige Gefängnis ist ein umgebautes Kloster, die Decken sind hoch, die gewölbte Zellentür dick und mit Blech verkleidet, das Guckloch rund, groß; eine solide *kormuschka*, eine Klappe unter dem Guckloch, durch die das Essen gereicht wird. Das wichtigste Requisit aller Gefängnisse, die *parascha*, steht neben der Tür. Und ich bin wieder allein, meine älteren Kameraden sind nicht da. Ich muss wohl einen leeren Gesichtsausdruck gehabt haben, denn der Hauptmann Solowjow kam zu mir und hat sich ungefähr einen Meter neben mich hingesetzt und gefragt, warum ich denn so niedergeschlagen bin. Irgendwie habe ich Sympathie für ihn empfunden. Er hat ruhig gesprochen und ist im Alter meines Vaters gewesen. Wir sind ins Gespräch gekommen – er hat vor allem zugehört und ich habe erzählt. Zunächst hat er mich gebeten, ihm zu erzählen, wie wir vor dem Krieg und während der deutschen und sowjetischen Besatzung gelebt haben. Er hat aufmerksam zugehört. Schließlich bin ich auf meine Verhaftung, das Urteil, die Abwesenheit meiner Kameraden und mein eigenes ungewisses Schicksal zu sprechen gekommen. Solowjow hat mir bis zum Ende zugehört und gesagt, dass er von Beruf Professor für Geschichte sei, aus Sibirien stamme, einen Sohn in meinem Alter habe und ich ihm sehr leidtue. Er hat aber auch gesagt, dass ich nicht aufgeben solle, ich jung und gesund sei und dass ich zum Glück die Untersuchungszeit ohne gesundheitliche Schäden überstanden habe.

[...]

Ich bin jetzt seit fünf Tagen hier und der Tagesablauf ist immer derselbe. Morgens gibt es einen Weckruf, dann werden 400 Gramm Brot übergeben. Am Abend wird der Zustand der Zelleninsassen kontrolliert, dann gibt es gegen 18 Uhr eine *balanda*[13], wieder aus Kraut. Die Russen haben gelacht, dass in Polen wohl nichts außer Kohl wachse. Aber niemand hat sein Gesicht verzogen, denn der Hunger ist stärker gewesen. [...] Der siebente Tag meines Aufenthalts: Vormittags geht die Tür auf und es fällt die Frage: »Gibt es einen, der mit dem Buchstaben ›B‹ anfängt?« Ein Leutnant springt auf und nennt seinen Namen. Er ist es nicht. »Noch wer?«, ich nenne meinen Namen, »Rauskommen!«, sagt er zu mir. Er schließt hinter mir die Tür und führt mich zum Ende des Ganges. Dort steht ein Tisch, darauf ein großer Topf und daneben eine kleine Tüte. »Deine Mama hat ein Paket mitgebracht. Setz dich hin und iss.«, sagt er. Ich hebe den Deckel und sehe in einem kleinen Topf Pflaumenknödel. Ich sitze und starre sie an, ich habe das Gefühl gehabt, dass ich gleich heulen werde. Die arme Mama hat sich um einen kranken Vater zu kümmern und einen Sohn, der statt bei den Partisanen im Gefängnis sitzt. Sie hat sich allein um das Haus gekümmert, sich um die Waren für das Paket bemüht und hat von Sambor nach Lwów fahren müssen. Hier musste man vor Ort stundenlang vor dem Gefängnis stehen und um die Annahme eines Pakets bitten. Wie hat mich meine Mutter hier gefunden? Ich bin aus meinen Gedanken vom Wärter gerissen worden: »Träume nicht, iss.« Ich bin hungrig gewesen und vor mir ein voller Topf, was für eine Freude. Ich habe vielleicht 20 Stück gegessen, es sind noch viele übrig... Ich habe gesehen, dass mich der Wärter die ganze Zeit beobachtet. Ich nehme den Deckel, lege sechs Knödel darauf und überreiche sie ihm. »Probier' mal, das hat meine Mama gemacht.« Er ist sehr überrascht, dass ich ihm etwas anbiete und sträubt sich, aber ich habe ihn gebeten, sie zu probieren. Schließlich hat er sich entschieden, ein paar gegessen, sie gemocht und mich gefragt, mit was die Piroggen gefüllt seien. Ich habe es

---

13 Im Russ. eine umgangssprachliche Bezeichnung für eine Gefängnissuppe.

ihm nicht erklären können, denn ich habe nicht gewusst, was Pflaumen auf Russisch heißen, ich glaube, dass er es selbst erraten hat, denn er hat etwas erwähnt und ich habe genickt. Es sind vielleicht noch zehn Knödel übriggeblieben. Ich habe Angst gehabt, weiter zu essen, damit es mir nicht schlecht wird. In der kleinen Tüte habe ich von Mama ein wenig in Öl getunkten und mit Knoblauch eingeriebenen Vollkornzwieback bekommen. Mein Wärter hat sich bei mir bedankt und mich gebeten, niemanden in der Zelle zu erzählen, dass ich ihm etwas angeboten habe. Er sagt, dass er den Topf mit dem Deckel und dem größeren Beutel bei der Wache abgeben würde. Er hat mich in die Zelle geführt. Meine Mitgefangenen haben sofort Knoblauch gerochen. Sie sind fünf gewesen und ich habe ihnen je einen Zwieback und je einen Knödel gegeben. An diesem Tag sind wir alle glücklich gewesen. Ich, weil ich ein Päckchen von meiner Mutter bekommen habe, mit dem ich nicht gerechnet hatte.

Als ich in die Heimat zurückkehrte, habe ich meine Mutter gefragt, wie sie es angestellt hatte, wie sie herausgefunden hatte, wo ich war. Sie hat mir erzählt, dass andere Mütter es ihr beigebracht hatten. Man brauchte einen halben Liter Wodka und etwas zum Knabbern, am besten ein Stück Schweinespeck. Man ging zum Fenster und fragte, ob der und der Häftling anwesend sei. Der diensthabende Pförtner prüfte das und antwortete, wie es ihm passte. [...] Es kam auf die Laune und den Charakter der Person an, aber wenn ein halber Liter Wodka serviert wurde, wurde es eine andere Unterhaltung.

Etappe aus Lwów

[...]
Der Wächter sagt zu mir: »Zieh dich an und hol deine Sachen, du gehst auf Etappe (zum Transport). Ich hole dich in 20 Minuten ab.« Die Tür schließt sich, wir hören, wie sie in der nächsten Zelle geöffnet wird. Was bin ich für ein Grünschnabel gewesen! Ich habe nicht gewusst und verstanden, was das Wort Etappe bedeutet. Der Hauptmann hat mir erklärt, dass sie mich bestimmt in ein Lager transportieren werden. Ich habe nicht viel zum Anziehen gehabt, wickelte meine Fußlappen um,

Ein bisschen Glück

zog die Schuhe an und habe einen kleinen Sack mit ein wenig Unterwäsche und etwas Zwieback mitgenommen. So wie sie zu fünft in der Zelle waren, sind sie alle zum Abschied zu mir gekommen. Die Unsicherheit muss mir ins Gesicht geschrieben gewesen sein, denn ich wusste zu dem Zeitpunkt nicht, was mich erwarten würde. Sie alle wünschen mir Durchhaltevermögen und dass ich nach Hause zurückkehren kann. Die Tür geht auf, ich trete auf den Gang hinaus, der diensthabende Wachmann schließt hinter mir zu. Es ist derjenige, dem ich die Knödel gegeben habe, und er flüstert mir ins Ohr, dass ich in ein Lager komme. Er befiehlt mir, mich zur Wand zu drehen, was ich auch mache. Ich schaue zur Seite und sehe, dass sowohl rechts als auch links ebenfalls Häftlinge stehen. Nach einer Weile kommen ein paar Tschekisten, die uns auf den Gefängnishof hinausführen. Wir sind nicht wenige, die meisten sind alt – für mich sind alle alt gewesen, die älter als 30 waren. Sie haben unterschiedliche Klamotten an, sind unrasiert, blass und tragen unterschiedliche kleinere und größere Taschen und Säcke. Die ersten Unterhaltungen beginnen. Doch sofort fällt ein Befehl: »Schweigen, nicht reden!«. Auf den Hof des Gefängnisses sind zwei große Autos, amerikanische Studebaker, vorgefahren. Sie haben uns gezwungen, in die Autos zu steigen, und uns hineingepfercht. Am schlimmsten sind die dran gewesen, die große Säcke mit Lebensmitteln oder Kleidung bei sich getragen haben. Sie haben die beiden Autos schnell beladen und die Planen heruntergezogen. Bevor sie uns in die Autos gesetzt haben, hat uns der begleitende Offizier gewarnt, dass jeder, der während der Fahrt zu fliehen versuche, erschossen würde. Es ist Ende September 1945. Sie fahren mich aus dem Gefängnis in Zamarstynów heraus, aber wohin? Zunächst weiß ich es nicht. Wir fahren nicht lange, die Autos halten, ein Befehl ertönt: »Aussteigen!«, was wir auch tun. Wir schauen uns um und stellen fest, dass wir uns in einem Güterbahnhof befinden. Vor uns steht ein Güterzug, der aus sechs oder acht Waggons besteht. Vor dem Zug befinden sich Tische, an denen Menschen herumwuseln, die Brote in Stücke schneiden. Sie haben uns in Fünferreihen aufgestellt. Die ersten fünf treten hervor und jeder bekommt ein Stück Brot in die Hand, geht dann weiter und bekommt dann einen Hering direkt aus dem Fass. Und mit dieser Verpflegung führen sie uns in die Waggons, in jeden haben sie jeweils 100 Leute hineingestopft, eine

Ein bisschen Glück

unglaubliche Enge. Ich bin im dritten Waggon gelandet und habe das Glück gehabt, in die Nähe der Wand zu kommen. Die Waggons sind verriegelt worden, es ist dunkel geworden, nur bei einem Spalt ist Licht hineingekommen. Die Verladung hat mehrere Stunden gedauert, da immer neue Autos mit Gefangenen angekommen sind. Endlich ist es losgegangen, im Waggon ist es schrecklich eng gewesen. Und das war erst der Anfang. Die Menschen sind hungrig, denn die meisten haben keine Pakete von zu Hause erhalten. Sie haben mit dem Essen angefangen und schnell das Brot mit dem Hering verschlungen. Nach ein paar Stunden Fahrt haben die Probleme begonnen. Den einen, den Älteren, ist langsam die Luft ausgegangen. Die anderen wollten pinkeln, doch wohin? Am Ende pinkelten alle unter sich. Nachdem alle ihre Heringe mit dem Brot aufgegessen haben, begann die Tragödie: Wir haben kein Wasser. Nach vielleicht zehn Stunden Fahrt, halten wir an einer Station an. Alle fangen an zu schreien: »Konwoj, woda!« [Konvoi, Wasser]. Die Tür öffnet sich, der Wächter stellt zwei Eimer mit Wasser hinein und schließt wieder zu. Jeder versucht an die Eimer zu kommen, jeder will was trinken. Am Ende haben nur ein paar Leute was abbekommen, der Rest ist einfach verloren gegangen und wurde verschüttet. Nach einer Weile haben die Konvoibegleiter die Eimer wieder weggenommen, und jetzt schreien die Leute nach mehr. Sie haben den Waggon geschlossen, wir warten, vielleicht bringen sie noch was. Nach einigen Stunden ist der Zug wieder losgefahren, ist vielleicht 100 Kilometer weit gekommen, hielt wieder an und wartete. Im Waggon ein Aufruhr: »Wasser! Wasser!« Die Wachleute treten an den Waggon und geben ein paar Schüsse aus ihren Pepeschas ab. »Schweigt ihr verfickten Faschisten!«

Wie sich aus belauschten Gesprächen zwischen den Konvoibegleitern herausstellte, ist unser Zielbahnhof die Stadt Kyjiw. Wir haben mit der Anfahrt Probleme, weil wir andere Züge passieren müssen, die geplünderte Dinge aus Deutschland in die UdSSR transportieren und es sind auch Transporte mit deutschen Kriegsgefangenen unterwegs gewesen.

Wir sind nun schon den zweiten Tag unterwegs, der Gestank von Urin und Fäkalien in den Waggons wird immer schlimmer. Unsere Waggons sind für den Transport von Menschen ungeeignet. Die Konvoibegleiter haben damit gerechnet, dass wir in zehn Stunden von Lwów nach Kyjiw kommen würden. Es fehlt an Luft und Gestank breitet sich aus. Es gibt die ersten Ohnmachtsfälle und nichts, mit dem man die Leute wiederbeleben könnte. Deshalb ziehen unsere Reisegefährten sie an die Waggonwand, wo kleine Ritzen eingeschnitten wurden, durch die frische Luft einströmen kann. Die Kranken haben nach Luft geschnappt wie ein Fisch, der aus dem Wasser gezogen wird. Die erste Nacht ist am schlimmsten gewesen, wir haben im Stehen angelehnt an den Rücken eines anderen oder auf den Knien geschlafen. Ich bin wieder allein, um mich herum laufen Gespräche auf Ukrainisch, Russisch und sogar Wörter, die ich nicht verstehe. Es stellt sich heraus, dass es eine kleine Gruppe von Ungarn gegeben hat, die ebenfalls in Lwów vor Gericht gestanden haben und je zu zehn Jahren Haft verurteilt worden sind. Einer dieser Ungarn sollte später in Kyjiw in der gleichen Zelle wie ich landen. Er hat ein wenig Polnisch gekonnt und ist sehr froh gewesen, mich zu treffen und ich war auch froh. Er ist kein Pole gewesen, doch ich habe gespürt, dass wir uns seelisch nahestehen. In der Nähe von Budapest ist er verhaftet worden; hat in der Armee von Horthy[14] gedient, entkam und als er nicht mehr weit weg von seiner Heimat gewesen war, ist er in die Hände der Sowjets gefallen.

Ich habe einen Stehplatz an der linken Seite des Waggons gehabt und habe einen kleinen Spalt nutzen können. Wenn der Waggon gestanden ist, ist die Luft sehr schlecht reingekommen, doch bei der Fahrt ist es schon besser gewesen. Die neben mir stehenden Leidensgenossen haben mich um meine besohlten Stiefel beneidet, denn obwohl sie ein wenig angepinkelt waren, war es besser als bei ihnen. Manche sind im Juni in Sommerhosen und Halbschuhen verhaftet worden – sie haben erbärmlich ausgesehen. Aber am schlimmsten ist es damals gewesen, wenn man groß musste und gezwungen gewesen ist, sein Geschäft in Gegenwart der Genossen zu verrichten.

Unsere Waggons sind nicht für den Transport von Gefangenen ausgelegt gewesen. Sie haben keine Fenster, keine Öffnung im Boden gehabt wie andere Waggons, die Gefangene transportiert haben. Die Behörden haben sicherlich die Gefängnisse in Lwów entlasten wollen und haben

---

14 Miklós (Nikolaus) Horthy – 1920 bis 1944 Reichsverweser des Königreichs Ungarn, de facto autoritärer Führer des Staates, der während des Zweiten Weltkriegs zum Satelliten des Dritten Reichs wurde und am Krieg gegen die Sowjetunion teilnahm.

Ein bisschen Glück

sich für einen solchen Transport entschieden. Sie haben gehofft, dass wir Kyjiw in zehn Stunden erreichen würden. Leider ist es anders gekommen, wir sind zwei Tage unterwegs gewesen. Aber schließlich haben wir es geschafft. Die Tür ging auf und wir hörten das Kommando: »Aussteigen!«. Das war gar nicht so einfach, denn in Lwów wurde so etwas wie eine Treppe an die Waggons geschoben, es sind einfach nur ein paar zusammengenagelte Bretter gewesen, auf die quer dicke Bretter genagelt worden waren. Sie haben diese an den Waggon herangeschoben, haben uns gezählt und wir sind hineingegangen. Hier sind wir gezwungen gewesen hinunterzuspringen, die meisten haben keine Probleme, aber einigen musste geholfen werden. Uns gegenüber, in einem Abstand von zehn Schritten, stand die Konvoieskorte mit ihren Maschinenpistolen und ihren Hunden. Es war kurz nach einem starken Regen, sodass diejenigen, die zuerst herausgesprungen sind, sofort auf die Knie gefallen sind, um Wasser aus den Pfützen zu trinken. Alles war von dem Kommando »Bystrej!« (schneller) begleitet gewesen. Wir haben uns auf dem Kyjiwer Güterbahnhof befunden, der schlecht beleuchtet und sehr beschädigt gewesen ist. Die Spuren des Krieges waren überall sichtbar. Verbrannte Gebäude, große Bombenkrater, zertrümmerte Waggons, von denen einige verbrannt und verformt waren. Sie haben unsere Gruppe umzingelt. Alle zehn Meter eine Konvoieskorte mit einer schussbereiten Maschinenpistole, alle 30 Meter eine mit einem Hund. Alles deutsche Schäferhunde. Wir gingen vielleicht 150 Meter und kamen auf einem ebenen Platz wie auf einem Bahnsteig heraus. Die Kolonne wird angehalten und es fällt ein Befehl: »Auf die Knie!« Ich bin in der dritten Gruppe, weil ich im dritten Waggon gefahren bin. Draußen ist es schon heller und man sieht in der Ferne die verbrannten und zerstörten Gebäude von Kyjiw. Wir wissen nicht, worum es geht, vermuten aber, dass es sich wahrscheinlich um eine Art Überprüfung handelt. Nach einer Stunde, vielleicht auch mehr, ist unsere Gruppe an der Reihe. »Aufstehen! Vorwärtsgehen!« Nachdem wir an die 20 Meter weitergegangen sind, kommt die Kolonne erneut zum Stehen. Gegenüber von uns, in einem Abstand von wenigen Schritten stehen fünf NKWDler. Wir stehen, schauen sie an, und sie schauen uns an – das hat ein paar Minuten gedauert. Die ersten fünf sollen zu den NKWDlern treten und es beginnt

eine gründliche Dursuchung. Alle Gürtel, Schnürsenkel und Knöpfe an Hosen und Unterhosen werden abgenommen. Ich werde aufgefordert, meine Schuhe auszuziehen und dann schauen sie hinein. Dann werden unsere Säcke durchsucht. Nach dieser gründlichen Leibesvisitation sollen wir nach vorne treten und die nächsten Fünf kommen zu den NKWDlern. Plötzlich fällt der Befehl: »Halt«. Wir heben unsere Köpfe und sehen, dass wir vor einem großen Tor stehen, hinter dem sich ein großes rotes Backsteingebäude befindet, man sieht vergitterte Fenster und welche, die mit Netzen bedeckt sind. Dieser Anblick hat mir Angst gemacht – es ist anders gewesen, als ich mich auf polnischem Gebiet befand, hier bin ich in einem fremden Land und noch dazu allein, es sind keine Kameraden aus meiner Gruppe bei mir, nicht einmal ein einziger Pole. Um mich herum fremde Sprachen, vor allem Russisch und Ukrainisch. Auch das Gebäude hat trostlos ausgesehen, man konnte sehen, dass es vom Krieg nicht verschont geblieben ist, denn die Mauer war von Artilleriegranaten zerschossen. Unser Begleitoffizier ist zur Gefängniswache gegangen und nach einer Weile hat sich das Tor geöffnet. Unser Offizier übergab unsere Gruppe und der dortige NKWD-Offizier aus dem Gefängnis übernahm sie. Wir sind in Fünferreihen herangetreten. Sie haben uns schnell gezählt und das Tor zugeschlossen. Wir stehen zusammengedrängt beieinander. Plötzlich erklingen einzelne Stimmen: »Wasser! Wasser!« Der Offizier geht raus und holt ein paar Aluminiumbecher. Er gibt den Befehl, sich in Fünferreihen aufzustellen, führt uns zu einer Löschwassertonne, was uns egal gewesen ist, und gibt den ersten fünf Becher. Und er sagt: »Die ersten fünf.« Man hat nur einmal die Möglichkeit, aus der Tonne zu schöpfen, zu trinken und den Becher an einen Mitgefangenen in der nächsten Reihe weiterzugeben und dann selbst bis zum Ende der Reihe zu gehen. Wir haben jeweils zwei Runden gemacht. Was für eine Freude. Ich glaube, dass niemandem Wasser jemals so gut geschmeckt hat.
Tische sind herausgebracht worden, Akten daraufgelegt, und die Personenkontrolle hat begonnen. Die Überprüfung hat ein paar Stunden gedauert, dann ist unsere Kolonne von hundert Personen in kleine Gruppen von zehn Personen aufgeteilt worden. Jede Gruppe ist für sich gestanden. Auf den Platz ist das Gefängnispersonal gekommen, sie haben ein paar der Gruppen mitgenommen und haben sie in das Gefängnis geführt. Ich bin

Ein bisschen Glück

in der fünften Gruppe gewesen. Ein Wachmann kommt auf uns zu und sagt: »Dawaj, poschli« [Auf, wir gehen!] Wir verlassen den Platz, betreten einen kleineren Innenhof und gehen erst von dort aus ins Gefängnis. Ein massives Gefängnis, gebaut aus rotem Backstein. Wir kommen auf den Korridor, dann die Treppe hinauf in den ersten Stock und dann in den zweiten. Wir gehen durch einen langen Korridor. Bei der Hälfte angekommen, sagt der Wachmann zu uns, dass wir stehen bleiben sollen. Wir sind vor der Zelle stehen geblieben, unser Wachmann hat durch ein Guckloch hineingeschaut, dann die Tür geöffnet und uns befohlen, hineinzugehen. Nachdem die Tür geöffnet wurde, schoss stinkende Luft aus dem Inneren, die Zelle ist groß, darin etwa achtzig Personen. Auf dem Betonboden sitzen bleiche, erbärmliche, zugewucherte Menschen. Der Anblick ist unfassbar. Nachdem luxuriösen Gefängnis an der Łącki-Straße und dem nicht schlechten in Zamarstynów sind wir von diesem Anblick entsetzt. Gott, wie habe ich das erlebt! Wir haben uns zusammengerottet und wollen nicht hineingehen. Unser Wachmann drängt uns hinein, doch wir verweigern uns. Er hat die Tür geschlossen, uns mit dem Gesicht zur Wand aufgestellt, ist ein paar Schritte weggegangen, ist ans Telefon getreten und hat mit erhobener Stimme etwas gesagt. Er hat das Gespräch beendet, geht auf uns zu und sagt: »Wir werden bald sehen, ob ihr reingehen wollt oder nicht.« Nach einer Weile stürmen vier NKWDler herein und beginnen, uns mit Gewehrkolben zu traktieren. »Ihr verdammten Faschisten, die Zelle gefällt euch nicht, die Luft ist schlecht? Das ist kein Sanatorium, ihr habt ein paar Jahre Zeit, euch daran zu gewöhnen.« Sie öffnen die Tür, ein paar gehen rein, machen für uns mit den Gewehrkolben und Fußtritten Platz und schieben den Rest hinein […]. Ich bin über die Situation, in der wir uns nun befanden, entsetzt. Von der Seite hört man Stimmen, die uns auffordern, uns auf den Boden zu setzen, es gibt sehr wenig Platz, wir haben nur sitzen und höchstens die Beine in den Knien ausstrecken können. Die ersten Gespräche mit unseren Leidensgenossen begannen. Ich habe ein wenig Glück gehabt, denn neben mir ist ein Lehrer aus Kyjiw gesessen, der mir als erster erklärt hat, wie ich mich verhalten soll. Er hat mich gefragt, woher ich käme und wie alt ich sei. Ich sage ihm, dass ich im Januar 1946 siebzehn Jahre alt werde. Er ist verwundert darüber, was ich hier mache: »Du bist minderjährig

Ein bisschen Glück

und solltest in einer Zelle für Minderjährige sein.« Er hat wohl Gefallen an mir gefunden, denn unser erstes Gespräch hat bis Mitternacht gedauert. Ich habe ihn vor allem nach unserem Zellenältesten und seinen Helfern befragt. Er hat mir ausführlich erklärt, dass er ein *wor w sakone* [Dieb im Gesetz] sei – ein Dieb, der die Diebesgesetze befolgt, die von den Ältesten aufgestellt werden. Ein solcher Dieb verbringt ein halbes Leben in Gefängnissen, denn es ist sein *rodnoy dom* (Familienhaus). Er setzt seine Autorität durch. Ihm gehorchen und verpflichten sich junge Berufsdiebe mit verschiedenen Spezialitäten. »Was machen sie mit den Sachen, die sie wegnehmen?« »Das wirst du selbst sehen. Aber es ist schon spät, wir sollten unser Gespräch beenden. Wir haben ja noch viel Zeit.«, sagt er. Er sollte recht behalten.

Meine erste Nacht ist die schlimmste gewesen. Ich habe nicht einschlafen können, bin mit den Füßen unter dem Kinn gesessen und habe mit Neugier meine Umgebung beobachtet. [...] In unserer Zelle hat sich ein Querschnitt der gesamten Sowjetunion eingefunden. Diejenigen, die aus dem Westen gekommen sind, hat man als Faschisten bezeichnet. Am schlimmsten dran sind diejenigen gewesen, die neben der *parascha* schlafen mussten. Nicht nur, dass sie den Gestank eingeatmet haben, der nach dem Heben des Deckels ausgeströmt ist, sie sind zudem von denjenigen Kameraden getreten worden, die sich auf den Weg gemacht haben, um ihr Geschäft zu erledigen. Ich bin von meiner Situation erschlagen wie erschrocken gewesen und habe das Gefühl gehabt, gleich loszuweinen, doch ich habe mich hingekniet, gebetet und kann mich nicht mehr erinnern, wann ich eingeschlafen bin. Vorher habe ich aber meine Schuhe angezogen, damit man sie mir nicht stehlen kann, wie es mir mein Genosse zuvor geraten hat. [...]

Nach wenigen Minuten haben sie die erste Gruppe von der Toilette auf unseren Platz geführt und uns dorthin getrieben, wo die anderen vorher waren. Ein großer Raum mit zehn Wasserhähnen auf der linken Seite, unter denen sich eine lange Rinne befunden hat. Einige haben sich zum Waschen je zwei Mann pro Wasserhahn gestürzt, während andere ihre Notdurft erledigen. Ich schaue mich um, um zu sehen, wo das Klosett ist, ich blicke zur Wand und da sitzen schon zehn Leute in einer Hocke.

Ein bisschen Glück

Ich warte, bis ein Platz frei wird. Die *seky*[15] schnappen nach dem Wasser, die einen trinken auf Vorrat, die anderen waschen sich, alles geschieht in einem schnellen Tempo. Ein Platz ist frei geworden und es hat mich komplett umgehauen: ich sehe im Boden ein Loch und daneben zwei fußförmige Einbuchtungen. Ich ziehe meine Hose runter und kann noch schnell mein Geschäft erledigen, da schreit der Wachmann »Ende, raus hier!« Ich habe keine Zeit gehabt, um mich zu waschen! Ich kehre in die Zelle zurück und es ärgert mich, dass ich mich habe so reinlegen lassen. Ich erzähle das dem Lehrer, der neben mir sitzt. Er lacht und sagt, ich sei nicht der Erste und nicht der Letzte. »Wenn du deine Strafe überleben willst, musst du dich an die Regeln, die in den Gefängnissen herrschen, anpassen. Die erste Lektion hast du bereits gelernt.« Ich habe ihm erzählt, dass ich noch nie eine solche Toilette gesehen habe. Er sagte: »Mit der Zeit wirst du dich daran gewöhnen. Bei uns in der UdSSR gibt es solche Toiletten in Gefängnissen, Krankenhäusern, Lagern und sogar in Bahnhöfen.« Wir unterhalten uns weiter und der Lehrer belehrt mich darüber, wie ich mich sowohl gegenüber den Wachleuten als auch meinen Leidensgenossen verhalten soll. Am Ende tröstete er mich mit den Worten: »Du bist jung und schlau, du solltest überleben. Wenn sie dir bei der Ermittlung nicht die inneren Organe kaputtgehauen haben, dann provoziere das nicht im Gefängnis oder im Lager. Du konntest dir ein Beispiel an dem Kameraden nehmen, der mit dir kam, seine Sachen einforderte und dafür verprügelt wurde. Hier im Gefängnis herrschen in der Zelle die *blatnyje*, Kriminelle und auf den Gängen die Wachleute. Beide Gruppen arbeiten zusammen.« [...] »Hast du gesehen, wie manche hier essen?« »Ja«, antwortete ich. »Das sind die besten Kandidaten für künftige *dochodjagi*[16]«, sagt mein Lehrer. »Iss alles, was sie dir im Gefängnis oder Lager geben langsam. Nachdem du gegessen hast, schaue nicht zu denen rüber, die gerade mit dem Brotessen anfangen.« Ich höre diesen Ratschlägen zu, aber was habe ich davon, wenn ich nach dem Verzehr dieses Stück Brots und dem Trinken des trüben warmen Wassers immer

15 Im Russischen eine umgangssprachliche Abkürzung von Strafgefangener, von *sakljutschonny*.
16 Unter dem russischen *dochodioga* versteht man physisch und psychisch zerstörte Gefangene.

noch hungrig bin, obgleich ich schon im Arrest und den Gefängnissen in Lwów gelernt habe, mich an den Hunger zu gewöhnen. [...]
Bei der Beobachtung unserer Zelle habe ich feststellen können, dass sich Nationalitätengruppen gebildet haben, die aus mehreren Personen bestanden, die sich bemühten, einander nahe zu sein, obwohl sie sich in ihrem Leben noch nie begegnet sind. Sie waren durch ihre Nationalität und eine gemeinsame Sprache miteinander verbunden. Ich habe meine Kameraden vermisst, die ich zuletzt vor ein paar Monaten im Łącki-Gefängnis in Lwów gesehen habe. In der Zelle bin ich der einzige Pole und die einzige Person, die so jung ist.
Wer bin ich im Gefängnis gewesen? Ein Niemand, ein Mensch, der in einer Zelle vom Zellenältesten (einem Berufsdieb) und seinen Kumpanen abhängig gewesen ist. In den Akten bin ich als Vaterlandsverräter entsprechend des Paragrafen 54–11 [17] als Volksfeind aufgeführt worden, ein junger Faschist, wie einige Wachleute gesagt haben. [...]
Und so sind die Tage vergangen, die davon unterbrochen worden sind, dass sie einmal fast zwanzig Leute auf die Etappe geholt haben. In der Zelle ist es ein wenig geräumiger geworden, so dass ich beim Schlafen meine Beine ausstrecken konnte. Nach ein paar Tagen habe ich festgestellt, dass ich bereits Läuse habe, die überall in der Zelle umhergeschwirrt sind. Jeden Tag nach dem Frühstück haben sich alle daran gemacht, sie zu jagen. Es hat von ihnen zwei Arten gegeben: Kleiderläuse, die in den langen Unterhosen und Hemden gesessen sind, und Kopfläuse, die sich in den Haaren auf dem Kopf oder in den Bärten eingenistet haben. Aber die schlimmsten waren die Filzläuse, die ich erst hier gesehen habe. Die Filzläuse haben sich in den Augenbrauen oder im Schambereich eingenistet. Nicht weit von mir ist irgendein Kasache gesessen, der ständig seine Hand am Hosenladen gehalten hat und sich kratzte. Weil ich es mir nicht erklären habe können, habe ich den Lehrer gefragt. Er hat mir erklärt, dass es an den Filzläusen gelegen hat. Wie sie aussehen, habe ich später erfahren.

17 Artikel 54 des Strafgesetzbuchs der Ukrainischen Sozialistischen Sowjetrepublik entsprach dem Artikel 58 des Strafgesetzbuchs der Russischen Sozialistischen Föderativen Sowjetrepublik und betraf politische (konterrevolutionäre) Straftaten. Absatz 11 betraf die Beteiligung an Organisationen mit konterrevolutionärem Charakter.

Ein bisschen Glück

Der Albtraum unseres Daseins hier sind *klopy* (Bettwanzen) gewesen. Tagsüber ist es noch möglich gewesen, sie zu ertragen, aber wenn es Nacht geworden ist, beginnen die Probleme. Denn nachts sind sie auf Nahrungssuche. Woher sie herausgekrochen sind, weiß ich nicht. In der Nacht sind sie einem von der Decke direkt auf den Kopf gefallen. [...] Ende November öffnet sich die Tür und wir sehen, dass sie neue Gefangene hereinführen. Sie sagen ihnen, dass sie die Zelle betreten sollen, aber sie wollen, genau wie wir, nicht hineingehen. Ich habe Mitleid mit ihnen gehabt. Sie sind entsetzt über unser Erscheinungsbild gewesen und über den fauligen Geruch, der ihnen entgegenschlug. Aber die Wachen sind schnell mit ihnen fertig geworden und der Zellenälteste mit seinem Geleit zur Hilfe herbeigeeilt. Es war nach sieben Uhr. Der Älteste fragte, woher sie kämen. »Aus Lwiw«, kam die Antwort. Die jüngeren *blatnyje* sind bereits wie die Wölfe um eine Schafsherde herumgekreist. Denn es hat auch viel zu sehen gegeben. Ich habe mich für die Militäruniformen interessiert. Wie ich später herausgefunden habe, haben sich unter ihnen fünf ungarische Militärangehörige verschiedener Dienstgrade befunden, die unweit der polnischen Grenze festgenommen worden sind.

Der Angriff der *blatnyje* fand vor dem Mittag statt. Ich werde es hier nicht mehr beschreiben, sie haben die ganze Woche langsam geraubt, weil es auch viel zum Rauben gab. Diese Gefangenen waren gut gekleidet gewesen und man konnte erkennen, dass sie keine einfachen Leute waren. Dennoch haben sie es widerstandslos hingenommen, dass man ihnen ihr Hab und Gut weggenommen hat oder es gegen Groschen eingetauscht hat. Am meisten haben mir diese Ungarn leidgetan; einer von ihnen hat ein wenig Russisch sprechen können und hat sie gebeten, seine Schuhe nicht zu nehmen.

Für unsere Diebe sind fette Tage gefolgt. Was sie geplündert haben, ist nach Kyjiw gegangen, und sie haben Lebensmittel in Form von *peredatscha* zurückbekommen. Sie haben sogar ihre Suppe und ihr Brot an die Gefangenen verteilt. Und mir hat Kosoj ein Stück Brot gebracht, wofür ich ihm sehr dankbar gewesen bin. Ich bin die ganze Zeit hungrig gewesen. Morgens bin ich aufgestanden und habe es kaum erwarten können, dieses kleine Stückchen Brot zu bekommen. Dann habe ich bis acht Uhr

Ein bisschen Glück

Abb. 16: Tadeusz Bukowy im Herbst 1955 kurz vor der Abreise nach Polen, Region Krasnojarsk

auf die warme, manchmal auch kalte Suppe gewartet, und am Abend bin ich hungrig ins Bett gegangen.
Ich bin von Gedanken gequält worden, warum ich von meinen Kollegen getrennt wurde, ob ich im Lager zurechtkommen werde, was auf mich zukommen wird. [...] Ich habe erst jetzt gelernt, mich an die Bedingungen im Gefängnis anzupassen und auf die guten Ratschläge meines Lehrers gehört. Unter solch schwierigen Bedingungen, als meine Kollegen und noch nicht einmal ein Pole bei mir gewesen sind, ist die Freundschaft

eines Fremden sehr wertvoll für mich gewesen. Der Bewegungsmangel hat mich am meisten gequält. In unserer Zelle hat es viele verschiedene Nationalitäten gegeben: Russen, Ukrainer, Georgier, Kasachen, ein paar Ungarn. Jede Gruppe hat zusammengehalten, nur ich, ein Pole, der Jüngste, hat die Gesellschaft von fremden, aber freundlichen Menschen suchen müssen. Gespräche haben in diesen schwierigen Momenten sehr geholfen, weil man nicht an das Essen denken musste und die Zeit schneller vergangen ist.

So sind die Tage an uns vorbeigezogen, es ist schon Mitte Dezember gewesen, draußen ist es frostig geworden – manchmal ist kalte Luft durch die kaputten Fenster hereingekommen. Es sind keine neuen Leute gebracht worden – ab und zu ist Bewegung auf dem Gang gewesen, aber sie haben niemanden in unsere Zelle gesteckt. Und so habe ich Weihnachten erlebt. Ich habe es nicht einmal gemerkt, aber dieser ungarische Offizier drang zu mir durch und hat in russisch-polnisch-ukrainischer Sprache gesagt, dass er und seine Kollegen mir gute Gesundheit und eine Rückkehr nach Hause wünschen. Das hat mich so bewegt, dass ich, ohne auf die zum Teil sehr unverblümten Bemerkungen meiner Mitgefangenen zu achten, zu der Gruppe der Ungarn ging, die aufstanden, und wir haben uns nacheinander das Beste gewünscht. Sie haben Ungarisch, ich Polnisch gesprochen. Mir sind die Tränen in die Augen gestiegen, da ich an meine Eltern dachte. Am schlimmsten ist die Nacht gewesen, denn dann sind die Erinnerungen gekommen. Ich habe mich zurückgelehnt und in die blassen Gesichter geschaut. Wegen der Enge sind wir auf dem Betonboden in verschiedenen Positionen gestapelt gewesen. Die Desinfektion war schon ein paar Wochen her, aber es hat immer noch etwas nach Schwefel gerochen. Ich habe lange nicht einschlafen können: Das erste [Weihnachts-]Fest ohne meine Eltern und einer ungewissen Zukunft. […]

Zehn Personen sind herausgerufen worden, der Offizier liest weiter. Plötzlich fällt der Buchstabe »B«, einer nach dem anderen kommt nach vorne, der Beamte kontrolliert und fragt weiter wieder nach dem Buchstaben »B«. Kosoj steht auf, [der Offizier] schaut nach und man hört: »Pack deine Sachen zusammen«. Seine Kollegen haben ihm geholfen, etwas in die Tasche zu stecken, er hat sich vom Zellenältesten und seinen Kollegen verabschiedet und ist schon auf den Gang getreten. Der Offizier fragt weiter nach dem Buchstaben »B«, ich stehe auf und trete vor, gebe meinen Namen und meinen Paragrafen an und es passt. »Schnell! Raus auf den Gang!« Ich habe meine Schuhe angezogen, mich vom Lehrer verabschiedet und den Ungarn zugewinkt, die mir salutiert haben. [...] Aus jedem Gang ist eine Gruppe gekommen, jede sollte sich getrennt aufstellen. Zu jeder Gruppe ist ein Offizier gekommen und hat einen Namen genannt, man hat seinen Namen und den Namen seines Vaters wie den Paragrafen angeben müssen. Er ist zu unserer Gruppe gekommen, und es hat sich herausgestellt, dass er nur mich und Kosoj aufgerufen hat. Er hat aus jeder Gruppe die Jugendlichen herausgerufen; wir waren vielleicht vierzig. Wir sind durch ein Tor hinausgeführt worden, hinter dem zwei überdachte Wagen mit der Aufschrift »Brot« standen. Der Offizier zählt zwanzig Personen und fordert uns auf hineinzusteigen. Kosoj und ich versuchen zusammenzubleiben. [...] Wir sehen uns um; ein Güterbahnhof, vor uns eine lange Reihe von Waggons. Es sind große Güterwaggons mit vergitterten Fenstern, aber in der Mitte steht ein normaler Waggon, und in den befehlen sie uns einzusteigen. Neben jedem Waggon zwei Konvoi-Begleiter, manche mit Hund. Ich bin inmitten der Gruppe gewesen. Ich steige ein. Wie ich es später erfahren habe, hat es sich um einen »Stolypin«-Waggon gehandelt. Stolypin, der ein russischer Minister gewesen ist [18], hat einen solchen Waggon für den Transport von Gefangenen erfunden – scheinbar ganz normal, nur die Türen der Abteile sind aus Gitternetzen. Die Wände zwischen den Abteilen sind auch aus Gittern und in ein Abteil konnte man 20 Personen hineinpferchen. Unten sind zehn Personen, fünf auf jeder Seite. Oben auf den Brettern sind ebenfalls fünf und ihre Beine baumeln über den Köpfen derer, die unten sitzen. So sind die Bedingungen gewesen, wenn es kein Platz gegeben hat und [die Waggons] überfüllt gewesen sind. Unter normalen Bedingungen sollten je acht Personen in einem Abteil Platz nehmen. Ich bin schon drin, plötzlich zieht mich jemand am Mantel, ich schaue nach und es ist Kosoj. Er ist schon eingestiegen, weil er sich in solchen Transporten schon auskennt

---

18 Pjotr Stolypin – Premierminister und Innenminister Russlands von 1906 bis 1911.

Ein bisschen Glück

und hat bereits einen guten Platz – nahe der Tür – ausgewählt. Das Abteil ist voll gewesen, aber Kosoj hat mir einen Platz freigehalten. Nach zwei Stunden ist der Transport losgefahren. Wir fahren, aber niemand weiß wohin. Es ist schon Nacht, es ist dunkel und die Durchgangsstationen sind schlecht beleuchtet. [...] Wir sind schon ein paar Stunden unterwegs, ich kann nicht schlafen, Kosoj auch nicht, also reden wir leise. Die ganze Zeit, als ich noch in Kyjiw im Gefängnis gesessen bin, nagte der Gedanke an mir, warum Kosoj eine gewisse Zuneigung für mich empfunden hat. Jetzt, als ich neben ihm sitze, stelle ich ihm diese Frage. Kosoj lächelt und sagt zu mir: »Kadett, wir haben sicherlich eine ähnliche Geschichte. Du wurdest von zu Hause weggeholt und musst in Gefängnissen herumirren – wir sind beide jung.« Ich unterbreche ihn und sage, dass ich Tadeusz heiße. »Das ist für mich zu schwierig«, sagt er, »mir gefällt Kadett und so soll's bleiben.« Und dann erzählt er seine Geschichte.

Es ist 1937 gewesen, sie haben in Petersburg gelebt, sein Vater war Direktor eines Unternehmens gewesen. Plötzlich brach alles zusammen. Sein Vater ist verhaftet worden, nach ein paar Tagen sind seine Mutter und sein älterer Bruder abgeholt worden. Bis heute weiß er nicht, wo sie sind und was ihnen widerfahren ist. »Ich war damals sieben Jahre alt, und sie gaben mich in ein Waisenhaus. In diesem Heim gab es viele Kinder, deren Eltern verhaftet worden waren, aber auch viele Waisenkinder, die ihre Eltern nicht kannten. Sie waren diejenigen, die das Sagen hatten. Sie waren schon so kaputt und in den verschiedenen Erziehungsanstalten und Gefängnissen so bewandert, dass sie sich an die Bedingungen und das System angepasst hatten. Es herrschte Krieg, es war sehr hart, kalt und [wir waren] hungrig, durchgehalten haben die Gesündesten und Tüchtigsten. Ich erzähle dir die Geschichte nur sehr oberflächlich, Kadett, denn wenn ich dir die ganze Wahrheit erzählen würde, dann würdest du sie mir nicht glauben«, seine Stimme zittert – er ergreift meine Hand und hält sie einen Moment lang fest. [...]

Sie haben alle Minderjährigen aus unserem Waggon ausgeladen. Wir werden von sechs Konvoi-Begleitern mit Maschinenpistolen bewacht, zwei von ihnen mit Hunden, die nervös umhergelaufen. Unser Transport setzt sich in Bewegung und fährt los. Wir bleiben. Nach einer Weile befehlen sie uns, aufzustehen und uns in Fünferreihen aufzustellen. Wir sind von Bewachern umgeben und marschieren weiter, bis wir zu einem halb zerstörten Güterbahnhof kommen – denn davor sind wir auf offenen Feld gestanden. Einer unserer Kollegen hat ein Schild mit der Aufschrift »Odessa« entdeckt.

Es ist eine gewisse Unruhe entstanden, [denn] die Hälfte unserer Gruppe bestand aus Berufsdieben, die bereits geahnt haben, wo sie uns hingebracht haben: ›Wir gehen wahrscheinlich in eine Jugendstrafanstalt.‹ Es ist früh am Morgen und kalt. Wir gehen fast eine Stunde lang in einer geschlossenen Formation an ein paar spärlich bekleideten Menschen vorbei, die sich bei unserem Anblick entweder umdrehen oder versuchen, uns schnell auszuweichen. Wir kommen an ein großes Tor, und der Offizier, der den Konvoi befehligt, hält uns an. Neben dem Tor befindet sich ein Pförtnerhaus, aus dem ein in Zivil gekleideter Vertreter der Kolonie herauskommt. Sie sprechen miteinander. Nach einem kurzen Augenblick öffnet sich das Tor und wir werden aufgefordert, hineinzugehen.[19]

---

[19] Der Autor blieb bis 1947 in diesem Lager für Minderjährige in Odessa und wurde dann in Gulag-Lager im Ural und in Kasachstan (Region Karaganda) geschickt. Er arbeitete auf dem Bau, als Holzfäller in der Taiga und in einem Steinkohlenbergwerk. Nach Verbüßung seiner Strafe wurde er 1951 in die Region Krasnojarsk deportiert. Ende Dezember 1955 kehrte er nach Polen zurück und machte seinen Abschluss an einer Fachschule für Maschinenbau. Er ließ sich in Breslau nieder.

Abb. 17: Jadwiga und Bronisław Haber (links) mit Bronisława Łuczyńska und einem Bekannten 1955 während der Verbannung, Region Krasnojarsk

9

Jadwiga Haber (1903–1993) und Bolesław Haber (1913–1992)
Briefe aus den Lagern in Kasachstan an Irena Sendecka in Krzemieniec in Wolhynien (Ukrainische SSR) aus den Jahren 1946 bis 1951

Brief von Jadwiga Haber vom 23. Juli 1946[1]

Liebe Ireczka![2]
Ihr Schreiben vom 2. Mai und 10. Juni habe ich erhalten. Ich danke Ihnen sehr für diese freundlichen Worte, für Ihre warme, herzliche oder besser gesagt, mitfühlende Haltung uns gegenüber.[3]
Teure! Machen Sie sich um die Pakete keine Sorgen, das ist es nicht wert, wir kommen schon irgendwie zurecht. Es ist schwer für mich, wenn ich daran denke, wie viele Sorgen, Probleme und Gehetze Sie wegen uns allen haben. Ihr Gesundheitszustand erlaubt es nicht, sich zusätzlich zu Ihren

---

1 Der Brief wurde in der Lagerpost in Dolinka, Oblast Karaganda [kas. Qaraghandy] in Kasachstan aufgegeben, inmitten des KarLag-Komplex, der Teil des Gulag war.
2 Es gibt im Polnischen bis heute die Angewohnheit des Siezens in Verbindung mit einem Vornamen, was als eine Zwischenstufe zwischen dem deutschen Siezen und Duzen gelesen werden kann. Sie suggeriert eine gewisse Nähe bei gleichzeitiger Beibehaltung einer höflichen Distanz. In den vorliegenden Briefen wird sogar der Diminutiv des Vornamens Irena – Ireczka – in Verbindung mit der Siezform, die bisweilen ins Duzen abgleitet, benutzt. Weil es ein Hinweis auf eine interessante Ambivalenz von Nähe und Distanz darstellt, wurde es bei der Übersetzung sprachlich nicht »geglättet«.
3 In den Jahren 1945 bis 1946 war Jadwiga Haber im Sarepta Lager (KarLag) und arbeitete dort als Krankenschwester im Lagerkrankenhaus.

Briefe aus den Lagern in Kasachstan

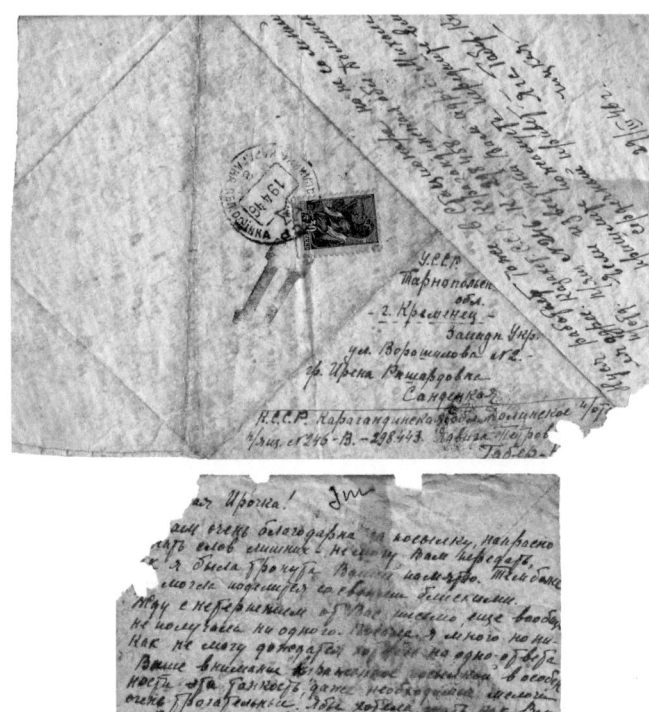

Abb. 18: Der erste erhaltene Brief von Jadwiga Haber an Irena Sandecka, März 1946

Strapazen des eigenen Lebens und Ihrer Arbeit sich so viel um uns zu sorgen.[4] Man kann sagen, dass sie ein echter Pfundskerl sind. Meine Teure! Vorgestern habe ich Niusieńka[5] getroffen. Sie können sich meine Freude und ihre Überraschung vorstellen. Ich bin dienstlich dorthin gefahren und bin sehr froh, dass sie als gute Mitarbeiterin respektiert und geschätzt wird und dass ihre Mitarbeiter gute Leute auf dem richtigen Niveau sind. Ich kenne sie alle, schließlich habe ich am Anfang auch mit ihnen gearbeitet. Ich freue mich auch wegen Michał[6]. Niusia erzählte, dass er sich natürlich den Gegebenheiten entsprechend gut eingerichtet hat. Die größten Sorgen mache ich mir um Bolek[7]. Man muss sagen, dass es nichts für seine Verfassung ist. Nachdem er Typhus hatte, ist es um seine Gesundheit schlecht bestellt, sein Herz ist nicht stark. Die

---

4 Jadwiga Haber hatte Irena Sandecka (1912–2010) in einem sowjetischen Gefängnis in Krzemieniec (ukr. Kremenez – bis 1939 in der Woiwodschaft Wolhynien in der Zweiten Republik Polen gelegen, heute in der Oblast Ternopil in der Ukraine) kennengelernt, wo sie sich Anfang Mai 1944 nach ihrer Verhaftung durch den NKWD befand. Gemeinsam mit ihrem Mann hatte sie sich während der deutschen Besatzung in der polnischen Widerstandsbewegung engagiert. Sie wurde 1945 wegen des »Verrats an der UdSSR« zu acht Jahren Lagerhaft verurteilt. Irena, der keine Verbindungen zum polnischen Untergrund nachgewiesen werden konnten, wurde schnell wieder freigelassen. Zusammen mit ihrer Mutter beschloss sie nicht in den Westen zu gehen. Sie blieb in Krzemieniec, von wo aus sie zehn Jahre lang Briefe schrieb und Pakete an verhaftete Polinnen und Polen schickte, von denen die meisten, wie die Habers, keine Verwandten innerhalb der UdSSR hatten. Ohne ihre Bemühungen hätten diese Menschen gar keine Briefe und Pakete erhalten, da die sowjetischen Häftlinge nicht mit dem Ausland korrespondieren durften. Irena Sendecka war Absolventin der Jagiellonen-Universität in Krakau; nach dem Krieg arbeitete sie als Laborantin; zu Sowjetzeiten engagierte sie sich, obwohl das gefährlich war, für die katholische Kirche und polnische Denkmäler in Krzemieniec [Kremenez].
5 Niusieńka ist der Diminutiv von Niusia. Niusia kann die Kurzform von Broniusia sein, ein Diminutiv von Bronia. Niusia und Niusienka können auch Kosenamen non Natalia und Anna sein. Gemeint ist hier Bronisława Łuczyńska (1923-) die zur polnischen Widerstandsbewegung in Krzemieniec gehörte. Sie wurde zusammen mit den Habers verhaftet und zu 5 Jahren Lagerhaft verurteilt.
6 Michał Wiśniewski (1904–1961) – Freund der Habers, Mitglied des polnischen Widerstands, zusammen mit den Habers verhaftet und zu 10 Jahren Haft verurteilt.
7 Bolek und Boleczek ist der Diminutiv von Bolesław. Gemeint ist der Ehemann der Autorin, er war Aktivist des polnischen Untergrunds, Offizier der 27. Wolhynischen Division der Heimatarmee (*Armia Krajowa*, AK) und wurde zu 10 Jahren Lagerhaft verurteilt.

einzige Hoffnung liegt darin, dass er nicht die acht[8] absitzen muss. Ich bin traurig und es ist schwer für mich, weil ich bei diesen Bedingungen nur wenig tun kann, um jemandem von den unseren zu helfen. Aber ich weiß aus eigener Erfahrung, wie ein aufmunterndes Wort in einer schwierigen Lebenssituation einem Hoffnung geben kann, und so versuche ich immer auf die mir nahestehenden Menschen einzuwirken, auch wenn es mir selbst oft schwer ums Herz ist.

Ireczka! Bitte glauben Sie mir, wie schwer es für mich ist, wie erbärmlich, wie traurig. Die hiesige Natur erschlägt einen durch ihre Grenzenlosigkeit. Die Landschaft, traurige Steppe, *sopki* [russ. Hügel] und Einöde. Aber im Sommer ist es noch gut. Der Winter hier ist so hart, dass ich ihn nicht beschreiben kann, diese *burany*[9]. Im Grunde fordert der Kampf mit der Natur fast täglich neue Opfer.

Bitte danken Sie ihrer sehr geehrten Mama[10] für ihre Liebenswürdigkeit. Richten Sie ihr bitte herzliche Grüße aus und wünschen Sie ihr Glück und Gesundheit. Liebe Ireczka, wie ich meine Heimat vermisse. Werden wir jemals zu uns, zu den unseren zurückkehren? Ich beklage mich jedenfalls nicht, ich danke Gott, dass wir leben und von Zeit zu Zeit Nachrichten von Ihnen beiden bekommen, die für mich, für uns, ein großes Glück sind. Bis ich Briefe von Ihnen erhielt, hatte ich den Eindruck, dass wir hier vergessen worden sind. Unvergessen ist für mich der Tag, an dem ich Ihre Sendung und Ihre Karte erhalten habe. Schreiben Sie bitte, wenn Sie können. Und wenn es Ihnen keine Probleme bereitet, senden Sie mir bitte ein Streifband, bei uns erhalten viele Streifbandzeitungen, zudem die Zeitschriften »*Nauka i schisn*« und »*Medizinski rabotnik*«. Nur geben Sie sich diesbezüglich bitte nicht allzu große Mühe und machen es entsprechend Ihren Möglichkeiten. Es wäre für mich schon sehr viel. Ich arbeite weiterhin am gleichen Ort und bin mit meiner Arbeit zufrieden, denn sie passt zu meinen Veranlagungen. Es ist eine menschliche Arbeit, auch wenn sie hart ist und ich verstehe sie besser denn je. Die Medizin liefert mir harte Erfahrungen, macht mich [aber] zufrieden.

8 Gemeint sind die acht Jahre bis zum Ende seiner Haftstrafe.
9 Buran – russ. für einen heftigen Schneesturm oder Sandsturm.
10 Maria Sandecka (1879–1955) – Mutter von Irena.

Es würde mich sehr interessieren, wie Sie sich jetzt fühlen und aussehen. Die Haare müssten jetzt nachgewachsen sein.[11] Ich erinnere mich oft an Sie, wie Sie damals vortrugen, ich erinnere mich an Ihr Gesicht und seelenvollen Wörter. So sind Sie in meinen Gedanken und Gefühlen.

Ich küsse Sie
Jaga

Brief von Jadwiga Haber, 25. August bis 1. September 1946

Teure Ireczka!
[…] Ich werde bereits morgen früh abreisen. Sie schicken mich zum Arbeiten in eine Station. Und wieder neue Leute, neue Umgebung. Alles braucht Zeit, um sich daran zu gewöhnen. Ich verliere nicht den Lebensmut und nicht die Hoffnung. Ich denke, wenn sie mich durch die Arbeit kennenlernen, dass dann die Beziehung auch gut sein wird. So etwas braucht Zeit. Ich werde jetzt von allen weiter weg sein. Aber nur physisch. Hat mein Mann Ihnen geschrieben? Ich werde jetzt nicht mehr so schnell von ihm was hören. Ich weiß nicht, wann ich Niusia wiedersehen werde. Sicherlich verstehen Sie jetzt meine Stimmung. Ich werde versuchen zu schreiben, sobald ich meinen Bestimmungsort erreicht habe. Dass Sie an mich denken, Ihre Fürsorge, Ihre herzlichen, lieben Briefe bedeuten mir sehr viel. Ich grüße Ihre Mutter und küsse Sie herzlichst.

Jaga
[Trotz der Unterschrift setzt die Autorin den Brief am gleichen Tag fort.]
25.8.[19]46

Teure Ireczka!
Wie Sie aus dem Folgenden schließen werden, bin ich noch nicht gefahren, weil es keinen Platz für Frauen gab. Es ist nur eine Etappe mit Männern losgefahren. Jetzt weiß ich nicht, wann ich dran bin. Vielleicht dauert es noch. Ich habe gestern eine Postkarte von Ihnen erhalten. Wir sind sehr

---

11 Zum Zeitpunkt der Verhaftung am 10. Mai 1944 hatte Irena Sandecka aufgrund einer Typhuserkrankung ihre Haare kurz geschnitten.

erfreut, Ihre freundlichen Briefe zu lesen. Vor allem kommen sie jetzt häufig und schnell. Es tut mir leid, dass ich meine Adresse gerade jetzt ändern musste, als Sie das Paket an mich geschickt haben. Ich habe diesbezüglich heute einen Antrag an die Postabteilung von Dolinka geschickt, damit sie das Paket an meine aktuelle Adresse senden, wenn sie es natürlich nicht schon an Sie zurückgeschickt haben, oder an den Ort, an den ich noch gefahren bin, versandt haben. Niusia hat heute Ihre Sendung erhalten. Ireczka! Es fehlen mir inzwischen für Sie und Ihre Mutti Worte der Dankbarkeit. Es ist eine Freude und ein Vergnügen, die Gegenstände zu sehen und zu berühren, die Sie mit Ihren eigenen Händen arrangiert und verpackt haben. Heute haben wir zum Abendessen *łazanki*[12] gekocht. Eins ist für uns sehr traurig, wir wissen es ja, dass sie sehr sparen müssen und es eine große Last für sie ist. Wir bitten Sie daher, uns oft zu schreiben, aber keine Pakete mehr zu schicken.

Gute Ireczka. Ich bin gerade jetzt sehr froh darüber, dass Sie wissen, wie es um meinen Mann bestellt ist. Vielen Dank für den Tabak, denn ich schaffe es nicht, mit dem Rauchen aufzuhören. Für mich kam ihr Geschenk (der Tabak) in Niusias Päckchen unerwartet und war eine große Freude. Das Streifband hat Niusia ebenfalls erhalten. Meines ist noch nicht eingetroffen. Ich benutze Niusias Streifband als Zigarettenpapier. Wir lesen hier die Zeitungen, oder sie werden uns vorgelesen. Wir leben ein kultiviertes Leben. Bitte achten Sie auf Ihre Gesundheit. Das ist unsere Bitte an Sie. […] Oft, und man kann es wohl sagen, dass bei Arbeit keine Minute vergeht, in der wir [beide] nicht an Sie denken. Sie sind uns sehr nah. Bolek tut mir sehr leid, ihn hat es mit der Krankheit schwer erwischt, doch so Gott will, wird es gut ausgehen. Wir leiden aufgrund unserer Gefühle. Bis heute weiß ich nicht, wie lange ich hier sein werde. Teure! Ich küsse Sie und Ihre Mama sehr. Grüßen Sie mir Wandas Vater.[13]

Jaga

12 Ein in den ehemaligen Ländern Polen-Litauens verbreitetes Nudelgericht, das sowohl etymologisch als auch historisch von der italienischen Lasagne abstammen soll.
13 Feliks Żółkiewski (1866–1951), Apotheker in Krzemieniec, Vater von Wanda, Bronisława und Witold Żółkiewski, Mitglieder der polnischen Widerstandsbewegung. Die Schwestern Żółkiewski wurden 1944 ebenfalls vom NKWD verhaftet und starben beide während der Lagerhaft.

Brief von Bolesław Haber vom 15. September 1946

Unsere liebe Beschützerin!

Der 12. September dieses Jahres war für mich ein sehr angenehmer Tag. Gleich am Morgen wurde ich gerufen, um ein Paket abzuholen, das Sie am 12. August an diese Adresse geschickt hatten. Am Abend desselben Tages wurde ich erneut aufgerufen, und es stellte sich heraus, dass es sich um ein zweites Paket von Ihnen handelte (7,4 kg), das Sie am 16. August dieses Jahres verschickt hatten. Sie können sich vorstellen, dass dieser Tag ein glücklicher Tag für mich war. Ich habe beide Pakete vollständig erhalten. Mir fehlen die Worte, um Ihnen meinen Dank auszudrücken. Teure F[rau] Irena! Ich möchte alsbald mich persönlich für Ihre Bemühungen bedanken. Ich habe die ganze Zeit auf Briefe von Ihnen gewartet und dann kamen sie endlich. Heute Morgen, als ich zu meiner täglichen körperlichen Arbeit schritt, wurden mir ein Einschreiben und eine Postkarte vom 16. August dieses Jahres überreicht. Auch hier können Sie sich vorstellen, dass ich sehr glücklich war. Und wie könnte ich Sie nicht als unsere Betreuerin bezeichnen? So ist es wirklich. Ich weiß das alles sehr gut. Aber Ihr Einsatz ist der wichtigste Teil davon. Dank Ihnen fühle ich mich von meiner Familie[14] sehr unterstützt. Dafür bin ich Ihnen sehr dankbar. Ihre Briefe waren für mich umso schöner, da sie seit zweieinhalb Jahren die ersten von meinen Nächsten waren. Ja, ich bin mit meiner Seele und meinem Herzen bei der Familie und Ihnen. Ich wusste von Anfang an, dass sie uns nicht vergessen hatten und nicht vergessen würden. Umso mehr freue ich mich, wenn Sie dies bestätigen. Nicht nur Michał, sondern auch ich bin fest davon überzeugt, dass wir uns bald gemeinsam an einem gemeinsamen Tisch treffen werden. Wir sind alle bei guter Gesundheit. Ich komme noch einmal kurz auf das erste Paket zurück. Sie haben mir darin, bestimmt aus Versehen, einen chemischen Bleistift geschenkt. Der Bleistift wurde beschlagnahmt und ich wurde angewiesen, dass in Zukunft keine chemischen Bleistifte mehr verschickt werden sollen. Es sind nur schwarze (einfache) Bleistifte er-

---

14 Gemeint ist die polnische Gemeinschaft bzw. das Vaterland. Sowohl Bolesław als auch Jadwiga nutzten diese Familienmetaphern um an der Zensur vorbei, die politischen Zustände in ihrem Heimatland kritisch zu kommentieren.

laubt. Ich freue mich sehr, mit meiner Jadzia[15] so oft zu korrespondieren, wie ich möchte. Wie ich aus Ihren Briefen entnehme, erwähnt Jadzia in ihren Briefen an Sie stets meine Gesundheit und sorgt sich um mich. Das Gegenteil ist der Fall, denn ich bin kerngesund und es geht mir sehr gut. Bitte schreiben Sie ihr, damit sie sich meiner Gesundheit sicher sein kann, denn SIE ist diejenige, die tatsächlich schwach und krank ist. Ich habe sie schon hundertmal darum gebeten, aber Jadzia ist unverbesserlich. Vielleicht werden Ihre Worte in dieser Hinsicht eine bessere Wirkung haben. Wie ich Ihnen in meinem Brief vom 2. September dieses Jahres schrieb, hat Jadzia ihren Aufenthaltsort gewechselt. Ich warte vorerst auf einen Brief von ihr. Bisher kenne ich ihre Adresse nicht, und das ist das Schlimmste für mich. Ich möchte Sie noch einmal bitten – sobald Sie einen Brief von Jadzia mit ihrer neuen Adresse erhalten, schreiben Sie mir bitte und senden mir ihre Adresse zu. Ich bin sehr besorgt darüber, wie sie sich »in ihren neuen Lebensumständen« eingerichtet hat. Denn ich persönlich habe mich schon an meine gewöhnt. Meine Feder ist eine Schaufel, möglicherweise eine Hacke oder eine Bahre. Hierbei nahm ich an Kraft und gutem Appetit zu. Ich bin fest davon überzeugt, dass mich, wenn ich das Fleckfieber in Charkiw[16] im letzten Jahr überstanden habe, keine Krankheit mehr umhauen wird. Und dort herrschten die härtesten Bedingungen. Alles wird gut, sobald ich Jadzias Adresse kenne. Ich sollte Ihnen schreiben, dass Jadzia mich schon gescholten hat, weil ich Ihnen so oft geschrieben habe und dass wir Ihnen damit alle zusammen große Schwierigkeiten bereiten. Das würde ich auch nicht wollen. [...] Bitte schreiben Sie offen darüber. Persönlich bin ich anderer Meinung, aber ich bin Optimist und Jadzia ist Pessimistin. Aus Ihrer letzten Karte entnehme ich eindeutig, dass Sie auf meiner Seite sind, denn sie schrieben, dass Sie mir systematisch schreiben werden. Darüber bin ich sehr froh. Vielen Dank für die Adresse von Michał. Ich werde ihm schreiben. Ich muss es irgendwie aufteilen, da ich nur zweimal im Monat schreiben darf. In erster Linie Jadzia und dann Ihnen. Teure Frau Irena, wenn

15 Ehefrau, Jadwiga Haber. Das Paar lebte mehrere Jahre lang im selben Lagerkomplex (KarLag), konnte sich aber nie sehen.
16 Bolesław Haber befand sich im Februar 1945 in einem Verlegungsgefängnis in Charkiw (Ukraine).

es Ihnen keine Probleme bereitet, würde ich Sie bitten, mir regelmäßig Zeitungen in Streifband zu schicken. Die, über die Sie mir geschrieben haben, habe ich noch nicht erhalten. Aber ich denke, dass ich sie bald bekommen werde. Außerdem würde ich Sie bitten, nur Schnitttabak zu schicken, weil [...] ich sonst hier große Probleme habe, ihn zu schneiden. Des Weiteren (aber nur wenn es möglich ist) bitte ich um irgendwelche alte warme Kleidungsstücke. Über die lange Unterhose, die Sie geschickt haben, war ich sehr erfreut. In dieser Hinsicht ist es im Allgemeinen sehr schwer und der Winter naht. Von der eigenen Familie nehme ich alles an. Frau Irena, verzeihen Sie bitte, aber heute bin ich aufgrund Ihres Briefes sehr gut gelaunt, aber wenn meine oben erwähnten Wünsche für Sie zu groß sein sollten, betrachten Sie sie bitte als einen Scherz. Aber auf Ihre Briefe möchte ich nie verzichten und warte stets auf sie. Ich meine es ernst. Und wenn wir erst einmal alle zusammen sind, werden Sie mir verzeihen, nicht wahr? Verzeihen Sie mir heute alle meine Rechtschreib- und Stilfehler, daran ist meine liebe Jadzia schuld, die mir das Russische schlecht beigebracht hat. Zum Schluss bitte ich Sie sehr allen unseren nahen und fernen Freunden (so weit möglich) meine herzlichen Grüße zu übermitteln. Ich bin mit meiner Seele bei ihnen. Es interessiert mich auch, ob meine Haushälterin [17] weggegangen ist und [wenn dem so sein sollte] wohin? Ihnen, liebe Beschützerin sende ich meine herzlichen Grüße und freue mich über neue Nachrichten von Ihnen.

Bol[esław]

Wenn es Ihnen möglich sein sollte, schicken Sie mir bitte einen kleinen Kessel, einen Gürtel und einen kleinen Taschenspiegel – ich würde gerne nach zweieinhalb Jahren mein Gesicht sehen.
Ich küsse Ihre Hände

---

17 Es geht um eine Bekannte der Habers, bei der sie eine Wohnung in Lutsk [poln. Łuck] in Wolhynien gemietet hatten.

Brief von Jadwiga Haber vom 22. September 1946

Teure Ireczka!
[Ich bin] bereits an meinem neuen Arbeitsort. Das Wetter ist am dritten [Tag] von Kälte, Regen und Wind geprägt. Es ist eine gute Sache, dass ich in der Nähe meines Arbeitsplatzes wohne. [...] Die Ortschaft ist sehr abgelegen, exotisch, könnte man sagen. Auf der einen Seite ragt eine ziemlich hohe Wand aus *sopki* [russ. Hügel] hervor, mit einem ungleichmäßigen Kamm. Sie stehen nachdenklich da, als wären sie Zeugen der Ewigkeit. Ungleich in ihrem Aussehen, manche steinig, andere mit Rostflecken, als wollten sie zeigen, was in ihnen steckt, wieder andere mit Gras und Moos bewachsen. Ihre Schönheit zeigt sich beim Sonnenuntergang. Dann legen die Sonnenstrahlen eine Fülle von Farben auf sie, als ob jeder Gipfel im Farbton völlig anders wäre, und so ändern sich die Färbungen von feurig über lila, violett, graugrün bis dunkelblau. Wir staunen mit Vergnügen, berauscht von dieser Farbenvielfalt, doch das Herz pocht vor Sorgen, während wir den Sonnenuntergang betrachten, und man spürt, wie in der Minute der Stille die Tränen aus den Augen fließen. Unter den *sopki* erstreckt sich eine kleine Ebene mit Gärten – eine schöne Aussicht. Im Südosten sieht man die öde Steppe und weitere Erhebungen. Die verstreuten Bauten heben sich mit ihren flachen Lehmdächern deutlich ab. Am Morgen und gegen Abend ziehen Pferdeherden in die Steppe. Ich arbeite und versuche, die traurigen Gedanken zu verdrängen. Ireczka! Ich bin im Allgemeinen stark und habe mich abgehärtet, aber jetzt fühle ich mich elendig... Warum wurden dem Menschen edle Gefühle gegeben..., aber ohne sie würde der Mensch keinen Wert darstellen. Sie sind unsere Schätze, die nicht konfisziert werden können, außer vielleicht zusammen mit dem Leben.
Meine liebe gute Ireczka! Ich denke, dass sich mein Zustand unweigerlich verbessern wird, sobald ich von Ihnen den Brief erhalte, den Sie mir nach Sarepta geschickt haben. Leider habe ich die Streifbänder und den Brief noch nicht erhalten. Vielleicht wird man sie Ihnen zurückschicken. Hoffentlich sind sie nicht verloren gegangen. Ich bin froh, dass Sie mit Bolek korrespondieren. Bitte grüßen Sie ihn von mir und versprechen Sie ihm, wenn Sie ihm schreiben, dass ich in jeder Hinsicht so bleiben werde,

Briefe aus den Lagern in Kasachstan

Abb. 19: Irena Sandecka auf einer Fotografie aus der Mitte
der 1950er Jahre

wie er mich sehen möchte. Ich weiß nur nicht, ob es möglich sein wird, die äußere Erscheinung zu retten, es ist zweifelhaft, die Jahre vergehen, Erfahrungen hinterlassen ihre Spuren. Vielleicht wird er ja von Ihnen eher Nachricht erhalten als von mir. Bitte richten Sie auch Michał Grüße aus. Ich denke oft an Ihn und schließe Ihn jeden Tag in mein Gebet ein. Sie und ihre Mama bleiben in meinen Gedanken. Ich sehe Sie so, wie Ihr in meiner Erinnerung geblieben seid, und ich gebe zu, dass ich mich gerne anders, d. h. unter anderen Umständen an Sie erinnert würde, aber die gab es nicht. Es ist somit vergeblich, obwohl ich versuche, mir Sie bei der Arbeit oder zu Hause vorzustellen. Mir fehlen die Worte, um Ihnen zu danken. Niusia und ich haben uns mal lange darüber unterhalten, wir wissen, wie gut Ihr zu uns seid. Ich habe zwei Fotos von ihr geschenkt bekommen, unser Meer, unsere Berge, und es ist eine große Freude für mich, diese Fotos anzuschauen und – vielleicht zum zehnten Mal – Ihre warmen, guten Briefe zu lesen. Ireczka! Ich sende Ihnen Grüße und drücken Sie die Hand ihrer Mutter von mir. Ich küsse Sie. Gott segne Sie.

Jaga

Brief von Jadwiga Haber vom 6. April 1948

Meine nette und teure Fr[au] Ireczka! Ich weiß nicht mehr, was ich von Ihnen denken soll, da ich schon lange keine Nachrichten mehr von Ihnen erhalten habe. Viele von uns reisen vorzeitig ins Vaterland [18], und vielleicht haben auch Sie Ihren Wohnsitz gewechselt. Ich bin gerade unterwegs und begleite Menschen zu einer 75 Ki0lometer entfernten Station, dann geht es zurück. Ich bin seit Samstag unterwegs, es ist sehr anstrengend, die Leute sind sehr schwach, und die ganze Zeit liegen meine Nerven blank, ich kann nachts nicht schlafen, die Bedingungen sind hart und ich bin die einzige Frau unter Männern. Ich habe gestern den ganzen Tag gearbeitet und alles wäre in Ordnung gewesen, wenn ich gesund geblieben wäre, und gerade hier werde ich krank, ein Anfall durch Gallensteine in der Nacht. [...] Ich habe in dieser Zeit eine Landsfrau transportiert, die noch zwei Jahre vor sich hatte und die sie früher ausgerufen haben. Es gibt darüber unterschiedliche Gerüchte, dass es nur polnische Staatsbürger betrifft, die keine hiesigen Pässe haben. [19] [...] Bei uns beginnt der Frühling, der Schnee schmilzt, es gibt viel Wasser und die Wege sind in einem schlechten Zustand. Das Wetter ändert sich ständig, typisch für dieses Klima. Schuld daran ist der Buran, so schrecklich, wie es die Bezeichnung erahnen lässt und dann kommt die warme Frühlingssonne hervor. Dort bei Ihnen ist es ganz anders, schön, grün und hier graue *sopki* [Hügel], Steppe, trockene Steppe. Teure Frau Ireczka! Bitte schreiben sie über sich [...] was macht die Gesundheit, wie leben Sie? Schreiben die Żółkiewskis? Wie geht es dem alten

---

18 Zwischen 1947 und 1948 kam es zur Freilassung und Repatriierung eines Teils der polnischen Gefangenen.

19 Diesen Personen wurde nach 1939 nicht die sowjetische Staatsbürgerschaft auferlegt, sie kamen in der Regel aus Zentralpolen und wurden von den sowjetischen Behörden als polnische Staatsbürger anerkannt.

Mann, ist er gesund? Bitte richten Sie ihm herzliche Grüße aus. Wie steht es um die Gesundheit Ihrer ehrenwerten Mutter? Ich habe eine Bitte an Sie, ich traue mich nicht, mich aufzudrängen, ich weiß, dass Sie genug eigene Sorgen haben, und ich bin noch dabei, sie zu vergrößern. Aber bitte verstehen Sie, meine Teure, dass es sehr schwer ist, ohne die Muttersprache zu leben, und so bitte ich Sie, wenn möglich, [...] Mickiewicz [20] oder Sienkiewicz [21] zu schicken, ich werde Ihnen aufrichtig dankbar sein, bitte lehnen Sie es nicht ab, es ist meine große Bitte. Für heute mache ich Schluss und warte auf Ihre [Briefe und verbleibe] mit herzlichen Grüßen. [An dieser Stelle ist der Brief abgerissen, weshalb die Unterschrift fehlt.]

Brief von Jadwiga Haber vom 8. Mai 1948

Meine teure, liebe Ireczka!
Ich habe Ihre Postkarten vom 29. März und 7. April zusammen erhalten und danke Ihnen sehr dafür. Sehr lange, fast drei Monate habe ich keine Briefe von Ihnen erhalten, und auch Bolek war in seinen Briefen sehr besorgt, weil er keine Nachrichten von Ihnen bekommen hat. Sie können sich nicht vorstellen, was Ihre herzlichen Worte für uns bedeuten und wie sehr wir auf sie warten. Wenn wir auch nur ein paar Ihrer Worte erhalten, fühlen wir uns in unserer Einsamkeit von den Unseren nicht mehr so vergessen. Ich habe auch schon lange keinen Brief mehr von Niusia erhalten. Ich schreibe Ihnen systematisch zweimal im Monat. Ich würde gerne Einzelheiten über Ihr Leben und Ihre Nächsten erfahren. Wie steht es um Ihre Gesundheit und die Ihrer ehrwürdigen Mutter? Sie haben einmal geschrieben, dass sie krank war, wie ist [ihr] derzeitiger Zustand? Bekommen Sie Briefe von Ihren Verwandten und Bekannten? Wie geht es Wandas und Bronias' Vater [22]? Gibt es wirklich noch keine Neuigkeiten von Bronia? Wie geht es Wanda? Von Michał – wie es aus-

---

20 Adam Mickiewicz (1798–1855) – einer der bedeutendsten polnischen Dichter der Romantik.
21 Henryk Sienkiewicz (1846–1916) – populärer Schriftsteller von Historienromanen und Publizist; 1905 bekam er den Nobelpreis für Literatur.
22 Gemeint ist Feliks Żółkiewski, siehe Fn. 13 in diesem Kapitel.

siehst – bekommen Sie selten Nachrichten. Ich bin froh, dass er wie Bolek im Büro arbeitet, so haben sie es wenigstens leichter. Sie [gemeint sind die Behörden] bestellen viele Landsleute aus unserer Mitte, vielleicht werden sie unerwartet und vorzeitig ins Vaterland gelassen. Einige schrieben von der Reise, dass sie nach Hause fahren, was uns glücklich gemacht hat. Ich denke an Niusia und hoffe, dass sie bald zurückkommt. Mögen sie alle gesund zu ihren Familien zurückkehren.
Meine teure Ireczka! Meine wahre Freundin! Ich sollte Ihnen ehrlich schreiben, dass ich mir in Bezug auf mich selbst keine großen Hoffnungen mache; wenn ich sie jemals hatte, habe ich diese am 6. Mai verloren. Und warum? Sie werden es aus dem Folgenden verstehen. Bis zum Januar dieses Jahres hatte ich häufig ein für mich charakteristisches Unwohlsein, es waren mal die Gallensteine, mal machte das Herz Probleme, irgendwie ging es wieder vorbei und plötzlich kam ich wieder zu mir. Ab und an wurde ich gesund, ab und an krank. Ab Januar begann ich zu husten, was ich für eine Folge des Rauchens hielt. Aber irgendwie fing ich Ende Februar an, viel Gewicht zu verlieren, Appetitlosigkeit, bei der ich dachte, sie sei die Folge des eintönigen Essens. Ich bekam häufig Schwindel und Schmerzen in der linken Brust. Ich fing an, abends Fieber zu messen, und es stellte sich heraus, dass meine Körpertemperatur leicht erhöht war, aber das war nicht das, was mich am meisten beunruhigte. Was mich besorgte, war das Unwohlsein, vor allem morgens, das ständige Gefühl des Zusammenbruchs und der Kraftlosigkeit, die Niedergeschlagenheit und die Erkenntnis, dass, wenn es so weiterginge, die Krankheit fortschreiten würde, ich nicht mehr arbeiten könnte und dass das unter unseren Bedingungen den Tod bedeuten würde, zumal ich die Gelegenheit hatte, alle Entwicklungsstadien, die zum *Exitus letalis*[23] führen, mit eigenen Augen zu beobachten. Anfang April, als ich für etwa sieben Tage auf Dienstreise war (es war für mich besonders anstrengend), trat ein blutiger Husten auf, und ich war überzeugt, welches Schicksal mich erwarten wird. Aber ich glaubte es noch nicht, denn ich hatte noch nie in meinem Leben eine Lungenkrankheit. Die fortschreitende Verschlechterung mei-

---

23 Eine lateinische Bezeichnung, die in der Medizin für den tödlichen Ausgang einer Krankheit steht.

nes Gesundheitszustands zwang mich jedoch zu einem Schleimtest, dessen Ergebnis am 6. Mai zu meinem Bedauern positiv ausfiel.[24] Das ist mein Urteil. Unabhängig davon untersuchte mich ein Arzt und stellte einen fortschreitenden Prozess im oberen Teil meiner linken Lunge fest. Die Temperatur nicht hoch, aber mit 37,4 bis 37,8 Grad ermüdend. Ich laufe, gehe arbeiten, in meiner freien Zeit ruhe ich mich aus, unterstützt werde ich durch meine Willenskraft und Energie, die ich noch nicht ganz verloren habe. Aber Sie müssen zugeben, dass die Karten für meine Zukunft traurig stimmen. Aber gut, ich betrachte es mit kühlem Verstand, logisch, denn das Schicksal hat irgendeine Abreise bestimmt und so muss es sein. Seltsam nur, dass Boleczek in fast jedem der letzten Briefe schreibt, dass er oft den Wunsch verspürt, mich sehen zu wollen. Es fällt mir schwer, es Ihnen zu vermitteln, wie sehr ich mich in letzter Zeit nach ihm sehne. Meine Teure! Zweck der Beschreibung meines Zustandes und meines Schicksals ist es, Sie zu bitten, ihn darauf langsam vorzubereiten. Bitte schreiben Sie Bolek und bereiten ihn schrittweise darauf vor, damit der Schock nicht allzu plötzlich kommt. Ich weiß, dass das unter diesen Bedingungen schwierig wäre und vermieden werden sollte. Wir sind keine Kinder, wir verstehen alles gut, es muss nur geschickt und schrittweise erfolgen, wir haben noch Zeit. Liebste Ireczka! Ich schrieb ihm, dass ich eine schwere Bronchitis habe. Aber jetzt habe ich nachgedacht, und ich bin ganz traurig geworden, dass er sich die ganze Zeit Sorgen machen wird – ich weiß nicht, was besser ist.

Mögen Sie, teure Ireczka, mir diesen traurigen Brief verzeihen. Ich weiß, dass es Ihnen nicht besser ergeht und ich vielleicht Ihnen das alles nicht schreiben soll. Ich bin traurig, aber nur, weil ich in den letzten Minuten nicht unter den Meinen und nicht bei mir [zu Hause] sein werde. Gleichgültige Fremde werden mir nur fragende Blicke zuwerfen: Wird es bald so weit sein? *Przyjdzie zginąć wśród obcych duchem.*[25]

Wenn ich mich an mein eigenes Leben von Anfang bis Ende erinnere, bereue ich nichts und schäme mich für nichts. Meine Taten waren immer im Einklang mit der Stimme meines Gewissens, und ich denke, dass

---

24 Die Autorin, die oft an verschiedenen Krankheiten litt, wurde im Lagerkrankenhaus fehldiagnostiziert.
25 Ein auf Polnisch geschriebener Satz: Man wird unter fremden Seelen zu sterben haben.

nicht alles stirbt und immer etwas von unserer Arbeit übrigbleibt. Ich bin glücklich, dass ich immer in der Lage war, für die Familie und für die Gesellschaft etwas Nützliches zu geben, und in den Jahren, in denen ich gesund und stark war, niemandem eine Last gewesen bin. Ich habe das Glück, interessante und wertvolle Menschen kennengelernt zu haben und in meinem Leben einen echten Kameraden getroffen zu haben, der für mich Ehemann, Freund und Begleiter auf all den schwierigsten Wegen des Lebens war, und ich bin glücklich, sein Schicksal geteilt zu haben.

Ich wünsche Euch allen von ganzem Herzen, dass Ihr Euch trefft, und dann werdet Ihr den Wert Eurer Charaktere gut verstehen lernen. Ihr seid mir alle so nahe, dass es keiner überflüssigen Worte bedarf, Ihr seid alle Menschen voller Inhalt und von großem Wert. Ich beschütze Euch alle tief in meinen Gedanken, in meiner Seele und in meinem Herzen, und ich umhülle Euch geliebte Menschen mit warmen Gefühlen und unauslöschlichen Erinnerungen. Bleibt so wie Ihr seid. Schreitet weiter auf Eurem Lebensweg dem Besseren entgegen. Ich bleibe zurück.

Die Zeit, die mir noch bleibt, ist nicht sehr lang, wenn man den Zustand betrachtet, in dem ich mich seit meiner Erkrankung befinde. Aber das ist unwichtig. Ich möchte weiterhin auf Trab bleiben und arbeiten. Mein Wunsch ist es, mich erst in der sogenannten letzten Minute hinzulegen. Ich würde auch gerne auf der Station bleiben. Hier gibt es vertraute Menschen, die nett zu mir sind. Doch ich bezweifle es, denn es gibt Vorschriften und vielleicht werde ich verlegt, da ich eine offene Form der Tuberkulose habe. Bitte schreiben Sie, mit Ihren Briefen ernähre ich meine Seele. Wie es aussieht, werde ich meine leibliche Mutter nicht sehen, und ich dachte, dass ich noch nützlich sein könnte.

Wie traurig, liebe Ireczka! Mit der Vernunft beurteilen wir doch alles anders, alles ist verständlich, ich bin nicht die Einzige, der das Schicksal Unrecht angetan hat, und außerdem ist es doch egal, ob früher oder später, besonders jetzt, wo das gute Leben hinter mir liegt. Aber ich bin überwältigt von Angst und Traurigkeit, sodass ich keinen Platz für mich finden kann. Ich schaue traurig auf die *sopki* [russ. Hügel] und die mit frischem graugrünem Samt bedeckte Steppe und würde gerne unsere Wälder, goldenen Weizenfelder und einheimischen Hütten sehen. Und so,

während ich über das Vergangene und die Liebsten nachdenke, fällt leise unwissentlich eine Träne.
Ich sitze hinter dem Schreibtisch im Erstaufnahmesaal. Um mich herum Stille, die tote Krankenhaus-Zeit und in der Seele anstatt der Stille toben ein Gewitter und giftige Gedanken. Aber bitte, meine Teure, denke nicht, dass ich mich aufgebe, das sind nur vorübergehende Schwächen, ich kann mich nicht in die Verzweiflung fallen lassen, wenn ich weiß, dass mir nahestehende Menschen von einem solchen Format und Wert am Leben sind und dass sie in Zukunft nützlich und glücklich sein werden, woran ich kein Zweifel habe, wenn nur Gott ihnen Gesundheit und Kraft geben wird.
Ich denke, ich habe genug in meiner Seele gegraben wie ein Maulwurf in der Erde. Obwohl dies in letzter Zeit meine einzige Freude ist [...], wenn ich allein mit meinen Gedanken sein kann. Eine Krankenschwester arbeitet mit mir, eine sehr nette Person, eine junge Lettin, die sehr mitfühlend ist, vor allem während der Krankheit, und auch das andere Personal geht gut mit mir um. In den Tagen, als sie von meiner Krankheit erfahren haben, hatte ich rührende Momente. Alle wollten irgendwie helfen, wenn nicht mit ihrer Arbeit, dann mit irgendeinem besonderen Interesse an mir. Vor ein paar Wochen habe ich einen echten Freund verloren, sie haben ihn in die Zentrale versetzt, einen estnischen Arzt, einen außergewöhnlichen Mann und Vorgesetzten. Anderthalb Jahre habe ich mit ihm gearbeitet, aber [es fühlte sich an] wie ein Monat. Ich habe viel Nützliches aus seinem Fachgebiet gelernt, und auch als Gesprächspartner war er ein kultivierter, kluger Mann.
Bei uns tauchten Steppenblumen auf, vielfältig und farbenprächtig, die ersten waren gelb in der Art unserer Sumpfdotterblumen, dann *Adonis vulgaris*[26], ebenfalls gelb. Die weißen, zarten [...] nennen sie Narzissen, obwohl sie unseren Narzissen überhaupt nicht ähnlich sind. Zwischen den *sopki* erschienen die sogenannten Tulpen, es sind eher Krokusse, gelb und rot, aber mit sehr kurzen Stielen. Gestern haben sie mir einen ganzen Korb von der Farm mitgebracht, und wenn man sie ansieht, erfreut

---

26 Die Autorin hat wahrscheinlich die in Europa und Asien vorkommenden Frühlingsadonisröschen (Adonis vernalis) gemeint.

die Schönheit das Herz. [...] Jetzt steht vor mir einen Blumenstrauß und mein Blick wird von den schönen Blumen verwöhnt. Bezeichnenderweise hat die Natur hier etwas beruhigendes für die Nerven. Obwohl sie traurig und eintönig ist, sind die Farben beim Sonnenaufgang und -untergang etwas Einmaliges. Der Rest gibt ein trauriges Bild ab, im Stil eines Grottger[27], so charakteristisch für diese Gegend mit ihrer Bestimmung.

Meine Teure, ich freue mich auf die Briefe, grüße Ihre Mutti herzlich und wünsche Ihnen Gesundheit und Wohlergehen. Ihnen, meine Liebe, gebe ich einen dicken Kuss und schreiben Sie bitte an Bolek, vergessen Sie sie nicht, sie warten immer auf Ihre Briefe, so wie ich auf sie warte. Ich küsse Sie noch einmal und danke Ihnen aufrichtig für Ihr Interesse und eine außergewöhnliche Haltung uns gegenüber.

Von ganzem Herzen Ihr Freund

Jaga

Brief von Jadwiga Haber vom 18. Juni 1948

Meine liebe Fr[au] Ireczka
In letzter Zeit habe ich sehr selten Nachrichten von Ihnen erhalten. Vor einem Monat habe ich eine Postkarte von Ihnen erhalten, und vor vierzehn Tagen kamen die Bücher, für die ich Ihnen sehr danke. Sie sind für mich von großem Wert. [...] [I]n ihnen finde ich immer wieder tiefgründige Gedanken, die zu meinen Überlegungen und Stimmungen passen. Diese Bücher sind für mich sehr wertvoll und ich schöpfe viel Kraft aus ihnen, wie aus einer Quelle in der Wüste. Meine Teure! Ich hatte Gelegenheit, mich auf einer Durchfahrt mit Niusia zu sehen. Wir haben zusammen sechs Stunden verbracht, als ich gerade auf einen Zug warten musste. Wir redeten viel über alles und jeden und darüber, wie man sich auf eine Rückkehr zu den Seinen vorbereitet, denn sie hat nur noch elf Monate. Wieder konnte ich mich davon überzeugen, obwohl ich in dieser Hinsicht keine Zweifel hatte, dass Niusienka mutig, körperlich und

---

27 Artur Grottger (1837–1867) – Maler und Illustrator, bekannt für seine Serie von Zeichnungen über den antirussischen Aufstand von 1863.

moralisch gesund ist, logisch denkt und nüchtern in die Zukunft blickt, und obwohl sie sehr jung ist, kann sie die Menschen gut lesen. Sie ist eine gute Psychologin. Man kann sie bewundern und tiefen Respekt vor ihr haben, dass sie in einem so jungen Alter in ein so demoralisiertes Umfeld kam, sie selbst geblieben ist und sich sehr tiefgründig mit allen Problemen ihres Lebens auseinandergesetzt hat. Ich erhalte Briefe von Bolek, die er in einer ziemlich guten Laune verfasst. Das ist natürlich verständlich, denn ich weiß aus seinen Briefen, dass er viel arbeiten muss, aber auch Zeit zur Erholung hat. In dieser schreibt er Briefe, was in unserem Leben Zufriedenheit gibt und vom traurigen Alltag ablenkt. Seine Haltung mir gegenüber ist immer die gleiche, immer herzlich, und das richtet mich auf. Ich denke oft über unser zukünftiges Leben nach und kann es mir nur vage vorstellen, was nicht verwunderlich ist. Ich bin zu alt, um an Illusionen zu glauben, aber alles, was mein persönliches Leben betrifft, ist nicht so wichtig. Mein einziger Wunsch ist, dass er gesund und voller Kraft zu seiner Mutter[28] zurückkehrt, sich ausruht und ihr selbst helfen kann. Meine Gesundheit hat sich verschlechtert und die Hoffnung ist gering. Bei uns sind die Tage sonnig geworden, das Wetter ist irgendwie sommerlich. Ende Mai gab es noch Frost und um den 10. Mai herum einen starken Buran, der große Schäden verursachte. Gestern war ich auf einer Farm, einer sogenannten *letowka*, einer Sommerunterkunft, wo ich geplante Impfungen durchgeführt habe. Es ist interessant, dass sie in Hütten leben. Es ist aber ganz schön und sauber. Ich habe zum ersten Mal abgekochte Schafsmilch getrunken. Im Allgemeinen denke ich, dass ich Angst vor einer Brucellose habe. Das ist eine sehr ernste Krankheit und im Moment habe ich genug von den meinen [Krankheiten]. Besonders von der letzten, bei der ich nicht weiß, wie ich sie bekam und von der ich im letzten Brief geschrieben habe. Ich unterziehe mich derzeit einer internen Kalziumchlorid-Behandlung[29] und mache eine [Ernährungs-]Diät für Kranke, vielleicht wird sich der Zustand meiner Lunge dadurch ein wenig verbessern. Gestern war ein sehr heißer Tag mit Temperaturen von 48 Grad. Ich fuhr 12 Kilometer auf einem Karren und um uns herum

---

28 Gemeint ist Polen.
29 Kalziumchlorid kommt in der Medizin bei Kalziummangel zum Einsatz.

nur Steppe und *sopki*. Das Atmen fiel mir schwer und es wehte nicht mal ein Lüftchen. Auf dem Rückweg quälten die Moskitos, doch ich rettete mich mit einem Netz auf einer Herrenmütze (die ich erhalten hatte). Ein Foto wäre interessant gewesen, pure Exotik. Ich gehe auch in den Garten zu den *udarniki*[30], wir haben Kohl gepflanzt, der hier dank künstlicher Bewässerung wächst. Im Allgemeinen wird hier bei diesem rauen Klima alles mit großer Mühe, Kraft und Kosten gewonnen. Ich hatte in letzter Zeit viel Arbeit. In der letzten Woche gab es im Krankenhaus viele Fälle und zudem will man in der Nähe des Krankenhauses eine schöne Ecke einrichten. Ich pflanze Blumen ein, gieße und so weiter, mal gibt es *udarniki*, dann wieder Impfungen, denen Sanitärtage und Renovierungen folgen. und so vergehen die Tage schneller vorüber, doch die Zeit zieht sich trotzdem langsam dahin. Ich schicke Ihnen, meine Liebe, Gras, das hier überall wächst, es nennt sich *kowyl*[31], in der Steppe sieht es sehr schön aus wie silberne Federn. Es gibt hier feuchtere Gebiete, in denen eine Heuernte möglich ist. Jetzt mähen sie Heu, sammeln Wintervorräte für die Verwaltung und für den Bedarf der Kolchosen. Es gibt hier keine Wälder, auf den *Sopki*[-Hügeln] wachsen *Artscha*[-Bäume], die sehr stark riechen, ähnlich wie unsere Thuja, mit dem Unterschied, dass ein abgeschnittener Zweig recht dick ist, eine rote Farbe hat, nicht nach oben wächst, sondern am Boden entlang, sowohl trocken als auch nass gut brennt. Aber es gibt nicht genug davon, sie wachsen in Schluchten und man kann sie nur mit Mühe brechen. Als Brennmaterial wird auch der sogenannte *karagandik* [gehört zu den Erbsensträuchern] verwendet, er wächst in der Steppe, hat nur wenige Blätter, ähnlich wie unser Buchsbaum. Es sind kleine Sträucher, die stachelig sind, mit negativen Konsequenzen, denn wenn man gestochen wird, kommt es zwangsläufig zu einer Infektion, einem Geschwür, doch es brennt wunderbar kalorisch. Man heizt hier auch mit *kiziak*[32].

---

30 *Udarnik* kann im Russischen mit Stoßarbeiter oder wie hier als ein freiwilliger unbezahlter Arbeitseinsatz übersetzt werden. Weil diese Einsätze meist am Samstag stattfanden, nannte man diese in der SU und in der DDR auch Subbotniki.
31 Flausch-Federgras (*Stipa pennata*, russ. *kowyl*) – Pflanze aus der Familie der Gräser.
32 Kiziak – getrocknete tierische Exkremente, die gemischt mit geschnittenem Stroh, Gras usw. als Brennstoff verwendet werden.

Heute, am 20. Juni, bin ich gerade dabei, meinen Brief an Sie zu beenden. Stille im Krankenhaus, nachmittägliche tote Zeit. Es liegt mir noch viel auf dem Herzen und man könnte noch viel mehr schreiben, aber ich möchte ein wenig die freie Zeit nutzen, um etwas für die Woche vorzubereiten. Meine gute nette Ireczka! Nochmals herzlichen Dank für das Buch und die Postkarte vom 26. Mai, die gestern angekommen ist. Es dauert lange, bis ich Briefe und Nachrichten erhalte, ich warte wochenlang, und das ist im Grunde mein Lebensinhalt. Ich habe niemanden, mit dem ich reden kann, weil ich mit meinem Charakter und meinen Bedürfnissen nicht weiß, wie ich mit Menschen umgehen und mich öffnen soll. In Gedanken bin ich ständig bei geliebten Menschen, von denen ich sowohl voller Sehnsucht als auch traurig und schmerzlich getrennt bin, sowohl durch Zeit als auch durch die riesigen Entfernungen. Bitte schreiben Sie über sich und Ihre liebe Mutter. Ich grüße sie herzlich und danke Ihnen für Ihre Zuwendung und Ihr Interesse.
Viele Küsse

Frau Jaga

Grüße auch an alle Bekannte.

Brief von Jadwiga Haber vom 22. November 1948

Teure Fr[au] Ireczka!
Ich habe Ihre Postkarten vom 2. und 17. Oktober erhalten. Sie haben mir bei sonnigem, klarem Wetter geschrieben. Bei uns beginnt, wie Sie es vorausgesagt haben, der Winter, der durch einen Buran angekündigt wurde. Die Landschaft, d.h. die *sopki* [russ. Hügel] und die Steppe, haben ein winterliches Aussehen angenommen und sind von einer Schneedecke umhüllt. Es gibt momentan nicht viel Schnee, Stille hängt in der Luft, es weht kein Wind und man ist von einer Traurigkeit beseelt, von der es kein Entrinnen gibt, vergebens Trost in der Arbeit zu suchen. Eine harte und kalte Jahreszeit steht bevor und es ist nicht allen gegeben, sie zu überstehen. Unwillkürlich denkst du an vergangene Winter, schaust in

unsere Richtung [eine Anspielung auf die polnische Heimat], auf den hellen Sonnenuntergang, und Gedanken voller Sorge und Traurigkeit rasen irgendwo in die Ferne. Erinnerungen an nur gute Ereignisse und gute Menschen lenken vom gegenwärtigen Leben ab, erzeugen aber noch mehr Bitterkeit und Sorgen. Sorgen um das Vaterland und die Liebsten. Der Wunsch nach Einsamkeit nimmt in mir zu, vielleicht bin ich des Lebens müde. Es tut mir gut, wenn ich auch nur für kurze Zeit mit meinen Gedanken bei meinen Lieben verweile, mich auf sie konzentrieren kann, ihre Charaktere, inneren Eigenschaften analysiere und auf die umfassende Komplexität ihres Wesens schließe. [...] Vielleicht idealisiere ich sie, und so erscheinen sie mir aufgrund ihrer Eigenschaften und der inneren Kultur als großartige und interessante Charaktere. Es war mir meistens gegeben, in einem solchen Milieu zu leben, und ich war glücklich damit. Jetzt hingegen ist es in dieser Hinsicht (obwohl ich sagen kann, dass ich in den letzten Jahren abgestumpft bin) schwierig, sich mit dem Fehlen jeglicher Ethik, Dankbarkeit und grundlegendem Anstand bei den Menschen, denen ich begegne, abzufinden. Besonders anstößig sind bei den Menschen die Grobheit, die Dumpfheit und das Fehlen jeglicher Moral sowie die große Gewöhnung an moralische Verwahrlosung, Grobheit und Demoralisierung, die einfach eine weitverbreitete Psychose zu sein scheinen. Und so ist es in unserem Leben schwierig, Menschen zu finden, und es ist noch schwieriger, selbst zu bleiben. Es gibt nichts, womit man sein Gedächtnis auffrischen könnte, aus dem Kopf quetscht man die Reste heraus. Oft hat man den Eindruck, als ob der Kopf, den man auf dem Hals trägt, zu einer leeren Schachtel geworden ist. Die Bücher, die Sie mir geschenkt haben, sind mein Schatz, jedes Mal, wenn ich sie aufschlage, in ihnen blättere, etwas Passendes für meine Stimmung suche, bin ich Ihnen dafür sehr dankbar. Meine Teure! Vielleicht komme ich nicht mehr dazu, Ihnen vor Weihnachten zu schreiben. Deshalb schicke ich Ihnen die traditionelle Oblate, die Sie mir letztes Jahr geschickt haben, und mit ihr meine besten Gedanken und Wünsche, damit Ihre Pläne und Träume in Erfüllung gehen. Wenn ihr die Oblate am Heiligen Abend bei der Bescherung brechen werdet, werden ich und wir alle in Gedanken wieder vereint sein, und ich denke, dass Sie an all die Vergessenen, die so weit weg von Ihnen sein müssen, erinnern werden. Unsere Seelen werden an diesem Tag schwer sein, aber es wird ein Trost sein, zu wissen, dass in diesem Augenblick uns nahestehende Menschen an uns denken werden.

Über Bolek bin ich sehr besorgt und verzweifelt. Allein der Gedanke, an welchem Ort er sich aufhält, sagt schon alles.[33] Ich habe nur eine Postkarte von ihm erhalten, ich weiß, dass er mir nicht die Wahrheit schreibt. Er bittet mich, mir keine Sorgen zu machen, da er draußen arbeitet. Aber ich habe Gründe, mir Sorgen um ihn zu machen. Ich habe ein anschauliches Beispiel, mit dem ich aufgrund meines Berufs derzeit zu tun habe. Ich habe gesehen, wie er vor sechs Monaten ausgesehen hat und was aus ihm geworden ist, als er aus diesem Ort zurückkam, und ich kann eine Prognose abgeben. In dieser Hinsicht ist es für mich umso schwieriger, weil ich im Gesundheitswesen tätig bin. In schlaflosen Nächten, schrecklich langen Nächten, die mir immer öfter widerfahren, geben mir dunkle Gedanken keine Ruhe. Denn ich mache mir Sorgen um Bolek und Hunderte von Menschen, die mir am Herzen liegen und die ein solches Schicksal erleiden.

Bis jetzt bleibe ich hier, weiß aber nicht wie lange. Sie wollen mich auf eine verantwortungsvolle Stelle schicken, auf ein *utschastok*[34]. Dort sind die Lebensbedingungen besser, doch ich kann mein Wohlergehen schlecht mit meinem medizinischen Gewissen vereinen. Ich bin doch nur eine Krankenschwester im Krankenhaus, habe nie als selbstständige Feldscherin gearbeitet und kein moralisches Recht, Verantwortung für ein Menschenleben zu übernehmen. Das ist meine Haltung zu diesem Thema, und vielleicht werde ich mich deshalb von meinem weißen Kittel verabschieden müssen. Ich habe noch achtundzwanzig Tage vor mir, in denen ich vorübergehend den Apothekenleiter vertreten werde, der im Urlaub ist, kommt Zeit, kommt Rat. Unter unseren Bedingungen kann alles passieren, aber ich habe keine Angst, ich werde das Schicksal von Bolek und vielen anderen teilen. Ich habe einen Brief von Niusia erhalten,

---

33 Bolesław Haber wurde in das Speziallager Nr. 4 in der Nähe von Zhezkazgan verlegt, das seit Juli 1948 zum ITL StepLag, einem Steppenlager im Oblast Karaganda gehörte. Die Häftlinge wurden dort u. a. in einer Kupfermine eingesetzt.

34 *Utschastok* steht im Russischen für Grundstück, Außenposten oder Abschnitt, hier steht es für eine medizinische Anlaufstelle in einem Lager.

sie hat Bolek gesehen, sie schreibt sehr wenig und ich bekomme selten von ihr Briefe. Sie hat noch sechs Monate und ich denke oft über ihre Zukunft nach. Wie und wo wird sie ein neues Leben beginnen, nachdem sie ihre fünfjährige Ausbildung abgeschlossen hat, die ihr gleichzeitig keine Qualifikation gibt. Ich wünschte mir, sie würde zu ihren Verwandten zurückkehren. Bitte richten Sie Michał meine herzlichen Grüße aus, möge er seine Frau und seine Töchter, die ihn erwarten – ich kann mir vorstellen, wie sehr – so bald wie möglich treffen, und möge er in voller Kraft zu ihnen zurückkehren und die Vergangenheit vergessen. Es vergeht kein Tag, an dem ich nicht an sie alle denke. Ich erinnere mich besonders an ihn, an unsere erste Begegnung und andere Gelegenheiten; kränklich, blass, aber immer herzlich und ausgewogen. Trotz alledem haben sich viele solcher Erinnerungen während unserer gemeinsamen Reisen und in letzter Zeit, als ich Niusia verließ, verfestigt. [...] Man kann sagen, dass man nicht allzu lange gelebt, aber schon viel erlebt hat.

Jetzt sitze ich allein und schreibe Ihnen. Die Stube ist leer, alle sind zum Konzert gegangen, das vom Kreis der Amateurkunst veranstaltet wird. Eine unserer Schwestern singt ziemlich gut. Sie ist ein lettisches Mädchen, mit der ich im engeren Kontakt stehe, ein junges, anständiges, moralisches und gut erzogenes Mädchen. Man kann mit ihr gut reden, sie ist nur ein wenig impulsiv, aber man muss bedenken, dass es sieben Jahre her ist, dass sie ihr Zuhause in Riga verlassen hat, das schlägt sich nieder. Aber ich muss sagen, dass sie trotzdem nicht sonderlich verdorben ist, dafür, dass ihr eigenständiges Leben schon mit zwanzig Jahren begonnen hat.

In der Stube leben wir zu sechst, harmonisch, obwohl wir aus unterschiedlichen Nationalitäten stammen. Sie respektieren mich als die Älteste. Vor allem Ania [...] Sie kümmert sich um mich und hat mir gegenüber einen herzlichen Ton. Dies war besonders während meiner Krankheit der Fall. Ich muss auch zugeben, dass es mir schwerfallen würde, mich von ihr zu trennen.

Unser Stübchen ist klein, aber gemütlich und warm genug, obwohl es schwer ist, Brennmaterial zu besorgen. Normalerweise wird mit *artscha* geheizt, das sehr schwer zu bekommen ist, da es auf Hängen wächst und abgebrochen werden muss. Deshalb wird *kiziak* verbrannt, der im Sommer zubereitet wird und die Brucellose verbreitet. Wir haben zwar Petroleumlampen, aber die funktionieren nicht immer, weil das Petroleum fehlt. Aber das sind alles alltägliche Kleinigkeiten, die nicht erwähnenswert sind. Ich verbringe die ganzen Tage auf der Arbeit, den Rest der Zeit mit Büchern. Es ist schade, dass es niemanden gibt, mit dem man sich in der Muttersprache unterhalten kann, und wenn sich manchmal Leute [aus Polen] treffen, hören wir, dass unsere Sprache stark entstellt ist. Ich bin dann zufrieden, dass ich unbeabsichtigte Fehler bemerke, was bedeutet, dass ich selbst [die Sprache] nicht vergessen habe und versuche, andere zu korrigieren. Wenn ich in einer anderen Sprache spreche, fallen mir oft unsere Wörter ein, was daran liegt, dass ich während des Sprechens meine Gedanken in die andere [Sprache] übersetze. Oft wünsche ich mir, insbesondere bei den Briefen, in der eigenen Sprache zu schreiben.[35] Aber so ist es einfacher und sicherer.

Meine Teuren, die sie mir am Herzen liegen! Ich sende Ihnen herzliche Grüße und die besten Wünsche. Ich freue mich auf Ihre Briefe und bitte Sie, wenn Sie etwas über meinen Mann wissen sollten, schreiben Sie offen über alles besser die harte Wahrheit als eine schöne Lüge – so sehe ich das zumindest in meinem Leben. Weil die Korrespondenz mit ihm ungewiss ist, übermitteln Sie ihm bitte meine Besorgnis und schreiben von meinen Gefühlen, die sich nie verändert haben, sondern im Gegenteil stärker und fester werden.

Ich küsse Sie herzlich, werte Frau und bin Ihnen in Dankbarkeit verbunden.

J.

Brief von Bolesław Haber vom 28. November 1948

Unsere teure Fr[au] Irena!
Ich schreibe Ihnen bereits den dritten Brief von meinem neuen Standort aus und kann es überhaupt nicht erwarten, eine Antwort von Ihnen zu

---

35 Briefe, die aus den Lagern verschickt wurden, mussten auf Russisch verfasst werden. Gelegentlich gelang es Jadwiga, einen Brief mit der Zivilpost zu verschicken, da sie bei ihrer Arbeit Kontakte zu freien Menschen hatte, die sich manchmal bereit erklärten, einen Brief von einem Häftling, den sie kannten, zu versenden.

bekommen. Von Jadzia habe ich bereits eine Postkarte erhalten. Ich freue mich sehr, dass sie meine Adresse bereits kennt und ihre Korrespondenz in Zukunft fortsetzen kann. Das hat für uns eine immense Bedeutung. Sie verstehen es wunderbar. Wie ich Ihnen bereits am 24. August dieses Jahres geschrieben habe[36], begann für mich zusammen mit anderen ganz unerwartet eine Reise, bei der wir am Anfang selbstverständlich nicht wussten, wohin sie uns führen sollte. Am Anfang kam ich zu Niusia, stellen Sie sich vor, dass wir uns in den ersten Tagen (Niusia erfuhr sofort von meiner Ankunft) überhaupt nicht treffen konnten. Am 3. September dieses Jahres, pünktlich zu Niusias Namenstag[37], gelang es ihr, mich zu besuchen – unser Wiedersehen nach der Trennung im Jahr 1945 war sehr angenehm. Stellen Sie sich vor, dass wir uns etwa eine Stunde lang unterhalten haben. Wir hatten eine Menge zu besprechen, aber wir wussten nicht, wo wir anfangen und wo wir aufhören sollten – die Zeit reichte nicht aus. Mit einem Wort, wir sprachen über alles über uns und die Unseren, die nahestehenden und die entfernten Bekannten. Wir hatten uns für denselben Tag ein weiteres Treffen vorgenommen, aber zu unserem Pech war es so, dass ich wenige Stunden nachdem sie gegangen war, bereits im Waggon saß und am nächsten Tag weiterfuhr, zunächst in Jadzias Richtung. Niusia hält sich sehr gut. Sie ist gesund und sieht gut aus. Und so kamen wir nach drei Tagen einer ziemlich anstrengenden Reise am 6. September an unserem neuen Wohnort an. Scheskasgan [kas. Jezqazğan]. [Überall nur] Kupfererze und sonst nichts. Bei der Gesundheitskommission wurde ich in die III. Gesundheitskat[egorie] eingestuft[38] und einer Brigade zugeteilt, die an der Oberfläche arbeitet. Mit meinem Körperbau konnte ich natürlich nicht im Bergwerk arbeiten. Sie wissen, dass ich körper-

---

36 Der Brief vom 24. August 1948 hat die Empfängerin nicht erreicht.
37 Fehler seitens des Briefverfassers. Der Namenstag von Bronisława fällt auf den 1. September.
38 Bei der Ankunft im neuen Lager mussten die Häftlinge vor einem medizinischen Ausschuss erscheinen, der ihre Arbeitsfähigkeit überprüfte. Die Anzahl der Gesundheitskategorien war unterschiedlich und hing auch von der Art der Produktion ab. Haber wurde wahrscheinlich in die Kategorie SFT (russ. *sredni fisitscheski trud*/ mittelschwere physische Arbeit) oder LFT (russ. *legki fisitscheski trud*/ leichte physische Arbeit) eingestuft.

lich nicht gearbeitet habe und bis ich etwas Übung hatte, war es anfangs schwer. Nach einem Monat war alles normal – gleichzeitig versuchte ich, eine Stelle zu finden, die meinen Qualifikationen entsprach. Dies ist mir am 11. November gelungen. Seit diesem Tag arbeite ich in der zentr[alen] Buchhaltung. Wie Sie bereits wissen, bin ich stets gut gelaunt, aber wie dem auch sei, die Bedingungen hier sind anders als dort, wo ich war. Ich bin nur froh, dass Jadzia an ihrem Platz ist und sich ihr Zustand, auch der gesundheitliche gebessert hat.

Fr[au] Irena, meine ersten Briefe an Sie waren ziemlich alarmistisch, damit Sie ein Päckchen schicken. In der Tat war meine Lage in Bezug auf Essen, Rauchen usw. schwierig. Jetzt hat sie sich nicht viel geändert, weil ich [hier] ein neuer Mensch bin und alles, was ich hatte an dem vorherigen Ort, wo ich war, lassen musste. Natürlich sitze ich im Moment im Warmen, was sehr wichtig ist – mit der Zeit wird sich alles fügen. Vorerst bitte ich Sie um Ihre Hilfe. Es gibt hier eine ganze Reihe von Landsleuten. Es ist angenehm, jemanden zu haben, mit dem man reden kann. Jadzia hat mir geschrieben, dass sie Ihnen schrieb, als ich hierherkam und Sie gebeten hat, mir einige Sachen zu schicken. Bitte tun Sie es nur im Rahmen Ihrer Möglichkeiten. Ich fände es sehr schwierig, wenn Sie dies auf Kosten Ihres eigenen Einkommens machen würden. Hier, Frau Irena, ist das Klima ganz anders als dort, wo ich vorher war. Dort konnte man ins Grüne und in den Obstgarten usw. Hier gibt es außer Minenschächten, Kupfererz, schrecklichem Staub, Steinen und einer öden Steppe, die von kleinen *sopki* durchsetzt ist, gar nichts. Hier ist es quasi noch warm, während in Karaganda zum Beispiel schon richtiger Winter herrscht. Die Entfernung beträgt nicht mehr als 600 km [39], aber der Klimaunterschied ist enorm. Hier gibt es noch keinen Schnee. Aber einen leichten Frost schon. Beim Wind steigt der braune Staub auf, der für Menschen mit Lungenkrankheiten gefährlich ist, weil er Kupferoxid enthält. Gefährlich ist hier auch das [rohe] Wasser. Ich trinke kaum was davon, aber es ist unmöglich, es gar nichts davon zu trinken. Im Großen und Ganzen bin ich gesund, nur in den letzten Tagen fing ich mir eine

---

39 Die Luftlinie zwischen Scheskasgan und Dolinka beträgt etwa 420 Kilometer.

leichte Erkältung ein. Drinnen ist es warm, aber manchmal springt man raus und dann ist ein Schnupfen garantiert. Wird schnell vorbeigehen. Wie läuft es bei Ihnen, Frau Irena? Ich würde mich sehr freuen, einen langen Brief von Ihnen zu erhalten. Was macht die Gesundheit Ihrer Mutter und unserer Familie [gemeint ist die polnische Gemeinschaft]? Ich glaube, dass Mutter bald wieder ganz gesund sein wird. Es gibt hier einen unserer Landsleute, der mit Michał zusammen war. Ich habe daher die neuesten Nachrichten über seinen Gesundheitszustand. Fr[au] Irena, ich bitte Sie sehr, mir und Jadzia oft zu schreiben und den Kontakt zu uns nicht abreißen zu lassen. Ich bitte um Zeitungen, Tabak, Bleistifte, Schreibfeder, Nadeln und so weiter, und – das ist das Wichtigste – einen Topf. Den, den ich hatte, ist weg, und ich brauche ihn dringend. Ich grüße Sie herzlich und küsse Ihre Hände

[Bolek]

Wenn sich die Gelegenheit ergibt, besorgen Sie mir bitte zwei Taschentücher.
Bitte um Postkarten und Briefmarken.
Richten Sie bitte an unsere engen und entfernten Bekannten Grüße aus.

Brief von Jadwiga Haber vom 29. April 1949

Teure Fr[au] Ireczka!
Ich habe Ihre Postkarte vom April erhalten und danke Ihnen für Ihr Interesse und dass Sie uns nicht vergessen haben. Gerade bin ich unterwegs. Ich bin bereits den dritten Tag in Dolinka und seit etwa zwölf Tagen auf Dienstreise. Die ersten sechs Tage fuhr ich auf Schlitten und begleitete eine Menschengruppe, unter denen Personen waren, die meiner Hilfe bedurften. Die Reise war ziemlich beschwerlich, denn es gab eine Überschwemmung, und gerade als ich von ihr zurückkehrte, musste ich mich schon für eine neue Reise am nächsten Tag fertigmachen. Ich fuhr durch den Ort, in dem sich Niusia befindet, aber ich konnte sie nicht sehen, weil ich nachts ankam und im Morgengrauen zu dem Kranken ins Auto stieg, um ihn schneller ins Krankenhaus zu bringen. Die letzten Tage waren voller Rennerei und Fürsorge, aber ich konnte alle beruf-

lichen Aufgaben abschließen, nur noch ein schweres Palet (eine Kiste) muss auf der Fahrt geschleppt werden. Ich war beim Röntgen, und der Arzt sagte mir, dass es seit dem letzten Jahr keine Veränderungen gegeben hat, aber ich glaube, dass er mich nur nicht beunruhigen wollte. Er hat es sich lange angeschaut, nachgedacht und hat es dann seinem Kollegen gezeigt, einem Bakteriologen, dem er irgendwas erklärte. Über die Schulter hinweg konnte ich jedoch den Vermerk »*t*[u]*b*[er]*culosis pulmonum progressiva*« [lat. für fortschreitende Lungentuberkulose] sehen. Aber jetzt trifft es mich nicht mehr so sehr wie im letzten Jahr, als ich von meiner Krankheit erfuhr. Er stellte auch fest, dass das Herz geweitet war. Ich kann nur sagen, dass es mir irgendwie gleichgültig geworden ist. Ich sollte von dem Ganzen inzwischen müde sein.

Es ist sehr schwierig zu hoffen, Bolko oder jemanden anderen von meinen Angehörigen zu sehen. Man muss es sich offen eingestehen. Eine solche Erkenntnis ist erdrückend, aber es ist notwendig, mit offenen Augen und ohne Illusionen in die Zukunft zu blicken. Ich bin natürlich nicht in der Lage, Bolek darüber zu schreiben, ganz im Gegenteil – ich schreibe ihm immer ermutigende Briefe, weil ich weiß, dass er mich nicht vergessen hat und ganz genau weiß, wie groß und tief seine Gefühle für mich sind. Was in Zukunft passieren wird, kann ich nicht sagen, und ich glaube, er weiß es auch nicht. Solange ich lebe, würde es mich sehr schmerzen, wenn sich in dieser Hinsicht etwas ändern würde, aber ich hätte kein moralisches oder menschliches Recht, Anschuldigungen zu erheben. Er ist jung und gesund und auf dem Weg ins Leben, zu den gesellschaftlichen Pflichten. Ich werde mich nach und nach entfernen. So ein Schicksal eben. Ich bedauere nichts aus der Vergangenheit und mache mir keine Vorwürfe. Mein Gewissen ist ziemlich rein, vielleicht tauchen bei der Analyse unbedeutende Schatten auf (ich übe oft Selbstkritik), wenn im Leben existenzielle Probleme auftauchten, aber nicht immer wissen wir, wie es besser werden soll. Ich möchte Niusia auf dem Rückweg unbedingt sehen. Ich reise morgen ab, vielleicht könnten wir uns glücklicherweise treffen. Den Winter habe ich, wie viele andere auch, außergewöhnlich schwer überstanden. Aber er ist vorüber und die Sommersonne kann uns vielleicht erwärmen und streicheln, sodass wir die Tage mit dem Schlechtwetter vergessen und uns auf die nächsten vorbereiten können.

Ich schreibe wieder, wenn ich zurück auf der Station bin. Bitte schreiben Sie was von sich, Ihre Worte sind für mich vom großen Wert und ich erwarte sie immer mit großer Sehnsucht. Richten Sie Mutti herzliche Grüße aus und Ihnen wünsche ich Gesundheit und Wohlergehen.
Ich küsse Sie

Ihre Jaga

*Undatierter Brief von Jadwiga Haber,
wahrscheinlich aus der zweiten Julihälfte 1949*

Teure Ireczka!
Ich befinde mich nun in primitiven Verhältnissen. Ich wohne in einer Hütte, deren mangelhafte Konstruktion ich während des strömenden Regens erleben musste. Ich bin mit dem Kartoffelanbau beschäftigt, wobei ich nach drei Tagen Arbeit mit der Hacke erkrankt bin, heute geht es mir besser und morgen gehe ich wieder zur Arbeit. Ich bedaure sehr, dass ich keine Briefe erhalte. Könnte es sein, dass man mich im schwierigsten Moment meines Lebens vergessen hat? Seit zwei Monaten habe ich keine [Briefe] von Bolek erhalten, und ich bin sehr beunruhigt, denn er ist für mich so wichtig und ich glaube an seine Gefühle so sehr wie an meine, die ich ihm gegenüber hege. Ich mache mir große Sorgen um ihn. Ich kann mich nicht erinnern, ob ich jemals so lange keine Nachricht von Ihnen erhalten habe, wie es in den letzten Monaten der Fall ist – auch das beunruhigt mich und bereitet mir noch mehr Sorgen.
Niuśka hat mir nach Verbüßung ihrer Strafe zweimal geschrieben, aber obwohl der letzte Brief aus dem Exil kam, ist es ihr noch nicht gelungen, mir die richtige Adresse zukommen zu lassen. Offenbar hat sie den Hafen noch nicht erreicht. [...] Hoffentlich wird Niusia in ihrem Beruf Fuß fassen und ihr Zertifikat erhalten. Es hat [für sie] offensichtlich eine schwierige Zeit begonnen, und es ist notwendig, unter den außergewöhnlichen Bedingungen des Zusatzes[40] bei Null anzufangen.

40 Die Autorin meint damit die zusätzliche Strafe nach der Verbannung, die erst nach der Entlassung aus den Lagern ausgesprochen wurde. Sie war für entlassene politische Gefangene obligatorisch, die in eine unbefristete Verbannung an die von den

Liebe Ireczka! Sie haben keine Ahnung, wie sehr ich mich über einen Brief freuen würde. Ich würde mich über eine Karte von einem Kollegen aus der Station[41] freuen. Es gibt viele Leute hier, aber man könnte sagen, kein einziges menschliches Wesen und von morgens bis abends hören wir schreckliche Worte und Beschimpfungen, die an einen Eimer Gülle erinnern, von dem es einem schlecht wird. Man braucht hier nicht nur eine eiserne Gesundheit, sondern auch eiserne Nerven. Wie es aussieht, muss man alles von Grund auf erleben. Bitte schreiben Sie mir, vielleicht wissen Sie etwas über Bolek, und lassen Sie ihn bitte wissen, dass ich in Gedanken und Gefühlen immer bei ihm bin. Bitte schreiben Sie, wie es Mama und Ihnen geht, wie das Leben ist. Schreibt Michał und wie ist es um seine Gesundheit bestellt? Ich denke oft, sehr oft an ihn. Ich sende Ihnen meine herzlichen Wünsche.

Küsse, viele Küsse

Frau Jaga

Der Sommer hier ist sehr kühl und regnerisch. [Schicken Sie bitte] Tinte und einen Bleistift [...]

Brief von Jadwiga Haber vom 4. Januar 1950

Unsere teure Fr[au] Ireczka!

Das neue Jahr hat für mich angenehm begonnen, ich habe drei Briefe auf einmal erhalten, was sehr selten passiert, und zwar von den Menschen, die mir am nächsten stehen, nämlich von Ihnen, Boleczek und Niusienka. [Meine] Teure! Ich verstehe nicht, warum Sie meine Briefe nicht erhalten, seitdem ich an meiner neuen Arbeitsstelle bin, habe ich drei von ihnen abgeschickt, dieser wird der vierte sein. Das Päckchen habe ich, meine Liebe, vollständig erhalten, was ich Ihnen bereits geschrieben und

---

Behörden bestimmte Orte (einschließlich der nördlichen Regionen Kasachstans) geschickt wurden, daher die häufig verwendete Bezeichnung »ewiges Exil«. Sie wurde auf der Grundlage eines Erlasses des Präsidiums des Obersten Sowjets der UdSSR vom 21. Februar 1948 eingeführt.

41 Gemeint ist die Außenstelle des Lagers, in der sich die Autorin zuvor aufgehalten hat.

mich dafür bedankt habe. Herzlichen Dank nochmals an Sie persönlich und an Ihre alte Dame für Ihre Unterstützung dafür, dass Sie uns nicht vergessen haben, und wenn wir es in Zukunft nicht vergelten können, möge Gott Sie nicht verlassen und sie für Ihre Güte, die wir von Ihnen erhalten, *in seiner Obhut behalten*[42]. Ich sandte Ihnen aus tiefster Seele meine Weihnachts- und Neujahrswünsche. *An Heiligabend waren meine Gedanken*[43] bei all jenen, die mir seelisch nahestehen, so stark, dass man sie trotz der großen Entfernung spüren musste und unsere Gedanken und Gefühle verschmolzen. In Übereinstimmung mit Bolek und meinen eigenen Wünschen war ich an diesem Abend allein in meiner angenehmen Ambulanzstation. Ich machte ein bescheidenes Abendessen (ich bekomme Trockenproviant und koche für mich selbst) und deckte den Tisch, wie es sich gehört, auf Heu und mit einer Leinenserviette, die Sie mir zukommen ließen. Ich bereitete auch ein Gedeck für Bolek und stellte eine Schüssel und einen Löffel für ihn hin. Aus einer *artscha* (die unserer Thuja ähnelt) machte ich einen kleinen Weihnachtsbaum und schmückte ihn mit Kerzen, die mir ein ehemaliger Kollege, ein Arzt, geschickt hat; ein guter Mensch, den ich einmal in einem der Briefe an Sie erwähnt habe. Boleczek hat auch die Gelegenheit gehabt, ihn kennenzulernen, als er ihm eine Röntgenaufnahme machte und mir danach sagte, dass er das Herz meines Mannes gesehen und in ihm meinen Namen gelesen habe und erblicken konnte, dass es herzlich für mich geschlagen habe. Es waren vier Kerzen, so wie wir vier durch das Schicksal miteinander verbunden sind, gleich groß, ich gab jeder einen Namen und dachte, dass diejenige, die zuerst ausbrennt, die erste sein würde, die von uns vieren gehen wird, und die anderen wiederum nacheinander und unwiederbringlich auch. Boleks und Niusias Kerzen brannten am längsten. Meine erlosch als erste, der die von Michał folgte. Ich hatte keine Oblaten, so brach ich das Brot und mir wurde so schwer und schmerzvoll zu Mute, dass meine Gedanken davonliefen und ich sie nicht einsammeln konnte und *erstarrte*[44]. Ich weiß nicht, wie lange dieser Zustand anhielt. Allmählich tauchten Erinnerungen vor meinen Augen auf, angefangen mit meiner Kindheit

42 Stelle auf Polnisch geschrieben.
43 Stelle auf Polnisch geschrieben.
44 Wort auf Polnisch geschrieben.

bis hin zu diesem Tag. Meine Gedanken eilten zu all meinen Lieben, die über die ganze Welt verstreut waren. Und so verbrachte ich diesen Heiligen Abend in Einsamkeit, ohne eine einzige Träne zu vergießen, mit einer Last auf der Brust, meinen Sorgen um das Vaterland und meine Lieben. Ich war jedoch mit meiner Einsamkeit zufrieden, niemand sprach mit mir, niemand störte mich, niemand zerstreute meine Träume. Ich weiß nicht, ob das an diesem Abend ein Zufall war oder Respekt vor mir, obwohl das in dieser Umgebung kaum zu erwarten ist. Nach einer Zeit ohne Briefe von Bolek, es waren fast vier Monate, erhielt ich bereits den zweiten, und er bescherte mir eine sehr unerwartete Freude. Im Brief befand sich [nämlich] ein kleines Porträt von ihm, welches von einem befreundeten Maler angefertigt wurde. Es ist sehr gelungen, vor allem seine Gesichtszüge, sowohl im Detail als auch im Ganzen. Sein charakteristischer Blick wurde sehr gut eingefangen, nur die Augen sehen sehr unglücklich aus, aber eine solche Veränderung an ihm ist verständlich. Das zweite Porträt ist von einem anderen Maler angefertigt und weniger gelungen. Ich muss sagen, dass es nur eine begrenzte Ähnlichkeit aufweist. Ich werde meinen Bolek mit Glas einrahmen, die Kopie betrachten und dabei das Original tief in meinem Herzen und meiner Seele aufbewahren, bis ich [ihn] wieder in echt betrachten kann. Seine Briefe sind gut, herzlich, *voller wahrhaftiger Zuneigung und Sehnsucht*[45]. Es scheint, dass wir in dieser Hinsicht wie Vorbilder sein können, wie Ausnahmen mit unseren bleibenden Gefühlen, die noch stärker geworden sind. So hart es auch ist, das sechste Jahr der Trennung, es kann keine schlimmere Strafe geben als die Angst um das Vaterland und die Trennung von einem geliebten Menschen.

Dennoch glaube ich, dass in unserem Unglück ein gewisses Glück liegt, dass uns solch *erhabene Gefühle*[46] zuteilwerden. Es ist schrecklich, wenn man sich umschaut und die vorherrschende Verderbtheit sieht und wie traurig es ist, wenn sich unsere Landsleute, wegen des kurzfristigen Wohlstands so arrangieren, dass man sich für sie schämt. Ich habe keine Entschuldigung und kein Mitleid mit ihnen, *ich verurteile sie*[47] und betone

45 Stelle auf Polnisch geschrieben.
46 Stelle auf Polnisch geschrieben.
47 Stelle auf Polnisch geschrieben.

meine Haltung ihnen gegenüber bei jeder Gelegenheit. Zuvor habe ich versucht, gut einzuwirken, habe in jeder Hinsicht geholfen, aber ohne Erfolg. Gott sei Dank ist von denen nur noch eine geblieben, und es wäre aus Achtung vor Ihnen unwürdig sie zu erwähnen. Sie stammt aus einer guten Familie und hat ein geringes Urteilsvermögen. Sie hat alle Aussichten, zu ihrem Mann und Kind zurückzukehren [...].

Ich bekomme viele Briefe von Niusienka, ich bemitleide sie von ganzem Herzen, die Arme arbeitet hart und hat vor allem keine Erleichterungen, nur gut, dass sie gesund ist und mit kultivierten Frauen zusammenlebt. [...]

Ich bin sehr froh darüber, dass es Michał besser geht. Sie müssen sich in Ihrem Brief an mich geirrt haben, [...] er leidet, aber soweit ich mich erinnere, an Brucellose[48]. Bitte übermitteln Sie ihm meine herzlichen Grüße und eine brüderliche Umarmung[49]. Ich wünsche ihm, dass er nach Hause kommt, denke oft an ihn und erinnere mich an meine erste Begegnung mit ihm und unser letztes Mal, als wir uns unterwegs gesehen haben. Unglückseliger, dass er so krank ist. Ich befinde mich jetzt in solchen Verhältnissen, dass ich auch leicht Brucellose bekommen kann. Ich passe auf und tue alles, was von mir abhängt, um wenigstens diese Krankheit zu verhindern, meine Krankheiten reichen mir.

Ein großes Dankeschön für die Weihnachtswünsche und die Oblaten, die ich in Teilen an Bolek und Niusia geschickt habe. Ich schicke Ihnen, liebe F[rau] Ireczka und der geehrten Mutti noch einmal vom Herzen Gesundheit und Kraft wie [die Möglichkeit] eines Wiedersehens mit Ihren Lieben. Es macht mich traurig an Sie zu denken, dass Sie eine so schwere Zeit durchmachen und trotzdem immer wieder Worte der Ermutigung für uns finden. Richten Sie bitte allen, die an uns denken und uns helfen, meine Dankbarkeit und Grüße aus.

Machen Sie sich um mich keine Sorgen, ich bin warm gekleidet, ich laufe in wattierten Hosen und einer Fufaika herum, und wenn ich auf eine Dienstreise gehe (was oft vorkommt), geben sie mir einen Pelzmantel. Bis dato war das Wetter gut, der Frost reichte nur bis zu 30 bis 35 Grad Minus

48 Brucellose – eine bakterielle Krankheit, die von Tieren auf Menschen übertragen wird (sog. Zoonose).
49 Stelle auf Polnisch geschrieben.

und es war windstill. Jetzt haben die Burans begonnen, aber bisher waren sie auch nicht schrecklich. An Tagen, an denen es Burans gibt, mache ich mir Sorgen um die Menschen. Meine Arbeit ist in dieser Hinsicht hart und unangenehm genug. Es ist gut, dass es [mir] bisher gesundheitlich nicht schlecht geht, ich fürchte mich vor dem Frühling, [...] und ich würde so gerne Boleczek und Euch alle wieder treffen. Ich kann nicht in Ruhe über Mutter nachdenken, ihre Krankheit kann nur mit einem chirurgischen Eingriff behandelt werden, der vielleicht schon zu spät ist, denn der Krebs wird immer größer. Könnte es sein, dass ihre Söhne dies nicht durchsetzen können und kaltblütig zusehen, wie sie sich quält?[50] Wie schmerzhaft, wie schwer und schrecklich es ist, wenn ich nur daran denke.

Ich küsse Sie ganz fest und wünsche Ihnen von ganzem Herzen alles Gute.

Jaga

Brief von Jadwiga Haber vom 6. Juni 1950

Teure Fr[au] Ireczka!

Einmal im Monat, nicht mehr, aber einmal im Monat schreibe ich Ihnen immer, und trotzdem bekommen Sie meine Briefe nicht. Ich bekomme auch seltener Postkarten von Ihnen. Niusia schreibt relativ oft, und ich schreibe ihr auch oft, aber sie beklagt sich ständig, dass sie keine Nachrichten von mir bekommt. Von Bolek habe ich nun schon seit sechs Monaten keine Briefe mehr erhalten.[51] Der letzte war vom ersten Januar und jetzt haben wir schon Juni. Ich habe bereits eine Anfrage in seiner Angelegenheit an den Vorsitzenden geschickt – es ist so schrecklich, so schwer. Ich kann nur auf das gelungene Porträt von ihm blicken, welches er mir

---

50 Wahrscheinlich handelt es sich um eine Anspielung bezüglich der Lage Polens zur damaligen Zeit. Die Mutter wäre in dem Fall Polen und ihre Krankheit die Bewertung der politischen Situation. Ein offener politischer Kommentar wäre durch die Zensur niemals durchgekommen.

51 Es ist auf die damals eingeführte Beschränkung der Korrespondenz zurückzuführen, über die die Häftlinge, wie aus der Reaktion von Jadwiga Haber hervorgeht, oft nicht informiert wurden.

zu Weihnachten geschickt hat, und lebe mit den schönen Erinnerungen an unser gemeinsames Leben und ich schaue mich in der Umgebung um, in der wir uns gegen unseren Willen befinden, alles gereichte zu seinen Gunsten, in meiner Erinnerung ist er etwas Helles, und [ich] mit meinen Gedanken nur bei ihm, bei Ihnen, bei Niusia, Michał, allen uns nahestehenden, und auch in den Erinnerungen an die schweren Momente finde ich Erleichterndes, weil in ihr dann so gute, wertvolle Menschen auftauchen. Und es ist so schrecklich und traurig, dass ich sie nicht wiedersehen werde. Ich lebe unter gleichgültigen Menschen, ich selbst bin gleichgültig und einsam geworden, es gibt niemanden, mit dem ich mich austauschen kann, ich ersticke alles in mir, und wie schwer es ist, nicht zu weinen, und nichts hilft und nichts hängt von uns ab. Wir sind ins Elend gestürzt, in die Zermürbung des Lebens, in die Verlangsamung seines Rhythmus. Ich bin unendlich müde, aber bis jetzt funktioniert der Verstand jedoch gut, ich erledige alle meine Aufgaben und die Tage vergehen, das Ende unserer Lebensreise rückt immer näher. Aber vieles ist [bereits] verloren und bessere Zeiten kommen nicht zurück, sie sind für immer weg.

Es tut mir leid, dass Sie krank sind, ich bete zu Gott, dass er Ihnen alles Gute, Gesundheit und Kraft schickt, und ich danke Ihnen von ganzer Seele für Ihre Gedanken und Briefe an uns. Niusieńka gibt mir Trost, aber trotz allem ist ihr Leben hart, und in meiner Seele mache ich mir ständig Sorgen um sie, Boleczek, Michał, Tońka [nicht identifizierte Person], die ich kaum kenne, und andere, die ich nie vergessen werde. Wie geht es Michael jetzt mit seiner Brucellose? In diesem Jahr verläuft die Krankheit sehr schwer. Ich sehe, wie die Menschen leiden, und es scheint unmöglich zu sein, sie zu verhindern, egal wie viel Hygiene und Sorgfalt man walten lässt.

Das Wetter bei uns ist typisch für dieses Klima und ändert sich fünfmal am Tag mit ständigen Winden, kühlen Nächten und Frost. Es kommt vor, dass ich viel zu Sommerlagern und zur Heuernte fahre, das ist angenehm und schön, manchmal muss man 60–70 Kilometer pro Tag fahren. Aber das alles ist nicht so schwer, die Kollegen zerren jeden Tag an den Nerven, oder vielmehr das Fehlen von ihnen, das Fehlen von Fachwissen. Meine Dir[ektorin] auf der Farm ist eine Namensvetterin von mir. […] Wir können bei der Arbeit keine gemeinsame Sprache finden.

Morgen möchte ich auf jeden Fall meine Arbeitsstelle wechseln, vielleicht wird es wieder eine allgemeine [Arbeit, d. h. körperliche Arbeit] sein. Im Vergleich zum Frühjahr geht es meiner Lunge besser, aber mein Herz ist in einem lausigen Zustand. Es schwillt an, aber das macht mir nicht besonders was aus. Ich habe einen Mann getroffen, der Bolek im Winter 1948 gesehen hat. Ich unterhalte mich gerne mit ihm, er erzählt mir von ihm und seinem positiven Charakter, da höre ich ihm gerne zu. Was bin ich Gott dankbar, dass Sie mit Ihrer Mutti da seid. Ist Ż[ółkiewski], der Vater von Bronia und Wanda, noch am Leben, oder schreibt wenigstens eine von ihnen? Und was ist mit den Brüdern, schicken sie Nachrichten? Man weiß auch nichts über die Verwandten von Niusieńka.
Meine lieben Damen, ich grüße Sie herzlich und danke Ihnen, dass Sie uns nicht vergessen.

Jaga [in lateinischen Buchstaben geschrieben]

Undatierter Brief von Jadwiga Haber,
wahrscheinlich aus der ersten Augusthälfte 1950

Teure Fr[au] Ireczka!
Ich habe Ihre Postkarte und Ihren Brief vom 30. Juni dieses Jahres am 30. Juli erhalten, gleichzeitig mit dem Brief von Niusia. Am 25. Juni dieses Jahres habe ich den lang erwarteten Brief von Bolek erhalten, und nun liegen wieder lange sechs Monate vor mir, die mir wie eine Zeit des quälenden Wartens vorkommen werden. Er befindet sich auf seiner alten Arbeitsstelle und macht sich um Sie beide und Ihre Krankheiten Sorgen, von denen er von mir und Niusia erfahren hat. Er hat einen Brief oder besser gesagt eine Postkarte von Niusia erhalten, als sie noch in der Sowchose arbeitete; er freut sich, dass sie Boris vergessen hat und [ihn] nicht erwähnt. Persönlich denke ich, dass sie sich sehr wohl an ihn erinnert, denn in ihrem vorletzten Brief erwähnt sie, dass er ihr oft aus Moskau schreibt und hofft, dass er seine Beziehung mit seiner Frau in Leningrad bald beenden wird. Natürlich wünsche ich ihm alles Gute im Leben und seine Freiheit, wie allen anderen Menschen auch, aber dennoch bitte ich Gott, dass er ihr [Niusias] Leben ändert, um das ich mich

tief in der Seele sorge und für das ich eine gewisse Verantwortung empfinde. Es hat mich gefreut, die Meinung einer Bekannten, einer erfahrenen Frau, mit der ich übereinstimme und die mit Niusia zusammengearbeitet hat und ihn gut kennt, zu hören, dass er, wenn er die Möglichkeit hätte, aufgrund seiner Stellung und seiner Karriere nicht zu einer Verbannten kommen würde, um mit ihr das Schicksal zu teilen. Niusia arbeitet bereits als Krankenschwester in einem Krankenhaus im Rajon. Ihre materielle und physische Situation haben sich verbessert, moralisch geht es ihr aber schlecht. Sie hat eine starke Sehnsucht nach ihrer Familie und sie schreibt, dass es ihr noch schlechter ergeht, wenn sie sich unter Menschen aufhält, dass das Leben an ihr vorbeizieht und sie auf der Strecke bleibt. Zuflucht findet sie in der Arbeit, bei der sie sich nicht so schrecklich einsam fühlt und das Gefühl hat, von den Menschen gebraucht zu werden. Ich habe völlig unerwartet einen Brief von einem guten Freund aus unserer Stadt erhalten. Er arbeitet als Chirurg und gewöhnt sich gerade an unser Klima. Von mir und Bolek hat er durch unseren Landsmann erfahren, der letztes Jahr aus unserer Station versetzt wurde. Er schreibt mir auf eine sehr nette, freundliche Art und Weise mit großer Wertschätzung und Respekt. Es ist so schön, solche Worte zu lesen, vor allem, wenn man sich inmitten von ungehobelten und unkultivierten Menschen wiederfindet und man auch für eine Minute in eine andere Welt versetzt wird.

Bolek schreibt, dass bei Ihnen eine ermüdende Hitze herrscht. Wir haben auch heiße Tage, aber normalerweise bringt der Wind etwas Abkühlung. Wenn ich den ganzen Tag durch die Steppe fahre, trocknen mir regelrecht der Mund und der Hals-Nasen-Bereich regelrecht aus. Das Wetter wechselt oft und es wird im Handumdrehen kühl. Wenn ich unterwegs bin, trenne ich mich nie von meiner Fufaika und meiner Reisedecke. Mit alldem, den Kleinigkeiten des Lebens, haben wir es gelernt, sie zu ertragen und uns mit ihnen abzufinden. Es ist nur unmöglich, sich mit den entarteten Gemütern abzufinden, denen man begegnet, die stumpf sind, die Unrecht und Schaden über die Menschen bringen, alles verliert dann seinen Sinn und verändert sein Gesicht, wie sich ein Spiegelbild in einem Zerrspiegel verändert. Wenn man alles betrachtet, was vor seinen Augen geschieht, und tief in das Leben der anderen eindringt, was ihr Schicksal verändert, erreicht man einen Zustand der Gleichgültigkeit gegenüber

dem eigenen Schicksal, das auch nicht (wie das ihre) [vorhersehbar] ist, wie in meinem Fall nach acht Jahren Praxis, bei Bolek nach einer Dekade [...] und so ist es kein Wunder, dass uns die Hoffnung verlässt. Ich habe eine Postkarte von einem Freund erhalten, der seinen fünfjährigen Aufenthalt hier beendet hat. Er ist bereits den vierzigsten Tag auf dem Jenissei hinter den Polarkreis unterwegs. Und er hatte doch auch gehofft, seine Familie zu treffen und sie wieder zu sehen.
Ich lebe in der Vergangenheit und in Erinnerungen. All die durchlebten Tage, alles, was ich mit meinen Augen sah, das persönliche Leben, all das trage ich in meinem Gedächtnis und in meinem Herzen, wie einen kostbaren Schatz interessanter, wertvoller Menschen, bei denen ich das Glück hatte, sie in meinem Leben zu treffen, wobei ich dieses unantastbare Geheimnis unserer Gefühle tief schütze und es eifersüchtig vor den Menschen verberge, so finde ich auch in der Zeit der Trennung in unserem harten, einsamen Leben das Glück. Ich bin zufrieden, dass ich immer noch ich selbst geblieben bin, und vielleicht sind meine geistigen Qualitäten sogar noch ausgeprägter geworden. Stimmen Sie mit mir überein, meine Teure, dass man sehr tief fallen muss, um die gegenwärtige materielle Zerstörung zu erreichen, aber es genügt, ein wenig von seinem inneren Reichtum zu verlieren, und das führt bereits zum geistigen Verfall. Das dürfen wir nicht zulassen, nämlich alles, was in uns noch bewahrt geblieben ist, sollten wir mit aller Sorgfalt und Aufmerksamkeit schützen, um nicht einen einzigen Krümel von dem zu verlieren, was die Tradition und unser Gefühl in uns bewahrt haben. Das ist unter unseren Umständen keine leichte Aufgabe, aber wir haben den Verstand, der uns dabei hilft und der in meinem Fall überraschenderweise hervorragend funktioniert, und die Erziehung als Fundament.
Zu meiner Überraschung verbringe ich heute einen sehr ruhigen Tag und widme ihn Euch allen, die Ihr mir am Herzen liegt, indem ich den ganzen Tag Briefe schreibe, mit Ihnen unterhalte ich mich und versetze mich in eine völlig andere Welt. In Ihren Briefen, die ich mehrmals lese, sind Ihre Gedanken so zärtlich und schön beschrieben, dass ich mich [an ihnen] erwärmen kann. Sie bewegen mich und geben mir einen Impuls zum Leben. Meine gute Ireczka! Ich habe einer Operation zugestimmt, habe schon die Entscheidung, die Überweisung ins Krankenhaus. Ich weiß nicht,

ob ich das Richtige getan habe. Aber abgesehen von meinen materiellen und grundlegenden Bedürfnissen habe ich meine Nerven wirklich überstrapaziert, die Anfälle haben zugenommen, es muss eine Grenze [der Belastbarkeit] geben. […] Jeden Tag habe ich das Gefühl, dass es mir an Kraft und Geduld fehlt. Es zerrt so an mir auf Schritt und Tritt, dass ich manchmal geistig und nervlich unzurechnungsfähig werde. Zudem verliere ich gänzlich den Appetit, nehme sichtbar ab und beginne zu husten. Trotz der Überweisung lassen sie mich bisher nicht gehen, weil es keinen Ersatz für mich gibt. Der Chirurg dort ist sehr gut, ein Bekannter, ich denke, er wird mit Sorgfalt behandeln, weil es dort auch andere mir bekannte Ärzte gibt. Ich habe Boleczek nichts von der Operation geschrieben, sondern vor langer Zeit im letzten Jahr etwas erwähnt und er war nicht einverstanden. Bitte erwähnen Sie dies ihm gegenüber nicht in Ihren Briefen. Ich schreibe ihm heute nur, dass ich laut der Überweisung nach Dolinka fahren werde, es aber noch nicht weiß, wann es soweit sein wird. Vielleicht werden die Ärzte vor Ort andere Entscheidungen treffen. Bitte machen Sie sich keine Sorgen um mich. Vorläufig schreiben Sie bitte an die alte Adresse, ich werde schreiben, wenn ich abreise, und Ihre Briefe werden mir dann bei Gelegenheit übergeben.

In letzter Zeit bin ich oft zu anderen Stationen unterwegs. Ich reise mit verschiedenen Transportmitteln, mit Fuhren, Ochsen, Pferdewagen, aber auch, wenn es keine langen Strecken sind, zu Pferd im Sattel. Auf dem Pferd ist es am angenehmsten, aber leider machen sich dann meine Gallensteine bemerkbar. Deshalb meist mit einem Fuhrwagen und ein Mitarbeiter ist dann unverzichtbar, ich bin froh, wenn es ein stiller ist. Dann ruhe ich mich in der Steppe aus, meine Gedanken kreisen um meine Lieben. Die Menschen gehen freundlich und respektvoll mit mir um. Ich habe eine Menge Arbeit und Sorgen, und das alles füllt meine Existenz hier aus. Ich bitte Sie, auf Ihre Gesundheit zu achten, die, meine Liebe, für uns so kostbar ist. Mutti sollte Jodpräparate einnehmen, aber mein Rat ist unangebracht, ich habe keinen Zweifel daran, dass Sie alles tun, was Sie können, um den Zustand [Ihrer Mutter] zu verbessern. Es freut mich, dass es dem Vater von Wanda und Br[onisława] gut geht, dass sein

Sohn sein Diplom erhalten hat und in einer bekannten Stadt arbeitet.[52] Seltsam, dass es keine Nachrichten von den Töchtern gibt. Ich denke oft an Michał und schwelge in Erinnerungen, er ist so nah und doch kenne ich seine Adresse nicht. Bitte schreiben Sie an Bolek, er wartet sehr auf Ihre Worte, es gibt bei der Postannahme keine Einschr[änkungen].
Ich küsse Sie, wünsche Ihnen viel Gesundheit und möge der Herr Sie beschützen.
Bitte schreiben Sie mir vorerst nicht, bis ich Ihnen die neue Adresse mitgeteilt habe.[53]

Brief von Jadwiga Haber vom 18. Januar 1951

Teure F[rau] Ireczka!
Weil nicht alle meine Briefe Sie erreichen, sende ich Ihnen auch in diesem Brief erneut meine Weihnachts- und Neujahrswünsche. Von ganzer Seele und einem reinen Herz wünsche ich Ihnen für das Jahr 1951 alles Gute, mehr sonnige und helle Tage in Ihrem Leben, Gesundheit und Kraft. Mögen Ihre Träume und Hoffnungen in Erfüllung gehen! Ich habe Ihren Brief erhalten, aber dieses Jahr leider ohne eine Oblate, obwohl Sie schrieben, dass Sie uns [welche] geschickt haben. Ich war traurig darüber, und es beschlich mich auch der Verdacht, dass es vielleicht ein schlechtes Omen sei, obwohl ich eigentlich daran nicht glaube. Seit August habe ich Ihnen fünf Briefe geschickt […]. Meine Lieben! Ich wollte Euch nur wissen lassen, wie sehr ich auf Eure Nachrichten gewartet habe. Lange Zeit habe ich keine Briefe von Bolek erhalten, wie immer musste man lange warten (er kann nur selten schreiben) und da auch von Euch und Niusia sehr lange nichts kam, schien es mir, dass ich von allen vergessen wurde. Natürlich spielt hier meine nach der Krankheit geschärfte Sensibilität eine Rolle, dessen bin ich mir sehr bewusst. Ich wollte so gerne etwas von Ihnen erfahren, stets in Sorge um Ihre Mama, Eure Gesundheit und Euer Wohlbefinden. Ich stelle mir vor, wie Sie jetzt bei Ihrer

---

52 Es handelt sich um Witold Żółkiewski, der nach dem Krieg nach Warschau gezogen ist.
53 Vermerk am Blattrand.

Arbeit, beim Nähen gebeugt sitzen, die so schwer ist, und tröste mich mit dem Gedanken, dass sie vielleicht besser ist als irgendeine andere Arbeit. In Ihrem Brief haben Sie nichts über den Gesundheitszustand Ihrer verehrten Mutter und von Ihrer Verfassung selbst geschrieben, was mich sehr interessiert. Besonders wertvoll waren für mich die Nachrichten über alle, die uns geistig wie seelisch nahestehen. Wie sehr wünsche ich mir, euch alle zu treffen, vielleicht, wenn es mir nicht gegeben ist, glaube ich, dass Niusia und Bolek zurückkehren werden, daran zweifle ich nicht und ich bitte den Allmächtigen darum. Sie wundern sich, welche höhere Gewalt mir zur Hilfe kam, um meine Krankheit, ein solches Leiden zu überstehen. Meine Liebe! Es sind Sie, von der ich diese Kraft schöpfe, Sie geben sie mir in Ihren Gedanken, wie die anderen mir Nahestehenden sie mir in ihren warmen und freundlichen Gedanken senden, die voller Sorge und Besorgnis um mich sind. Zufällig habe ich vor kurzem zwei Briefe von einer mir bekannten Ärztin erhalten, die einen Landsmann traf, der mit Bolek eine lange Zeit verbracht hat und viel über ihn erzählte. Sie schreibt mir, dass ihr Herz aufging, als sie von diesem Unbekannten, aber einem echten Mann hörte. Den zweiten Brief erhielt ich von einem mir persönlich unbekannten Zahntechniker, der zwei Jahre lang mit Bolek zusammen war und mir schrieb, dass nur wenige Menschen unter diesen Bedingungen in einem solchen moralischen Zustand bleiben können. Nur Menschen mit einem so starken Charakter wie Bolek können sie selbst bleiben und in ihren Beziehungen zu ihren Kameraden so gütig sein und in ihrer Seele einen heiligen Platz für ihre Frau haben, um nach so vielen Jahre harter Trennung so tiefe Gefühle für sie zu hegen.

Meine liebe F[rau] Ireczka! Soll mir das keine Kraft geben, das Schlimmste zu überstehen? Auch wenn man in einer so schlechten gesundheitlichen Verfassung ist, bleibst du stark. Eines sollten Sie wissen, was Sie nicht ganz nachvollziehen können: Es sind unser Umfeld und unsere Lebensbedingungen, in denen wir uns wiederfinden. Mit was für Menschen kommt es zu Begegnungen, von denen man nichts erhoffen und alles erwarten kann und von denen man als Mensch nichts braucht und die mit ihrem Verhalten uns nicht überraschen können, einem Verhalten, bei dem man nicht weiß, ob es sich von einem Tier unterscheiden lässt.

Teure! Ich arbeite wieder an meiner früheren Stelle und bin froh darüber, dass meine Lebensbedingungen meinem gesundheitlichen und moralischen Zustand entsprechen. Ich wohne wieder separat in der Ambulanzstation, was für mich in jeder Hinsicht von großer Bedeutung ist. Ich betreue jetzt 75 Personen in einem Versorgungspunkt, der 12 Kilometer [entfernt] liegt. Ich fahre dahin. Die 27 Kilometer zur Station fahre ich ein bis zwei Mal im Monat, um dort Medikamente zu holen und einen Bericht zu verfassen. Im Frühjahr und Sommer wird die Arbeit natürlich erheblich zunehmen, und ich hoffe, dass sich mein Gesundheitszustand bis dahin verbessert hat und ich dann mehr Kraft haben werde. Ich habe immer viel zu tun und obwohl ich sehr schnell arbeite, bin ich den ganzen Tag beschäftigt und die Zeit vergeht schnell. Der sanitäre Zustand aller Einrichtungen und vor allem der Zustand der Menschen ist Teil meiner Arbeit, meiner Sorge und meiner Verantwortung. Die Aufgaben sind nicht immer einfach. Ich nehme Kranke auf und bin für die ärztliche Behandlung dreimal am Tag zuständig, auch die Kantine ist mir unterstellt. Abends nach der Sprechstunde fülle ich Krankmeldungen aus. Grundlegend ist die Systematik, die ich immer befolgt habe, was mir bei der Arbeit sehr hilft. Sorge macht mir, dass ich mir (unnötigerweise) Themen und Menschen zu Herzen nehme, für die es dort kein Platz geben sollte. Aber das führe ich auf meine chronische Berufskrankheit zurück. Nachdem alle oben beschriebenen Pflichten erfüllt sind, gehört der Abend mir allein, dann schließe ich mich in meinem recht schönen, sauberen, warmen, hellen [Zimmer] ein und lese entweder meine teuren Briefe, die mir von lieben Menschen geschrieben wurden, oder ich nähe, flicke oder – da ich manchmal medizinische Bücher habe – verbessere meine Qualifikationen, die sich bei meiner unabhängigen Arbeit als unerlässlich erweisen. Vor ein paar Tagen kam der Direktor der *santschasty*[54] und ein Arzt zur Inspektion. Ich kann mich nicht beschweren, sowohl der Direktor als auch die Leute respektieren mich, und ich benehme mich so, dass sie gezwungen sind, mich zu achten. Es gibt jeden Tag bei der Arbeit genug unangenehme Dinge [...]. Ich versuche, sie mit meiner Beherrschung, meinem Taktgefühl und guten Gründen zu beseitigen.

---

54 Abkürzung für *Sanitarnaia tschazt*, Sanitärstation, die sich in jedem Lager befand.

Aber meine Nerven sind trotzdem sehr angespannt. Ich arbeite derzeit für 260 R[u]b[el] im Monat, nach Abzug von allem bleiben mir 45 bis 50 R[u]b[el] aber ich kann mich schon mit Zucker oder Fett stärken, die für mich jetzt notwendig sind.[55] Ich habe auch versucht, Boleczek zu helfen und ihm wenigstens ein wenig [Geld] zu schicken. Also, meine Liebe, machen Sie sich bitte um mich in dieser Hinsicht keine Sorgen und denken Sie bitte nicht daran, irgendetwas bei Ihnen abzuzwacken und es mir zu schicken. Ich bitte Sie, tun Sie das nicht.

In einem Jahr und vier Monaten wird meine Erziehung[56] enden, ich weiß nicht, was das Schicksal als nächstes bringen wird. Vielleicht wird es notwendig sein, sich noch weiterzubilden – man sagt zu Recht: »er lebte ein Jahrhundert, studierte ein Jahrhundert und ist als Narr gestorben«. Ich werde kaum nützlich sein. Ich habe einen Brief von einem ehemaligen Kollegen von hinter dem Polarkreis erhalten, der unverhofft dorthin hinfuhr, um dort zu leben. Vielleicht muss ich mich im Mai [19]52 auch mit Filzstiefeln und warmer Kleidung eindecken.

Ich bin froh, dass Niusia sich zumindest vorübergehend an das hiesige Klima gewöhnt hat. Wenn das Licht fehlt, macht auch ein Streichholz glücklich. Das Wichtigste ist eine gute Gesundheit und ein starker Geist, um alles zu ertragen, was das Schicksal für uns bereithält. Und man möchte so sehr zur Mutter zurückkehren, um seine Lieben zu sehen und dort seine Gebeine zur ewigen Ruhe zu betten. *Und ich weiß nicht, wo ich in meinem Grab liegen werde, traurig ist mir...*[57] Meine Stimmungen sind so unterschiedlich und ändern sich so oft, dass es mir manchmal schwerfällt, meine Gefühle zu bestimmen. Ich habe keine Anfälle. Am 14. November öffnete sich an einer Stelle die Naht und es blieb ein nicht verschlossener Spalt, aus dem ständig eine kleine, aber dünne Flüssigkeit

---

55 Um die Produktivität zu erhöhen, wurde ab Sommer 1950 ein Arbeitslohn für Häftlinge eingeführt. Vom Lohn wurden die Lebenshaltungskosten und die Einkommenssteuer der Häftlinge abgezogen.
56 Damit ist der Aufenthalt im Lager gemeint.
57 Der Ausschnitt steht in polnischer Sprache. Es ist ein Zitat des polnischen romantischen Dichters Juliusz Słowacki aus der »Hymne« (*Hymn*). Das eigentliche Zitat lautet: »Że nie wiem, gdzie się w mogiłę położę, Smutno mi, Boże!« [Ich weiß nicht, wo ich in meinem Grab liegen werde, traurig ist es mir mein Gott].

austritt.[58] Örtliche Ärzte vermuten einen Abszess [...]. Manchmal habe ich nachts ruckartige Schmerzen, aber ich bin körperlich so beeinträchtigt, dass ich ihnen keine Beachtung schenke, sie scheinen mir unbedeutend. Ich habe mich im Laufe der Zeit erholt, jetzt habe ich wieder angefangen, Gewicht zu verlieren und mein Appetit hat sich verschlechtert. Manchmal bin ich apathisch, quäle mich bei der Arbeit und gleiche es mit meiner Willenskraft aus. Und manchmal bin ich bester Stimmung und erfülle meine Pflichten mit Leichtigkeit. Seit zwei Wochen ist bei mir ein Invalide, der als Reinigungskraft und Sanitäter arbeitet. Bezogen auf die tägliche körperliche Arbeit ist es eine Entlastung. Wenn ich irgendwo hinfahre, kehre ich in die warme Stube zurück. Hier sind überall nur Männer, es gibt nur drei Frauen, niemanden, der sie ersetzen könnte, und so möchte ich nirgendwo anders hin.
[Ich sende] Grüße an alle, die an uns denken und freue mich auf Ihre Briefe.

Jaga

Brief von Jadwiga Haber vom 6. März 1951

Meine Teure!
Heute fahre ich in eine Ortschaft, ähnlich der, in der sich Bolek befindet. Es wird mir erlaubt sein, eine unbegrenzte Anzahl normaler, frankierter, aber nicht eingeschriebener Briefe zu empfangen; Streifbänder sind nicht erlaubt. Pakete können auch ohne Einschränkungen empfangen werden. Ich werde nur zweimal im Jahr schreiben können. Seien Sie also bitte nicht beleidigt. Ich wünschte, ich wäre schon früher für ein paar Tage hierhergekommen, dann hätte ich Michał und andere Bekannte sehen können, deren Schicksal sich ähnlich wie das meine verändert hat. Michał ist bereits an einen ähnlichen Ort gefahren. Bekannte, mit denen ich hier zusammengetroffen bin, haben mir berichtet, dass er sehr gut aussieht, gute Laune hat und voller Zuversicht ist. Bitte schreiben Sie mir häufig,

---

58 Die Autorin hatte sich einige Wochen zuvor im Lagerkrankenhaus einer Operation zur Entfernung von Gallensteinen unterzogen.

aber kurz an die Adresse der St[adt] Karaganda, Postf[ach] Nr. 392/2. Ich möchte Sie bitten, an Bolek zu schreiben, denn ich mache mir große Sorgen, dass ich nicht mit ihm korrespondieren kann, und das schmerzt sehr. Geben Sie bitte auch Niusia Bescheid, vielleicht kommt mein Brief bei ihr nicht an, sie soll oft an Bolek und mich schreiben, die erste Zeit unter diesen Bedingungen ist ohne Briefe so schwer.
Meine Teure! Ich fühle mich nicht schlecht und bin voller Zuversicht. Ich war während der Reise ein wenig krank, meine Drüsen schwollen an und es bildeten sich Geschwüre. Das ist unbedeutend und vorübergehend. Ich werde nicht mehr entsprechend meiner Qualifikation arbeiten. Es wird körperliche Arbeit benötigt. Bitte schreiben Sie mir [...]. Ich sende Ihnen Grüße.

Jaga[59]

Ich schreibe gleichzeitig an Niusia und Bolek, weiß aber nicht, wer von euch einen Brief erhalten wird.

Brief von Jadwiga Haber vom 31. Januar 1952

Meine Teuren![60]
Mit Verspätung sende ich Ihnen herzliche Wünsche für das neue Jahr und wünsche Ihnen [darüber hinaus] Gesundheit, Wohlstand und dass alle Ihre Träume in Erfüllung gehen. Wir haben die empfangene Oblate am Heiligen Abend geteilt und uns an alle erinnert. Von meinen Liebsten erhalte ich keine Briefe. Niusia hat seit August nicht mehr geschrieben, anscheinend ist sie wieder schwer erkrankt, vielleicht hat sie einen zweiten Anfall der Krankheit bekommen und jetzt leidet die Arme, ich mache mir große Sorgen um sie. Ich mache mir Sorgen um meine Liebsten. Ich bin oft krank. Ich hoffe, dass ich Ihnen im Juni, wenn ich an meinem neuen Wohnort[61] angekommen bin, häufiger und ausführlicher schreiben kann.

59 Der Name ist auf Polnisch geschrieben.
60 Gemeint sind Irena und Maria Sendecka.
61 Gemeint ist der Ort, der Jadwiga Haber als Aufenthaltsort zugewiesen wurde, nachdem sie das Lager verlassen hatte - die Siedlung Maklakowo am Fluss Jenissei in der

Im Moment warte ich auf Nachrichten von Ihnen, denn dann scheint der Tag sonniger und ich fühle mich nicht mehr so allein und vergessen. Bitte schreiben Sie an die bisherige Adresse. Ich sende herzliche Grüße, wünsche Ihnen Gesundheit, Kraft und alles Gute.
Ich küsse [Sie]

[Jaga]

Region Krasnojarsk. Ihr Ehemann Bolesław ging nach dem Ende seiner Haftstrafe im Mai 1954 ebenfalls dorthin. Das Ehepaar kehrte im November 1955 im Rahmen einer Repatriierung von ehemaligen Häftlingen und Deportierten in ihre Heimat zurück: Mit Zustimmung des Kreml traten damals etwa 6000 Personen die Reise in die VR Polen an. Die Habers ließen sich in Poraj bei Częstochowa (Tschenstochau) nieder. Irena Sandecka nutzte die Gelegenheit nicht, in der zweiten Hälfte der 1950er Jahre nach Polen zu gehen. Sie lebte bis zu ihrem Tod in Krzemieniec und wurde eine wichtige Persönlichkeit für die kleine polnische Gemeinde vor Ort.

Abb. 20: Die Familie Jabłoński in der zweiten Hälfte der 1940er Jahre, Walenty Jabłoński in der oberen Reihe links

10

Walenty Jabłoński (1930–2021)
Die letzten Verbannten
Erinnerungen an einen Zwangsaufenthalt in Kasachstan von 1952 bis 1956

[…]
Mein Vater, Józef Jabłoński, wurde 1948 zum erneuten Male verhaftet und war in einem Gefängnis in Grodno und ab dem Jahr 1951 irgendwo in den Arbeitslagern in Sibirien.[1] Wir hatten mit ihm überhaupt keinen Kontakt, nicht einmal per Brief. […] Am 17. April 1952 wurde ich gegen 14 Uhr von Beamten des Bezirksamtes der Staatsicherheit in Witebsk [belarus. Wizebsk] verhaftet. Die Agenten des Sicherheitsdienstes kannten meinen Stundenplan an der Universität[2] genau, und als sie mich dort nicht auffanden, erschienen sie sofort im Haus, in dem ein Freund und ich ein kleines Zimmer gemietet hatten […]. Nach einer Leibesvisitation, einer Durchsuchung des Zimmers und meiner Sachen wurde mir befohlen, alle meine Sachen mitzunehmen, und mir wurde mitgeteilt, dass ich verhaftet sei und nicht versuchen solle zu fliehen, da sie Waffen einsetzen und ohne Vorwarnung einfach schießen würden. […] Am nächsten Tag, also am 18. April 1952, wurde mir gesagt, ich solle meine Sachen, die in der Zelle waren, nehmen und in den Lastwagen steigen, wo zwei junge Leute auf dem Boden saßen. Jeder von ihnen war etwa fünfundzwanzig Jahre alt. […] Nach ein paar Stunden Fahrt erreichten wir den Bahnhof

---

1 Die Familie des Autors besaß einen großen Hof im Dorf Kozłowicze (belarus. Kaslowitschy) bei Grodno (belarus. Hrodna).
2 Zu dieser Zeit war der Autor Student am Medizinischen Institut in Witebsk im Osten von Belarus.

in Minsk. An der Rampe standen etwa zehn Güterwaggons mit vergitterten Fenstern und geschlossenen Türen. […] Hier, in einem der Waggons, füllte mir ein Offizier einen speziellen Fragebogen aus, den ich unterschreiben musste. […] Ich wurde dann zu einem der Waggons geführt, in dem sich bereits einige junge Leute befanden. […] Ich nahm meinen Platz in einer solchen oberen Pritsche in der Nähe eines vergitterten Fensters ein. Immer wieder kamen neue Männer hinzu, die zwischen 20 und 30 Jahre alt waren. Jeder hatte irgendeine Art von Tasche oder Bündel dabei. Im Waggon herrschte Grabesstille, jeder schaute den anderen nur misstrauisch an. Ab und zu öffneten sich die Außentüren des Waggons und eine neue Person mit einer kleinen Tasche oder einem Koffer stieg ein und nahm irgendwo einen freien Platz ein.

Die Waggons, in die wir verladen wurden, waren zuvor für den Transport von Vieh oder anderen Gütern verwendet worden. Sie hatten nun vergitterte Fenster mit leicht nach oben gekippten Metallklappen, und auf beiden Seiten des Wagens waren Bänke angebracht, damit mehr Menschen hineinpassten. Neben der Tür standen drei Eimer aus verzinktem Blech. Sie waren für Wasser, Tee und Suppe bestimmt. Gleich daneben ein Holzeimer mit Deckel, in der Gefängnissprache *parascha* genannt, der für die physiologische Notdurft bestimmt war. Die Waggontür wurde von außen mit einer Schraube verschlossen. […]

In der Abenddämmerung des 19. April 1952 setzte sich der Zug in Richtung Mołodeczno [3] in Bewegung. Auf dem Güterbahnhof von Mołodeczno sahen wir durch die Fensterschlitze unseres Waggons zwei Transporte mit Menschen, die auf beiden Seiten unseres Zuges standen, die von NKWD-Soldaten mit Gewehren bewacht wurden […]. [4] Aus diesen

---

3   Mołodeczno [belarus. Maladsetschna] war bis 1939 Kreisstadt in der Woiwodschaft Wilna, dann in der BSSR Teil der Oblast Polatsk. Im heutigen Belarus ist es die Hauptstadt des Rajons Maladsetschna in der Woblasz Minsk.
4   Anders als bei der Kollektivierung zu Beginn der 1930er Jahre erfolgte die Deportation von Familien, der als Kulaken eingestuften Männer, in Belarus erst nachdem der Entstehungsprozess von Kolchosen vollendet war. Von den Deportationen waren 1400 Familien (über 6000 Personen) betroffen. Ein Jahr zuvor waren ehemalige Soldaten der Armee von General Anders, die nach dem Krieg in ihre Heimat jenseits der neuen polnischen Ostgrenze zurückkehren wollten, mit ihren Familien deportiert worden (3 300 Personen).

Transporten, die insgesamt aus zig Waggons bestanden, innerhalb derer meist am Anfang und am Ende sich Waggons mit den begleitenden Sicherheitsfunktionären befanden, war ein Weinen und der Gesang von Kirchenliedern zu vernehmen. Alle fünf oder sechs Waggons gab es auf den Prellböcken Stände für Soldaten, die während der Fahrt auf beiden Seiten der Waggons Wache hielten, und wenn der Zug stillstand, stiegen sie von diesen Ständen auf den Boden hinab und überwachten die Waggons und ihre Umgebung genau, um sicherzustellen, dass sich ihnen niemand näherte. Sie überprüften sowohl das Dach als auch den Boden der Waggons, um sicherzustellen, dass niemand durch die während der Fahrt gemachte Öffnung im Waggon heraussprang. […] Wie andere auch, hielt unser Zug nur selten an, meist irgendwo auf einem Feld vor einem Signalmast oder auf den Nebengleisen kleiner Bahnhöfe, wo ein Sonderhalt eingelegt wurde, um die *parascha* von den Fäkalien zu reinigen und die Eimer mit Wasser, heißem Wasser anstatt Tee und einer quasi Suppe, die im Gefängnis *balanda* genannt wird, aufzufüllen. […]
Wir überquerten die Wolga bei Sysran in der Nähe von Kuibyschew, hielten kurz auf dem Güterbahnhof von Kuibyschew und dann noch einmal länger auf dem Bahnhof von Orenburg[5] an. Als der Zug vom dortigen Bahnhof abfuhr, waren wir sehr neugierig, wohin sie uns von da anbringen würden, nach Osten oder in den Süden, denn dort teilt sich die Eisenbahnstrecke: die eine führt nach Nowosibirsk[6], die andere nach Taschkent[7]. Die Tage wurden wärmer und länger. In den Waggons war es vor allem tagsüber stickig, da die Fenster und Türen geschlossen waren. Nachts war es hingegen recht kühl. Der langsam fahrende Zug neigte sich leicht nach rechts, und links konnten wir durch einen Spalt im Fenster sehen, wie sich die Bahnlinie allmählich nach links entfernte. Das bedeutete, dass wir in den Süden in den asiatischen Teil der Sowjetunion fuhren. Nach einer mehrtägigen Fahrt durch die Wüste Karakum hielt unser Zug irgendwo auf dem Abstellgleis des Bahnhofs von

---

5   Orenburg ist die Hauptstadt der gleichnamigen Oblast und liegt am Ural. Von 1938 bis 1957 hieß sie Tschkalow.
6   Nowosibirsk ist die Hauptstadt der gleichnamigen Oblast in Westsibirien und liegt am Fluss Ob.
7   Taschkent ist die Hauptstadt Usbekistans.

Die letzten Verbannten

Kysyl-Orda, einer Regionalstadt auf halbem Weg zwischen Aralsk und Taschkent. Draußen war es sehr warm und der Zug stand dort ziemlich lange. [...] Weil sich in unserem Waggon viele junge Männer befanden, sangen wir oft russische Lieder. Dieses Mal haben wir beim Halt sehr laut ein Lied über Stalin angestimmt, in dem wir ihn anpriesen[8], und ein anderes [...] über das glückliche Leben in der Sowjetunion.[9] Die weit entfernte Menschenmenge auf den Bahnsteigen konnte eine gewisse Absurdität oder Parodie beobachten, als die Verhafteten [...] das stalinistische Regime lobten. [...] Der Zug hielt am 30. April 1952 kurz vor Mitternacht auf einem Nebengleis eines Bahnhofs vor Taschkent. Es handelte sich um einen kleinen Bahnhof namens Kisil Tu in Usbekistan unmittelbar [an der Grenze] von Kasachstan. [...] Auf der Rampe standen viele zivile Militärangehörige und etwas weiter weg eine Menge Lastwagen. [...] Wir hörten, wie die Deportierten von diesem Gremium auf der Rampe verteilt wurden. Es waren die Vorsitzenden der Kolchosen, Mitarbeiter der Versammlungsbüros, Funktionäre der Staatssicherheit und der Miliz. Ich hörte, wie der Transportleiter, indem er auf unseren Waggon zeigte, von sehr guten männlichen Arbeitskräften sprach. Dann wurde uns befohlen, einzeln und mit unseren Habseligkeiten aus den Waggons auf die Rampe herauszugehen. [...] Dann legte man uns nahe, in den Aufbau der Lastwagen zu steigen, wo sich bereits mehrere Familien mit ihren Kindern befanden. Innerhalb solcher Familien befanden sich wenige Männer, denn die meisten von ihnen waren in der Verbannung oder im Gefängnis. [...] Die Autos fuhren nacheinander über das hügelige Steppengelände. Hinter den Autos schwebten nur Wolken aus Sand. Unterwegs kamen wir an einem Aul vorbei und plötzlich erschien inmitten der Dunkelheit am Horizont ein roter Schein, der die ganze Umgebung augenblicklich erhellte. Es war der Sonnenaufgang. [...] Es war schon hell, die Sonne stand hoch am Himmel, wir fuhren an den Aulen mit ihren Lehmhäuschen vorbei und an der Aul Abaj, wo sich die Regionalverwaltung befand und danach der Aul, die man MTS, *Maschinno-*

---

8   Es ist nicht klar, welches der zahlreichen Lieder über den Diktator der UdSSR der Autor im Sinn hatte.
9   Der Autor verweist auf das von Isaac Dunajewski komponierte Lied »Schiroka strana moja rodnaja« [Weit ist mein Heimatland, offizieller deutscher Titel: Vaterland].

Die letzten Verbannten

Abb. 21: Walenty Jabłoński mit seinen Schwestern und seiner Mutter
in der Verbannung in Kasachstan, Herbst 1952

Traktornich Stanzija [Maschinen- und Traktorenstation] Keles nannte. Hier befand sich das Büro der MGB-Kommandantur, die *gromadzka rada* und ein kleines Behelfskrankenhaus mit einer Gesundheitsstelle. Wir wurden vier Kilometer weiter zu einer Kolchose mit dem Namen Abai Dschambul gefahren, neben der der kleine Fluss Keles floss. Es war fünf Uhr morgens, am 1. Mai 1952, als wir aus den Autos stiegen, um bei der Spezialansiedlung das Land Kasachstan für den Rest unseres Lebens zu betreten. [...] Auf eine Flucht aus der *spezperesselenije* [Spezialumsiedlung] stand die Katorga von 20 Jahren [...] jeder *spezperesselenez* [Spezialumsiedler] hatte in der Kommandantur seine individuelle Kartei mit Foto. [...] es wurde das Vorhandensein eines Wohnsitzes in einer bestimmten Region überprüft, indem der Spezialumsiedler in einer vorgegebenen Zeit im Durchschnitt alle 10 Tage eine Unterschrift setzen muss. [...] Wir, das heißt etwa ein Dutzend junger alleinstehender Männer, die in drei Zimmern eines verlassenen und baufälligen neuen Kolchose-Klubs untergebracht wurden: ohne Fenster und Türen, mit einem Lehmboden, nicht geweißten Lehmwänden und einer Decke aus Reet, die auf Holzpfählen gelegt war. Aus den Löchern in der Lehmwand und der Decke krochen verschiedene Insekten, Eidechsen und Schlangen, die überall waren.

Die letzten Verbannten

In dieser Kolchose lebten außer uns Polen, Kasachen, Usbeken und aufgrund der Spezialumsiedlerverordnung auch Deutsche von der Wolga und aus der Region Krasnodar sowie Georgier, Türken, Aseris, Mingrelier[10] aus Georgien und auch Karatschaier, Tschetschenen sowie Inguschen aus dem Nordkaukasus. Nach einigen Tagen befahl man uns, in der Kolchose auf den Feldern der Baumwollplantagen oder bei der Vorbereitung des Bewässerungssystems für diese Plantagen zu arbeiten. [...] [W]ir hatten nichts zu essen und kein Geld, um etwas Lebensmittel zu kaufen. Wir stahlen überall und alles, was zum Essen geeignet war. Der Basar und ein paar Geschäfte waren in der Regional-Aul Abai, die 12 Kilometer von unserer Aul entfernt war. Aber um dorthin zu kommen, brauchten wir einen Passierschein, den wir nicht bekamen, weil wir nicht zur Arbeit gingen, und wir gingen nicht zur Arbeit, weil wir hungrig waren, und so schloss sich der Kreis. Später bot man uns eine Arbeit in der Steppe beim Mähen und Ernten von Gras an, und wir sollten dort in einer Jurte leben, wo es kein Wasser gab und die Lufttemperatur bereits auf über 30 Grad stieg. [...] Aus der Kolchose kamen zwei *arabas* [Wagen], auf die wir verladen und in Begleitung von zwei NKWDlern in die Steppe gefahren wurden, wo wir in zwei Jurten einzogen und zusammen mit zwei alten Kasachen, zwei Karaschaiern, einem Georgier und einer alten Kasachin, die uns *Chai* kochte und *Lepjoschkas*[11] backte, lebten.
Unsere gemischte multinationale Brigade arbeitete dort in der Steppe und mähte Gras für die Pferde und Kamele. In den ersten Maitagen sieht die Steppe wunderbar aus. Auf den grünen, endlosen Hügeln blühen rote Mohnblumen mit zarten, kleinen Blüten und winzigen grünen Stacheln an den Stielen. Schon Mitte Mai wird die Landschaft grau, alles trocknet hier aus und die bis dahin grünen Stacheln werden stachelig. Zwischen den Gräsern kann man überall Skorpione, Schlangen, Vipern und große Schildkröten antreffen. Bei Hitze versuchen all diese Tiere, sich im Schatten von Bäumen, in dichtem Gras, im Wasser oder in menschlichen Räumen, wie Jurten, zu verstecken. [...] der schlechte hygienische und sanitäre Zustand der Räumlichkeiten und der Umgebung, der Mangel

---

10 Mingrelier:innen sind eine ethnische Untergruppe der Georgier:innen.
11 Ein für Zentralasien typisches Brot.

an Trinkwasser, die sehr schlechten materiellen Bedingungen waren eine Ursache für viele Hautkrankheiten, Magen-Darm-Erkrankungen sowie Typhus und Bauchtyphus. Auch ich machte eine schwere Magenerkrankung mit sehr hoher Temperatur bis zu 40 Grad und Diarrhöe durch. Nach einigen Tagen Krankheit ohne Besserung wurde ich mit Erlaubnis der Kommandantur mit einem *araba* in ein provisorisches Krankenhaus gefahren, wo ich etwa einen Monat lang lag. Ich wurde an einen Tropf gehängt und bekam Sulfonamide, etwas Suppe wie so etwas wie Tee. Ich lag auf einem harten Eisenbett, mit einem Strohsack und einem mit hartem Stroh gestopften Kopfkissen. Aber im Vergleich mit der Jurte war es zunächst ein Paradies. In der Zwischenzeit erfuhr ich, wie auch andere Alleinstehende, von unseren Familien, die sich ebenfalls in Kasachstan und in derselben Region aufhielten, jedoch weiter außerhalb von Taschkent in den Rajons Iljitschowsk, Pachtaaralsk, Schetyssajsk, Kirow.

Als ich das Krankenhaus verließ, wusste ich bereits genau, wo meine Familie war und dass mein Bruder Leopold [12] vor kurzem dort gestorben ist, meine Mama und meine beiden Schwestern Teresa und Stanisława sind dort geblieben und haben mir einen Brief geschrieben. Sie wussten nichts über das Schicksal unseres Vaters. Sie baten mich im Brief, mich bei den Behörden darum zu bemühen, dass ich zu ihnen kommen darf. Genau das habe ich getan. [...] Ende Juli wurden wir in Begleitung von MGB-Funktionären mit Lastwagen zu den jeweiligen Bezirkskommandanten gebracht, denen wir übergeben wurden und die uns wiederum an die nachgeordneten Kommandanten je nach Wohnort der Familie weiterleiteten. Dort wurde ich von meiner Mama und meinen Schwestern empfangen, die in einem Stall lebten, in dem bis dahin ein Esel gestanden hatte. Es war die Kolchose Lenin in der Gegend von Iljitsch. [...] Zusammen mit einer anderen polnischen Familie wurde uns eine sogenannte Wohnung angeboten, die wie in den anderen Wände und Boden aus Lehm und ein mit Lehm verputztes Reetdach hatte, das bei leichtem Regen undicht wurde und wo der Boden sich zu Morast verwandelte. Im Haus war es feucht, kalt und abends dunkel, denn oft gab es nicht einmal

---

12 Leopold war Student an der Pädagogischen Universität in Vilnius (poln. Wilno, dt. Wilna).

Petroleum, und außerdem hatte man immer Hunger. Der erste Heilige Abend und Weihnachten in der Verbannung fanden unter den denkbar schlechtesten Bedingungen statt. Die Einzelheiten solcher Festtage unter solchen Umständen lohnen überhaupt nicht erinnert zu werden. Mein allgemeiner Gesundheitszustand verbesserte sich langsam, aber mein geistiger Zustand verschlechterte sich von Tag zu Tag. Die klimatischen und materiellen Bedingungen, die familiäre Situation und die Krankheit, die ich erlitten hatte, führten dazu, dass ich nicht arbeiten konnte, vor allem nicht schwer und körperlich, doch ich war gezwungen, genau dies zu tun. Dank Gottes Hilfe und Menschen guten Willens wurde ich am 1. März 1953 von Dr. Nikolaj Bydanzow, dem Leiter des Gesundheitsamtes des Rajons Iljitsch, als Impfarzt und Chinisator eingestellt. Ich führte Impfungen durch und arbeitete in meinem Wohngebiet an der Bekämpfung von Infektionskrankheiten, und davon gab es eine Menge. [...] für meine Arbeit erhielt ich einen sehr geringen Lohn, aber diese Arbeit war 100 Mal besser als die in der Kolchose, wo der Kolchose-Arbeiter für seine harte Schufterei etwas Weizen und erst am Ende des Rechnungsjahres etwas Geld erhielt [...]

Mitte März 1953 starb in der Sowjetunion Genosse Stalin.[13] Sein Tod war der Beginn eines neuen Abschnitts im Leben von Millionen von Menschen in der Sowjetunion und darüber hinaus, und insbesondere für Zehntausende von Polen [...] die Umsetzung der Amnestie in der Sowjetunion war immer eine Art Mysterium, weshalb sie immer Jahre gedauert hat. Dies war auch bei den Amnestien nach 1953 der Fall, die von den Behörden recht willkürlich und bequem für sich selbst interpretiert wurden. [...] Die im Rahmen der Amnestie von 1953 aus den Gefängnissen und Lagern entlassenen Personen, deren Familien sich im Rahmen der Spezialumsiedlungen in Sibirien oder Kasachstan aufhielten, wurden von speziellen Staatssicherheitsdiensten zu ihren Familien transportiert und den örtlichen Kommandanturen übergeben, wo sie denselben gesetzlichen Bestimmungen unterstanden wie ihre Familien. [...] Und so wurde mein Vater Józef Jabłonski im September 1953 zusammen mit Hunderten von anderen in einem Gefangenenwaggon mit dem Zug von einem

---

13 Irrtum des Autors, Stalin starb am 5. März 1953.

Lager in Sibirien in ein Gefängnis in Tschimkent[14], einer von uns etwa 250 Kilometer entfernten Stadt, gebracht. Von diesem Gefängnis aus wurden sie später je nach Aufenthaltsort ihrer Familien auf die Rajons und von dort aus auf die jeweiligen Kommandanturen verteilt, wo Vater – damit den Formalitäten Genüge getan wurde – wie wir alle einen persönlichen Fragebogen eines Spezialumsiedlers unterschreiben musste. Er war so schwach und abgemagert, dass er Schwierigkeiten hatte, von der Kommandantur zu unserem Wohnsitz zu gelangen, und so musste in der Kolchose eine Fuhre organisiert werden. Trotz etwas besserer Lebensbedingungen und Verpflegung [als] im Gefängnis oder in den Lagern, starb er am 19. November 1953 und wurde auf dem »Friedhof« in der Nähe des Städtchens Iljitsch begraben, direkt neben dem Grab seines Sohnes und meines Bruders Leopold Jabłonski, der am 24. Mai 1952 verstorben war. Auf diesem »Friedhof« wurden Menschen unterschiedlicher Glaubensrichtungen und Konfessionslose begraben. Es war nur dem Namen nach ein Friedhof, nicht eingezäunt und vom hohen *burjan* [Unkraut] überwuchert. Es gab dort keinerlei Bäume oder Sträucher, nur einzelne Kreuze verschiedener Glaubensrichtungen waren zu sehen. […]
Ende Juni 1954 teilte die Kommandantur meiner jüngsten Schwester Stenia mit, dass sie aufgrund der Amnestie von 1953 eine freie Bürgerin in der Sowjetunion sei, da sie zum Zeitpunkt der Bekanntgabe der Amnestie noch nicht 17 Jahre alt war, aber sie war nicht ganz eine freie Bürgerin der Sowjetunion, da sie kein Recht hatte, in Belarus zu leben, d. h. dort, wo ihr Haus stand, das schon lange nicht mehr existierte, ebenso wie andere Gebäude, da diese abgerissen und das gesamte Gebiet um das Haus eingeebnet worden war. Zurückkehren konnte man nicht mehr. Damals absolvierte sie dort in Iljitsch die Abendschule, die sogenannte Zehnjährige, und arbeitete parallel vormittags im Büro des staatlichen Baumwollanbaubetriebs Pachta Aral. Nach einem Familienrat teilte ich ihr mit, dass, wenn sie studieren wolle, was der einzige Ausweg aus der Situation sei, ich [sie] materiell unterstützen würde. […] In der Kreisstadt Tschimkent gab es ein polytechnisches Institut mit mehreren Fakultäten,

---

14 Die an der Grenze zu Usbekistan gelegene kasachische Großstadt hieß bis 1992 Tschimkent und seitdem Schymkent.

Die letzten Verbannten

in denen in Russisch unterrichtet wurde, und hier beschloss sie gemeinsam mit einer ukrainischen Freundin die nötigen Unterlagen einzureichen. […] Sie fuhren mit einem Lastwagen aus der Versorgungsabteilung aus dem Betrieb, in dem sie arbeiteten, der nach Tschimkent fuhr, um einige Waren abzuholen. In diesem Gebiet wurde immer abends oder nachts gefahren, da es tagsüber sehr heiß ist. Das Gelände war sehr hügelig und die Straßen bestanden nur aus Sand und Schotter. Die Fahrt begann am 14. August 1954 am Abend mit dem Ziel morgens anzukommen, alle Dinge im Laufe des Tages zu erledigen und am Nachmittag war die Rückreise geplant.

Am 15. August ist Mariä Aufnahme in den Himmel, umgangssprachlich als Mariä Himmelfahrt bekannt. Es wurde von den Polen in der kasachischen Verbannung gefeiert, wie die anderen kirchlichen Feiertage auch, obwohl die Kolchosenverwaltungen und die Kommandanturen alle Gläubigen dazu zwangen, an diesen Tagen zu arbeiten. Die Polen widersetzten sich solidarisch und gingen trotz verschiedener Repressionen an diesen Tagen nicht zur Arbeit. Sie versammelten sich in kleinen Gruppen bei jemandem zu Hause, wo sie beteten und kirchliche wie patriotische Lieder sangen. So war es auch an diesem Tag. Nach Mitternacht klopfte an unserer Tür Bogdan Obuchowicz, ein Nachbar, der als Bautechniker im Aul Iljitsch arbeitete, und teilte mir mit, dass es um Stenia schlecht bestellt sei und dass es gut wäre, wenn ich dorthin fahren würde. Wohin denn? Was war geschehen? Er erwähnte etwas, dass es hinter Taschkent sei. […] Auf dem Weg dorthin erfuhr ich von ihm, dass sich ein tragischer Autounfall ereignet hatte, bei dem mehrere Menschen verletzt wurden, darunter auch Stenia, von der man nicht weiß, ob sie noch lebt. […] Auf der Fahrt erfuhr ich von den Kasachen, dass das Auto, welches am Vorabend aus Tschimkent zurückkehrte, mit Waren in Kisten und Fässern beladen war, auf denen drei Mädchen, darunter Stenia, saßen. Das Auto fuhr auf einer Schotterstraße bergab, stürzte plötzlich in einen Straßengraben, prallte gegen einen Telefonmasten und überschlug sich auf die Seite. Meine Schwester starb auf der Stelle und ihre Freundinnen erlitten mehrere Brüche und zahlreiche weitere Verletzungen. […] Die Beerdigung fand am nächsten Tag nachmittags auf dem örtlichen sogenannten Friedhof statt, wo sie neben ihrem bereits verstorbenen Vater und

Die letzten Verbannten

Abb. 22: Walenty Jabłoński (zweiter von links)
mit drei Gefährten, Kasachstan 1956

Bruder beigesetzt wurde. An der Beerdigung nahmen mehrere hundert Polen aus verschiedenen Orten der Region sowie Kollegen und zahlreiche Einwohner von Aul Iljitsch teil. Am Grab der Verstorbenen wurden zudem kurze patriotisch-religiöse Ansprachen gehalten. Drei Personen aus einer Familie verstarben in so kurzer Zeit in der Verbannung, weit weg von ihrer heimatlichen Erde in den Steppen Kasachstans.
Trotz der anhaltenden Trauer musste man weiterleben und hart arbeiten, um diese schwierige Zeit zu überstehen. Manchmal musste man kombinieren, um irgendwo zusätzliches Geld zu verdienen und etwas mehr zu haben. Seit einem Jahr lebten meine Mutter und ich bereits allein in einer Lehmhütte in einem anderen Aul in derselben Kolchose. In unseren und anderen Kolchosen lebten neben Polen auch Kasachen, Usbeken, Tadschiken, Ukrainer, Belarusen, Russen, Tataren, Deutsche, Aseris, Türken, Griechen, Karatschaier, Tschetschenen, Inguschen, Georgier und zuletzt wurden auch Koreaner zu uns gebracht. Zwischen diesen Nationalitäten,

die sich zu verschiedenen Religionen bekannten, gab es keine größeren Meinungsverschiedenheiten.

Ich bekam von der Kolchose ein kleines Stück Land für einen Garten in der Nähe des Hauses, obwohl [von uns] niemand in der Kolchose arbeitete. Der Garten erforderte viel Arbeit, da er ständig bewässert und mit Kunstdünger behandelt werden musste. Der Dünger wurde von den Kolchosmitarbeitern aus den Baumwollplantagen gestohlen und dann zum Verkauf angeboten. Der Ertrag aus dem privaten Garten war sehr gut. Wir hatten schnell unser eigenes Gemüse und Hühner. Die Schwierigkeit in dieser Region bestand in der Brennstoffversorgung, da es hier keine Wälder gab und keine Kohle angeliefert wurde. Nach drei bis vier Jahren haben sich alle dort angesiedelten Menschen, natürlich zwangsweise, langsam an die dortigen Bedingungen gewöhnt, denn es gab auch keinen Ausweg. Die meisten Alten und Kranken starben während des ersten Jahres in der Verbannung. Nur die Jungen und Gesunden waren in der Lage, diese harte und qualvolle Arbeit unter unmenschlichen Bedingungen zu verrichten, und sie überlebten diese harte und schwierige Zeit in ihrem Leben mit der Hilfe Gottes im Glauben an ein besseres Morgen. [...]

Ende 1955 erreichte uns über verschiedene Kanäle die Nachricht, dass es möglich sei, auf Einladung einer in Polen lebenden Familie in die Heimat zu reisen. Die uns dort beaufsichtigenden Behörden haben uns wie üblich nicht darüber informiert und behaupteten, nichts davon zu wissen. Wie üblich arbeitete der Buschfunk blitzschnell. Aus den Informationen ging hervor, dass ein Pole, der dauerhaft in der Volksrepublik Polen wohnen möchte sich dort um ein Daueraufenthalt bemühen kann, wenn er bis zum ersten September 1939 Staatsangehöriger der [Zweiten] Polnischen Republik war, und außerdem eine persönliche Einladung eines polnischen Staatsangehörigen vorweisen musste, der ihm Unterkunft und Lebensunterhalt gewähren würde.[15] [...] Da wir in Polen keine nahen Verwand-

---

15 Im Jahr 1956 wurde die Möglichkeit der individuellen Ausreise nach Polen nach den im Text genannten Grundsätzen geschaffen. Das Repatriierungsabkommen, das ehemalige Bürger der Zweiten Polnischen Republik polnischer oder jüdischer Nationalität betraf, wurde erst im März 1957 unterzeichnet. 1959 kamen insgesamt fast 250 000 Personen (darunter mehrere tausend Juden) aus der UdSSR.

Die letzten Verbannten

ten hatten, versuchten wir auf verschiedene Weise, jemanden in Polen zu finden, der uns unter der Bedingung zu sich einladen würde, dass wir nach unserer Ankunft in Polen nicht die in der Einladung enthaltene Fürsorge in Anspruch nehmen würden. Eine entfernte Cousine meiner Mutter, Jadwiga Bartoszewicz, die in Gorzów Wielkopolski wohnte und zuvor mit ihrer Familie in Grodno gelebt hatte [...], schickte uns eine Einladung, obwohl sie selbst mit der Familie ihrer Tochter, ihres Schwiegersohns und deren Kinder in einer kleinen Wohnung lebte. Wir waren ihr sehr dankbar, dass sie sich getraut hat, uns einzuladen. Dem Ersuchen und der Einladung fügten wir das einzige Dokument mit dem Wappenstempel der Starostei Grodno bei, das die polnische Staatsbürgerschaft bewies und zufällig bei der Verhaftung meiner Familie in Kozłowicze [belarus. Kaslowitschy] aus dem Haus mitgenommen worden war. Es war die Lizenz meines Vaters für eine gewerbliche Pferdezucht. [...] In den letzten Julitagen erhielt ich in der Kommandantur des Rajons Dokumente für die endgültige Ausreise der gesamten Familie nach Polen mit einer Frist für den Grenzübertritt aus der UdSSR bis zum 10. August 1956.

Aufgeregt aber glücklich, begannen wir uns schnell auf die Reise vorzubereiten. Wir mussten nahezu alles auflösen, Fahrkarten bis zur ersten Grenzstation in Polen kaufen und das Nötigste für die Reise besorgen, so viel wie wir uns leisten konnten. In den ersten Augusttagen erreichten wir in einem gemieteten Lastwagen mit Bündeln in der Hand den nächstgelegenen Bahnhof von Sirdaryo, über den zweimal täglich Direktzüge von Aschgabat über Taschkent nach Moskau fuhren. [...] In Moskau mussten wir vom Kasaner Bahnhof zum Weißrussichen Bahnhof laufen, von wo aus wir nach acht Stunden Wartezeit über Smolensk, Minsk und Baranowicze [Baranawitschy] nach Brześć [Brest] fuhren. Die Reise dauerte etwa 24 Stunden. In Brześć ließen wir unsere Bündel in der Bahnhofshalle zurück und nahmen einen Zug nach Grodno [Hrodna], wobei wir einige Male umsteigen mussten. Wir waren eineinhalb Tage in Grodno und Kozłowicze, wo wir unsere Familie und Bekannte besuchten, ein paar Besorgungen machten und nach einigen Abenteuern während der Zug- und Busfahrt nach Brześć zurückkehrten.

Vom Bahnhof in Brest aus nahmen wir nach der Zoll- und Passabfertigung am Nachmittag des 10. August 1956 einen polnischen Personenzug in

Die letzten Verbannten

Richtung der sowjetisch-polnischen Grenze über den Fluss Bug, den wir in weniger als 20 Minuten überquerten, und nach nur wenigen Dutzend Minuten waren wir am ersten polnischen Bahnhof in Terespol. Wir waren froh, dass wir endlich in Polen waren und die Sowjetunion endgültig hinter dem Bug verlassen hatten. Was war das für ein Erlebnis und was für eine Freude für uns alle, die wir von den Verbannungen, Lagern, Gefängnissen und anderen Orten in der Sowjetunion kommend uns auf polnischem Boden wiederfanden. Alle ins Land zurückkehrenden Polen wurden zum Repatriierungspunkt[16] in Biała Podlaska geleitet, wo uns nach dem Mittagessen und der Erledigung der Verwaltungsformalitäten Repatriierungskarten ausgestellt wurden, die für jeden Einzelnen als einziges vorläufiges Ausweisdokument und als Fahrkarte für die Reise an den Bestimmungsort der einladenden Person dienten.

Unsere Einladung nach Polen war ein wenig fingiert, und so gaben wir die Adresse von der Familie Pyrski in Białystok an, die ebenfalls vor etwa einem Monat aus Kasachstan zurückgekehrt war und ebenso wie wir keine Unterkunft hatte. Mama und meine Schwester Teresa verweilten im Repatriierungspunkt in Biała Podlaska, und ich besuchte mehrmals Białystok und Warschau, um mir einen Überblick über die Wohnmöglichkeiten zu verschaffen. Es war jedoch sehr schwierig, für arme Menschen eine kleine, bescheidene Unterkunft zu finden. Denjenigen, die wie wir niemanden hatten, zu dem sie gehen konnten, wurden in kleine Städte und PGR [Staatliche Landwirtschaftsbetriebe] in den westlichen Landesteilen zugewiesen, da es dort Möglichkeiten gab, eine Wohnung zu bekommen. Uns wurde eine Wohnung in Gubin [dt. Guben] direkt an der Lausitzer Neiße angeboten. Wir nahmen dieses Angebot nicht an, und nach einem zweiwöchigen Aufenthalt im Rückführungspunkt Biała Podlaska fuhren wir ins Ungewisse, da es nicht mehr möglich war, dort zu bleiben. In Białystok wartete niemand auf uns und wir konnten nirgendwo hin. Aber auch hier gab es freundliche Menschen, die Eheleute Pyrski nahmen uns vorübergehend auf. [...] Nach vielen Interventionen in verschiedenen Verwaltungseinrichtungen in Białystok wurde uns in

16 Die ersten Repatriierungspunkte in der Nähe der Ostgrenze, die den aus der UdSSR ankommenden Personen Unterkunft und erste Hilfe boten, wurden von den polnischen Behörden zur Jahreswende 1955/1956 eingerichtet.

den letzten Dezembertagen kurz vor dem neuen Jahr 1957 eine Dienstwohnung in einem neuen, im Bau befindlichen Wohnblock zugewiesen, ein Zimmer mit Küche und Bad im Erdgeschoss [...], die wir Anfang Januar des folgenden Jahres bezogen. Wir hatten kein Geld, um Möbel, Küchenutensilien oder Bettwäsche zu kaufen. Wir lebten sehr bescheiden, waren aber über unsere eigene Wohnung glücklich und zufrieden.[17]

---

17 Der Autor nahm eine Stelle in der Sanitäts- und Epidemologiestation der Woiwodschaft an und schloss nach einigen Jahren sein Medizinstudium ab. Er lebte und arbeitete in Białystok. Im Jahre 1993 rehabilitierten die belarusischen Behörden die Familie Jabłoński und erkannten sie als Opfer politischer Repressionen während des Stalinismus an.

Quellennachweis

Jadwiga Barańska: Ich habe den Großen Hunger in der Ukraine überlebt
Das Typoskript der Erinnerungen entstand 1993. Es wird in der Sybir-Sammlung des Wissenschaftlichen Archivs der Polnischen Volkskundlichen Gesellschaft aufbewahrt (Signatur 665/s). Erstveröffentlichung in: Jadwiga Barańska (u. a.): Za ryskim kordonem. Losy Polaków – obywateli radzieckich w latach 20.–40. XX w. Eingeleitet und bearbeitet von Piotr Cichoracki, Marcelina Jakimowicz, Małgorzata Ruchniewicz, Wrocław 2023, S. 7–117.

Henryk Łęczycki: Von Podolien nach Kasachstan
Das Typoskript der Erinnerungen wird im Wissenschaftlichen Archiv der Polnischen Volkskundlichen Gesellschaft aufbewahrt (Signatur 706/s). Erstveröffentlichung: Henryk Łęczycki, Strzępy wspomnień 1939–1947, eingeleitet und bearbeitet von Marcelina Jakimowicz, Wrocław 2020.

Danuta Krzyżanowska: Über Sibirien zum Schwarzen Kontinent
Im Jahr 2010 aufgenommener Bericht, in den Sammlungen der Ortsgruppe Bystrzyca Kłodzka des Sybir-Verbands (Związek Sybiraków). Erstveröffentlichung: Wspomnienia sybiraków. Zbiór tekstów źródłowych, Teil 2, hrsg. v. Janusz Kobryń und Jerzy Kobryń, Bystrzyca Kłodzka 2010, S. 302–327.

Wanda Olczyk: Erinnerungen an die Verbannung nach Kasachstan
Der 1996 niedergeschriebene Bericht befindet sich im Besitz der Familie Olczyk. Erstveröffentlichung: Wanda Olczyk (z domu Krasuska): Wspomnienia z Kazachstanu, in: Wspomnienia sybiraków. Zbiór tekstów źródłowych, hrsg. v. Janusz Kobryń und Jerzy Kobryń, Bystrzyca Kłodzka 2008, S. 465–504.

Stefan Unger: Der Traum von der Rückkehr ins Vaterland
Alle Briefe werden im Wissenschaftlichen Archiv der Polnischen Volkskundlichen Gesellschaft in Breslau aufbewahrt (Signatur 980/s). Es handelt sich um Manuskripte

Quellennachweis

in polnischer Sprache, die mit Bleistift oder Tinte auf Postkarten oder auf Blätter unterschiedlicher Größe geschrieben sind. Einige tragen Spuren der Militärzensur.

Czesław Bazan: Vom Ob gen Polen
Tagebuchaufzeichnungen aus den Jahren 1943 und 1944. Das Original befindet sich im Besitz des Sohnes, Piotr Bazan. Veröffentlicht in: Czesław Bazan: Piórem zesłańca i żołnierza. Dzienniki i listy z lat 1941–1947, eingeleitet und bearbeitet von Małgorzata Ruchniewicz, Wrocław 2022.

Władysław Całus: Erinnerungen eines Zwangsarbeiters im Dritten Reich und eines Häftlings von Kolyma
Das Manuskript ist 1996 entstanden und befindet sich im Besitz von Małgorzata Ruchniewicz. Erstveröffentlichung: Wspomnienia sybiraków. Zbiór tekstów źródłowych, Bd. 1, hrsg. von Jerzy Kobryń und Janusz Kobryń, Bystrzyca Kłodzka 2013, S. 53–64.

Tadeusz Bukowy: Ein bisschen Glück
Das 2010/11 entstandene Typoskript befindet sich im Besitz der Familie des Verfassers. Erstveröffentlichung: Tadeusz Bukowy, Trochę szczęścia. Dziesięć lat łagru i zesłania 1945–1955, hrsg. v. Dominik Czapigo, Warszawa 2022.

Jadwiga Haber und Bolesław Haber: Briefe aus den Lagern in Kasachstan
Alle als Manuskripte in russischer Sprache erhaltenen Briefe stammen aus dem Nachlass von Jadwiga und Bolesław Haber und befinden sich im Besitz von Małgorzata Ruchniewicz. Auf genaue Angaben über den Entstehungsort oder den Ort, an dem die Briefe aufgegeben wurden, ist verzichtet worden, da sich diese Informationen größtenteils nicht erhalten haben. Die Übersetzung ins Polnische hat Małgorzata Ruchniewicz angefertigt. Erstveröffentlichung: „Nie jesteśmy całkiem zapomniani…". Listy Jadwigi i Bolesława Haberów z łagrów i zesłania w ZSRR z lat 1946–1955, bearbeitet von Małgorzata Ruchniewicz, Warszawa 2015.

Walenty Jabłoński: Die letzten Verbannten
Das Typoskript wird im Wissenschaftlichen Archiv der Polnischen Volkskundlichen Gesellschaft in Breslau aufbewahrt (Sybir-Sammlung, Signatur 895/s).

Abbildungsnachweis

Abb. 1, 2: Dorota Bielawska
Abb. 3, 4: Andrzej Łęczycki
Abb. 5–8: Sammlung Janusz Kobryń
Abb. 9: Erben von Ewa Unger
Abb. 10: Nachlass Stefan Unger, Sybir-Sammlung des Wissenschaftlichen Archivs der Polnischen Volkskundlichen Gesellschaft in Breslau, Signatur 980/s
Abb. 11, 12: Piotr Bazan
Abb. 13, 14: Aus Małgorzata Ruchniewicz: Repatriacja ludności polskiej z ZSRR w latach 1955–1959, Warszawa 2000.
Abb. 15, 16: Grażyna Bukowy
Abb. 17–19: Małgorzata Ruchniewicz
Abb. 20: Joanna Jabłońska
Abb. 21, 22: Muzeum Pamięci Sybiru, Signatur MPS/F/297 und MPS/F/293